역사 화해를 위한 한일 대화–역사 편

역사 화해를 위한 한일포럼

역사 화해를 위한

한일 대화

역사 편

정재정 · 도노무라 마사루 편

동북아역사재단
NORTHEAST ASIAN HISTORY FOUNDATION

책머리에

한국과 일본은 1965년 국교를 정상화한 이후 우여곡절을 겪으면서도 서로에게 이익이 되는 윈윈(win-win)의 길을 걸어왔다. 나를 위해 상대를 어떻게 활용할 것인가, 상대에게 나의 필요를 어떻게 인식시킬 것인가 등등의 냉철한 계산을 바탕에 둔 상호 대응 덕분에 가능한 일이었다. 그런데 최근 10년 가까이 한일관계는 매년 최악을 경신해오고 있다. 2020년 말 현재 한국 대법원의 강제동원 피해자 손해배상 청구 소송 판결을 집행하는 현금화 조치가 초읽기에 들어갔고, 2021년 1월에는 일본 정부를 상대로 한 일본군'위안부' 피해자 손해배상 청구 소송 1심 판결이 내려질 것이다. 벌써부터 여기저기에서 한일관계가 가늠하기 어려운 나락으로 추락할지도 모른다는 우려의 목소리가 들린다. 역사 문제에서 시작된 한일의 갈등이 경제와 안보는 물론 민간교류 등 모든 영역으로 확산하는 추세다.

돌이켜보면 역사 문제를 둘러싼 한일 간의 갈등은 어제오늘의 일이 아니다. 한일 국교정상화 회담 때부터 분출되었다. 그럼에도 국교정상화 이후 양국은 한일협정의 틀을 지키면서 때때로 불거진 역사 문제를 대화와 협력을 통해 곧잘 극복해왔다. 1982년 일본 역사교과서 기술이 문제가 된 후에는 민간 차원에서 교류를 통해 역사 인식의 차이를 메우기 위해 노력했다. 2001년 이후에는 양국 정부 차원에서 한일역사공동연구위원회나 한일신시대위원회를 운영하기도 했다. 그러나 지난 10여 년 동안에는 이러한 노력조차 자취를 감추었다.

현재 한일 사이의 긴장은 단순히 2018년 한국 대법원의 판결이나 아베 전 정권의 역사수정주의에서 비롯된 것이 아니다. 2000년대에 접어들어 한일관계가 '비대칭적 상호보완적 관계'에서 '대칭적 상호경쟁적 관계'로 바뀌었다. 한일 양국이 상하에서 서로 보완하는 관계에서 수평에서 서로 우위를 다투며 경쟁하는 관계가 된 것이다. 그런데 양국 정부는 이러한 변화에 맞게끔 한일관계를 제대로 관리하지 못했다. 게다가 최근에는 역사 문제를 국내 지지 세력을 결집하는 재료로써 활용하는 모습조차 연출했다. 이른바 '역사전(戰)'이 벌어지고 있는 셈이다.

역사 화해를 위한 한일포럼은 이런 답답한 상황을 조금이라도 타개하기 위해 출범했다. 2018년 봄 동북아역사재단은 한일 양국의 연구자들이 함께 모여 한일 역사 갈등과 역사 화해에 대해 허심탄회하게 논의해볼 것을 제안했다. 재단은 지원만할 뿐 포럼의 운영에는 일체 관여하지 않기로 했다. 이 제안에 따라 서울시립대학의 정재정과 성공회대학의 양기호, 도쿄대학의 기미야 다다시와 도노무라 마사루가 중심이 되어 포럼을 발족했다. 한일 갈등 구조를 정확히 구명(究明)하고 화해 방안을 모색하는 것이 목적이었다. 2018년 7월에 일본 도쿄에서 첫 모임을 가진 이후 2019년까지 네 차례에 걸쳐 포럼을 개최했다. 포럼은 역사분과와 정치분과로 나누어 운영했는데, 오전에는 함께 모여 공통 주제를 논의했다. 이것이 기존의 포럼이나 공동연구와는 다른 점이었다. 덕분에 논의가 좀 더 풍성해졌다. 역사분과는 서로를 이해하기 위해서 어떤 지식을 공유하는 게 필요한지에 중점을 두고 논의를 했다. 정치분과는 현상을 진단하고 갈등의 구조와 해결 방안을 찾는 데 중점을 두었다.

2018년 한국 대법원 판결 이후 한일관계가 악화일로를 걷는 상황에서 양국의 연구자들이 모여 한일의 역사 화해 문제를 논의했다는 것은 그 자체로도 커다란 의미가 있었다. 포럼 참석자들끼리 한일 역사 갈등의 현상과 구조, 역사 화해의 의미와 방법 등에 대한 이해도 깊어졌다. 이 책은 2년에 걸친 포럼의 성과를 담은 것이다. 코로나바이러스감염증-19 확산과 예산 문제로 포럼이 계속되지 못하게 된 것은 매우 유감이다.

한일 양국은 지금 상황을 버려둘 만큼 여유가 없다. 포스트 코로나 국면에서 격화될 미중 대립 속에서 한일이 협력하지 못하면 한일 모두 쇠퇴의 길을 걸을 수 있다. 한일은 역사 문제가 가시처럼 박혀 있어서인지 국가 생존 문제에 대한 의사소통이 충분하지 않다. 이해를 상당 부분 공유하는 보통 이웃나라로서 어떤 관계를 구축해야 국익에 보탬이 될지, 어떻게 하면 상대로부터 존중을 받을지를 고민해야 한다. 바이든 정부 출범을 계기로 서로 대립을 멈추고 혐오보다는 이해에 눈을 돌려 협력해나갈 동력을 만들어야 한다. 갈등에만 집착하다가 협력이 가져다줄 공공적 이익을 지나쳐버리는 것은 한국과 일본뿐 아니라 세계적으로도 중대한 손실이다. 한일은 국제사회가 직면한 곤란한 여러 과제에 협력·경쟁하면서 극복·해결하는 훌륭한 파트너가 될 수 있다는 점을 자각해야 한다. 이러한 관점에 선다면 한일 사이의 현안은 절대 풀지 못할 난제(難題)가 아니다.

좀 한가로운 이야기로 들릴지 모르겠지만, 역사 문제를 단칼에 해결하려는 조급증을 버려야 한다. 그렇지 않으면 오히려 상호 불신과 갈등을 증폭시키는 결과를 불러오게 된다. 역지사지(易地思之)의 자세를 견지하면서 서로의 체면을 세워주는 여유와 아량을 가지고 역사 문제에 접근해야 한다. 한일 국교정상화 60주년이 되는 2025년을 목표로 삼아 역사 화해 프로세스를 추진하는 것도 하나의 방안일 것이다.

이 책이 한일이 역사 문제를 극복하고 서로 협력해나가는 데 조금이나마 도움이 되기를 기대한다. 포럼에서 적극적으로 의견을 개진하고 귀중한 원고를 보내주신 참가자와 포럼을 지원해주신 동북아역사재단에 감사드린다.

2020년 12월

역사화해를 위한 한일포럼을 대표하여

정재정, 기미야 다다시 씀

차례

제2부　해방/패전 후 한국과 일본

제1부

일본의 식민지배와 아시아태평양전쟁

1장

러일전쟁기 한국인의 역부 징발 대응과 전쟁 인식

김태웅

I. 머리말

러일전쟁은 러시아와 일본의 국가적 운명을 가르는 역사적 분기점이었다.[1] 러시아는 전쟁을 계기로 혁명의 소용돌이로 빠져들었고 끝내는 1917년 차르 체제에서 인류 최초의 사회주의 체제라 할 소비에트 공화국으로 전환되기에 이르렀다. 한편, 일본은 청일전쟁에 이어 러일전쟁에서 승리하면서 동아시아의 패권(覇權) 국가(國家)는 물론 서구 열강과 어깨를 나란히 하는 제국주의 국가로 발돋움하였다. 그렇다면 전쟁의 당사국이 아닌 대한제국은 어떻게 되었는가. 주지하다시피 대한제국은 일본의 승리와 이어서 벌어진 일본의 침략으로 인해 국망(國亡)의 고통을 감수해야 했다.

그러나 러일전쟁 연구는 전쟁 당사국을 중심으로 자국의 역사 전개 방향 및 근현대사의 성격과 관련하여 전쟁의 기원(起源)과 배경(背景), 전개 과정과 성격, 영향 등을 중심으로 진행되었다.[2] 반면에 전쟁 당사자가 아닌데도 인적·물적 피해를 감당하였을뿐더러 인력과 물자를 제공해야 했던 한국인이 겪었던 역사적·정치적·경제적 삶은 국망사(國亡史)에 가려진 나머지 좀처럼 주목받지 못했다. 물론 철도 부설에 따른 역부 징발(役夫 徵發)이라든가 황무지 개간 문제와 관련하여 다뤄졌다.[3] 아울

---

1 와다 하루키 저, 이웅현 역, 2019, 『러일전쟁 기원과 개전 2』, 한길사, 1207~1212쪽.

2 최근 한국에서는 趙宰坤이 러일전쟁의 발발과 추이를 고찰하는 가운데 러일전쟁 연구의 동향과 시각을 정리하였다(趙宰坤, 2017, 『전쟁과 인간 그리고 '평화'-러일전쟁과 한국사회』, 일조각, 18~29쪽).

3 愼鏞廈, 1994, 「구한말 輔安會의 창립과 민족 운동」, 『사회와 역사』 44집; 鄭在貞, 1999, 『일제침략과 한국철도(1892~1945)』, 서울대학교출판부, 167~370쪽.

러 일부 연구자는 드물게 전쟁지역 민중의 비참한 삶에 초점을 맞추어 그들의 피해 상황을 추적하였다.[4] 특히 젠더사의 관점에서 여성들의 피해를 구체적으로 해명하였다.[5] 다만 피해 현황을 규명하고자 한 나머지 지역 민중의 전쟁 인식 및 동향과 연계하여 그것이 지니는 역사적 의미까지는 나아가지 못했다. 또 일반 민인의 처지에서 이들 문제가 가진 경제상·생활상 의미가 종합적으로 검토되지 않았다. 즉 전쟁이 왜 발발(勃發)하였는지, 전쟁이 어떻게 전개되었는지, 전쟁의 전개 과정에서 대한제국 정부의 대응은 어떠했는가라는 질문은 전쟁 중에 한국인은 어떤 체험을 하였는가, 특히 일제의 통계에 따르면 평안도 지역만 하더라도 14만 명 이상이 역부로 징발되었는데, 이들 평안도 주민이 전쟁 와중에 어떤 행태를 보였는가라는 질문으로 보완될 필요가 있다.[6] 그것은 이후 이들 한국인이 각자 상이한 삶을 살아가는 데 영향을 미쳤기 때문이다. 즉 척사유생층, 민중의병, 계몽주의자, 일반 상공인, 하층민, 일진회원 등 정치집단과 사회세력의 다양한 동향은 이러한 전쟁 체험 및 인식과 무관하지 않은 것이다. 전쟁은 이들 각자에게 어떻게 비쳤는가.

그리하여 이들 각각은 청일전쟁(淸日戰爭)을 겪으면서 오랫동안 간직했던 중화주의 세계관이 무너진 데 이어 러일전쟁의 전개 과정과 귀결을 바라보면서 정신적 아노미에 빠졌다. 즉 이들 각자의 행위를 규제하는 공통의 가치나 도덕적 규범이 상실된 혼돈상태(混沌狀態)를 맞기에 이르

---

4 曺健, 2005, 「日帝 '韓國駐箚軍' 經理部의 활동과 韓國民의 대응(1904~1910)」, 동국대학교 석사학위논문.

5 차경애, 2010, 「러일전쟁 당시의 전쟁견문록을 통해서 본 전쟁지역 민중의 삶」, 『중국근현대사연구』 44집.

6 趙宰坤, 2017, 104쪽.

렸다. 결코 도달할 수 없을 듯한 자주적 주권국가 건설에 동참할 것인가 아니면 국가가 그들의 삶을 지켜주지 못하는 현실에서 코앞에 다가올 듯한 일제 문명사회로의 진입을 수동적으로 바라볼 것인가. 한편에서는 일본의 '힘'에 압도되어 『황성신문(皇城新聞)』의 경우에서 볼 수 있듯이 일본의 '동양평화론(東洋平和論)'에 솔깃하기도 하였고[7] 심지어 일진회(一進會)처럼 '문명개화'를 위해 적극적으로 일본에 협력하기도 하였다.[8] 다른 한편에서는 임진왜란 이래 누적되어 온 반일의식(反日意識)이 1894년 농민전쟁과 청일전쟁, 을미사변을 거쳐 내재화되는 가운데 전쟁에 따른 물가 앙등과 일본의 역부 징발 등 경제적 고통과 인적 피해를 직간접적으로 체험하면서 반일민족의식(反日民族意識)이 고양(高揚)되기도 하였다.

그렇다면 이러한 체험의 실체는 무엇인가. 그리고 이들 각자는 직접적이든 간접적이든 자신의 체험을 어떻게 기억으로 전환·공유하면서 일본이 펼쳤던 정치선전(政治宣傳)과 어떻게 길항 관계를 맺으며 펼쳐졌는가. 특히 "우리와 무관하게 보이는 전쟁이 왜 우리 땅에서 일어났는가", "왜 그러한 비참함이 초래되었는가", "우리는 살아남기 위해 누구 편에

---

7 안정임, 1991, 「대한제국전기 언론계의 대외인식 연구-「황성」·「제국신문」을 중심으로-」, 이화여자대학교 석사학위논문; 홍순권, 2005, 「을사늑약 전후 개화지식인들의 정국인식과 대응」, 『한국독립운동사연구』 24집; 박정심, 2018, 「황성신문의 '東洋' 인식에 관한 연구」, 『한국철학논집』 59집.

8 1894년 농민전쟁 진압에 앞장섰던 이두황(李斗璜)은 평양에서 벌어진 청일 양군의 교전 시 일본군을 수행하며 정찰 및 정보 제공에 혁혁한 역할을 담당하였다. 이후 부일 협력의 길로 나아갔으며 1910년 이후 전라북도 장관을 지내기도 하였다. 이에 관해서는 倉田逸次郎 편, 1929, 『故雪岳李斗璜翁追懷錄』; 강효숙, 2011, 「동학농민군 탄압 인물과 그 행적-미나미 코시로, 이두황, 조희연, 이도재를 중심으로」, 『동학학보』 22호, 143쪽; 홍일교, 2013, 「장위영 영관 이두황과 보은 장내리 파괴」, 『동학학보』 28호, 16~32쪽; 「이두황」, 『친일인명사전』, 2012, 민족문제연구소 참조.

서야 하는가"라는 의문과 갈등이 식자층은 물론 일반 민인에게서 어떻게 나오게 되었을까.

이 글은 역부 징발을 둘러싼 한국인의 전쟁 체험을 중심으로 그들이 이런 체험을 공식적이든 비공식적이든 어떤 기억으로 전환시켜갔는가를 추적함으로써 한국인이 이후 자신이 취한 자세와 움직임의 사회심리적 근거를 찾고자 한다. 다만 다양한 정치집단과 사회세력 전부를 포괄할 수 없으므로 당시 한국인 일반의 직간접적인 체험에 영향을 미쳤던 신문(新聞)의 역부 징발 기사, 식자층의 일기(日記)와 언설(言說) 등을 중심으로 이 문제에 접근하되 하층민은 아니지만 상공인층의 전쟁 인식을 엿볼 수 있는 지규식(池圭植)의 『하재일기(荷齋日記)』도 검토하여 일반 민인의 전쟁 인식 단면도 검토하고자 한다. 다만 일본군의 토지 수용 문제는 군사 거점 및 병참기지 건설, 철도부설, 척식이민과 연계되어 있어 이 사안은 별도로 다루고자 한다.[9]

II. 일본군의 역부 징발 강행과 한국 민중의 동향

러일전쟁을 직접 체험한 지역 주민은 한반도 북부인 함경남북도와 평안북도의 주민들이다. 이들 지역이 러·일 양군이 직접 격돌하여 전투를 치른 지역이었기 때문이다. 무엇보다 평안북도 정주(定州), 안주(安州) 등지는 러일 양국 군대가 왕래하던 지역이어서 지역 주민들이 '유리전패

9 러일전쟁 이후 일제의 군용지 수용과 한국민의 저항에 관해서는 김윤미, 2019, 「일본 해군의 남해안 해역조사와 러일전쟁」, 『한국민족운동사연구』 99집 참조.

(流離顚沛)'할 정도였다. 정주 주민의 호소문대로 "이미 갑오년의 병혁을 겪었고, 다시 갑진년(甲辰年)의 병란을 만나 고을의 형세는 더욱 흩어졌으며, 민생 또한 병들고 곤궁한 것이 극심합니다. 이미 부서진 집을 수리할 방법이 없고, 흩어진 백성이 언제 돌아올지 모르는 읍(邑)은 읍이 될 수 없으며, 흩어진 백성은 백성이 될 수 없는 것"이었다.[10] 순안과 그 주변의 경우도 마찬가지였다. 당시 종군기자로 참가했던 잭 런던(Jack London)도 조선 멸시관을 가지고 있음에도 조선인이 지니고 있었던 공포감과 불안감을 자신의 르포에서 다음과 같이 남기고 있다.

> 4,000~5,000명 정도의 주민이 살고 있던 순안은 지금 거의 텅 비어 있다. 이미 문과 창문이 없어지기 시작했고 집안은 휑하다. (중략) 그 마을 주민들뿐만 아니라 그 주위에 살고 있는 주민들도 벌써 피난을 가버린 후였다. 그들은 10년 전 중국군이 들어왔을 때 병사들이 마을을 장악하는 것이 무엇을 뜻하는지 알게 된 것이다. 이번에는 러시아 정찰대가 왔다 돌아갔고 그 뒤를 이어서 일본군이 들어온 것이다. 역사의 소용돌이를 겪으면서 주민들은 산으로 은신처를 옮겼다.[11]

이들 주민은 이처럼 전쟁 발발 이전에 청일전쟁의 상흔을 안고 이미 전쟁에 대한 공포와 유언비어로 불안에 떨어야 했다. 상황(商況)이 쇠퇴(衰頹)하고 곡채(穀債)가 점차 올라 각 상점이나 마을에 자금이 융통되

10 『駐韓日本公使館記錄』 24권, 三. 雜纂, (14) [別冊 보고서 返戾 件](1904년 6월 10일) 별지2 [定州郡 東部 都用夏 西部 金復鉉 등이 제출한 上件 피해상황과 복구요구 等](1904년 7월 8일).

11 잭 런던 저, 윤미기 역, 2011, 『잭 런던의 조선사람 엿보기 : 1904년 러일전쟁 종군기』, 한울, 121~122쪽.

지 못하고 상품 저당도 거절되는 판국이었다.[12] 또 화적이나 활빈당이 활보하면서 마을 부호를 습격할 것이라는 풍문도 돌았다.[13] 그 피해는 무엇보다 겨울을 나기가 쉽지 않은 빈민에게 고스란히 전가되었다. 여기에 일본 미쓰이(三井) 물산회사 등이 일본군의 식량과 연료, 마초 등을 마련할 요량으로 전라북도 관찰사에게 이들 물자를 준비해달라고 요청할 정도였다.[14] 이에 정부는 민심의 소요를 안정시키기 위해 지방 주민에게 러일전쟁이 양국 간의 일로 우리 정부와 상관없다고 고시하며 함부로 피난가거나 전장을 관광하지 말고 생업에 힘쓰라고 경고하였다.[15] 심지어 일본 공사가 와언을 퍼뜨리고 선동했다는 이유로 한국인을 처벌하기까지 하였다.[16]

나아가 전쟁이 발발하자 역부들이 전장으로 끌려가 지뢰밭을 밟는 시험도구로 이용된다든가 단발을 강요한 뒤 일본군대에 편입된다는 각종 유언비어가 돌았다.[17] 당시 이러한 소문이 한국인에게 널리 퍼진 것은 무엇보다 전쟁 발발 직후 2월 23일 일본 정부가 강요한 한일의정서 제4조항 때문이었다. 즉 일본군은 "제3국(第3國)의 침해(侵害)에 유(由)하며 혹(或)은 내란(內亂)을 위하야 대한제국황실(大韓帝國皇室)의 안녕(安寧)과 영토(領土)의 보전(保全)에 위험(危險)이 유(有)할 경우(境遇)에는 대일본제국정부(大日本帝國政府)는 속(速)히 임기(臨機) 필요(必要)한 조

12 "貧民情態", 『황성신문』, 1904. 1. 25, 3면.

13 "賊警騷擾", 『황성신문』, 1904. 1. 21, 2면.

14 "軍需貴備", 『황성신문』, 1904. 2. 11, 2면.

15 "警使告示", 『황성신문』, 1904. 2. 11, 2면.

16 "浮言處罰", 『황성신문』, 1904. 2. 11, 2면.

17 『起案』 9, "내부와 외부에 러일전쟁의 노역자 응모에 관한 훈령초안을 보내는 통첩(1904년 9월)"; "內部訓令", 『황성신문』, 1904. 9. 6, 2면.

치(措置)를 행(行)함이 가(可)함. 연(然) 대한제국정부(大韓帝國政府)는 우(右) 대일본제국(大日本帝國)의 행동(行動)을 용이(容易)함을 위하야 십분(十分) 편의(便宜)를 여(與)할 사(事)."라는 조항에 의거하여 대한제국 정부와 지방관에게 군용지와 물자·인력 동원을 요구할 수 있었다.[18] 인부와 우마는 군수 물자를 운송하는 데 매우 중요한 인적 물적 수단으로 인식하였기 때문이다. 이는 비전투지역인 한반도 배후지역을 겨냥하여 후방 경계와 병참을 통한 후방 지원을 의미했다.

한편, 일본군은 한일의정서 강요에 앞서 이미 러일전쟁 선전포고를 앞둔 1904년 2월 6일 군대와 군수품을 수송한다는 명분을 내걸고 경의철도를 일본군용철도로 부설한다고 결정한 데 이어 2월 21일 임시군용철도감부(臨時軍用鐵道監部)를 설립하여 경의철도를 속성으로 완공하고자 하였다.[19] 그것은 일본군이 러일전쟁에서 병력과 군수품을 원활하게 수송함은 물론 장차 만주로 침략하는 데 중요한 철도라 할 동청철도(東清鐵道) 및 관외철도와 접속하고자 함이었다.[20] 임시군용철도감부는 일본군 산하 철도대대와 공병 5개 대대를 주력부대로 구성되었으며 속성으로 조기 완공하고자 온갖 수단을 강구하기에 이르렀다. 이는 경의철도 부설에 필요한 인력 동원도 철도 부지 확보와 함께 긴급한 과제로 떠올랐으며 일본 군부가 군사력을 배경으로 한국인 역부를 징발할 것임을 예고한다 하겠다.

---

18 최덕수 외, 2010, 『조약으로 본 한국근대사』, 열린책들, 565~577쪽.

19 정재정, 1999, 101쪽.

20 『駐韓日本公使館記錄』 22권, 六. 長谷川·丸山·스티븐스에 대한 訓令及對韓施設綱領並加藤增雄傭聘契約, (1) [일본 정부의 對韓 施政 방침 훈령 示達 건](1904년 7월 8일).

그런데 철도 부지의 강제 수용과 역부 징발은 일본 내각에 앞서 일본 군부(軍部)의 강력한 요구였다.[21] 일본군은 자국 경제의 인플레이션 가능성을 줄이기 위해 현지 조달 원칙을 수립하여 청일전쟁과 달리 적극 관철시키고자 하였기 때문이다.[22] 이러한 사실은 『관보』 1904년 3월 8일 호외를 통해 공포되었으며 『황성신문』 2월 29일에 이미 보도된 터였다. 따라서 역부 징발은 평안도와 함경도에 국한되지 않고 경부철도 및 경의철도 연변과 연계되어 전국적으로 확대되었다. 후일 집계에 따르면 매일 징발당한 역부는 안주의 경우, 1만 6,000여 명이었다. 심지어 의주군(義州郡) 비현면(枇峴面) 장리(場里)는 리 단위임에도 1만 7,000여 명이 역부로 징발당하였다.[23]

이에 한국인 남성들은 정부의 명령에 저항하지 못하고 식구를 데리고 멀리 도망갔다. 평북 정주(定州)의 경우, 성내 호수 223호 가운데 농민이 남아 있는 집은 4~5채에 지나지 않았다.[24] 전쟁 와중에 비적과 화적이 이 틈을 노려 마을에 출몰하여 습격할 것이라는 소문이 나돌았다. 특히 평안북도 주민들은 자신의 주거지가 10년 전 청일전쟁의 전장이었기 때문에 불안과 공포는 다른 지역보다 훨씬 컸다. 이에 평안북도

---

21 "京義間道路 本屬貴國交通上緊要者 不待多論 在前聞有時加修繕 挽近無聞 該道因以破損 甚爲旅行者困苦 不啻一般通行之不便 寔甚我軍交通上困難 是以我軍隊望切修繕也 査此道寔係貴國交通要路 當加修繕俾便公益 非徒貴政府之職責 亦有我軍隊希望 務圖修繕方法爲盼 以右治道事 據我軍隊調査自京城至安州 第一期修繕方略 別記添呈"(『內部來去文』 16, "한성과 의주간 도로를 보수하기 위한 인부 동원은 농번기를 지나서 함이 마땅하다는 조복, 1904년 7월 2일").

22 조건, 2005, 20~21쪽.

23 大江志乃夫, 1976, 『日露戰爭の軍事史的研究』, 岩波書店, 554~555쪽; 차경애, 2010, 11쪽, 〈표 2〉 재인용.

24 『駐韓日本公使館記錄』 24권, 三. 雜纂, (14) [別冊 보고서 返戾 件](1904년 6월 10일).

주민들은 전쟁터와 떨어진 전쟁 당사국 러·일 국민보다는 자신의 생활을 위협하는 이러한 전쟁에 훨씬 민감할 수밖에 없었다. 그럼에도 이들 주민은 전쟁에 대한 공포 때문에 자신의 속내를 드러낼 수 없었다. 오히려 전쟁 초기에는 불신과 무관심이 뒤섞인 태도를 보이며 러시아군이나 일본군에 대해서 아무 말도 하지 않으려 하였다.[25] 평양의 경우, 성 안이 전쟁터가 될까 우려하여 장정과 역부를 제외하고는 성을 빠져나갈 정도였다.[26] 의주의 경우도 의주군수 구완희의 보고에 따르면 러일전쟁터와 근접하고 있어 인가가 무너졌으며 전답은 황폐화되었고 주민들은 대거 피난갔다.[27]

그러나 전쟁이 자신의 경제적 피해로 나타나자 다른 태도를 보이기 시작하였다. 우선 전쟁 자체가 농민 경제에 지대한 영향을 미쳤다. 러시아군과 일본군이 끼친 피해가 적지 않았다. 러시아군의 미곡과 우마 수탈에 못지않게 일본군의 수탈 역시 적지 않았다.[28] 당시 정부와 농민들은 일본 군인과 이들을 따라온 일본 상인을 각각 '불법징발자', '가축도둑'으로 고발하였다. 그리고 이들 주민이 전투 지역을 피해 '유리전패(流離顚沛)'하였음은 일본군을 따라 평안도 일대를 정탐했던 흑룡회(黑龍會) 회원인 혼마 규스케(本間九介)도 인정하였다.[29]

25 와다 하루키, 2019, 1169쪽.

26 "只存役丁", 『황성신문』, 1904. 3. 2, 2면.

27 『駐韓日本公使館記錄』 22권, 三. 韓官往復附韓人關係, (58) [의주지방의 러일전쟁 상황보고](1904년 5월 1일).

28 『駐韓日本公使館記錄』 24권, 三. 雜纂, (14) [別冊 보고서 返戾 件](1904년 6월 10일).

29 本間九介는 『二六新報』 특파원 출신으로 현양사와 흑룡회 회원이기도 하다(혼마 규스케 저, 최혜주 역주, 2008, 『일본인의 조선정탐록-조선잡기』, 김영사). 또한 일본 정부로부터 馬尼剌 叛徒를 원조할 음모를 품고 있다는 혐의를 받고 있었으며

다음 이들 주민은 역부 작업에 대한 두려움에 앞서 당장 농사를 지을 시기에 역부로 동원됨으로써 한 해 농사를 망칠지 모른다는 불안감이 컸다.[30] 1904년 6월 현재 이 지역에서 역부로 징발된 주민은 10만 명 이상으로 추정된다.[31] 의주의 경우만 하더라도 3만 명에 이르렀다. 비록 역부(役夫) 고가(雇價)가 지급된다고 하더라도 농민들은 역부 징발이 자신의 생활기반을 송두리째 흔든다고 판단하였던 것이다. 특히 농사일로 매우 바쁜 시기에 강제 징발은 반일의식(反日意識)을 자극하기에 앞서 자신의 생존 근거를 앗아가는 조치로 비쳤다. 황해도 신천(新川) 같은 비전투 지역도 해주·재령 일본병참의 요로에 소재하고 있어 철도 부역에다가 병참수송까지 맡게 되어 농사를 아예 포기해야 했다.[32] 실제로 전투 지역은 물론 역부 징발 지역의 농사는 흉작을 면치 못했다. 반면에 혼마 규스케는 청천강 이북 흉작의 원인을 전쟁이 아니라 농민들이 역부 고가에 취해 농사를 게을리한 행태에서 찾았다.[33] 그럼에도 혼마 규스케도 종자가 러시아군과 일본군의 말먹이로 징발되면서 파종량 자체가 매우 적었고 파종기를 놓쳤음은 인정하였다. 심지어 관아 규모가 작아 농민 가옥마저 일본군대의 숙영지로 징발당하였다.[34] 농민들은 일본

1899년 6월 한양에서 사진업을 영업하였다(『駐韓日本公使館記錄』 14, 七. 各領事館電報來信, (106) [本間久介 渡韓 陰謀行爲 警戒라는 外務大臣命 轉電]). 이후 그는 통감부 관리로 채용될 정도로 탐정 활동을 인정받았다.

30 "役夫難處", 『황성신문』, 1904. 8. 5, 3면.

31 『駐韓日本公使館記錄』 24권, 三. 雜纂, (14) [別冊 보고서 返戾 件](1904년 6월 10일).

32 "信川民情", 『황성신문』, 1904. 8. 15, 2면.

33 『駐韓日本公使館記錄』 24권, 三. 雜纂, (14) [別冊 보고서 返戾 件](1904년 6월 10일).

34 『駐韓日本公使館記錄』 24권, 三. 雜纂, (14) [別冊 보고서 返戾 件](1904년 6월

군들을 매일 접하며 온갖 궂은일을 해주는 게 싫어 종기 환자에게 떨어지려는 듯 자기 집을 떠나야 했다. 그리고 일본군에게 달걀과 닭을 도둑맞기도 하였다.[35] 또한 일본 상인들은 우마의 불법 징발, 미곡의 무상 약탈을 자행했다. 심지어 어느 일본 상인이 군표 2원으로 소 70마리를 구매하려다가 발각되는 일도 있었다. 혼마 규스케의 말대로 일본 상인의 농간이 적지 않았던 셈이다.

더욱이 일본인이 해당 지역에 나타나 역부를 강력하게 요청한 뒤 한국인 순교와 동행하여 온 마을을 뒤지자 농민들의 반발이 커져갔다.[36] 일본군 군량의 경우, 한국인 주무자말고 일본군 병참원이 나란히 이동하였다.[37] 심지어 길거리에서 만나는 농민들도 잡아서 역부로 편입시키기까지 하였다. 전쟁이 단지 병사들의 해당 지역 전투에 국한되는 게 아니라 병력 수송과 물자 운송을 위한 물적(牛馬 포함)·인적 징발을 초래함은 물론 철도 부설과 치도(治道)를 비롯한 인프라 조성을 촉진하였으며 이 과정에서 가혹한 징발과 침탈이 비전투 지역에서도 자행되었기 때문이다. 즉 전쟁 이전에도 경부철도 부설 공사로 인해 많은 한국인 역부들이 일본인 청부회사에게 고용되었지만 자발적인 형태를 띤 반면에 전쟁 발발 이후에는 일본군 사령부에 의해 자발적인 형태가 아닌 강제적인 형태로 동원되었다.

이에 농민들은 일본 군대를 원수처럼 인식하였다.[38] 물론 일본군 앞에

10일).

35 잭 런던, 2011, 7쪽.

36 "巡檢作獘", 『황성신문』, 1904. 8. 25, 2면.

37 "役夫供給", 『황성신문』, 1904. 2. 24, 2면.

38 『起案』 9, "내부와 외부에 러일전쟁의 노역자 응모에 관한 훈령초안을 보내는 통첩

서 노골적인 적대감을 표출하지 못하였다. 그들은 겉으로는 공경하는 체하면서 실제로는 꺼리어 멀리하였다. 혼마 규스케의 표현대로 '경원주의(敬遠主義)' 자세를 취했다.[39] 더욱이 지방관과 관속들이 역부 동원에 편승하여 중간 이득을 부당하게 가로챘다.[40] 심지어 전쟁터임에도 불구하고 지방관들이 자신들의 징수 실적을 올리기 위해 농민들을 압박하였다.[41] 예컨대 의주(義州) 군수 구완희(具完喜)는 일본군 대접 명목으로 관내 부호들에게서 어용금(御用金) 1만여 원을 갈취하였으며 미납자는 투옥시켰다. 또한 일본군을 지원한다고 징발하고는 대다수 미곡을 빼돌려 부를 축적하기도 하였다. 이처럼 대한제국 황제의 명령을 받았다든가 일본군 원정을 돕는다는 핑계로 수탈한 지방관은 적지 않았으며, 이들의 이러한 행위는 일본군을 배경으로 이루어졌다. 당시 철산과 정주에서는 농민 봉기가 일어났지만 구성에서는 일본군의 주둔으로 일어나지 못했다. 일본인 기록자 스스로도 일본군이 '폭관(爆官)의 수호자(守護者)'로 비쳤다고 기록하였다. 또한 일본군 어음은 지역 경제를 교란하는 데 영향을 미쳤다.[42] 당시 한화(韓貨)의 시세가 일본 화폐의 반값 이상에 해당한다는 점에서 한화 1원에 대한 일본군 군용 어음 50전의 교환 비율은

(1904년 9월)"; "內部訓令", 『황성신문』, 1904. 9. 6, 2면.

39 『駐韓日本公使館記錄』 24권, 三. 雜纂, (14) [別冊 보고서 返戻 件](1904년 6월 10일).

40 『起案』 9, "내부와 외부에 러일전쟁의 노역자 응모에 관한 훈령초안을 보내는 통첩(1904년 9월)"; "嗚乎西北之民", 『황성신문』, 1904. 3. 4, 2면.

41 『駐韓日本公使館記錄』 24권, 三. 雜纂, (14) [別冊 보고서 返戻 件].

42 군용 어음의 유통이 초래한 통화시스템의 왜곡에 관해서는 趙宰坤, 2017, 124~133쪽 참조.

한국인 경제에 타격을 입혔던 것이다.[43] 물가 앙등은 명약관화한 일이 되어버렸다. 그 밖에 패장배(牌長輩)가 역부의 고가(雇價)를 줄여서 지급하기도 하였다.[44] 심지어는 역부들이 일본을 배경으로 삼아 마을에서 행패를 부리기도 하였다.[45]

그런 가운데 한국인 역부와 일본인 역부 사이에서 충돌이 일어났다. 예컨대 1904년 6월 12일 전쟁터가 아니었지만 금산(錦山) 경부철도 공사장에서 일어난 한일 노동자 간의 충돌은 이를 잘 보여준다.[46] 심지어 일본인 역부가 한국인 역부를 구타하거나 소란을 피우기까지 하였다.[47] 이에 일본 측에서는 이러한 민족 갈등의 원인을 무뢰한 한국인이 공사장에 들어와 선량한 역부들을 선동하여 작업을 고의로 방해했다고 진단하였다.[48]

심지어 금산군수 이해성(李海成)이 1904년 4월 소관 내 철도 공사를 방해했다는 이유로 징계를 받기도 하였다.[49] 당시 그는 한국인의 재산을 보호하기 위해 일본헌병사령부와 일본 청부회사에 대항했던 것으로 보

---

43 『駐韓日本公使館記錄』 23권, 二. 電本省往 一·二·三, (205) [軍用手票 취급에 관한 件](1904년 3월 3일); 『駐韓日本公使館記錄』 24권, 三. 雜纂, (14) [別冊 보고서 返戻 件](1904년 6월 10일).

44 "雇價促償", 『황성신문』, 1904. 5. 12, 2면; "雇價不足", 『황성신문』, 1904. 5. 2, 3면.

45 "役丁行弊", 『황성신문』, 1904. 5. 12, 3면; "何故暴行", 『황성신문』, 1904. 6. 6, 2면; "役夫滋弊", 『황성신문』, 1904. 6. 8, 2면; "役夫惡弊", 『황성신문』, 1904. 6. 9, 3면.

46 "韓日激戰", 『황성신문』, 1904. 6. 23, 1면.

47 "役夫打巡", 『황성신문』, 1904. 7. 20, 3면.

48 『駐韓日本公使館記錄』 22권, 一. 京釜鐵道一件書類, (73) [京釜鐵道 地方紛擾事件 一部責任의 各地方官 및 韓民轉嫁](1904년 7월 7일).

49 『駐韓日本公使館記錄』 22권, 一. 京釜鐵道一件書類, (27) [金山郡守 李海成의 京釜鐵道工事 방해 사실 例擧와 嚴懲 요구](1904년 4월 27일); "妨工請懲", 『皇城新聞』, 1904. 5. 3, 2면 ; "役夫惡弊", 『皇城新聞』, 1904. 6. 9, 3면.

인다. 그는 포천군수로 전근한 뒤에는 농사철을 이유로 역부 동원에 신중을 기하기도 하였다.[50]

또한 한국인 역부들의 이러한 반발은 러일전쟁 와중에 부설되는 경의철도와 뒤를 이은 일본의 이른바 황무지(荒蕪地) 개간권(開墾權) 요구에 맞서서 반대 운동을 결집시키는 동력(動力)이 되었다. 그 밖에 일본 스스로도 인정하고 있듯이 전쟁에 따른 흉작, 일본 군용(軍用)어음과 한화(韓貨)의 환산(換算) 비율, 통화량의 증가에 따른 인플레이션의 고통이 적지 않았다. 혼마 규스케의 조사에 따르면, 평북 정주(定州)의 경우, 쌀은 전쟁 이전에 비해 1.4배 가까이 올랐다.[51] 콩 역시 2배가량 올랐다.

그런데 한국인들이 이러한 위기 의식을 공유하는 데는 무엇보다 러일전쟁 이전에 창간된 『황성신문(皇城新聞)』, 『제국신문(帝國新聞)』과 함께 전쟁 와중에 창간된 『대한매일신보(大韓每日申報)』의 관련 기사 보도가 미친 영향이 적지 않았다. 당시 정부 훈령이나 신문에서 역부 징발을 두고 '일본군용역부모집사(日本軍用役夫募集事)'라고 불렀다. 식자층은 물론 일반 민인들도 이들 신문을 매개로 역부 징발의 부당성과 토지 피탈 정보를 그때그때 공유하면서 다른 지역 주민의 전쟁 체험을 공유하기에 이르렀다. 심지어 이들 민인은 역부 징발에 대해 자신들을 끌고가 지뢰(地雷)를 밟게 하는 시험대상으로 삼는다거나 부역하다가 죽는다는 소문에 민감하였다.[52] 그것은 대한제국 정부의 대외정책 향방과 무관하게 전쟁의 참상과 피해를 직접적 또는 간접적으로 체험함으로써 불안과 공

50 "農務可念", 『皇城新聞』, 1904. 7. 28, 3면.

51 『駐韓日本公使館記錄』 24권, 三. 雜纂, (14) [別冊 보고서 返戾 件](1904년 7월 8일).

52 "훈령각도", 『대한매일신보』, 1904. 9. 7, 2면.

포는 극에 달했다. 경기도 이천에 거주하는 상공업자 지규식(池圭植)도 예외가 아니었다.[53] 그는 1904년 8월 23일(음력 7월 13일) 자신의 일기에서 다음과 같이 적고 있다.

> 역부 모집 일로 동회에서 의논을 모았으나, 자원자가 1명도 없어서 실지에 의거하여 관에 통보하였다. 그러나 일인이 반드시 좋게 처리할 이치가 없고 각처에서 들리는 소문으로는 강제로 모집하는 폐단에 이르기까지 한다고 하니, 이 동도 어찌 이런 걱정을 면할 수 있겠는가? 그러므로 저녁을 먹고 난 뒤 온 동이 대회를 열어 어려운 속사정을 설명하고, 역부 1명을 동정(洞庭)에 바쳐서 후환을 막는 것이 어떻겠는가? 하니 모두 좋다고 하였다. 또 만일 일본 사람이 갑자기 들어와서 아무개를 잡아가면 온 동이 모두 모여 잡아가지 못하게 하기로 약속을 정하고 마쳤다.[54]

지규식이 거주하는 경기도 이천군 분원(分院) 동네에서도 역부를 낼 수 없어 돈으로 해결하고자 하였음을 확인할 수 있다. 나아가 주민이 역부로 강제로 징발되면 완력으로 거부하고자 하였음도 보여주고 있다.

물론 대한제국 정부와 일본은 이런 소문을 유언비어(流言蜚語)로 치부하면서 확산을 막고자 노력하였다.[55] 그러나 이러한 집단 심리는 얼마

53 박은숙, 2016, 「경기도 분원마을 지도자 지규식의 외세 인식과 그 변화(1894~1910)」, 『한국인물사연구』 26집, 259쪽.

54 지규식 저, 이종덕 역, 2009, 『國譯 荷齋日記』 7, 1904년 7월 13일(음), 서울시사편찬위원회, 137쪽.

55 "譏察訓令", 『황성신문』, 1904. 8. 24, 3면.

든지 외세에 대한 불안, 정부에 대한 불신을 넘어 스스로 문제 해결의 주체로 나아갈 가능성(可能性)을 담지(擔持)하고 있었다.

그 밖에 일본군의 위세에 편승한 일본 상인의 침투도 적지 않았다. 이들은 일본 군대를 따라다니며 일본 수건, 비누, 치약, 칫솔, 면도칼 등 일본 잡화를 한국인 농민들에게 판매하였다. 일본 상인에게 전쟁은 판로 확장의 기회가 되었던 것이다.[56]

III. 역부 징발의 실상과 한국 민중의 저항

정부는 1904년 8월경 역부 동원의 강제에 따른 여러 부작용을 인식하고 자발적 고용을 적극 모색하였다. 즉 종전에 일본군 사령부가 대한제국 외부에 요청한 뒤 지방관이 역부를 동원하거나 일본군 사령부가 직접 역부를 모집하는 기존의 방식을 변경하여 오쿠라쿠미(大倉組) 등 일본 청부회사가 역부의 자발적인 지원을 받아 고용하는 형태로 역부를 동원하고자 하였다.[57] 이때 모집 역부는 8,000명이며 임금을 매일 한 명당 1원(元) 50전씩 지급하였다. 물론 순교 사령배가 저지르는 중간 작간을 방지하기 위해 자세히 관찰하여 엄금하도록 하였다.[58] 또한 부설

---

56 『駐韓日本公使館記錄』 24권, 三. 雜纂, (14) [別冊 보고서 返戾 件](1904년 7월 8일).

57 "募役雙訓", 『황성신문』, 1904. 8. 13, 2면; "募役揭榜", 『황성신문』, 1904. 8. 15, 3면. 당시 임시군용철도감부가 직접 역부를 징발하는 방식에서 토건 회사에 청부하는 방식으로 바꾼 것은 한국인 역부의 저항이 커다란 요인이기도 하거니와 감독자의 부족과 철도 재료의 공급 지연도 중요 요인이었다(정재정, 1999, 223쪽).

58 "募役揭榜", 『황성신문』, 1904. 8. 15, 3면; "嚴飭犯殺", 『황성신문』, 1904. 8. 15, 2면.

(浮說)로 역부 모집을 방해할 경우에는 엄벌에 처한다고 하여 한국인의 역부 모집 방해를 사전에 막고자 하였다. 그리하여 모집 방식의 변경으로 민인들의 반발은 수그러지는 듯했다.[59]

또 일본헌병사령부는 1904년 8월 대한제국 정부 내부(內部)에 중국 안동현(安東縣) 지방공역에 필요한 역부를 모집할 것을 요구하였다.[60] 전관(專管) 모집 주체는 청부업체인 오쿠라쿠미였다. 여기에는 여타 지역의 경우와 마찬가지로 마을에서 모군(募軍)도 내지 못하고 대체할 금액도 낼 수 없는 빈민들을 역부로 징발하였다.[61] 그밖에 8월 일본군 병참소에서 농사철임에도 불구하고 정주군수에게 봉황성(鳳凰城)까지 운반할 한국인 역부 1,000명을 요구할 정도였다.[62]

대한제국 정부의 이러한 방침 변경은 사실상 한국인의 동향을 예의 주시하던 주한일본공사관의 자문을 받아 일본헌병사령부가 내린 판단에서 비롯하였다.[63] 한국인의 민심이 애초에 일본식 개화를 원했다가 역부 동원 문제로 인해 러시아식 개화로 돌아서고 있다는 한국인의 문견록이 영향을 미쳤다. 이에 따르면 친러파가 퍼뜨린 유언비어로 인해 한국인들이 역부로 징발당하면 전쟁지로 끌려가 총알받이가 된다든가 지

59 "募役致擾"『황성신문』, 1904. 8. 16, 2면.

60 "請撥役夫",『황성신문』, 1904. 8. 9, 2면; "역부청발",『대한매일신보』, 1904. 8. 10, 1면; "역부청발",『대한매일신보』, 1904. 8. 10, 1면; "가련셔민", 1904년 8. 27, 2면; "의쥬보고",『대한매일신보』, 1904. 9. 21, 1면;「韓國人夫募集ノ件」(김용구 편, 1995,『韓日外交未刊極祕史料叢書』7, 아세아문화사, 304~308쪽).

61 "가련셔민",『대한매일신보』, 1904. 8. 27, 2면.

62 "役夫難處",『황성신문』, 1904. 8. 5, 3면.

63 "募役訓電",『황성신문』, 1904. 8. 16, 3면.

뢰밭에 들어가 실험용이 된다는 풍문을 믿고 있었기 때문이다.[64] 그리하여 일본헌병사령부가 대한제국 정부에 역부를 요청한 가운데 오쿠라쿠미 등 청부업체가 헌병사령부의 의뢰를 받은 뒤 지방통치기구의 협조를 받아 역부를 모집하였다. 이 점에서 헌병사령부가 역부 동원의 발주기관인 셈이다.

한편 정부는 러일전쟁을 일본이 동양평화를 지키기 위한 불가피한 전쟁임을 강조하면서 역부 동원에 따른 지방관의 중간 수탈 방지를 약속하고 역부의 자발적인 참여를 종용하였다.[65] 그럼에도 8월 중순에 이미 민란의 조짐이 나타났다. 일본군 병참부의 역부 요청으로 인해 김포, 양천, 파주 등지에서 일어난 불온한 움직임이 그것이다.[66] 역부 모집 방식이 변경되었음에도 고가(雇價)가 오히려 떨어지고 이에 농민들이 자원하지 않사 다시 징발하려고 하는 악순환이 지속되었기 때문이다. 황해도 평산(平山), 금천(金川)의 경우, 고가가 백동화 60전으로 떨어졌으며 식대 60전을 지출하고 나면 남는 게 없었다.[67] 더욱이 물가가 올랐기 때문에 역부 고가는 역부 생활에 별로 도움이 되지 않았다. 당시 역부 징발 방식이 폐지되었음에도 지방의 사정은 여전하였다. 1904년 9월에 기안된 정부 보고서는 이를 잘 보여준다.

---

64 『駐韓日本公使館記錄』 22, 三. 韓官往復附韓人關係, (75) [露日戰中 韓國民心動搖狀況을 見聞한 無名人의 記錄].

65 『起案』 9, "내부와 외부에 러일전쟁의 노역자 응모에 관한 훈령초안을 보내는 통첩(1904년 9월)"; "■禁勒募", 『황성신문』, 1904. 8. 27, 2면; "飭禁勒募", 『황성신문』, 1904. 8. 29, 3면.

66 "募役致擾", 『황성신문』, 1904. 8. 16, 2면.

67 "募役景狀", 『황성신문』, 1904. 8. 20, 2면.

> 近聞地方流來之說 則募集之際에 多般脅勒이 其端이 不一ᄒᆞ야 或强排面里에 戶歛雇立ᄒᆞ며 或多發吏校에 橫行村閭ᄒᆞ야 憑藉討索에 怨讟이 朋興ᄒᆞ며 或爲官長者 操縱存拔에 因緣誅求ᄒᆞ야 以致衆憤莫遏에 民擾踵起ᄒᆞ니[68]

강제 징발이 지속되고 여기에 편승한 지방관속의 수탈이 여전하자 민란의 조짐이 보였다. 심지어 일본군의 삼엄한 경계 속에서도 민란이 속출하였다. 그만큼 역부 징발에 대한 민인들의 반발이 컸던 것이다.

그럼에도 1904년 8월 20일 경기도 용인(龍仁)에서 헌병 2명이 군수와 서기를 대동하고 역부 징발에 나서자 용인 군민 4~5천 명이 관아에 들이닥쳐 군수를 일제의 앞잡이로 간주하고 역부 징발에 저항하였다.[69] 이어서 경기도 가평에서도 일본 헌병의 강제 모집에 저항하며 사발통문을 돌렸다.[70] 또 역부 모집 일로 경기도 진위(振威)와 고양(高陽), 교하(交河) 등지에서 민란이 일어났다.[71] 지역 대소 민인이 관아에 들어가 투석하고 관속은 모두 도피하였다. 황해도 안악군에서도 역부 300명 내에 100명을 모집하여 삼화항(三和港)으로 보낼 예정이었는데 농민들이 자원하지 않을뿐더러 소요로 번질 지경이었다.[72] 이어서 1904년 9월 14일

---

68 『起案』 9, "일본군의 인부모집을 정지했는데도 폐단이 심하니 관찰부에 명하여 탐학한 지방관을 징치할 것(1904년 9월 28일)".

69 "용인민요", 『대한매일신보』, 1904. 8. 25, 2면.

70 "가평군보", 『대한매일신보』, 1904. 8. 23, 2면.

71 "진위민요", 『대한매일신보』, 1904. 8. 24, 2면; "高陽民擾", 『황성신문』, 1904. 8. 29, 2면; "交河民擾", 『황성신문』, 1904. 9. 1, 2면.

72 "安岳電訴", 『황성신문』, 1904. 9. 10, 3면.

경기도 시흥(始興)에서 역부 동원에 대한 반발로 민란이 일어났다.[73] 이날 시흥에서는 수천 명의 주민들이 역부 강제 동원에 반발하여 시위하였고 심지어 일본군에 맞서 싸웠다. 그 과정에서 친일군수와 일본인 2명이 살해되었다.[74] 또 10월 3일 황해도 곡산(谷山)에서 역부 징발에 반대하여 곡산 민인들이 일본인 7명을 살해하는 사건이 일어났다.[75] 곡산 민란의 경우, 그 원인은 일본인 청부업자 6명이 평산(平山) 남천점(南川店) 병참부(兵站部) 공함(公函)에 근거하여 작성된 지방관 공문을 가지고 올 때 역부 800명을 배정받았다는 이유로 순교(巡校)를 대동하고 마을을 돌아다니다가 곡산 민인들의 공격을 받았던 것이다.

이처럼 정부의 방침은 현실과 맞지 않았다. 물론 정부는 자원자 위주로 역부를 모집할 것을 지시하는 공문을 내려 보냈다.[76] 그러나 정부의 이러한 방침에도 불구하고 강제동원은 좀처럼 개선되지 않았다. 황해도 신천(信川)의 경우, 각종 역부 징발로 고을 전체에 남자가 없을 정도여서 농사를 짓지 못하였다.[77] 그리하여 상인들마저 신천에 들어오지 못하

73 『司法稟報(乙)』 47, "김원록 외 3명의 시흥군 소요사건에 대한 질품(1905년 4월 17일)". 이와 관련하여 망원한국사연구실, 1989, 『한국근대민중운동사』, 돌베개, 183~184쪽 참조.

74 후일 1905년 4월 군수에게 돌을 던졌던 金元祿에게는 絞刑을, 봉기 때 通文을 돌렸던 閔用勳과 洞任 成禹慶, 河周明 等 3인은 役終身을 선고하였다("擾民照律", 『황성신문』, 1905. 4. 19, 2면).

75 『司法稟報(乙)』 45, "황해도관찰사 김학수가 수안군의 소요원인과 일본인 피살 및 군민들의 상해사건 보고"; 『議政府來去文』 10, "시흥군 소요 사건의 조사현황과 조치를 보고(1904년 10월 20일)"; 『法部來案』 7·12, "법부에서 곡산군민들의 일본인 철도 역부 습격·피살 사건을 조사하여 외부에 조회(1904년 11월 25일, 11월 28일)"; 『司法稟報(乙)』 47, "김원록 외 3명의 시흥군 소요사건에 대한 질품(1905년 4월 17일)"; "谷山民擾", 『황성신문』, 1904. 10. 3, 2면.

76 『起案』 10, "관찰사 事目을 정하여 보내니 시행할 것(1904년 10월 12일)".

77 "信川民情", 『황성신문』, 1904. 8. 15, 2면.

게 되었다. 오히려 정부는 역부 동원에 불만을 품고 민란을 일으킨 주모자들을 강력하게 처벌하였다.[78] 심지어 곡산의 경우, 일본헌병대가 출동하여 1명을 살해하였으며 상해자가 12명에 이르렀다.[79]

심지어 역부 동원이 형식적으로나마 자발적인 모집에 의한다고 하다라도 역부들은 늘 위험에 노출되어 있었다. 화약 발파 등 위험 작업에 수시로 동원되었다.[80] 당시 대한제국 정부 역시 민심의 동정을 우려하고 있었으나 일본의 강력한 요구 앞에 역부 동원에 협조하였다. 그리하여 일부 지역에서는 한국인 역부 사망자가 다수 발생하기도 하였다.[81] 또 전쟁터가 평안도에서 만주로 이전하면서 전쟁의 직접적인 피해가 발생하지 않았으나 경의철도 노선과 연접한 각군(各郡)은 정거장 부지와 역부 징발로 분위기가 심상치 않았다.[82] 특히 지방관의 각종 수탈이 자행되는 가운데 역부 징발이 민란의 도화선이 되었다. 경기도 진위군(振威郡)의 경우, 지방관과 관속들이 온갖 부정을 저지르면서 역부 징발에 작간(作奸)이 일어나자 민란이 일어났다.[83] 그 밖에 경남 창원에서는 일본군용철도 부설로 역부와 주민들이 반발하여 민란을 일으켰다.[84]

또한 군수가 군용 역부 모집일을 두고 향장의 지나친 토색을 막으려

---

78 『起案』 10, "소요사건의 주동자를 경찰서와 재판소에서 다스려 보고케 할 것(1904년 10월 19일)".

79 『司法稟報(乙)』 45, "황해도관찰사 김학수가 수안군의 소요원인과 일본인 피살 및 군민들의 상해사건 보고(1904년 10월 30일)".

80 『內部來去文』 16, "일본공사의 서울과 의주간 도로 중 의주와 안주 간 도로개수시 필요한 인부·석공·폭약 등 요구에 대한 조복(1904년 9월 7일)".

81 "役夫壓死", 『황성신문』, 1904. 8. 13, 2면.

82 철도 역부 징발에 관해서는 정재정, 1999, 307~327쪽 참조.

83 "振擾顚末", 『황성신문』, 1904. 11. 4, 2면.

84 "慶察馳報", 『황성신문』, 1904. 11. 19, 2면.

하자 일본병참부가 군수를 압거(押去)하기까지 하였다.[85] 또 청부회사 직원이 양천군(陽川郡)에 통감부 공문을 가지고 역부 500명을 고양(高陽) 지역 철도 개량공사에 필요하다고 향장, 순교, 서기 등을 협박하였다.[86] 또 청부회사 직원이 마을에 며칠간 머물면서 매일 토색하였다.[87]

한편, 1904년 8월 정부의 약속에도 불구하고 역부 고가(雇價)가 계속 하락하였는데 1905년 5월경 황해도 금천군(金川郡)의 경우, 한국인 역부의 고가가 1원 50전에서 70전으로 하락하였다.[88] 더욱이 역부 배정이 더욱 많아져 폐농(廢農)의 지경까지 이르렀다. 심지어는 일본병참부 군인이 통역과 함께 황해도 금천군의 어느 마을에 들어와 철도 역부를 모집하는 과정에서 향장을 체포하고 일반인을 잡아갔다.[89] 당시 지방관은 국제법 위반이라고 항의했지만 소용없었다.[90] 그리고 일본군의 요구는 각군의 규모와 상관없이 무차별적이었다. 평안남도 덕천(德川)과 같이 작은 고을도 여지없이 과다한 역부를 징발해갔다.[91]

이러한 사정은 함경도도 예외가 아니었다. 일본군이 북진하면서 원산항을 통해 물자를 하역하였고 이를 여러 일본군 주둔지에 보급해야 했기 때문이다. 각종 군사시설이 들어서고 군량 운송이 빈번해지며 역부 동원이 커지자 폐농에 이르렀다.[92] 이곳 역시 고가가 크게 하락했다는 것

85 "淵倅被押", 『황성신문』, 1904. 12. 19, 2면.
86 "陽川告悶", 『황성신문』, 1905. 5. 24, 2면.
87 "交涉妥辦", 『황성신문』, 1905. 6. 13, 2면.
88 "金川報告", 『황성신문』, 1905. 5. 3, 2면.
89 정재정, 1999, 307~327쪽.
90 "江察報告", 『황성신문』, 1905. 6. 27, 2면.
91 "泰川報告", 『황성신문』, 1905. 7. 10, 3면.
92 "咸南情況", 『황성신문』, 1905. 5. 15, 2면; "各道情況", 『황성신문』, 1904. 5. 27, 2면.

이 민심을 소란케 한 요인이었다. 따라서 많은 농민들이 도망가고 이에 일본군은 강제 징발에 적극 나섰다.

일본군의 이러한 징발은 시간이 흐를수록 강화되었다. 비록 역부 계약 형태로 주차일본군사령부와 지방 통치기관 사이에 역부 계약이 체결되어 역부 모집에 자발적인 모집을 권장한다고 하더라도 우천 시 등에도 출역을 강요하였으며 심지어 지방관이 해당 역부를 처벌하도록 하였다.[93] 또한 고가도 이전 시기에 비해 1원 50전에서 60전으로 하락하여 이런 비용으로 역부를 모집할 수 없게 되자 각군에 강제 배정하여 차출하고자 하였다.[94] 또한 이 비용을 마련하기 위해 지방관이 각군 주민에게 해당 비용을 전가하였다. 해주군(海州郡)의 경우, 역비의 민간 징렴이 40만 량에 이를 정도였다.[95] 또 평남 순천군(順川郡)의 경우, 대립전(代立錢)이라 핑계대고 1인당 8량 5전씩 징수하기도 하였다.[96] 또 각군이 스스로 비용을 마련할 수 없어 탁지부와 협의하기도 하였다.[97] 그 밖에 군수가 호전(戶錢)으로 고가를 충당하기도 하였다.[98] 일본군은 자신들의 병참 비용을 한국인 일반과 정부에 전가한 셈이다.

드디어 일본군은 대한제국 정부를 협박하여 1905년 4월 형법 제정을 통해 제676조에 따라 역부가 고가를 인상할 목적으로 선동하거나 방해

---

93 "役夫契約", 『황성신문』, 1905. 8. 10, 2면.

94 "西民呼冤", 『대한매일신보』, 1906. 3. 7, 3면; "西民哀訴", 『대한매일신보』, 1906. 5. 8, 2면; 『各觀察道(去來)案』 1, "경의선 철도부설에 동원되어 생활이 어렵게 된 의주 군민의 연명 상소(1906년 4월 8일)".

95 "海察報告", 『대한매일신보』, 1905. 8. 25, 2면.

96 "順民何罪", 『황성신문』, 1905. 9. 8, 3면.

97 "修築請費", 『황성신문』, 1905. 9. 12, 2면.

98 "鐵役費民斂", 『황성신문』, 1905. 11. 17, 3면.

하는 것에 태(笞) 30에 처하기로 하였다.[99] 역부의 정당한 임금 인상 요구를 원천적으로 봉쇄하고자 하였던 것이다. 그리하여 역부의 생활은 나락으로 떨어졌다. 1906년 4월 평북 의주의 역부들은 자신의 경제 상태를 다음과 같이 진술하면서 간곡하게 고가 인상을 요구하였다.

> 役夫所費言之 則一日之三時食價가 葉爲六兩也요 又有草鞋南草等用二兩之錢 則合計爲八兩可費之錢이온ᄃᆡ 今以人夫發給之一日雇價段은 不過爲銅錢幾分也 以此之費와 以此之雇로 比諸見害가 其爲不少ᄒᆞ야 民情之拂鬱이 從以益深ᄒᆞ야 民莫奠居에 請願如是이옵기 玆에 據實報告ᄒᆞ오니 査照後 役雇物價을 依時勢確定ᄒᆞ야 使無民寃之意로 別般交涉ᄒᆞ시와 期圖方便之政이 恐合民事이오니 亟降指令處分ᄒᆞ시믈 伏望.[100]

물가는 날이 갈수록 상승하여 생활비를 압박하는 반면에 고가는 제자리에 머물러 파산지경에 이르렀기 때문에 고가를 시세(時勢)에 맞춰 인상해달라고 요망하였던 것이다.

그러면 한국인 역부가 불법적으로 징발당하는 현실에서 역부 징발의 대상에서 벗어나 있던 식자층은 이런 현실을 어떻게 인식하였을까.

---

99 『관보』, '법률 제3호 형법'(1905년 4월 29일).

100 『各觀察道(去來)案』 1, "경의선 철도부설에 동원되어 생활이 어렵게 된 의주군민의 연명 상소(1904년 4월 8일)".

IV. 식자층의 착종된 전쟁 인식과 민중의 의병 참여

식자층의 전쟁 인식은 일반 민인과 반드시 일치하지는 않았다. 무엇보다 일기(日記)와 야사(野史)로 기록한 이들 상당수는 주로 전투 지역에서 벗어나 있거나 징발 대상에서 제외되어 있어 직접적인 고통을 당하지 않았기 때문이다. 윤치호(尹致昊)의 경우, 자신의 일기를 통해 정국(政局)의 동향(動向), 일본과 러시아, 고종 정부에 대한 모순적인 심경을 자주 밝히고 있는 반면에 일반 민인의 전쟁 체험에 공감하는 내용은 보이지 않는다. 시흥 민란과 곡산 민란을 두고 일본인들이 자신의 군대 둔영지(屯營地)를 설치할 수 있는 구실로 삼은 것을 비판하면서도 다음과 같이 한국인 일반의 반일 감정(反日 感情)이 심화되는 것을 우려할 뿐이었다.

> 열등한 지위의 군중. 백성들을 압박하던 시흥군수 박우양(朴嵎陽)이 몇 주 전 백성에게 살해되었다. 일본인 노동자 2명도 군중에게 살해되었다. 강제적인 노동자 동원이 그 원인이었다.
> 며칠 전 곡산에서 군중이 일본인 7명을 살해했다. (중략) 이런 일련의 봉기사건은 모두 조선 각지에서 일어나는 반일 감정의 징후다. 일본인은 이런 봉기사건을 그다지 걱정하고 있지 않은 것 같다. 왜냐하면 이런 봉기사건은 자신들이 조선 각지에 일본군의 둔영지를 설립할 수 있는 구실을 제공해주었기 때문이다. 이 일은 감탄할 만한 결실을 낳았다. 하지만 웬일인지 일본인이 머지않아 이렇게 무자비한 방식으로 수백만 명의 조선인들을 분노하게 만든 것에 대해 후회할 것이라는

생각이 든다.[101]

윤치호는 관료를 지냈음에도 불구하고 철저하게 관찰자의 처지에서 사건의 경과와 영향을 담담하게 기술할 뿐이었다. 그 자신이 이 문제를 해결하려는 노력을 보이지 않았다. 그 뒤 역부 징발과 관련된 내용을 찾기 어렵다. 반면에 그는 7월 16일 일기에서 일본의 철도 부설과 교량 건설, 황무지 개간, 식수 사업 등에 대해 다음과 같이 피력하고 있다.

> 일본인이 관리하는 모든 철도가, 바위 사이로 닦은 새 도로의 모든 족적이, 그렇게 해서 다리가 놓이지 않았던 개울 위로 놓인 모든 다리가, 개척된 모든 황무지가, 새로 심은 나무 하나하나가, 이 세계의 진보에 명백한 자산이 된다. 오직 조선인의 감정만이, 일본인의 지배라는 모험을 유감스럽게 생각할 것이다.[102]

윤치호는 문명계몽론자로서 일본을 대한제국에 문명 시설을 이식(移植)하는 주체로 인식하면서 한국인의 반일의식을 감성적인 배타주의로 치부하고 있다.

이러한 인식과 자세는 당시 제주도로 유배당했던 김윤식(金允植)도 마찬가지였다. 그는 1904년 3월 2일 자신의 일기에 일본의 대러시아 전쟁을 세계 최초의 의로운 전쟁으로서 동양을 진동시켰다고 적고 있다.[103]

---

101 『윤치호일기』, 1904년 10월 5일(국사편찬위원회 홈페이지 접속, 번역문은 여기에 근거함, 이하 동일).

102 『윤치호일기』, 1905년 7월 12일.

103 "俄國爲歐洲專制君治之國 政事腐敗 獨其貪人土地之性 世守不變 爲萬國之所仇

황현(黃玹) 역시 척사유생임에도 일본의 군사적·경제적 침략은 시야에 들어오지 않았다. 시흥 군민의 민란을 기술하면서 시흥군수의 중간 수탈만을 문제 삼았다.[104] 오히려 일본인이 각도에서 역부를 모집하던 일을 폐지하였다는 기사를 『매천야록』에 옮겨 기술하였다.[105] 다만 130만 냥을 착복한 평양군수 팽한주(彭翰周)가 일본공사관의 비호 아래 일본 군대를 지원했다는 이유로 파면되지 않았음을 기술하였다. 이러한 현실 인식은 당시 역부 징발의 구조적 배경을 전혀 파악하지 못한 채 표면적으로 드러나는 지방관의 탐학에만 주목했기 때문이다.

『황성신문』의 경우, 역부 동원에 따른 지방관의 탐학을 성토하지만 일본군의 역부 징발에 대해서는 동양평화와 한일 정부의 동맹을 강조하며 일본군의 행위 자체를 비판하지 않았다.[106] 심지어 일본군의 엄격한 군율 기강을 러시아군의 기강 해이와 견주어 찬양할 정도였다. 나아가 전쟁의 발발과 전개 과정에서 일어나는 이른바 활빈당(活貧黨), 동학당(東學黨) 등 '적당(賊黨)'의 활보를 깊이 우려하였다. 동문동종론(同文同種論), 한일연대론(韓日連帶論)에 몰입한 나머지 지방관의 역부 운용 미숙을 민요(民擾)의 주된 원인으로 꼽았던 것이다. 그리하여 농사철을 피하고 무업유식(無業遊食)의 민(民)을 초모(招募)하였다면 이런 민요(民擾)에 이르지 않았다고 주장할 정도였다.

나아가 『황성신문』은 1904년 8월 18일 논설 「논역부모집사건(論役夫

疾 今與日本開戰 人無不幸其敗北 爭助日人 日人此戰 可謂世界初有之義戰 非徒震動東洋 其光榮輝映全球"(『續陰晴史』 권11, 광무 8년 3월 2일).

104 黃炫, 『梅泉野錄』 권4.

105 黃炫, 『梅泉野錄』 권4.

106 "嗚呼西北之民", 『황성신문』, 1904. 3. 4, 2면.

募集事件)」에서 역부 징발의 폐단을 인식하면서도 한일 양국이 일체 군사상 수용(需用)에 일본군의 요구가 있으면 응해야 한다는 조약을 상기시키며 부득불 상부상조해야 함을 역설하였다.[107] 같은 날 외부가 일본 공사관에 조회하는 내용을 인용하며 일부 식자층이 동양대세(東洋大勢)를 알지 못하고 민심을 선동하고 있다고 보도했다. 『대한매일신보』도 여전히 일본에 방조(傍助)하는 방침을 지키는 가운데 역부 징발이 농사철과 어긋나므로 실업자들을 일자리 확보라는 차원에서 역부로 보낼 것을 주장하였다.[108]

또한 전(前) 시종(侍從) 이유형(李裕馨)은 의정부에 올리는 헌의서에서 한일동맹의 중요성을 강조하고 역부 징발을 둘러싼 유언비어를 비판하는 가운데 대한제국 지방대에서 공병(工兵), 화병(火兵)[밥 짓는 병사], 치중병(輜重兵)[병참병, 군수 운송 책임을 맡은 군사]을 차출한다면 역부 징발의 폐해가 없을 것이라 주장하였다.[109] 이 역시 한일동맹을 전제로 삼아 역부 징발의 폐해를 줄이자는 주장인 셈이다. 심지어 『대한매일신보』도 일부 한국인들이 일부러 고집을 부림에 일본이 후한 고가(雇價)로 모집하는 것은 옳지 못하다고 비판하였다.[110]

반면에 일본이 1904년 5월 대한방침(對韓方針), 대한시설강령(對韓施設綱領) 등을 내세우며 6월 6일 대한제국 정부에게 황무지 개간권을 넘

---

107 "論役夫募集事件", 『황성신문』, 1904. 8. 18, 2면.
『황성신문』은 8월 18일에도 역부 문제를 재론하는 가운데 지방관의 중간 횡령을 비판하며 兵丁充役의 소문을 유언비어라고 치부하였다.

108 "론셜 전쟁이 농사에 상쟈됨이라", 『대한매일신보』, 1904. 8. 16, 1면; "역부문제", 『대한매일신보』, 1904. 9. 8, 1면.

109 "李氏議書", 『황성신문』, 1904. 8. 23, 3면; 『梅泉野錄』 권4, 광무 8년 甲辰.

110 "론셜 한국에 일본 위력이라 전호계속", 『대한매일신보』, 1904. 9. 6, 1면.

기라고 요구하자 『황성신문』의 평기자(平記者)는 자신의 신문사 논설진과 다르게 한국인의 황무지 개간권 반대 상소운동에 호응하여 황무지 개간권 장악 시도를 반대하는 한편 일본이 보호를 핑계대고 군대를 주둔시키고 화를 미쳐 사변을 양성시키고 있다며 그 증거로 역부 징발을 들었다.[111] 일본 정부가 내세우는 동양평화론이 허구임을 인식하고 주권을 수호하고자 했던 것이다. 또 역부 징발도 일제 침략의 일환으로 인식한 것은 자연스러운 변화였다.

식자층 내부에서 보이는 인식의 이러한 균열 조짐은 러일전쟁을 일본의 '의전(義戰)'으로 인식하였던 김윤식에게서도 나타났다. 그는 일본의 무차별적인 군사적·정치적·경제적 침략을 전해 듣고 1904년 8월에 체결된 제1차 한일협약과 고문정치 소식을 접한 뒤에는 기존의 일본의전관(日本義戰觀)을 폐기하였을뿐더러 대한제국이 주권을 상실해가고 있음을 인식하였다.[112] 특히 일본군이 한국인 역부들을 징발하여 요양(遼陽) 지역으로 데려간다는 소식을 전하면서 지방 사회가 이에 반발하여 민란의 조짐이 있음을 언급했다. 이전만 하더라도 일본군의 역부 징발을 담담하게 기술하였으나 8월을 분기점으로 부정적인 평가로 기울었던 것이다. 지규식도 사정은 마찬가지여서 일본에 대한 경계감이 커져갔다.[113] 식자층 사이에서 일본을 우호적으로 바라보는 시각에 균열이 야기되었음을 짐작할 수 있다.

한편, 1904년 7월 혁신유생들은 황무지 개간권 요구 반대와 역부 징

---

111 "請質政府諸公(續)", 『황성신문』, 1904. 6. 30, 2면.

112 『續陰晴史』 권11, 광무 8년 8월 11일, 8월 25일. 이와 관련하여 조경달 저, 최덕수 옮김, 2015, 『근대 조선과 일본』, 열린책들, 203쪽 참조.

113 박은숙, 2016, 259쪽.

발 반발 분위기를 활용하여 의병(義兵)을 모집하기에 이르렀다.[114] 당시 한양 의병소(漢陽 義兵所)는 격문에서 황무지(荒蕪地)[山林川澤] 개간 문제와 역부 징발 문제를 지적하였다. 나아가 발통자(發通者) 김기우(金箕祐)는 심문 조서(審問 調書) 작성 과정에서 대한제국 정부가 토지와 인민들을 유지·보호하지 못했기 때문에 자신의 생존권을 스스로 지키기 위해 기의(起義)하고자 하였음을 당당하게 밝혔다.

> 이 모든 일이 민국(民國)의 앞날에 관계되는 바가 있기 때문에 비록 빈천한 무명인사라 할지라도 그 일에 나서기를 싫어하면서 묵묵하게 모든 것을 삼키고 말하지 않으려는 것은 옳지 못한 일인데 하물며 이 황급하고 중요한 일에 있어서야 만약 정부(政府)에서 토지(土地)와 인민(人民)들을 과연 능히 유지 보호할 수 있다면 우리들은 잔약하고 열등한 백성으로서 다만 각자의 생업에 임해 미리 의논할 바가 없을 것이고, 지금 외인(外人)들의 각종 청구는 아침에 허가하면 저녁에 시행하게 하여 이것을 알기를 상시(常時)의 일과 같이 생각하며 조금도 뜻에 거리끼지 않고 이 같은 극단지경에 이르렀으니 어찌 한마디도 하지 않고 헛되이 즐기어 빠져들겠습니까?[115]

이에 따르면 국가가 국토를 수호하지 못하고 인민의 생활을 보호하지 못한다면 인민 스스로가 정치적·사회적 발언을 통해 자신의 생존권을 보장받도록 노력해야 함을 역설하고 있다. 초보적이나마 인민생존권

114 『續陰晴史』 권11, 광무 7년 7월 12일.

115 『駐韓日本公使館記錄』 24권, 二. 外部來 一·二, (47) [排日上疏者 金箕祐 등의 진술서 및 관계 回答文 送付 件].

을 주장하고 있는 셈이다.

의정부(議政府) 참찬(參贊) 허위(許蔿)는 1904년 8월 말 하야시 곤스케 일본공사를 수차례 만나거나 일본군사령부를 방문하여 철도 역부 징발로 인한 피해를 정식으로 제기하면서 무업 한국인(無業 韓國人)의 자발적인 지원을 유도할 것을 요청하였다.[116] 이후 러일전쟁에서 승리한 일본이 대한제국을 병탄하는 작업에 본격적으로 들어가자 허위는 1908년 13도 의병부대 군사장(軍師長)을 역임하였다.[117] 척사유생(斥邪儒生)이 일반 민인의 전쟁 체험을 자신의 문제로 내재화하면서 국권수호운동에 적극 나서기에 이른 것이다.

이에 『황성신문』 역시 1904년 11월 25일 논설 「서고동포(誓告同胞)」에서 이전 시기 논조와 달리 일본의 대러시아 전쟁이 대한제국 정부와 동포의 희생 속에서 치러지고 있음을 부각시키고 있다.

> 嗟我二千萬同胞여 我韓이 現當日■交戰之局하야 實國家興亡之機關이오 人民艱危之厄運也라 今夫日■之搆兵이 其關係난 在韓清兩國이오 若對擧韓清兩國則我韓이 尤有絕大關係하니 日本이 倡疆土保全과 獨立扶植之論하고 與我議定約書하니 形式觀之면 洵天下之義擧也라 然而其實際注意난 豈眞擧全國之生靈하야 只供遼野之犧牲하며 竭全國之財力하야 徒快俄人之屍骸하고 空然博得義旅之

---

116 "참찬담화", 『대한매일신보』, 1904. 8. 30, 3면; "조쳐득당", 『대한매일신보』, 1904. 8. 31, 2면. 이와 관련하여 조재곤, 2005, 「왕산 허위의 관직생활과 항일투쟁」, 『왕산 허위의 나라 사랑과 의병전쟁』(김희곤 외), 구미시·안동대학교 박물관, 124~125쪽.

117 신용하, 1977, 「허위의 의병 활동」, 『나라사랑』 27, 63~64쪽.

虛榮하며 空然扶植韓國之獨立焉而已乎아[118]

이에 따르면 러일전쟁 직후 일본이 벌인 황무지 개간권 요구, 고문정치의 실시 등을 목도하면서 일본의 침략성을 인식하기에 이른 것이다.

또한 『황성신문』은 대한제국 동포들이 스스로 반성과 경계를 통해 힘을 합쳐 애국할 것을 주문하였다.[119] 비록 역부 징발 자체는 언급하고 있지 않지만 당시 『황성신문』 역시 일제의 보호국화 방침에 위기감을 절감했던 것으로 보인다.

나아가 『황성신문』은 일본의 침탈을 고발하는 식자층의 각종 기고문과 호소문을 적극 게재하였다. 당시 평안북도 순천(順川) 출신 시무학교 학생 이희경(李喜儆)은 일본이 철도 부설을 핑계로 묘지를 파헤치고 토지를 약탈하는 것을 비판하였다.[120] 특히 일제가 재정권과 경찰권을 장악하는 것을 지적하면서 대한제국이 폴란드의 운명과 같다고 하였다. 또 여중룡(呂中龍), 강원형(姜遠馨), 우용택(禹龍澤) 등이 일본공사관에 투함(投函)한 글을 1905년 6월 21일자 신문에 게재하였다.

其陸地則 南自釜馬兩港으로 西至龍灣之界히 鉄路電線이 縱横貫通ᄒᆞ야 以握大陸上交通之權ᄒᆞ고 其所經沿道에 必廣占地段ᄒᆞ야 韓人之田畓 家屋 墳墓 森林을 靡不毁破 鑿掘ᄒᆞ고 儼成日本之村落庄土호ᄃᆡ 猶且不足ᄒᆞ야 三南 兩西曠衍膏沃之土를 稱云買收ᄒᆞ고 以狙

118 "誓告同胞(前號續)", 『황성신문』, 1904. 11. 25, 2면.

119 "論合群 愛國子寄函", 『황성신문』, 1904. 11. 30, 2면; "論合群 愛國子寄函", 『황성신문』, 1904. 12. 1, 2면.

120 "寄書[續]順川郡私立時務學校生徒李喜儆", 『황성신문』, 1905. 4. 13, 2면.

謀譎計로 强占白奪ᄒᆞ야 據爲己有者ㅣ 以億萬計오 其他 山河市場에 可以殖利營業者ᄂᆞᆫ 亦必設計騙取ᄒᆞ야 糚占靡遺ᄒᆞ니 可憐韓國之民은 擧皆蕩産敗業에 流離渙散ᄒᆞ야 哀號翻怨ᄒᆞ며 搥胷蹐地ᄒᆞ니 天乎有知면 豈忍爲斯며 又其敷設時所需役夫ᄂᆞᆫ 强迫農民에 驅入役地를 如犬羊之鞭扑而凌踏之ᄒᆞ고 又其雇金은 十不給一ᄒᆞ야 哀此貧民이 飢疲莫振일ᄉᆡ 所以 謀避紛紛ᄒᆞ야 負戴奔竄ᄒᆞ니 十室九空에 人烟이 蕭瑟ᄒᆞ고 氣像이 愁慘ᄒᆞ며 關北一路ᄂᆞᆫ 偏被兵役之苦ᄒᆞ야 生息이 幾絶ᄒᆞ니 全國生靈이 俱被魚肉之慘이라[121]

여기서도 일제가 철도를 부설하는 과정에서 많은 토지를 약탈하고 농민들을 강박하여 역부로 징발하는 현장을 고발하였다. 특히 고가(雇價)가 10분의 1도 지급되지 않아 많은 농민이 기근에 시달리고 있음을 폭로하고 일본군정하 함경도의 열악한 사정을 전하고 있다. 『황성신문』의 이러한 보도 태도는 기고문을 통해 사안의 심각성을 독자에게 알려줄뿐더러 『황성신문』 자신이 일본의 각종 침탈을 동양평화론에서 접근하고 있지 않음을 보여준다고 하겠다.

『대한매일신보』도 1905년 일제의 고문정치가 본격화하자 일본의 침략정책을 비판하기 시작하였다.[122] 우선 포츠머드 조약 체결로 전쟁이 종료되었음을 언급하고 한국 사회를 옥죄고 있는 일본군의 군률(軍律)을 환수하길 요청하였다. 특히 일본 정부가 자국민을 고역(苦役)에 사용하길 꺼리고 한국민을 징발하였음을 지적하면서 온갖 농간을 부린 일본

121 "投日公舘書[續]", 『황성신문』, 1905. 6. 21, 2면.

122 "日本이 將何以爲之", 『대한매일신보』, 1905. 9. 21, 1면.

청부회사의 철수를 지적하였다. 또 철도 공사와 항만 공사가 자금 부족으로 중단될 것이니 일본 자국민을 철수시킬 것을 요구하였다. 나아가 『대한매일신보』는 일본군의 역부 징발을 두고 다음과 같이 혹평하였다.

> 近日黃海平安兩道地方人民의 嗷嗷怨咨가 愈益狠藉ᄒᆞ야 足히 天地之氣를 感傷ᄒᆞᆯ지니 實로 至慘至悲ᄒᆞ도다 大抵人類中에 最賤者ᄂᆞᆫ 奴隷로ᄃᆡ 오히려 眠食을 自由ᄒᆞ거날
>
> 今에 韓民은 日人의 驅使를 被ᄒᆞᆷᄋᆡ 眠食을 自由치 못ᄒᆞ니 奴隷보다 尤賤ᄒᆞᆫ 者오 獸畜中에 最多服勞者ᄂᆞᆫ 牛馬로ᄃᆡ 오히려 休息ᄒᆞᄂᆞᆫ 暇隙이 有ᄒᆞ거날
>
> 今에 韓民이 日人의게 服役ᄒᆞᆷ은 暫時休息을 不得ᄒᆞ니 牛馬보다 尤勞ᄒᆞᆫ 者니 世界上에엇지 如此히 可憐可悲ᄒᆞᆯ 者가 有ᄒᆞ리오
>
> 其事實을 言之ᄒᆞ면 自昨年以來로 銕路修築과 軍需輸運과 家屋營造ᄒᆞᄂᆞᆫ 諸般工役에 該道人民을 勒募使役ᄒᆞ되 所謂雇錢은 一日所給이 二十五戔에 不過ᄒᆞᆫ則 食費도 不足ᄒᆞ고
>
> 各村各里에셔 募軍發送之費ᄂᆞᆫ 千百兩으로 計ᄒᆞᄂᆞᆫ지라 就中黃州兼二浦等地에셔ᄂᆞᆫ 韓民을 驅使ᄒᆞ되 晝役夜役에 暫不許息이라ᄒᆞ니
>
> 牛馬도 夜則休息ᄒᆞ거날 韓民은 우馬와 同視를 不得ᄒᆞ니 此엇지 人類의 能히 堪耐ᄒᆞᆯᄇᆡ리오[123]

이에 따르면 역부를 징발하여 부려먹음이 우마(牛馬)보다 심하고 고가가 1일 20전에 불과하여 식비도 충당하지 못하며 노동시간이 주야를 가

123 "驅使漢人이 甚於牛馬", 『대한매일신보』, 1905. 11. 8, 1면.

리지 않았을 정도였다. 나아가 『대한매일신보』는 한국 민중의 말을 빌려 러일전쟁이 끝난 뒤에도 일본의 토지 약탈과 역부 징발은 좀처럼 줄지 않아 촌에 살면 도적 때문에 살 수 없고, 읍 근처에 살면 일본이 전답과 가옥을 약탈하고 마초(馬草)와 철로 역부를 성화같이 독촉한다고 하며 일본의 토지 약탈과 역부 징발을 꼬집었다.[124] 그리하여 한국인이 이런 지경에서 벗어나기 위해서는 다음과 같이 국권을 수호해야 한다고 역설하였다.

> 近日黃海平安兩道地方人民의 嗷嗷怨咨가 愈益狠藉ᄒᆞ야 足히 天地之氣를 感傷ᄒᆞᆯ지니 實로 至慘至悲ᄒᆞ도다 大抵人類中에 最賤者ᄂᆞᆫ 奴隷로ᄃᆡ 오히려 眠食을 自由ᄒᆞ거날 今에 韓民은 日人의 驅使를 被ᄒᆞᆷᄋᆡ 眠食을 自由치 못ᄒᆞ니 奴隷보다 尤賤ᄒᆞᆫ 者오 獸畜中에 最多服勞者ᄂᆞᆫ 牛馬로ᄃᆡ 오히려 休息ᄒᆞᄂᆞᆫ 暇隙이 有ᄒᆞ거날 今에 韓民이 日人의게 服役ᄒᆞᆷ은 暫時休息을 不得ᄒᆞ니 牛馬보다 尤勞ᄒᆞᆫ 者니 世界上에 엇지 如此히 可憐可悲ᄒᆞᆯ 者가 有ᄒᆞ리오 其事實을 言之ᄒᆞ면 自昨年以來로 銕路修築과 軍需輸運과 家屋營造ᄒᆞᄂᆞᆫ 諸般工役에 該道人民을 勒募使役ᄒᆞ되 所謂雇錢은 一日所給이 二十五戔에 不過ᄒᆞᆫ則食費도 不足ᄒᆞ고 各村各里에셔 募軍發送之費ᄂᆞᆫ 千百兩으로 計ᄒᆞᄂᆞᆫ지라 就中黃州兼二浦等地에셔ᄂᆞᆫ 韓民을 驅使ᄒᆞ되 晝役夜役에 暫不許息이라ᄒᆞ니 (중략) 今에 大韓國人이 姑先日人의 虐待를 不被ᄒᆞᆫ 者가 曰我則倖免이면 足矣라 ᄒᆞ고 或曰此ᄂᆞᆫ 全國關係라 我一箇人의 心力으로 何足爲有無리오 ᄒᆞ고 互相恬視ᄒᆞ야 人人如是ᄒᆞ면 竟無一人救難者니 全國人民이 其有能獨保安全者乎아 大韓人

124 "天擇物競論", 『대한매일신보』, 1906. 1. 4, 1면.

民은 試思ᄒᆞ라 韓인과 日인이 其手耳足目과 心志性情은 一也어날 韓인은 何故로 凌虐을 受ᄒᆞ고 日인은 何故로 壓制를 行ᄒᆞ나뇨 하면 國의 强弱이 不同ᄒᆞᆫ 所致니 國이 弱ᄒᆞ야도 如此ᄒᆞᆫ 虐待를 受ᄒᆞ거든 만일 國이 亡ᄒᆞ면 何如ᄒᆞᆫ 虐待를 受ᄒᆞᆯ깃ᄂᆞᆫ가 國家의 權利ᄂᆞᆫ 卽인民의 權利오 國家의 命運은 卽인民의 命運이라 故로 其國이 他國과 同等이된 然後에야 其民이 他民과 同等이 되나니 大韓인民이 此等慘狀을 免코져ᄒᆞ면 오직 國權을 維持ᄒᆞᄂᆞᆫ데 在ᄒᆞ니아 모죠록 愛國血誠으로 同心奮發ᄒᆞ고 同力扶起ᄒᆞ야 國權을 回復ᄒᆞ고 民命을 保全ᄒᆞ기로 十分盡力ᄒᆞᆯ지어다 如其不能이면 二千萬同胞가 擧皆우馬와 如히 驅使를 被ᄒᆞ고 宰割를 當ᄒᆞ리니 目下現狀을 不見ᄒᆞᄂᆞᆫ가 嗚呼라 其念之哉며 勉之哉ᆫ져[125]

『대한매일신보』는 서북 지역의 주민들이 일본군에게 우마보다 혹사당하는 현실을 비판하면서 '이천만동포(二千萬同胞)'를 국권을 유지하는 주체로 호명하기 시작하였다. 이러한 '이천만동포'라는 명칭은 1904년 7월(음력) '日人 황무지 개간 사업 획책 반대 격문(檄文)'에서 언급된 이래 다시 여기서 호명된 것이다.[126] 이제 '이천만동포'는 특정 지역의 주민이 아닌 한반도 주민 전체를 포괄하는 명칭이자 추상적인 관념상의 동포를 넘어서서 생존권을 수호해야 할 경제공동체로 부각되었음을 의미한다. 나아가 한국인이 외국인과 동등하게 생활하기 위해서는 국권의 유지가 필수임을 역설하면서 한국인 스스로가 힘을 기르고 단결할 것을

125 "驅使韓人이 甚於牛馬", 『대한매일신보』, 1905. 11. 8, 1면.

126 『駐韓日本公使館記錄』 22권, 三. 韓官往復附韓人關係, (74) [荒蕪地問題 反對로 인한 義兵擧事 件](1904년 9월 10일).

주문하고 있다.

또한 『대한매일신보』의 사장 베델은 1905년 정계 소식을 전하면서 자신이 영국인임에도 불구하고 한국 만중(萬衆)의 을사 매국노에 대한 비판에 동조하며 일본의 동양평화론이 지닌 허구성을 지적하였다.[127] 또한 일본이 군용 목적으로 토지를 적절한 대금을 지불하지 않고 강제로 수용하였을뿐더러 역부를 늑모(勒募)하는 일본의 불공정 행동이 열강의 이익에 반하는 것임을 언급하였다.[128] 이는 일본의 경제 침탈을 영국 등 열강의 이해 관계를 이용하여 저지하고자 한 것으로 보인다.

『황성신문』과 『대한매일신보』의 논설진을 역임한 박은식(朴殷植)은 훗날 『한국통사(韓國痛史)』에서 일본군의 역부 징발을 다음과 같이 기술하였다.

> 일본병이 북진하면서부터 평안남북도 및 함경·황해·경기 각도는 모두 군수물자 운반과 철도공사, 군수품의 조달·독촉으로 피로하였으며, 잠시도 쉬는 날이 없었고, 군마의 먹이인 통·풀 그리고 계란, 소의 주구(誅求)가 날마다 갖가지 방법으로 성행했다.[129]

나아가 1905년 9월 13도 유생 대표들은 일본의 군용지 약탈, 화폐정리사업, 전신, 우편 약탈 등을 비판하며 일본의 보호국화 시도에 저항하였다.[130] 여기에는 철도 부지 약탈과 함께 무상에 가까운 고가로 역부를

---

127 "政界消息", 『대한매일신보』, 1906. 1. 9, 1면.

128 "更論均商", 『대한매일신보』, 1906. 2. 17, 1면.

129 朴殷植 저, 李章熙 역, 1983, 『韓國痛史』下, 박영사, 84쪽.

130 『駐韓日本公使館記錄』 24권, 一. 保護條約 一~三, 一一. 保護條約 一~三, (10) [韓國의 現時局 문제에 대한 소감을 전국에 호소한 선언서 송부 件], [日本의 對韓 침투조약사례 열거 통박한 유생대표 通文](1905년 11월 6일)

징발하는 행태가 포함되었다.[131] 이후 1906년 5월 최익현이 무성서원(武城書院)에서 의병을 일으킬 때 일본 정부가 신의를 저버린 16가지 죄를 드는 가운데 열 번째로 "역부를 강제로 모집하여 소에게 채찍질하고 돼지를 몰아치듯 하면서 조금이라도 마음에 거슬리면 풀이나 왕골을 베듯 죽였"다고 하여 역부 징발을 강력하게 비판하였다.[132] 그리고 11월에는 이토에게 보내는 글에서 토지 약탈과 함께 역부 징발을 강력하게 비판하였다.[133]

반면에 일진회(一進會)를 비롯한 일부 문명계몽론자들은 민인들의 이러한 반항을 비판하였다. 그들은 1905년 11월 6일 전 국민에게 호소하는 글에서 '선진'과 '문명'을 외치며 다음과 같이 러일전쟁 기간에 벌인 자신들의 자발적인 역부 활동을 피력하였다.

> 앞서 일·러 양국의 교전에 我國이 일본과 연맹하고 러시아를 적국으로 삼은 일은 詔勅에 日星과 같이 명백하다. 우리 정부가 무능 무력하여 一兵도 낼 수 없이 이를 원조하니 어찌 부끄러워해야 할 바 아니더냐. 연유로 우리 일진회원이 홀로 미력을 다하여 日兵行軍의 편의를 의논함으로써 혹 役夫가 되어서 종사하고 京義鐵道 공역에 以勉輸力하며 북진군에 餉米 운반을 累萬會員이 隊伍를 조직하여 일심 노고에 辛酸을 마다하지 않다가 致死傷 수백 명이라는 다수를 내고 期致微功하니 실로 우리 회원은 2,000만 동포를 대신함을 바라 동포국에 신의를 표하는 計(劃)요. 또 우리 회원이 항상 일본 관민을 대하

131 "大韓十三道儒生", 『대한매일신보』, 1905. 9. 26, 2면.

132 崔益鉉, 『勉菴集』 권4, 연보.

133 "大韓十三道儒生金東弼氏等이 伊藤侯에게", 『대한매일신보』, 1905. 11. 11, 3면.

면 實陳好意者는 先進 때문이오. 우리 동맹국의 誼를 좋아해서이다. 別無他意이것만 世間僻見者流와 奸細雜輩는 눈 밖의 사람은 佷鬼라 하고 심지어 우리 會를 부르기를 亡國賊이라 이름하여 우리 會를 말하길 매국노라 하니 深責하지 않을지라도 어찌 그 轉倒가 심한가. 因緣 斯會하여 巧言譎計로 위로 총명을 덮고 아래로 愚民을 미혹하여 즉 국교를 상하고 隣義를 파하기에 이르러 家國滅亡을 招致하는 자가 어찌 망국의 적이 아니며 또 매국노가 아닌가. 우리 당의 主義本領은 공명정대하여 日月과 같고 또 무엇을 두려워할 것이며 또 무엇을 부끄러워할꼬. 오호라 우리 2,000만 동포여 이 다난한 시기에 이르러 세계의 대세를 살피고 동양의 시국에 비추어서 우리나라의 정형을 보니 다시 두말할 것 없다. 독립보호와 강도유지는 대일본황제의 詔勅을 세계에 공포하였으니 다시 의심할 필요가 없다. 우리 당은 一心同氣하여 신의로써 우방과 교의하고 성의로써 동맹에 대하여 그 지도에 따르며 그 보호에 의거하여 국가독립을 유지함으로써 안녕행복을 영원무궁하기로 이에 감히 선언 以告하나이다.[134]

이에 따르면 일진회는 일반 민인의 역부 징발에 반발하거나 저항하는 가운데 오히려 선진과 문명을 내세우며 '2,000만 동포'를 대신하여 역부로서 활동하였을뿐더러 일본군 군량미 운반에 지대한 공헌을 했음을 자랑스럽게 여겼다. 그리고 일진회원들은 민란이 일어났던 곡산으로 달려가 무상으로 노동력을 제공하였다.[135] 나아가 일본 청부회사 아리마쿠미

134 『駐韓日本公使館記錄』 24권, 一一. 保護條約 一~三, (10) [韓國의 現時局 문제에 대한 소감을 전국에 호소한 선언서 송부 件](1905년 11월 6일).

135 "無雇服役", 『황성신문』, 1904. 11. 16, 2면.

(有馬組)로부터 받아야 할 임금을 일본군 휼병부(恤兵部)에 기부하거나 일어학교(日語學校) 창립비로 헌금하기도 하였다.[136]

그러면 당시 자산가와 식자층이 두려워했던 활빈당은 역부 징발에 어떻게 반응했을까.

활빈당(活貧黨)은 러일전쟁 와중에 이 전쟁을 일본의 침략전쟁(侵略戰爭)으로 인식하면서 자신들의 주된 관심을 대내적인 사회문제(社會問題)에서 점차 대외적인 민족문제(民族問題)로 옮겨갔다. 예컨대 활빈당은 철도 부설에 동원할 인부 모집 장소를 습격하여 부역에 인부들을 동원하지 못하도록 저지하였다.[137] 개중에는 철도 역부 출신도 다수 보인다.[138] 그리고 이들 가운데 일부는 의병으로 전환하여 항일운동을 전개해나갔다.[139] 대표적으로 박석여(朴錫汝) 의병이 경기도 죽산과 안성 등지에서 의병을 일으키며 관아를 공격하여 군기(軍器)를 빼앗았다.

또한 일부 민인들은 역부 징발 거부 분위기에 고무되어 의병을 조직하고 항일운동에 나섰다. 이미 이러한 조짐은 역부 징발이 강화되는 1904년 6월 이후 나타나기 시작하였다.[140] 일부 지역에서는 척사유생들

136 『駐韓日本公使館記錄』 21권, 七. 陸海軍往復 一進會, (33) [進步會員의 철도공사, 군아, 공공 경영 사업에 無價出役者 대책에 관한 件](1904년 11월 16일).

137 "령남적경", 『대한매일신보』, 1904. 10. 4, 3면; 『東萊港報牒』 7, 광무 9년 3월 6일. 이와 관련하여 朴贊勝, 1984, 「活貧黨의 활동과 그 성격」, 『한국학보』 10집 2호(2008, 『근대이행기 민중운동의 사회사』, 경인문화사, 447~449쪽 수록); 朴在赫, 1995, 「한말 활빈당의 활동과 성격의 변화」, 『역사와세계』 19집, 501~502쪽.

138 정재정, 1999, 349쪽.

139 조동걸, 1986, 「의병운동의 한국민족주의상의 위치(상)」, 『한국민족운동사연구』 1집, 29쪽; 金順德, 2002, 「京畿地方 義兵運動 硏究 : 1904~1911」, 한양대학교 박사학위논문, 20쪽.

140 金順德, 2002, 17~20쪽.

을 중심으로 통문이 경기 일원에 나돌기 시작하였다. 강원도 관찰사의 보고에 따르면 의병들이 통문을 돌려 일본인의 황무지 개간권 요구와 역부 징발을 거부하면서 이를 저지할 수 있는 포군(砲軍)을 조직하여 서울로 진격하자는 것이다.[141] 8월 역부 징발이 심했던 평북 숙천군에서는 주민들이 의병을 조직하고 군민들의 창의를 호소하면서 일본군 병참부를 습격하기도 하였다.[142] 12월 이후에는 평북 의병들이 역부 징발에 적극 참여한 일진회원을 공격하기 시작하였다.[143] 여기에는 대한제국 군인 출신뿐만 아니라 주사, 향장 등 하급관리들이 위정척사론자 유인석이 설립한 종유계(宗儒契)와 연계하여 참가하였다.[144] 참혹한 전쟁을 겪었던 지역 관리들과 주민들로서는 일진회가 자신의 이익을 위해 전쟁을 이용하는 매국집단으로 비쳤기 때문이다. 이후 평북 의병을 시발로 여타 지역에서도 많은 의병들이 일진회 공격에 적극 참여하기 시작하였다. 이는 일반 민인들의 러일전쟁 체험과 매우 열악한 처지에 입각하여 자신의 상황을 타개하면서 자신의 생존권과 경제 주권을 지키고자 하는 구국(救國)의 의병으로 성장하였음을 보여준다.

---

141 "匿名稱義", 『황성신문』, 1904. 9. 15, 2면; "의병통문", 『대한매일신보』, 1904. 9. 16, 2면.

142 평북 숙천군 船里 거주자 梁濈斗, 羅濈貞과 舘里 거주자 梁基龍, 金宗祿과 元興里 거주자 崔士貞, 李京化, 淸凉里 거주자 金俊興(또는 金允興), 李應夢과 李應夢 그리고 禹酒舜과 禹紀舜 兄弟 등이 주동자로 체포되었다. 이 중 禹酒舜과 禹紀舜 兄弟, 金俊興(金允興), 李應夢, 羅濈貞이 8월 28일 총살당했다("永柔報告", 『황성신문』, 1904. 9. 5, 2면; "五民銃殺", 『황성신문』, 1904. 9. 8, 2면). 이와 관련하여 신용하, 1988, 「한말 의병운동의 기점에 대한 신고찰」, 『한국근대민족운동사』, 일조각, 6쪽 참조.

143 "平北義兵", 『황성신문』, 1904. 12. 19, 2면; "내부뎐훈평복", 『대한매일신보』, 1905. 1. 14, 1면 ; "請戢義兵", 『황성신문』, 1905. 1. 11, 2면.

144 "柳氏倡義", 『황성신문』, 1904. 12. 19, 2면.

V. 맺음말

러일전쟁은 한국인 민인의 삶에 커다란 영향을 미쳤다. 이들 민인이 전쟁에 직접 참가하지 않았지만 일본군의 병참을 물적·인적으로 지원해야 했을뿐더러 군용 철도를 부설하는 데 징발당하였기 때문이다. 이것이 일반 민인들이 체험해야 했던 전쟁의 실체였다. 따라서 이들은 러일전쟁을 자신의 생존권을 위협하는 요인으로 인식하고 도망하거나 저항하였다. 물론 일본군사령부와 대한제국 친일정부는 징발 방식에서 자발적인 모집 방식으로 변경하려 했지만 이를 뒷받침할 경제력이 미비하였기 때문에 강제 징발은 여전하였다.

이에 한국인 민인들은 철도 연변이라든가 주둔군의 부근 지대에서 적극적인 방식으로 역부 징발에 저항하였다. 그러나 식자층은 동양평화론과 한일동맹론에 기대어 역부 징발의 폐단을 제대로 인식하지 못하고 오로지 지방관의 중간 수탈만 비판하였다.

그러나 일본인들이 황무지 개간권 요구를 비롯하여 재정·화폐 주권을 침범하자 다수 식자층은 역부 징발을 비롯한 일본의 군사상·경제상 침탈을 비판하기 시작하였다. 다만 일진회는 선진과 문명을 내세워 일본의 역부 징발에 협조하였다. 따라서 한국인 내부에서 전쟁 체험은 상이한 방향으로 분화하였으며 내부 갈등도 격심해졌다. 그러나 전쟁이 끝난 뒤에도 역부 징발을 비롯한 일본의 침탈 행위가 지속되자 한국인 사이에서 전쟁에 대한 체험이 공유되면서 일진회를 제외한 다수 식자층과 일반 민인들은 일본의 침탈을 자신의 생존권을 빼앗고 경제주권을 가로막는 요인으로 파악하기 시작하였다. 여기에는 척사유생이든, 계몽주의 식자층이든 일진회를 제외한 다수의 식자층이 적극 가담하였다. 아울러 일부 민인들은 활빈당 운동을 통해 일본의 경제 침탈에 맞섰으며 나아가 의병전쟁을 통해 경제공동체 의식의 기틀을 마련해가기 시작하였다. 한국인의 전쟁 체험은 한국 내부의 갈등을 가속화시키는 측면도 있지만 다수의 공감대가 마련되어가는 계기를 제공하였다. 이제 대다수 한국인은 법제상·정치상 주권국가를 상실해가고 있었으나 경제상·심리상 근대 민족으로 결집하고 있었던 것이다.

한편, 일본은 러일전쟁을 수행하는 과정에서 청일전쟁과 달리 다수 한국인을 물자 운송과 각종 노역에 강제 동원하는 전례를 만들었다. 군(郡) 또는 마을 단위로 역부를 차출하도록 강제하였고 만약 노역에 나오지 않으면 연대 책임 아래 엄벌에 처한다는 발포는 이를 단적으로 보여준다. 그리하여 일본의 이러한 행태는 일제 말 전시체제하에서 한국인을 강제로 연행한 역사의 원형을 보여주었다.[145] 또한 일본은 전쟁 수행 과정에서 수많은 자국민을 전쟁터로 몰아넣어 많은 목숨을 앗아갔을뿐더러 엄청난 전비를 갚기 위해 자국민으로부터 대중 수탈적인 간접세를 통해 더 많은 세금을 거두어들였다. 그리고 이에 저항하는 어떠한 사회운동도 용납하지 않고 가차없이 탄압하였다. 이처럼 러일전쟁은 대다수 한국인의 삶을 고통의 나락으로 빠뜨리는 가운데 일본을 민주주의 체제가 아닌 천황전제 체제로 몰아갔다. 이제 동아시아의 공생과 평화는 점차 멀어져가고 갈등과 전쟁의 그림자가 점차 짙어갔던 것이다.

145 조경달, 2015, 209쪽.

참고문헌

한국어

강효숙, 2011, 「동학농민군 탄압 인물과 그 행적-미나미 코시로, 이두황, 조희연, 이도재를 중심으로」, 『동학학보』 22호.

金順德, 2002, 「京畿地方 義兵運\動 硏究 : 1904~1911」, 한양대학교 박사학위논문.

김윤미, 2019, 「일본 해군의 남해안 해역조사와 러일전쟁」, 『한국민족운동사연구』 99집.

망원한국사연구실, 1989, 『한국근대민중운동사』, 돌베개.

박은숙, 2016, 「경기도 분원마을 지도자 지규식의 외세 인식과 그 변화(1894~1910)」, 『한국인물사연구』 26집.

朴在赫, 1995, 「한말 활빈당의 활동과 성격의 변화」, 『역사와세계』 19집.

박정심, 2018, 「황성신문의 '東洋' 인식에 관한 연구」, 『한국철학논집』 59집.

朴贊勝, 1984, 「活貧黨의 활동과 그 성격」, 『한국학보』 10집 2호.

신용하, 1977, 「허위의 의병 활동」, 『나라사랑』 27.

______, 1988, 『한국근대민족운동사』, 일조각.

______, 1994, 「구한말 輔安會의 창립과 민족 운동」, 『사회와 역사』 44집.

안정임, 1991, 「대한제국전기 언론계의 대외인식 연구-「황성」·「제국신문」을 중심으로-」, 이화여자대학교 석사학위논문.

와다 하루키 저, 이웅현 역, 2019, 『러일전쟁 기원과 개전2』, 한길사.

鄭在貞, 1999, 『일제침략과 한국철도(1892~1945)』, 서울대학교출판부.

曺　健, 2005, 「日帝 '韓國駐箚軍' 經理部의 활동과 韓國民의 대응(1904~1910)」, 동국대학교 석사학위논문.

조경달, 최덕수 옮김, 2015, 『근대 조선과 일본』, 열린책들.

조동걸, 1986, 「의병운동의 한국민족주의상의 위치(상)」, 『한국민족운동사연구』 1집.

조재곤, 2005, 「왕산 허위의 관직생활과 항일투쟁」, 『왕산 허위의 나라 사랑과 의병전쟁』 (김희곤 외), 구미시·안동대학교 박물관.

趙宰坤, 2017, 『전쟁과 인간 그리고 '평화'-러일전쟁과 한국사회』, 일조각.

차경애, 2010, 「러일전쟁 당시의 전쟁견문록을 통해서 본 전쟁지역 민중의 삶」, 『중국근

최덕수 외, 2010, 『조약으로 본 한국근대사』, 열린책들.

현대사연구』 44집.

홍순권, 2005, 「을사늑약 전후 개화지식인들의 정국인식과 대응」, 『한국독립운동사연구』 24집.
홍일교, 2013, 「장위영 영관 이두황과 보은 장내리 파괴」, 『동학학보』 28호.

일본어
大江志乃夫, 1976, 『日露戰爭の軍事史的硏究』, 岩波書店.

2장

일본과 한국철도 그리고 역사 인식

정재정

I. 머리말

일본은 1910년 8월 한국을 병탄(倂呑)했는데, 그 10여 년 전부터 이미 경인선(서울-인천), 경부선(서울-부산), 경의선(서울-신의주) 등의 간선철도를 부설하여 운영해왔다. 철도가 일본의 한국 침략을 선도(先導)한 셈이다. 일본은 한국을 식민지로 만든 이후에도 사방으로 철도망을 확장했다. 철도를 지배와 수탈의 동맥으로 활용한 것이다. 일본은 한국철도를 타고 동북아시아에 세력을 뻗쳤다. 한국철도가 일본열도와 아시아 대륙을 최대한 빨리 그리고 가깝게 연결시켜주었다. 지정학적(地政學的) 또는 지경학적(地經學的) 관점에서, 20세기 전반 일본과 한국 나아가 중국과 러시아 등의 상호관계를 부감(俯瞰)하는 데 한국철도를 빼면 '팥소 없는 찐빵'과 같다. 한국철도는 당대 동북아시아에서 세력다툼의 상징이었을 뿐만 아니라 정치, 경제, 사회, 문화를 포괄하는 문명의 총아였기 때문이다.

필자는 지금까지 이런 문제의식을 가지고 동북아시아 철도네트워크의 중추였던 한국 간선철도의 내력과 역할을 연구해왔다.[1] 이 글에서는 '역사 화해를 위한 한일의 대화'라는 목표에 걸맞게 한국철도의 역사를 개관한 후, 그것이 한국과 일본의 고등학교 역사교과서에 어떻게 기술되어 있는지를 검토하고 개선 방향을 제시해보겠다. 일본 지배하의 한국철도는 일본(주체=제국주의)과 한국(객체=식민지)이 상반된 처지에서 함께

---

1 정재정, 1999, 『일제침략과 한국철도(1892~1945)』, 서울대학교출판부; 2008, 『帝國日本の植民地支配と韓國鐵道, 1892~1945』, 明石書店; 2018, 『철도와 근대 서울』, 국학자료원 등을 참조할 것.

경험한 역사상의 실체로서, 식민통치나 근대문명에 대한 이해 또는 인식을 서로 비교해보는 데 아주 좋은 소재이기 때문이다. 아울러 '역사 문제'를 둘러싸고 최악의 갈등을 겪고 있는 일본과 한국이 공생공영(共生共榮)의 역사 인식을 모색하는 데도 많은 시사(示唆)를 줄 것이라고 기대한다.

이 글의 구성은 다음과 같다. 먼저 한국철도의 형성과 역할을 동아시아 철도네트워크 속에서 개관한다. 그리고 한국과 일본의 주요 역사교과서가 이것을 어떻게 다루고 있는가를 검토하고, 수정 또는 보완하기 바라는 의견을 제시한다. 한국철도는 한국과 일본에서 역사 연구의 주제로 대접을 받지 못할 뿐만 아니라, 역사교과서도 별로 언급하지 않는다. 한국철도가 수행한 중대한 역할을 감안하면, 이것은 공평한 처사라고 할 수 없다. 이에 한국철도에 관한 역사 연구와 역사교과서 기술을 촉발(促發)한다는 의미도 가미하여, 좀 장황하겠지만 한국철도의 형성과 역할을 조금 자세하게 짚어본 후, 역사교과서 기술을 검토하고 개선 의견을 피력하겠다. 여러분의 양해와 질정(叱正)을 바란다.

II. 한국철도사 연구의 성과

1. 철도를 보는 관점

한국철도사 연구의 동향을 개관하기 전에 근대사회의 형성 과정에서 철도가 수행한 역할을 일반론적으로 간단히 정리하면 다음과 같다. 세계사 차원에서 보면, 자동차 교통이 대세가 되기 이전인 19세기 중엽부터 20세기 중엽까지 육상교통은 철도가 중추였다. 서양의 선진 여러 나라는 철도를 통해 국내의 정치와 경제를 통합하고 국민국가를 건설했다. 그렇지만 식민지 또는 반식민지의 철도는 그 반대 역할을 수행했다. 이곳에서 철도는 제국주의 국가의 이익을 우선하여 오히려 현지의 정치와 경제를 분단하고 국민국가 형성을 방해하는 기능을 담당하는 경우가 많았다. 한국철도도 그러했다.

한국철도는 일본의 자본과 상품을 반입하고 한국의 자원과 식량을 반출했다. 또 일본의 지배력과 이민자를 방방곡곡에 부식(扶植)하는 반면, 한국의 주체성과 통합성을 약화시켰다. 일본은 철도를 부설하고 운영하는 과정에서 한국인에게 폭력과 강압을 구사하고 차별과 모멸을 퍼부었다. 토지, 자재, 노동의 수탈도 격심했다. 그리하여 한국인은 철도가 침략의 촉수(觸手)이자 지배의 도구 곧 문명의 흉기(凶器)라는 인식을 강하게 체득(體得)했다.

그렇다고 해서 철도가 근대문명을 창출하는 데 공헌한 점을 무시할 수는 없다. 철도는 신속하고 정확하게 대량의 여객과 화물을 수송하기 때문에 인간, 물자, 정보의 교류는 물론이고 지역, 자원, 사회의 개발을 촉진했다. 또 철도 자체가 대량의 자본, 물자, 인력을 사용하는 종합산업이기 때문에 경제발전을 견인하는 기능을 수행했다. 철도가 인간의 의식과 행동에 미친 영향도 무시할 수 없다. 일상에서 시간과 규율을 지키고 공간과 거리를 단축하는 데 철도는 크게 기여했다. 선진 여러 나라에서 철도를 문명의 전령(傳令)이자 이기(利器)로 받아들이는 것은 이 때문이다. 일본의 일각에서 한국철도의 부정적 역할을 무시하고 긍정적 기능만을 부각시켜 선정(善政)의 위업(偉業)으로 치켜세우는 것도 이런 인식을 반영한 것이라고 볼 수 있다.

종래 한국철도를 보는 관점은 이 두 가지 중에서 어느 한쪽에 치우친 경우가 많았다. 전자를 제국주의침략사론이라고 한다면 후자는 식민지 근대화론이라고 할 수 있다. 그렇지만 이런 이분법적 시각을 가지고는 일제하 한국철도를 온전히 파악할 수 없다. 한국철도는 기본적으로 흉기의 역할을 수행하면서 부수적으로 이기의 기능도 수행했기 때문에 종합적(綜合的)이고 복안적(複眼的)이며 포용적(包容的) 시각에서 바라볼 필요가 있다. 더구나 한국과 일본의 역사교과서 기술을 비교 검토할 경우에는 더욱 유연한 자세를 가져야 한다. 모름지기 양국의 역사교육은 자국민의 역사의식을 함양하는 데 일차적 목표가 있기 때문에 같은 한국철도를 소재로 삼는다 해도 접근이나 관점이 다를 수밖에 없다. 이런 전제 위에서 논의를 진행해보자.

2. 한국에서의 연구

한국철도사는 한국사와 일본사에 걸쳐 있기 때문에 두 나라 연구를 함께 살펴봐야 전모를 알 수 있다. 이에 대해서는 필자가 이미 다른 졸저(拙著)에서 자세히 정리한 바 있으므로,[2] 여기에서는 주요 저서만을 추려 논점을 간단히 소개하겠다. 개별 논문 중에도 훌륭한 성과가 있는데, 협소한 지면 때문에 언급을 피하므로, 관심 있는 분은 졸저의 연구사 정리를 참고하기 바란다.

먼저 해방 이후 한국에서 간행된 단행본을 살펴보자. 정재정의 연구

2 鄭在貞, 三橋広夫 역, 2008,『帝國日本の植民地支配と韓國鉄道 1892~1945』, 明石書店.

는 철도의 다양한 역할을 시야에 넣으면서도 기본적으로는 제국주의침략사론에 서서 한국철도의 전반을 다루었다. 특히 경부선과 경의선 등과 같은 간선철도를 분석의 대상으로 삼고, 철도의 부설 과정, 운수 영업, 객화 수송, 종업원의 민족별 구성, 연선 각 역의 소운송업 등을 거시적으로 분석했다. 특히 철도의 부설 과정에서 일본이 자행한 토지와 노동력의 수탈을 극명하게 파헤쳤다. 이로써 식민지근대화론에 물들기 쉬운 한국철도사 연구의 방향을 한국사 속에서 주체적으로 파악할 수 있는 기틀을 마련했다. 이후 일제하 한국철도사 연구는 정재정의 성과를 토대로 하여 진척되었다고 말해도 지나치지는 않을 것이다.[3]

조진구 등 정치, 사회, 문예, 역사를 전공하는 연구자들은 '19세기 제국주의와 철도', '20세기 근대화와 철도', '21세기 세계화와 철도네트워크의 가능성'을 탐색한다는 목표 아래, 동아시아 철도네트워크의 형성과 역할을 거시적으로 구명(究明)했다. 이들은 과거, 현재, 미래를 아우른다는 자세로 중국, 러시아, 한국, 북한, 일본에 걸쳐 펼쳐진 동아시아 간선 철도망을 두 권의 책으로 개관 정리했다. 정치경제학의 관점에서 동아시아 철도네트워크를 논했다고 볼 수 있다.[4]

허우긍은 일제하에서 사람들이 얼마나 멀리 기차를 타고 다녔는지, 어떤 노선이 사람과 화물을 얼마나 수송했는지, 각 철도역의 여객과 화물의 취급 규모는 어떠했는지, 여객과 화물의 유동 양상은 어떤 변화를 겪었는지 등을 교통지리학의 관점에서 통계를 구사하여 체계적으로 정

3 정재정, 1999, 『일제침략과 한국철도, 1892~1945』, 서울대학교 출판부.

4 조진구 등, 2008, 『동아시아 철도네트워크의 역사와 정치경제학 Ⅰ-근대화와 제국주의의 명암』, 리북; 2008, 『동아시아 철도네트워크의 역사와 정치경제학 Ⅱ-세계화 시대의 '철의 실크로드'』, 리북.

리했다. 곧 한반도 철도망의 형성 배경, 확장 추이, 수송의 지리적 특성, 수송의 증가 추이, 여객과 화물의 이동거리 분포, 철도노선별 수송 특성, 철도역의 여객과 화물 취급량 및 순위 등을 분석한 것이다. 허우긍의 연구는 한국철도의 '수탈론'과 '개발론'과 같은 일도양단식의 평가를 피하면서 데이터에 의거하여 철도의 역할을 수치로써 밝히고, 그것이 지역사회의 변화에 어떤 영향을 미쳤는지를 검토했다는 점에서 중요한 업적이라고 할 수 있다.[5]

정태헌이 책임을 맡은 연구팀은 '한국철도의 역사와 문화 총서'를 간행했다. 정태헌은 정치경제학의 시각에서 한국철도의 시기별 역할 변화를 개관했다.[6] 윤상원은 정치사의 일환으로서 한반도 철도가 동아시아의 전쟁과 어떤 관련을 맺으며 운영되었는가를 살폈다.[7] 이송순은 문화사, 생활사의 측면에서 철도와 한국인의 체험을 연결시켜 훑어봤다.[8] 김종혁은 철도의 확산과 지역구조의 변화 추세를 검토했다. 다른 연구가 현대까지 포괄한 것에 비해 김종혁의 연구는 일제하에 국한된 것으로서, DB와 GIS 프로그램을 활용하여 철도망의 공간적, 시계열적 확산 과정을 복원했다.[9]

최근 학문의 융합과 복합이 화두가 되고 있다. 사회현상이 복잡다단해지고 인간생활이 다기다양(多岐多様)해짐에 따라 어떤 특정 학문만으

---

5 허우긍, 2010, 『일제 강점기의 철도수송』, 서울대학교 출판문화원.

6 정태헌, 2017, 『한반도철도의 정치경제학-일제의 침략통로에서 동북아시아의 평화철도로』, 도서출판 선인.

7 윤상현, 2017, 『동아시아의 전쟁과 철도-한국철도의 정치사』, 도서출판 선인.

8 이송순, 2017, 『한국철도, 추억과 희망의 레일로드』, 도서출판 선인.

9 김종혁, 2017, 『일제시기 한국 철도망의 확산과 지역구조의 변동』, 도서출판 선인.

로는 그 본질을 구명하기 어렵다. 종래에도 학제 간(學際間) 연구를 중시하지 않은 것은 아니지만, 지금처럼 아예 학문의 융합과 복합을 강조하지는 않았다. 조진구·정태헌 등의 공동연구는 과학 기술 등을 적극 포섭하지는 못했지만 학계와 사회의 융복합 요청을 수용한 것이라고 볼 수 있다.

정재정은 '일제하의 철도와 서울 그리고 시민의 삶'을 종합적으로 분석한 책을 출간했다. 이 책은 서울을 거점으로 한 간선철도망의 형성과 운수영업, 철도의 다양한 역할과 서울시민의 생활 등을 동북아시아 철도네트워크 속에서 파악했다. 철도는 근대교통의 대종(大宗)인 데다가 서울은 그 결절지역이기 때문에 양자의 상호관계는 도시사, 정치사, 생활사, 식민사 등의 구명(究明)에 빼놓을 수 없는 요소이다. 정재정의 연구는 일제-철도-서울-동북아시아-시민이라는 복합적 요소를 서로 연결시켜 한국의 식민지적 근대의 실상을 파헤쳤다고 할 수 있다.[10]

한국철도문화재단은 기술 등 각 분야의 필자까지 동원하여 『新한국철도사』를 출간했다. 총론-경영-운수-기술 등으로 나눠진 이 책은 한국철도청이 1999년에 발행한 『한국철도 100년사』를 확대 증보한 것이라고 볼 수 있다. 그 후 고속철도의 운영과 도시철도의 확장 등 급격하게 변한 한국철도의 상황을 자주적이고 발전적인 시각에서 정리한 것이다.[11]

최근 한국철도사 연구는 간선 국유철도에서 지선 사설철도로 확장되고 있다. 접근 방법도 정치, 경제, 사회, 문화, 과학, 기술 등의 영역으로 다양해졌다. 학제 간의 융합과 복합도 이루어진다. 그 내용도 철도망의

10 정재정, 2018, 『철도와 근대 서울』, 국학자료원.

11 한국철도문화재단, 2019, 『新한국철도사』 전5권, 국토교통부 등.

형성과 운영이라는 하드웨어뿐만 아니라 시민의 생활과 의식이라는 소프트웨어를 포괄한다. 이런 연구가 축적되면 '개발'과 '수탈', '억압'과 '저항' 등의 대척적 이미지로 각인된 일제하 한국철도의 역사상(歷史像)은 좀 더 다채로운 모습으로 바뀔 것이다.

3. 일본에서의 연구

일본에서는 일찍부터 한국철도사를 연구했다. 일본이 부설하고 운영한 한국철도는 일본 자본주의와 제국주의를 논할 때 아주 좋은 재료이기 때문이다. 그중에서 패전 이후 간행된 단행본을 소개하면 다음과 같다.

조선총독부 철도국 등에 근무했던 실무경험자들은 철도의 건설, 경영, 공자, 운수, 영업 등을 소상히 정리했다. 총설, 부록, 자료집 등으로 이루어진 이 저작물은 기초 사실을 밝히는 데 크게 기여했다. 다만 그 취지는 한국철도가 일본의 인구 분산, 식량 보충, 산업 발달, 국방 강화뿐만 아니라 한국의 문화 향상, 산업 개발, 사회 발전에 절대적으로 기여했다는 점을 강조했다. 이른바 식민지근대화론의 입장인 셈이다.[12]

이노우에 유이치(井上勇一)는 일본이 경부선(서울-부산), 경의선(서울-신의주)을, 영국이 경봉선(京奉線, 北京-奉天) 등을 부설한 것은 러시아의 시베리아철도 부설에 대항하기 위한 조처로 파악했다. 그는 '교차권익'이라는 개념을 도입하여 한반도 및 동북아시아의 철도망 형성을 국제관계의 관점에서 정리했다.[13]

---

12 鮮交會, 1986, 『朝鮮交通史』, 鮮交會.

13 井上勇一, 1989, 『東アジア鉄道國際関係史』, 慶應通信社 .

타카하시 야스타카(高橋泰隆)은 일본 식민지철도 경영의 전체상을 그리는 일환으로서 한국철도를 분석했다. 그는 대만(臺灣), 한국, 만주, 화북, 화중의 철도를 종합적으로 검토했는데, 각 지역의 철도가 어떤 정책 아래 어떻게 형성되어 운영되었는가를 경영사적(經營史的) 시각에서 밝혔다고 볼 수 있다. 한국철도에 관한 그의 분석방법은 정재정의 연구와 상당히 유사하다.[14] 고성봉(高成鳳)은 일본이 식민지를 확대하면서 근대화를 추진했다는 시각에서 대만, 조선, 만주, 가라후토(樺太)의 철도를 간결하게 고찰했다. 주지(主旨)는 각 지역의 철도가 일본의 식민지 지배와 일본식 근대화를 견인하고 지탱했다는 것이다.[15]

임채성(任采成)은 1930~1950년대까지 외부환경의 변화(전쟁 → 해방 · 분단 → 전쟁 → 부흥)에 대응하는 주체로서 한국의 국유철도를 검토했다. 조선총독부 철도국과 한국 교통부는 철도 영업기관인 동시에 다른 육운 부문에 대한 감독기관이자 교통정책의 추진기관이었다. 그는 특히 전쟁 기간에 각 기관이 철도를 통해 제공한 수송서비스, 수송력 배분, 교통기관의 정비 등을 소상히 분석했다. 그리하여 제2차 세계대전 → 해방 분단 → 한국전쟁 → 휴전체제에 이르는 역사전개 속에서 식민지철도로서의 한국 국유철도가 어떤 계기를 통해 냉전체제하의 분단철도로서 다시 태어났는가를 알 수 있게 되었다.[16]

임채성의 연구는 한국철도사 연구의 '수탈론' 또는 '개발론'과 같은 이

---

14 高橋泰隆, 1995, 『日本植民地鉄道史論-台灣 · 朝鮮 · 滿洲 · 華北 · 華中鉄道の経営史研究』, 日本経済評論社.

15 高成鳳, 2006, 『植民地鉄道と民衆生活-朝鮮 · 台灣 · 中國東北』, 法政大學出版局, 1999; 『植民地の鉄道』, 日本経済評論社.

16 林采成, 2005, 『戰時經濟と鐵道運營』, 東京大學出版會.

분법적 시각을 벗어나 해방 전후를 계기적으로 파악했다는 점에서 한국 철도사 연구의 공백을 메웠다고 할 수 있다. 요즈음 한국근현대사 연구에서 해방전후사의 연속과 단절이 새롭게 논의되고 있는데, 그의 연구는 한국철도가 연속과 단절의 양면성을 띠고 있다는 점을 파악하는 데 중요한 시사를 주었다.

일본에서의 연구를 통해 우리는 일본이 동아시아 각 지역에서 건설한 식민지 철도의 개요와 성격을 비교사적(比較史的)으로 파악할 수 있게 되었다. 그런데 최근 일본의 역사 연구에서 거대담론이 줄어듦에 따라 거시적 시야의 한국철도사 연구도 뜸해지고 있다. 반면에 많지는 않지만 연구 대상과 주제는 좀 더 넓어지고 있다. 사설철도나 관광 등이 부각되고 있다. 이런 연구 성과는 한국에서의 철도사 연구에도 영향을 미쳐, 생활사(生活史)와 지역사(地域史) 속에서 철도에 접근하는 현상이 나타났다. 하드웨어에서 소프트웨어로 다양화, 유연화(柔軟化)되고 있는 것이다.

III. 한국철도망의 형성과 역할

1. 철도의 확장 추세와 기능 변화

1) 제1기(1899~1906)

정재정의 일련의 연구에 의거하여 한국철도망의 형성과 역할을 개관하면 다음과 같다. 한국이 일본의 식민지 지배로부터 해방된 1945년 8월 15일 현재 한국철도의 영업선(營業線)은 6,407km로서, 국철이 5,038km(79%), 사철이 1,368km(21%)이었다. 이들 중 표준궤(軌間 1.435m) 선로는

〈지도 1〉 동북아시아의 간선철도 네트워크(1889~1945)

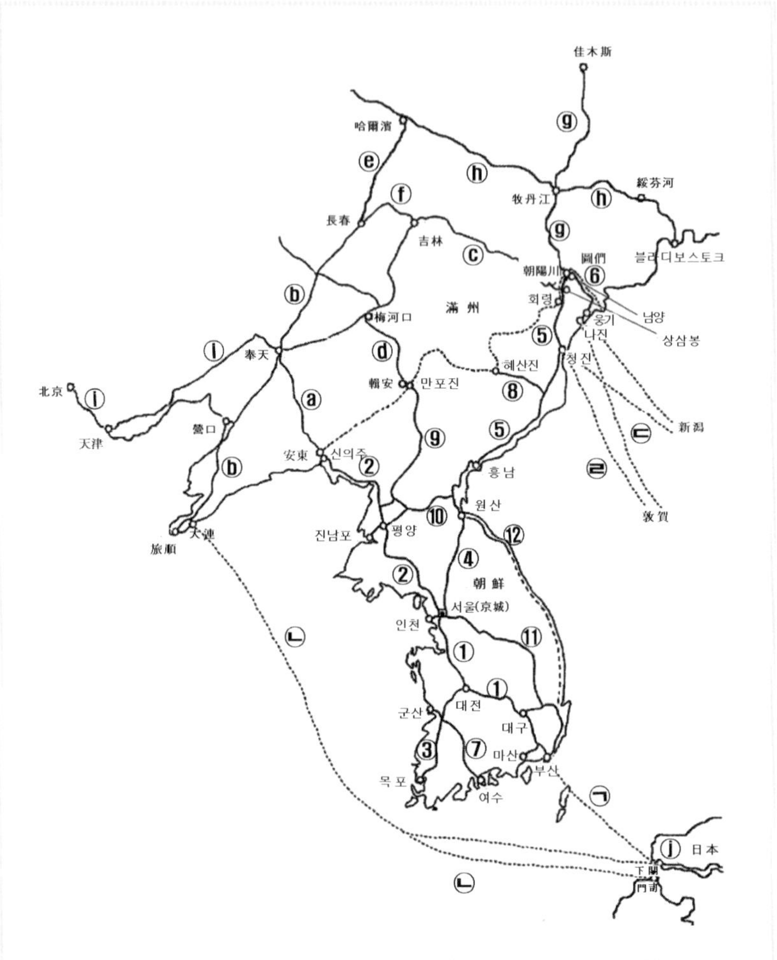

참고자료 : 정재정, 2018, 『철도와 근대 서울』, 국학자료원.

5,605km(88%), 협궤(軌間 0.762m 등) 선로는 801km(12%)이었다.[17]

한국의 철도망은 〈지도 1〉에서 보는 바와 같이, 일본의 한국 지배정책

17 鮮交會, 1986, 『朝鮮交通史』, 4~7쪽.

과 아시아대륙 침략정책의 전변(轉變)에 따라 확장의 폭을 달리하면서 형성되었다.

제1기에 일본은 한국에서 러시아 세력을 물리치고 독점적 지위를 확보하기 위해 한반도 중남부를 서북에서 동남으로 종관하는 경부선(서울-부산, 〈지도 1〉의 ①, 서울의 목구멍에 해당하는 항구 인천과 서울을 연결하는 경인선을 포함함)과 한반도 중북부를 동남에서 서북으로 종관하는 경의선(서울-신의주, 〈지도 1〉의 ②)을 부설했다.

일본 정부는 장기적 관점에서 경부선과 경의선을 한국 지배와 대륙 침략을 위한 간선철도로 만들기 위해 노선과 궤간의 선정에까지 세심한 배려를 아끼지 않았다. 먼저 노선을 선정할 때 일본 정부는 두 철도가 한국의 정치적 중심지와 경제적 선진지역을 관통하도록 배려하는 한편, 가장 빠른 시일 안에 최대한의 병력과 물자를 만주에 집결시킬 수 있도록 일본-한국-만주의 최단거리 코스를 선택했다. 그리고 궤조(軌條, 레일)와 궤간을 선정할 때도 두 철도가 식민지 수탈과 대륙 침략의 동맥으로서 기능하도록 일본 안에서 채택하고 있던 50파운드 궤조와 협궤 선로보다 훨씬 우수하면서 중국의 간선철도와 동일한 75파운드 궤조와 표준궤 선로를 채택했다.[18] 일본 정부의 이러한 정책은 결국 경부선과 경의선을 통하여 한일무역(韓日貿易)을 촉진하고 한국에 대한 독점적 지배를 확보하려는 정상자본가(政商資本家)와 군부수뇌의 욕구를 통일적으로 반영한 것이었다.

제1기에 일본이 추진한 철도정책은 한일의 민족모순을 격화시키는

18 鄭在貞, 1984, 「京釜鐵道의 敷設에 나타난 日本의 韓國侵略政策의 性格」, 『韓國史研究』 44, 119~124쪽.

주요한 계기가 되었다. 일본은 경부선과 경의선을 부설하는 과정에서 한국 관민의 철도자력건설운동을 압살하고, 농민과 주민으로부터 방대한 양의 토지와 가옥 및 노동을 수탈했다. 이에 맞서 한국인들은 격렬한 항일투쟁과 반철도운동(反鐵道運動)을 전개했다.[19]

2) 제2기(1906~1917)

제2기에 일본은 한국에서 식민지 지배 기반을 구축하기 위해 통감부철도관리국(統監府鐵道管理局)(1910년 10월부터는 朝鮮總督府鐵道局)을 설치하여 철도 경영을 통일했다.

조선총독부는 한국 중남부 곡창지대를 동북에서 서남으로 종관하는 새로운 간선철도로서 호남선(대전-목포, 〈지도 1〉의 ③)과 한국 중부 서해와 동북부 동해를 연결하는 경원선(서울-원산, 〈지도 1〉의 ④)을 부설했다.[20] 그리고 만주에서 확보한 기득권을 다지기 위한 방법의 일환으로서 한만철도(韓滿鐵道)의 연결(〈지도 1〉의 ②와 ⓐ)과 경부선과 경의선의 수송력강화정책을 추진했다. 전자는 경의선을 개량하고 압록강철교(鴨綠江鐵橋)를 가설하며 안봉선(安奉線, 安東-奉天, 〈지도 1〉의 ⓐ)을 표준궤로 개축(改築)하는 일이고, 후자는 한만국경통과화물(韓滿國境通過貨物)에 대해 특별할인운임제도(特別割引運賃制度)와 관세감면(關稅減免) 등의 조치를 취하는 것이었다.[21]

---

19 鄭在貞, 1986, 「韓末 京釜·京義鐵道敷地의 收用과 沿線住民의 抵抗運動」, 『李元淳教授華甲記念 史學論叢』, 335~394쪽.

20 朝鮮總督府鐵道局, 1940, 『朝鮮鐵道四十年略史』, 69~90쪽, 236~241쪽.

21 鄭在貞, 1984, 「京義鐵道의 敷設과 日本의 韓國縱貫鐵道支配政策」, 『韓國放送通信大學論文集』 3, 489~505쪽.

1910년대 중반까지 한국에서는 동서 남해의 주요 항구를 기점으로 하여 한반도를 ◇자형으로 종단하는 철도망과 교통운수체계의 기본이 갖춰졌다.

3) 제3기(1917~1925)

제3기는 일본이 한국과 만주의 일원적(一元的) 지배를 촉진한다는 의미에서 한국철도를 남만주철도주식회사(南滿洲鐵道株式會社)에 위탁경영(委託經營)한 시기였다. 위탁경영의 골자(骨子)는 남만주철도주식회사가 한국철도의 건설, 개량, 보존, 운수 등 일상 업무를 수행하는 대신에, 조선총독부가 철도의 계획, 경영, 투자, 수익 등에서 실권(實權)을 행사한다는 것이다.[22] 한만철도(韓滿鐵道)의 통일경영은 러일전쟁 이래 추진해온 경부선·경의선 중시정책(重視政策)을 확대 강화한 것으로서, 대륙침략을 적극 추진하는 일본 군부와 정치가의 의지가 반영되었다.

한만철도의 일체화(一體化)는 조선총독부와 남만주철도주식회사 모두에 이익이 되지 못하였다. 남만주철도주식회사는 불필요한 자금 지출이 늘어났고, 조선총독부는 철도 건설의 부진(不振)을 초래했다. 한국철도의 영업 킬로미터(km)는 앞 시기에 비해 55% 정도 증가하는 데 그쳤다. 제3기에 이루어진 주요 사업은 한반도의 동북지방 해안을 따라 북상하여 만주에 접속하는 간선철도인 함경선(咸鏡線, 원산-회령, 〈지도 1〉의 ⑤)이 부분 개통되고, 일본인 자본에 의해 사철이 더러 건설된 정도였다.[23]

철도 건설의 부진 때문에 한국에서는 조선총독부가 철도를 직접 경영

---

22 橋谷弘, 1982, 「朝鮮鐵道の滿洲への委託經營をめぐって」, 『朝鮮史硏究會論文集』 19, 165~169쪽.

23 朝鮮總督府鐵道局, 1940, 93~95쪽.

해야 한다는 여론이 높아졌다. 게다가 1919년에 발생한 한국인의 대대적 반일민족해방운동(反日民族解放運動, 3·1독립운동)은 일본이 식민지 지배정책을 수정하지 않으면 안 되게 만들었다.[24] 이에 일본은 한국의 산업개발을 촉진한다는 명분 아래 1925년 4월부터 한국철도의 경영을 다시 조선총독부로 환원했다.[25]

4) 제4기(1925~1937)

제4기에 일본은 한국의 식민지 지배를 더욱 강화하기 위해 대대적으로 철도망 확장사업을 추진하였다. 이른바 "조선철도12년계획"의 실행이었다. 이 계획에 포함된 주요 철도는 대체로, "제국(帝國)의 인구, 식량, 연료 문제를 해결하고 수입무역(輸入貿易)을 전환시키기 위함"[26]이라는 목적에 따라, 곡물 생산과 삼림 및 지하자원이 풍부한 지역을 관통하도록 부설되었다. 그중 대표적 철도는 도문선(圖們線, 회령-웅기, 한만(韓滿) 국경의 경비와 교역 강화, 〈지도 1〉의 ⑥), 전라선(全羅線, 전주-여수, 미곡 반출과 한일연락(韓日連絡) 촉진, 〈지도 1〉의 ⑦), '동해선(東海線, 원산-부산, 해안 개발과 수산물 수송 및 남북 종관 보완, 〈지도 1〉의 12동그라미),' 혜산선(惠山線, 길주-혜산진, 삼림과 광산 개발, 국경 경비 강화, 〈지도 1〉의 ⑧), 만포선(滿浦線, 순천-만포진, 삼림과 광산 개발, 국경 경비 강화, 〈지도 1〉의 ⑨) 등의 국철이었다.[27] 전라선과 동해선은 부분 개통에 그쳤다. 그 밖에 만주국(滿洲國) 출현에 자극을 받은 일본자본이 왕성하게 한국에 진출하여

---

24 賀田直治, 1927, 『朝鮮産業政策硏究要綱』, 138~139쪽.

25 朝鮮總督府鐵道局, 1940, 98쪽.

26 朝鮮總督府鐵道局, 1930, 『朝鮮鐵道論纂』, 269~277쪽.

27 朝鮮總督府鐵道局, 1940, 『朝鮮鐵道四十年略史』, 252~269쪽.

여러 사철을 부설하였다. 이들은 지선의 역할을 하였다.

제4기에 한국철도의 영업선은 연평균 202km나 증가하였다. 이 철도들은 식량과 원료를 일본으로 반출하고 일본인을 조선으로 이주시키는 데 활용되었다. 이른바 개발의 사명을 띤 산업철도의 성격을 띠었다.

5) 제5기(1937~1945)

제5기에 건설된 한국철도는 중일전쟁(中日戰爭)의 확대에 상응하여 군대와 군수물자를 수송하기 위한 성격이 강했다. 따라서 일본과 만주를 최단거리로 잇는 한반도종관철도(韓半島縱貫鐵道)가 다시 중시되었다. 대표적 예로서, 경부선을 보조하면서 함포의 사정거리(射程距離)에서 벗어나 있는 경경선(京慶線, 서울-경주, 한반도 남부 내륙의 산맥지역을 종단함, 〈지도 1〉의 ⑪)이 부설되고, 기존의 한국종관선인 경부선, 경의선, 경원선, 함경선 등이 복선(複線)으로 개량(改良)되었다.[28]

제5기에 한국철도는 연평균 157km씩 확장되었다. 그중에서 일본과 만주를 최단거리로 잇는 간선철도로서 한국 동북부 국경선을 감싸 도는 도문선(圖們線, 〈지도 1〉의 ⑥)과 만주 동남부 지역을 비스듬히 횡단하여 중앙부로 진입하는 길회선(吉會線, 회령-吉林, 〈지도 1〉의 ⓒ)이 새롭게 각광을 받았다. 길회선은 원래 1900년대 초부터 중일(中日) 양국이 부설을 추진하였는데, 길회선과 도문선이 모두 개통되어 동일선상에서 접속하게 된 것은 일본이 만주국을 수립한 직후였다(1933년).

일본은 도문선과 길회선이 충분히 기능하도록 1933년부터 두 철도의

28 朝鮮總督府鐵道局, 1938, 『朝鮮鐵道狀況』, 29, 20쪽; 朝鮮總督府鐵道局, 1940, 『朝鮮鐵道四十年略史』, 275~278쪽, 289~294쪽.

일부 및 종단항(終端港, 이른바 '北鮮三港'=淸津 · 雄基 · 羅津)을 남만주철도주식회사(南滿洲鐵道株式會社)에 위탁하여 통일적으로 경영하게 조처했다.[29] 그리하여 1930년대 중반부터 이른바 '북선(北鮮)루트'(〈지도 1〉의 ⓒ-⑤-㉢㉣, ⓒ-⑥-㉢㉣)가 만주산(滿洲産) 대두와 자원을 일본으로 반출하는 대신, 일본군과 이민 및 군수물자를 만주로 반입하는 데 중요한 역할을 수행하게 되었다. 이로써 '북선(北鮮)루트'는 종래의 '봉부(奉釜)루트'(〈지도 1〉의 ⓐ-②-①-㉠) 및 '다롄(大連)루트'(〈지도 1〉의 ⓑ-㉡)와 더불어 일본-한국-만주를 연결하는 3대 간선으로서 중요한 지위를 획득했다. 나진(羅津)과 신징(新京, 창춘(長春)) 사이에는 직통급행열차 아사히(旭日)가 운행되었다.[30]

한국의 간선철도는 한국 내부의 사회경제적 요구만을 반영하여 건설된 것이 아니라, 일본의 식민지 지배정책과 대륙 침략정책을 실현시키기 위한 수단으로서 부설되었다. 그렇기 때문에 모든 간선철도는 일본-조선-만주를 시간적, 공간적으로 최대한 밀착시키기 위해 남북종관의 방향을 채택하였다. 간선철도의 노선도 대부분 해항(海港)을 기점으로 하여 한국의 정치적 중심도시와 곡창지대 및 자원이 풍부한 지역을 관통하도록 선정하였다. 그리하여 남북종관형(南北縱貫型)과 항만기점형(港灣起點型)의 간선철도(〈지도 1〉의 ①~⑪)가 모든 국철의 80%(국철과 사철 전체 중에서는 63%)를 차지하였다. 이것은 한국철도의 지정학적(地政學的), 식민지적(植民地的) 특성을 웅변했다.

---

29 鈴木武雄, 1938, 「北鮮ルート論, 大陸ルート論」, 『朝鮮經濟の硏究』 3, 15쪽; 朝鮮總督府鐵道局, 1940, 『朝鮮鐵道四十年略史』, 110~114쪽.

30 鈴木武雄, 1938, 15쪽; 朝鮮總督府鐵道局, 1940, 『朝鮮鐵道四十年略史』, 110~114쪽.

2. 철도의 운수 영업과 수송 구조

1) 객화 수입(客貨 收入)

한국철도는 동북아시아에서 일본의 경제수탈과 군사지배를 관철시킨 핵심 교통기관이기 때문에, 열차가 운반한 여객과 화물의 내역은 이 지역의 사회경제 구조를 보여주는 지표라고 할 수 있다.

한국철도의 운수 상황은 대체로 1930년대 중반을 경계로 하여 크게 변하였다. 전기의 운수실적은, 제1차 세계대전의 호황에 힘입어 여객과 화물이 모두 급증하였던 시기(1915~1923)와 세계 경제공황의 여파로 양자 모두 대폭 감소하였던 시기(1928~1932)를 제외하면, 대체로 답보상태를 유지하였다. 반면에 후기에는 동북아시아에서 일본 경제권이 공고해지고 한국이 중추 공업지역으로 발흥함에 따라 철도의 여객 화물이 쏙수하여 운수 실적도 급격히 개선되었다.[31]

운수 수입을 보면, 1910~1925년은 여객 수입이 화물 수입을 소폭으로 능가한 반면, 1926~1937년은 양자가 균형을 이루었다. 1938~1945년은 다시 여객 수입이 화물 수입을 대폭 상회하였다. 영업수지에서는 여객과 화물 운수가 급증하였던 1917~1919년과 1935~1945년은 흑자였지만, 그 밖의 시기는 적자였다. 흑자 기간 중에서도 1938~ 1940년의 연평균 이익은 2,900만 엔, 1941~1943년에는 4,200만 엔이나 되었다. 이 액수는 같은 시기 조선총독부 조세 수입의 20.8%와 12.1%에 해당했다. 그리하여 철도 수입이 조선총독부 전시재정(戰時財政)의 확보에 크게

31 鄭在貞, 1989, 「日本 帝國主義와 朝鮮鐵道, 1899~1945」, 『한국방송통신대학논문집』 10.

기여했다. 그러나 적자 시기에는 연평균 100만 엔, 특히 1929~1931년에는 연평균 507만 엔의 손해를 기록하여 조선총독부 재정에 큰 부담을 안겼다.[32]

여객 수입이 급증한 1930년대 중반부터 1940년대 초반까지 한국철도는 명실공히 일본과 동북아시아를 연결하는 교량의 구실을 톡톡히 해냈다. 한국철도에는 부산-경성(서울)-펑텐(奉天)-신징(新京)-하얼빈(哈爾濱) 노선을 왕래하는 '히까리(光)'·'노조미(望)'(〈지도 1〉의 ①-②-ⓐ-ⓑ-ⓔ), 부산-경성(서울)-펑텐(奉天)-베이징(北京)을 왕래하는 '대륙(大陸)'·'흥아(興亞)'(〈지도 1〉의 ①-②-ⓐ-ⓘ) 등의 직통 급행열차가 달렸다.[33]

동북아시아에서 한국철도의 국제적 위상 곧 국제열차의 운행에 대해서는 나중에 좀 더 자세히 살펴보겠다.

2) 화물의 구성과 내역

한국철도의 화물 내역은 철도운수와 경제구조의 변화를 반영했다. 〈표 1〉은 화물 구성의 변화 추이를 정리한 것이다. 한국철도의 화물 톤수와 그 구성은 1930년대 중반을 경계로 크게 바뀌었다. 일본 경제권에서 한국이 차지하는 위상과 경제구조가 달라졌기 때문이다.

〈표 1〉에서 보는 것처럼, 철도화물의 분야별 구성 비율은 1930년대 중반 이전에는 농산품 22~32%, 광산품 17~28%, 공산품 8~17%, 임산품 7~11% 순이었다. 그런데 1930년 중반 이후가 되면 광산품 32~38%, 공산품 8~17%, 농산품 8~16%, 임산품 6~9% 순으로 구성 비율이 역전되

32 平井廣一, 1985, 「日本植民地下における朝鮮鐵道財政の展開過程」, 『經濟學硏究』 34-4, 北海道大學, 16쪽.

33 鄭在貞, 2013. 8, 「일제하 동북아시아의 철도교통과 경성」, 『서울학연구』 52.

〈표 1〉 한국 국유철도의 화물 구성 추이(1910~1944)

	농산물		임산물		광산물		수산물		공업제품		군수용품 및 기타	
	%	지수	%	지수	%	지수	%	지수	%	지수	%	지수
1910	22.0	100	8.3	100	21.9	100	4.0	100	7.8	100	36.0	100
1914	27.3	189	7.9	145	22.8	159	6.2	240	8.1	159	27.5	116
1918	28.0	422	8.3	331	18.0	274	7.7	649	12.7	541	25.3	233
1922	23.6	517	10.9	631	17.1	377	4.5	551	10.8	668	33.2	446
1926	32.2	936	8.1	624	18.0	528	4.8	786	14.1	1,159	22.8	404
1930	26.2	886	7.9	710	21.0	714	3.7	701	15.8	1,515	25.3	524
1934	25.8	1,129	7.2	987	27.7	1,220	4.4	1,066	16.8	2,080	16.8	450
1938	16.2	1,288	8.9	1,856	31.8	2,538	2.9	1,303	17.4	3,909	22.8	1,103
1942	9.9	1,471	9.0	3,549	37.8	5,665	2.2	1,837	8.1	3,432	33.0	2,999
1944	7.9	1,396	5.5	2,569	37.4	6,638	2.7	2,655	7.8	3,907	38.7	4,161

참고자료: 財團法人 鮮交會, 1986, 『朝鮮交通史 資料編』, 62쪽.

었다. 현저하게 농산품의 비중이 줄어든 반면 광산품의 비중이 늘어났다. 공산품은 현상을 유지했고 임산품은 줄어들었다. 기타 잡품의 비중이 25~39% 정도를 차지한 것도 특기할 만하다. 그 대종(大宗)은 철도용품과 군수용품이었다.

〈표 1〉은 철도화물의 구성뿐만 아니라 절대량에서도 1930년대를 경계로 큰 변화가 나타났음을 보여준다. 모든 분야의 화물량이 늘어났지만 광산품과 공산품 그리고 기타 잡품의 화물량은 폭증했다. 광산품과 기타 잡품과 달리 공산품이 1926년 무렵부터 크게 늘어난 것을 보면, 한국에서 1920년대 후반부터 공업이 발흥했음을 알 수 있다. 1930년대 중반부터 기타 잡품이 대폭 증가한 것은 광산개발, 철도건설, 군사수송 등이 활발해졌기 때문이다. 농산품, 임산품, 수산품의 수송량도 1930년

대 중반 이후 크게 늘어났다.

〈표 1〉의 화물 내역을 좀 더 구체적으로 살펴보면, 1930년대 이전에는 미(米), 속(粟), 석탄(石炭)이 가장 큰 비중을 차지했다. 그 이후에는 석탄, 시멘트, 광석, 금속, 기계, 군수품 등이 높은 비율을 차지했다. 그 까닭은 한국에서 일본의 경제정책이 1930년대 중반을 경계로 식량증산 제일주의로부터 자원개발과 군수공업화 우선주의로 전환되어, 광업품과 공업품의 수송이 농산품의 그것을 훨씬 능가하였기 때문이다. 아울러 철도망의 확장과 전선(戰線)의 확대가 화물을 창출했다는 것도 의미했다. 한국철도의 군사적 특성을 증명하는 지표라고 할 수 있다.[34]

3) 화물 수송의 경로와 방향

철도화물의 수송 경로와 방향을 통해 무엇을 알 수 있을까? 한국철도의 주요 화물인 미(米), 속(粟), 석탄(石炭), 시멘트, 철광석 등을 예로 들어 물자유통 내지 경제구조의 식민지적 특성을 찾아보자.

한국미는 원래부터 일본의 식량부족을 메꾸는 데 가장 적합한 농산자원으로 각광을 받았다. 그리하여 1915~1919년에는 생산고의 14%, 1930~1934년에는 46%가 일본으로 이출(移出)되었다.[35] 이출미의 대부분은 철도로 운반되었다. 이출미의 수송은 대체로 생산지 → 한국철도 → 근접 항구 → 해운 → 일본(阪神과 京濱 등 공업지대)의 경로를 밟았다. 이출 경로를 좀 더 구체적으로 살펴보면, 충북·경북·경남의 각도는 경부선(〈지도 1〉의 ①) → 부산항, 전북·전남의 각도는 호남선(〈지도 1〉의

34 朝鮮總督府鐵道局, 各年度『年報』참조.

35 林炳潤, 1971,『植民地における商業的農業の展開』, 東京, 262쪽.

③) → 목포항·군산항, 충남·경기의 각도는 경부선 → 인천항, 평북·평남·황해의 각도는 경의선(〈지도 1〉의 ②) → 진남포항의 방향을 택했다.[36]

이출미 수송이 지역적 분산성을 띠게 된 것은 운임 면에서 유리한 해운이 아직도 철도의 장거리 수송에 대해 강력한 저항세력으로 남아 있었기 때문이다. 그러나 한국미의 철도 직통수송에 대한 할인운임제도가 실시된 1930년대 중반부터는 이출미의 수송이 경부선·경의선과 부산항으로 집중하는 경향을 보였다. 곧 생산지 → 한국철도 → 부산항 → 시모노세키항(下關港) → 일본철도의 직통 수송로가 새롭게 부상한 것이다.[37] 이는 곧 철도가 해운을 제치고 한국미의 장거리 대량 수송의 수단으로서 자리 잡았음을 의미했다.

한국미의 이출에 따른 대용식량(代用食糧)으로서 한국인이 상용하기 시작한 만주산(滿洲産) 속(粟)의 수입량은 한국미의 이출량과 비례하여 1920년대부터 격증하기 시작했다. 수입 속(粟)의 80% 정도는 경의선, 경부선, 호남선 등을 통하여 운반되어 전국의 소비지에 산포되었다.[38] 만주산 속(粟)은 한국미의 이출 경로를 뒤따라가며 반입된 셈이다.

석탄은 한국철도 화물의 10% 정도를 차지할 만큼 중요했다. 석탄의 유통 경로는 일본, 한국, 만주의 수급관계 속에서 형성되었다. 곧 만주산 석탄이 한국에 수입되는 것이 기본적 수급관계였으므로, 수송 경로 역시 경의선, 경부선 등을 통해 평양, 진남포, 서울, 대구 등의 대도시와 철도 연선으로 운반되는 것이 주선(主線)이었다. 일본으로 이출되는 한국산

36 朝鮮總督府鐵道局, 各年度『年報』 참조.

37 平井廣一, 1985, 25쪽.

38 滿鐵庶務部調査課, 1928,『滿洲粟の鮮內事情』, 30쪽.

무연탄은 만포선(〈지도 1〉의 ⑨) → 진남포항, 함경선(〈지도 1〉의 ⑤) → 청진항으로 수송되었다. 한국으로 이입되는 일본산 유연탄은 인천항 → 서울(경인선)로 수송되었다. 두 경로는 종선(縱線)이었다.[39]

1930년대 중반부터 화물의 대종을 이룬 시멘트와 철광석은 한국 북부의 광산지대와 중공업도시 및 일본으로 이출하는 항구가 주요 발착지였다. 시멘트는 함경선 → 원산항, 경의선 → 진남포항이 주요 수송 경로였고, 철광석은 경의선·만포선·평원선(〈지도 1〉의 ⑩) → 진남포항·겸이포, 함경선·혜산선(〈지도 1〉의 ⑧) → 원산항이 기본 수송 경로였다.[40] 이 때문에 함경선, 평원선, 만포선 등의 신설선이 1930년대 중반부터는 화물 수송의 주요 부분을 담당하게 되었다.

4) 열차 운행의 불균형

한국철도에서 화물 내역과 수송 경로의 변화는 철도 경영의 호전 또는 악화에 중대한 영향을 미쳤다. 1930년대 중반까지 화물 수송은 대용적화물(大容積貨物)인 미(米), 속(粟), 석탄(石炭) 등의 남행(南行)이 소용적화물(小容積貨物)인 면사(綿絲), 면포(綿布), 잡화(雜貨) 등의 북행(北行)을 압도적으로 능가했기 때문에 남북행(南北行) 열차(列車)의 적재량(積載量)에 심한 불균형을 초래했다.[41] 이에 따라 북행의 공차(空車) 운행이 많아져 열차운전(列車運轉)의 불균형을 초래했다. 더구나 주종(主宗) 화물인 농산물의 출하량(出荷量)이 계절적으로 편중되어 호황기

39 朝鮮總督府鐵道局, 各年度 『年報』 참조.

40 朝鮮總督府鐵道局, 各年度 『年報』 참조.

41 鄭在貞, 1982, 〈韓末·日帝初期 (1905~1916년) 鐵道輸送의 植民地的 性格-京釜·京義鐵道를 중심으로〉, 『한국학보』 29, 146~152쪽.

(10~4월)와 불황기(5~9월)의 물동량에 50% 이상 차이를 빚었다.[42] 이것은 철도 경영을 악화시킨 한 원인이 되었다.

1930년대 중반부터 미(米), 속(粟) 등 농산물의 비중이 감소하고 철광석, 시멘트 등 광공업품의 비중이 증가하자 화물 수송의 계절적 편차는 거의 사라졌다. 게다가 중일전쟁(中日戰爭)이 격화되고 일본경제권이 확장되어 일본열도-한반도-만주-화북 사이의 물자 이동이 비약적으로 증가하자, 한국철도 → 만주, 일본열도 → 한국철도 → 만주의 화물 수송은 그 전에 비해 각각 3배, 7배 정도 늘어났다.[43] 이로써 한국철도의 고질적 약점인 남북행간(南北行間) 물동량(物動量)의 격차와 공차운행(空車運行)의 과다(過多)는 대부분 해소되었다. 또 한국에서 중화학공업의 발흥은 물자 이동을 촉진시켜 철도노선 간의 수송량 격차도 좁혀주었다. 그 덕택으로 1930년대 중반 이후 한국철도는 전에 없는 호황을 구가하며 흑자경영을 지속했다.

한국철도의 운수영업은 일본열도와 유라시아대륙을 잇는 지정학적, 지경학적 특성에 크게 좌우되었다. 일본 세력이 유라시아대륙으로 확장할수록 그 중추인 한국철도의 중요성은 더 높아졌다. 주요 화물의 수송 경로와 방향도 일본과 유라시아대륙을 연결하는 쪽으로 쏠렸다. 한국철도는 동북아시아의 국제 간선이었다.

5) 일본인의 철도연선 이주(移住)

한국의 간선철도는 한국과 만주의 원료 및 곡물을 일본으로 반출하고,

42 鄭在貞, 1982, 146~152쪽.

43 平井廣一, 1985, 24~26쪽.

일본의 공업제품과 군대 및 이민을 한국과 만주로 반입하는 파이프라인이었다. 일본은 한국철도의 이런 역할을 촉진하기 위해 특별운임제도를 실시하는 등 두터운 보호정책을 실시했다. 그리하여 종래 강운(江運)과 해운(海運)을 기반으로 한 한국의 교통운수체계는 급격하게 붕괴되고 철도를 주축으로 하는 교통운수체계가 새롭게 형성되었다.

한반도 안에서 수운(水運)보다는 육운(陸運)의 역할이 훨씬 더 중요해지자 식민지 지배와 수탈의 거점도 개항장이나 포구로부터 철도연선의 정차장이나 도회지로 옮겨갔다. 1910년대 중반에 벌써 한국에 거주하는 일본인의 70%가 철도연선에 똬리를 틀었다. 반면에 한국인은 전 인구의 5%만이 철도연선에 거주했다. 일제말기 한반도에 거주한 일본인은 한국 전 인구의 3% 정도였다. 이들의 압도적 다수는 철도연선에서 생업을 꾸렸다. 이처럼 한국철도는 일본인을 한국 내륙에 침투시키는 맥관(脈管)으로서 기능했다.[44] 한국철도의 식민지적 역할을 보여주는 사례라고 할 수 있다.

3. 한국철도상의 국제열차와 동북아시아의 교통네트워크

1) 도쿄 위주의 철도 운용

20세기 전반 동북아시아의 일본 세력권에서 운행된 국제열차는 한국철도의 외연(外延)과 내포(內包)를 잘 체현(體現)했다. 일본은 수도 도쿄를 중심에 놓고 교통네트워크를 운영했다. 한국철도가 일본열도와 동북아시아 각 지역을 연결하는 기축(基軸)이라면, 한국철도와 일본열도를

44 鄭在貞, 1982, 158~166쪽.

가장 빠르고 가깝게 이어주는 바닷길은 관부(關釜, 시모노세키(下關)-부산(釜山), 곧 대한해협(大韓海峽), 〈지도 1〉의 ㉠) 연락항로(連絡航路)였다.[45]

일본은 1905년 9월 11일 대한해협에 처음으로 관부연락선(關釜連絡船)을 취항시켰다. 그리고 일본에서 한국을 출입하는 승객의 편의를 최우선으로 고려하여 관부연락선의 발착 시간에 맞춰 한국철도의 시각표를 편성하였다. 나중에 한국을 종관하여 만주를 왕래하는 모든 급행열차는 관부연락선과 접속하는 정차장인 부산잔교(釜山棧橋)에서 발착했다. 도쿄 위주의 열차운행은 일반인의 생활에까지 깊게 침투되어 경성에서 부산으로 달리는 열차를 상행(上行), 부산에서 경성으로 달리는 열차를 하행(下行)이라 불렀다. 이런 호칭은 제국주의 본국과 식민지의 상하관계를 적나라하게 반영했다.

도쿄를 중심에 놓고 보면 동북아시아 철도네트워크에 5개의 주요 교통로가 존재했다.

① 철도로 일본 서부지역을 횡단하여 관부연락선을 타고 부산에 상륙해 한반도를 종단하여 경성-안뚱(安東, 압록강변)을 거쳐 만주로 진입하는 노선(〈지도 1〉의 Ⓙ-㉠-①-②-ⓐ).

② 일본 중부지역을 철도로 종단하여 동해항로(주로 일본해기선회사(日本海汽船會社) 선박, ㉢ ㉣)를 지나 '북선3항(北鮮3港, 淸津-羅津-雄基)에 상륙하여 '북선철도(北鮮鐵道, 함경선(咸鏡線)-투먼선(圖們線))를 경유하여 남양(南陽)과 투먼(圖們, 두만강변)을 거쳐 만주로 진입하는 노선(〈지도 1〉의 ㉢㉣-⑥-ⓒⓖ, ㉢㉣-⑤-ⓒⓖ).

45 '3. 한국철도상의 국제열차와 동북아시아의 교통네트워크'는 주로 鄭在貞, 2013. 8의 논문과 2018의 저서를 참조했다.

③ 철도로 일본 서부지역을 횡단하여 황해항로(주로 大阪商船會社 선박, 〈지도 1〉의 ㉡)를 지나 다롄(大連, 遼東半島)에 상륙하여 펑톈(奉天)-신징(新京)-하얼빈(哈爾濱) 등지의 만주로 진입하는 노선(〈지도 1〉의 Ⓙ-㉡-ⓑ-ⓔ).

④ 일본 서부지역을 철도로 횡단하여 동중국해항로(주로 대판상선회사(大阪商船會社) 선박)를 지나 지룽(基隆, 타이완)에 상륙하여 타이베이(臺北)를 거쳐 타이완(臺灣)을 종단하는 노선.

⑤ 철도로 일본 동북지방과 홋카이도를 종단하여 치하쿠항로(稚泊航路)를 지나 가라후토(樺太) 남부(南部)로 진입하는 노선.

위 각 노선 너머에는 중국과 소련 등의 유라시아대륙 또는 동남아시아가 펼쳐 있었다. 이 점을 염두에 두고 한국철도를 기축으로 한 국제열차운행을 살펴보겠다.

2) 경부선-경의선 경유 국제열차

일본은 동북아시아 철도네트워크 중에서 도쿄(東京)-시모노세키(下關)-부산-경성-펑톈(奉天)-신징(新京)-하얼빈(哈爾濱)의 노선(〈지도 1〉의 Ⓙ-㉠-①-②-ⓐ-ⓑ-ⓔ)을 황해항로-펑톈-신징-하얼빈 노선(〈지도 1〉의 Ⓙ-㉡-ⓑ-ⓔ) 못지않게 중시했다. 그리하여 한국 종관 열차운행에 대해서는 러일전쟁 전후부터 40여 년 동안 끊임없는 개량과 지원을 아끼지 않았다. 경부선(〈지도 1〉의 ①) 개통 당시(1905. 1. 1) 서울-부산 사이 열차운행은 30여 시간이 걸렸으나 선로의 개축과 정비로 1년여 만에 소요시간은 11시간으로 단축되었다(1906. 4. 16). 일본은 대한제국에 통감부를 설치하고 한국철도를 모두 국유화하여 일괄 경영하였다. 그 후 한국에서 처음 운행된 직통 급행열차 '융희호(隆熙號)'는 경부선과 경의선(〈지도 1〉

의 ②) 곧 부산-신의주(〈지도 1〉의 ①②)를 26시간에 주파했다(1908. 4. 1).

일본은 1910년 8월 대한제국을 폐멸했다. 일본은 곧 식민지 한국과 세력권 만주를 철도로 연결하기 위해 압록강철교를 가설했다(1911. 11. 1). 이에 맞춰 경성-창춘(長春, 나중의 滿洲國新京) 노선(〈지도 1〉의 ②-ⓐ-ⓑ)에 1주일 3편의 직통 급행열차가 운전을 개시했다. 그리고 부산-펑톈 노선(〈지도 1〉의 ①-②-ⓐ)에도 직통 급행열차가 운행되었다(1912. 6. 15).

일본은 일본열도와 한국의 연락을 강화하기 위해 부산항에 본국에도 없는 최신 설비의 잔교(棧橋)를 건축했다(1913. 4. 1). 이후 부산에서 발착하는 국제열차는 모두 이 잔교에 설치한 정차장에서 바로 관부연락선과 접속하였다. 일본열도 혼슈(本州)와 홋카이도(北海道)를 잇는 세이칸(青函, 青森-函館) 항로의 아오모리항(青森港)에 잔교가 설치된 것이 1924년, 관부항로(關釜航路)의 일본 측 항구 시모노세키에 잔교가 축성된 것이 1936년이었다. 부산항 잔교가 얼마나 일찍 설치되었는가를 알 수 있다. 부산항의 선차연락(船車連絡)은 동시대 일본의 어느 해륙접속(海陸接續)보다 빠르고 편리했다

일본이 만주사변(滿洲事變, 1931. 9. 18)을 일으켜 중국 동북지역을 단숨에 석권하고, 이곳에 괴뢰국가인 만주국(滿洲國)을 세운 것(1932. 3. 1)은 국제열차의 운행에 큰 전환점이 되었다. 한국과 만주가 사실상 일본의 세력권 속에 통합되어 연락운수가 매우 원활하게 이루어졌기 때문이다. 1933년 4월 1일 부산-펑톈 노선(〈지도 1〉의 ①-②-ⓐ)에 직통 급행열차인 '히까리(ひかり)'가 운전을 개시했다. 이로써 한반도를 종관(부산-신의주, 〈지도 1〉의 ①-②)하는 시간은 4시간 단축되어, 총 소요시간은 17시간 전후가 되었다. 이와 더불어 경성-인천을 비롯한 경인지역의 열차 편수도 증가하였다. 그 결과 경성의 도시화는 더욱 진전되고 내포는 한층

충실해졌다.

'히까리(ひかり)'는 식민지 한국에서 처음 등장한 급행열차로서, 부산에서 한반도를 종관하여 만주국의 펑텐을 왕복했다. 나중에는 신징이나 하얼빈까지 연장 운행되었다(〈지도 1〉의 ①-②-ⓐ-ⓑ-ⓔ). '빛(光)'이라는 뜻에 걸맞게 당시 조선에서 최고속도를 자랑했다.

만주국의 성립으로 일본과 한국에서 만주열풍이 불었다. 일본-한국-만주를 왕래하는 사람과 물자의 수송이 빈번해지자 부산-봉천(〈지도 1〉의 ①-②-ⓐ)에 직통 급행열차 '노조미(のぞみ)'가 새로 투입되고, '히까리'는 신징까지 연장 운행되었다(1934. 11. 1, 〈지도 1〉의 ①-②-ⓐ-ⓑ). 이와 동시에 남만주철도주식회사(南滿洲鐵道株式會社)는 다롄-신징(〈지도 1〉의 ⓑ-ⓔ) 노선 704km를 8시간 30분에 주파하는 직통 특별급행열차 '아시아(あじあ)' 호의 운행을 개시했다.

'노조미'는 1934년 11월부터 1942년 2월까지 일본의 식민지 한국과 괴뢰국 만주 사이를 왕복했던 국제 급행열차의 이름이다. '노조미(のぞみ, 望)'는 원래 미래, 꿈, 희망을 뜻하는 말이다. 한국과 만주를 달린 '노조미'는 과연 누구의 꿈을 실어 날랐을까?

일본이 중일전쟁을 도발한(1937. 7. 7) 이후 전선(戰線)이 확대되자 일본-한국-만주-중국의 연관은 더욱 깊어졌다. 이에 따라 국제열차의 운행도 한층 더 긴밀해졌다. 부산-봉천을 달린 '노조미'는 신징까지 운행 구간을 연장했다(1938. 10. 1, 〈지도 1〉의 ①-②-ⓐ-ⓑ). 그리고 부산-신징을 운행하던 '히까리' 중 한 열차는 하얼빈까지 직통했다(1942. 8. 1, 〈지도 1〉의 ①-②-ⓐ-ⓑ-ⓔ).

조선총독부는 '노조미'에 자극을 받아 2년 후에 부산-경성 노선(〈지도 1〉의 ①) 450km를 시험주행 6시간 45분에 주파하는 특별급행열차 '아

까쯔끼(あかつき)'의 운행을 개시했다(1936. 12. 1). '아까쯔끼'는 한국에서 달린 유일한 특급열차로서, 다른 급행열차보다 경성-부산 사이 소요시간을 1시간가량 단축했다. 조선통독부가 '아까쯔끼'를 경성-부산 구간에서만 운행하고 만주로 진입시키지 않은 것은 만철과 경쟁 또는 대항하려는 오기(傲氣)의 발로였다. 만주국과 조선총독부가 경쟁적으로 열차 운행속도를 향상시킴으로써 한국은 동북아시아 철도교통의 기축으로서 확고히 자리 잡았다.

'아까쯔끼'는 원래 새벽(曉), 곧 태양이 뜨기 전의 어슴푸레한 아침이라는 뜻이다. '아까쯔끼'는 무엇을 알리는 새벽이었을까? 영문도 모르는 승객들은 이 열차를 타고 부산에서 해맞이를 했을지도 모르지만, '아까쯔끼'가 운전을 개시한 지 1년 후에 일본은 중일전쟁을 도발하고(1937. 7. 7), 잇달아 아시아·태평양전쟁의 나락으로 빠져들어갔다. 아시아·태평양전쟁은 곧 일본의 패망으로 연결되었다. '아까쯔끼'는 이것을 알리는 새벽이었을까?

경부선-경의선 경유 국제열차 중에서 또 특기할 만한 것은 부산-베이징(北京)(〈지도 1〉의 ①-②-ⓐ-ⓘ)을 왕래한 급행열차이다. 중일전쟁에서 기선을 잡은 일본은 세력을 중국 본토로 확대하기 위해 부산-베이징 사이에 직통 급행열차를 운행하였다(1938. 1. 1). 일본은 일본-한국-만주-중국 사이의 교통수요가 증대하자 부산-베이징에 직통 급행열차 '흥아(興亞)'를 증설(增設)했다(1939. 11. 1). 이때 종래 운행되어온 급행열차는 '대륙(大陸)'으로 명명(命名)되어 운행을 계속했다. 그리하여 동북아시아의 주요 도시는 일본이 구축한 철도네트워크 속에서 급행열차로 밀접하게 연결되었다. 일본세력의 외연(外延)은 확대되고 내포(內包)는 심화되었다.

만주사변과 중일전쟁의 발발은 동북아시아 철도가 군사수송의 간선임을 보여주는 계기가 되었다. 1937년 말까지 중국으로 출동한 일본 병력은 17개 사단 50만 명에 달했다. 일본 국내와 한국·만주 철도의 전선(全線)에 걸쳐 특별 군사수송이 실시되었다. 한국철도도 8월 4일부터 9월 30일까지 임시 군용열차를 편성하여 병력과 물자를 수송했다. 1941년에는 '관동군특별대연습'에 맞춰, 부산, 마산, 여수 등에서 양륙(揚陸)한 군대와 군수품을 경부선과 경의선을 통해 만주로 운반했다.

3) 경원선, 함경선, '북선철도' 경유 국제열차

경성에서 경원선(京元線), 함경선(咸鏡線), '북선철도(北鮮鐵道)' 등을 경유하여 한국 동북의 국경지대인 청진, 웅기, 나진 및 만주를 왕래하는 열차도 중요했다. 평소 급행열차는 서울-웅기(〈지도 1〉의 ④-⑤-⑥), 보통열차는 서울-청진(〈지도 1〉의 ④-⑤)을 왕래했다. 경성에서 발착하는 열차는 노선에 따라 원산-함흥-청진-회령-상삼봉-남양-투먼-웅기-나진 등을 왕래했다.

부산-펑톈에 '히까리'가 운전을 개시한 것과 더불어 경원선(〈지도 1〉의 ④)과 함경선(〈지도 1〉의 ⑤)에도 급행열차가 신설되었다(1933. 4. 1). 그리고 만주 동북부의 개척이 진척됨에 따라 경성-무단장(牧丹江) 노선(〈지도 1〉의 ④-⑤-⑧), 평양-지린(吉林) 노선(〈지도 1〉의 ⑩-⑤-ⓒ)에도 직통 여객열차가 운행되었다(1940. 10. 1). 급행열차가 경성-무단장을 왕복한 것은 주목할 만한 가치가 있다. 무단장은 만주 동남부 시베리아철도상에 위치한 도시로서 투쟈선(圖佳線, 圖們-佳木斯, 〈지도 1〉의 ⑧)과 교차하는 철도교통의 결절지점이었다. 경성-무단장의 직통 여객열차는 늘어나는 여객 수요를 감당하기 위해 곧 증설되었다(1942. 5. 1).

동북아시아 철도네트워크에서 또 하나 중시해야 할 것은 '북선3항'과

‘북선철도’를 활용하여 한국 동북부에서 만주 동남부로 진입하는 국제열차였다. 두만강 중류 양안(兩岸)에 있는 조만(朝滿) 국경 도시 남양-투먼 사이에 투먼교(圖們橋)가 준공되자(1933. 6. 20), 웅기에서 이 다리를 건너 신징에 이르는 노선에 직통열차가 운행되었다(〈지도 1〉의 ⑥-ⓒ-ⓕ). 청진에서 발착하는 급행열차는 두만강 상류의 국경 도시인 상삼봉(上三峰)-카이산툰(開山屯) 노선의 상삼봉교(上三峰橋)(1927. 9. 30 준공)를 건너 신징을 왕래했다(〈지도 1〉의 ⑤-ⓒ-ⓕ). 나진이 개항장으로 지정된 후 나진-신징 노선에 직통 급행열차 ‘아사히’와 보통열차가 운행되었다(〈지도 1〉의 ⑥-ⓒ-ⓕ). 나진-자무쓰(佳木斯) 노선에도 직통 급행열차가 운행을 개시했다(1935. 11. 1, 〈지도 1〉의 ⑥-ⓖ). 청진-신징, 나진-자무쓰 노선에는 보통열차도 운행되었다. 이처럼 1930년대 중반부터 동북아시아 철도네트워크에서는 이른바 ‘북선루트’(〈지도 1〉의 ㉢㉣-⑥-ⓒⓖ, ㉢㉣-⑤-ⓒⓖ)가 ‘한반도종관루트’(〈지도 1〉의 Ⓙ-㉠-①-②-ⓐ)와 ‘황해루트’(〈지도 1〉의 Ⓙ-㉡-ⓑ-ⓔ)의 경합노선으로 부상했다. ‘아사히’는 아침에 솟는 태양의 밝은 빛(朝日 또는 旭)이라는 뜻이다.

이상에서 설명한 한반도 경유 국제열차의 운행 계통을 간결하게 정리하면 다음과 같다. 국제열차의 대부분은 부산에서 발착했다. 베이징을 왕복하는 직통 급행열차는 ‘흥아(興亞)’와 ‘대륙(大陸)’이었고, 신징을 왕복하는 직통 급행열차는 ‘히까리’와 ‘노조미’였다. 후자의 일부는 하얼빈까지 연장 운행되었다. 펑톈까지는 보통열차도 운행되었다. 경성에서 소만(蘇滿) 국경지대인 무단쟝 노선에도 급행열차가 운행되었다. 또 청진과 나진에서도 신징을 왕래하는 급행열차 ‘아사히’와 보통열차가 발착했다. 나진-자무쓰 노선에는 보통열차가 운행되었다. 한국 내부에서 볼 때 특기할 만한 사실은 경성-부산에 ‘아까쯔끼’라는 직통 특별급행열차가 운행되었다는 점이다. 한국철도 유일의 특급열차였다. 그밖에 서울에서 경원선-함경선-'북선철도'를 거쳐 '북선3항'을 왕래하는 급행열차와 보통열차가 운행되었다는 점도 중요하다. 서울-목포 노선에는 보통열차가 운행되었다.

4) 주요 지역 간의 소요시간

동북아시아 철도네트워크의 국제열차 운행을 염두에 두면서 주요 지역 간의 소요시간을 살펴보자. 부산에서 출발하여 한국을 관통하는 국제열차는 경성을 결절지점으로 하여 서북부(경의선)와 동북부(경원선, 함경선, '북선철도')로 분기한다. 이것은 일본과 만주를 연결하는 데 경성이 지정학적으로 뛰어난 장점을 가지고 있다는 현실을 잘 보여준다. 경성은 만주의 중앙지역은 물론이고 만주의 서남부와 동북부 지역 모두에 빠르게 직통할 수 있는 철도교통의 요충이었다.

일본열도와 한국을 연결시켜주는 최단거리의 바닷길은 관부연락항로(關釜連絡航路)였다. 일본은 1905년 9월 11일 이 항로에 처음으로 관부연락선을 취항시켰다. 그리고 1912년 6월 15일 도쿄 신바시(新橋)-시모노세키를 왕복하는 특별급행열차 '후지(富士)'를 운행했다. 이 열차의 탄생은 압록강철교 준공(1911. 11. 1)으로 한만철도(韓滿鐵道)가 직접 연결된 것에 대응하기 위한 조처였다. 도쿄 신바시-시모노세키 특급열차는 일본이 세계 강국으로 부상하고 동아시아 제국으로 군림하게 된 것을 상징하는 열차였다. 이 특급열차는 시모노세키에 내린 관부연락선 승객을 받아 싣고 19시 10분에 출발하였다. 차 중에서 1박한 승객은 다음날 20시 25분 도쿄 신바시에 도착했다. 시모노세키-도쿄 신바시 편도 25시간 15분이 걸렸다. 그 역방향(逆方向)으로 가는 데는 25시간 8분이 소요되었다. 이때 '후지'를 이용한 승객은 주로 정부 고관, 육해군 장군, 재계 거물, 외국인 관광객이었다.

'후지'와 관부연락선의 운행속도가 향상됨에 따라, 일본-한국-만주-중국을 왕래하는 시간도 단축되었다. 1930년 무렵의 경우를 살펴보자. 도쿄에서 15시에 특별 급행열차 '후지'에 몸을 실은 승객은 도카이도선(東海道線, 東京-神戸)과 산요선(山陽線, 神戸-下關)을 고속으로 달려 18시간 25분 만에 1,097km 떨어진 시모노세키에 도착했다. 다음 날 13시 25분이었다. 차 속에서 첫 일박(一泊)을 했다.

'후지'는 일본에서 처음 등장한 특별 급행열차이다. '후지(富士)'라는 말은 일본인이 성산(聖山)으로 떠받드는 후지산(富士山)에서 따온 것이므로, 이 열차에 대한 일본인의 기대는 만만치 않았다. 도쿄 신바시-시모노세키 특급열차에 '후지'라는 이름이 정식으로 붙은 것은 1929년 9월 15일이지만, 이 노선에 특급열차가 처음 투입된 것은 앞에서 언급한 것처럼 1912년 6월 15일이었다.

'후지' 승객이 시모노세키에 내려 부산으로 가는 관부연락선을 타고 소비한 시간은 8시간 35분이었다. 그들이 도쿄에서 1,337km 떨어진 부산에 상륙한 것은 18시. 도쿄-부산의 소요시간은 27시간이었다. 그들이 부산잔교에서 급행 '히까리'를 타고 경부선을 달려 도쿄에서 1,788km 떨어진 경성에 도착한 것은 2시 47분. 차 속에서 두 번째 밤을 보냈다. '히까리' 승객은 한밤중에 경성에 들어왔다. 열차와 연락선의 발착시각(發着時刻)은 제국의 수도 도쿄 위주로 편성되었기 때문에 식민지 수도 경성의 편의 따위는 고려할 여지가 없었다. 부산-경성의 소요시간은 8시간 47분. 도쿄-경성의 소요시간은 35시간 47분이었다. 2박 3일의 여행인 셈이었다.

경성역을 출발한 '히까리'는 곧바로 경의선을 북상하여 압록강철교를 지나 한만(韓滿) 국경선을 통과하고, 안펑선(〈지도 1〉의 ⓐ)과 롄징선(連京線)(〈지도 1〉의 ⓑ)을 달려 도쿄에서 2,868km 떨어진 만주국의 수도 신징에 22시 12분에 도착했다. 경성-신징의 소요시간은 18시간 25분. 도쿄-신징의 소요시간은 54시간 12분이었다.

신징에서 보통열차로 바꿔 타고 징빈선(京濱線, 新京-哈爾濱, 〈지도 1〉의 ⓒ)을 달리면 이튿날 6시 20분에 도쿄에서 3,110km 거리의 하얼빈에 내릴 수 있었다. 차 속에서 세 번째 날짜가 바뀌었다. 신징-하얼빈의 소요시간은 8시간 8분, 도쿄-하얼빈의 소요시간은 62시간 20분이었다. 3박 4일의 여행이었다. 하얼빈에서 시베리아철도로 갈아타면 모스크바와 파리까지도 갈 수 있었다.

경성은 이처럼 한국뿐만 아니라 동북아시아, 나아가서 유라시아대륙의 철도교통에서 아주 중요한 결절지점이었다. 경성에서는 멀리 떨어진 베이징(1,617km)·도쿄(1,788km)뿐만 아니라 모스크바(8,972km)나 파리(12,000km)에 가는 열차표도 판매했다. 당시 도쿄에서 유럽까지 수에즈운하를 경유할 경우 아무리 빨라도 40~60일이나 걸렸다. 이 점을 감안하면, 한국철도를 통해 14일 정도에 유라시아대륙을 횡단한다는 것은 혁명적 시간단축이었다. 유라시아대륙 횡단열차의 주요 승객은 정치가, 문화인, 군인, 외교관, 기업인 등이었다. 1936년 베를린올림픽에 참가한 일본 선수단도 이 노선을 이용했다. 손기정 등도 여기에 포함되었다. 유럽 쪽의 유라시아대륙 횡단열차는 1941년 6월 22일 독일과 소련의 개전(開戰)으로 운행을 정지했다.

5) 주요 도시의 발착시각

동북아시아 철도네트워크를 달린 급행열차와 특별 급행열차를 합쳐 우등열차라고도 불렀다. 여기서는 동북아시아의 철도네트워크의 작동을 좀 더 실감나게 이해할 수 있도록 주요 역의 우등열차 발착시각을 몇 개 살펴보겠다. 열차시각표는 1941년 10월 1일의 것을 참조했다. 각 역의 발착시각을 일견(一見)하면 동북아시아의 주요 도시가 철도를 통해 밀접히 연결되어 있음을 쉽게 알 수 있다. 한국철도의 역할을 확실히 이해하기 위해서는 경성을 주목하기 바란다.

(1) 급행열차 '흥아(興亞)'

4열차(상행, 베이징→부산잔교, 〈지도 1〉의 ⓘ-ⓐ-②-①-㉠-ⓙ)

베이징 19:30발(發)→펑텐(翌日) 10:50발→안뚱 17:30발→평양 21:55발→경성 23:05발→대전(翌日) 05:10발→대구 08:19발→착(着) 10:35 부산잔교 12:00발→(관부연락선 2便)→착19:30 시모노세키 20:30발→(특급 富士)→도쿄(翌日) 15:25착

상행이란 당시 제국 일본의 세력이 미치는 지역에서 수도 도쿄로 올라간다는 것을 의미했다. 베이징에서 경성까지 약 27시간 35분, 경성에서 도쿄까지 약 40시간 20분이 걸렸다. 베이징에서 도쿄까지 소요된 시간은 약 67시간 55분이었다. 상행 '흥아'는 경성에서 밤 11시경에 발착하는 열차였다.

3열차(하행, 부산잔교→베이징, 4열차의 역방향)

도쿄 13:30발→(특급 櫻)→착 (翌日) 08:00 시모노세키 10:30발→(관부연락선 1便)→착18:00 부산잔교 19:20발→대구 21:48발→대전(翌日) 01:02발→경성 03:37발→평양 08:24발→안뚱 13:15발

→평톈 19:40발→베이징(翌日) 12:50착

하행이란 제국 일본의 수도 도쿄에서 그 세력권 안에 있는 지방으로 내려간다는 것을 의미했다. 도쿄에서 경성까지 약 38시간 7분, 경성에서 베이징까지 약 34시간 13분이 걸렸다. 도쿄에서 베이징까지는 72시간 20분이 소요되었다. 경성에서 하행 '흥아'의 발착은 새벽 3시 30분경이었다.

(2) 급행열차 '히까리(ひかり)'

2열차(상행, 신징→부산잔교, 〈지도 1〉의 ⓑ-ⓐ-②-①-㉠-ⓙ)

신징 07:40발→평톈 12:11발→안뚱 18:20발→평양 22:42발→경성(翌日) 03:20발→대전 05:56발→대구 09:18발→착11:20 부산잔교 12:00발→(관부연락선 2便)→시모노세키 19:30착, 시모노세키 20:30발→(특급 富士)→도쿄(翌日) 15:25착

신징에서 경성까지 약 19시간 40분, 경성에서 도쿄까지 약 37시간 5분이 걸렸다. 신징에서 도쿄까지 모두 56시간 45분이 소요되었다. 경성에서 상행 '히까리'의 발착은 새벽 3시 20분경이었다.

1열차(하행, 부산잔교→신징, 2열차의 역방향)

도쿄 13:30발→(특행 櫻)→착(翌日) 08:00 시모노세키 10:30발→(관부연락선 1便)→착18:00 부산잔교 18:50발→대구 21:06발→대전(翌日) 00:19발→경성(翌日) 02:54발→평양 07:32발→안뚱 12:15발→평톈 17:37발→신징 22:16착

도쿄에서 경성까지 약 37시간 24분, 경성에서 신징까지 약 19시간 22분이 걸렸다. 도쿄에서 신징까지 모두 56시간 46분이 소요되었다. 경성에서 하행 '히까리'의 발착은 새벽 2시 50분경이었다.

(3) 특별 급행열차 '아까쯔끼(あかつき)'

18열차(상행, 경성 → 부산잔교, 〈지도 1〉의 ①-㉠-ⓙ)

경성 15:50발 → 대전 18:08발 → 대구 21:08발 → 착23:05 부산잔교 23:45발 → (관부연락선 8便) → 착(翌日) 07:15 시모노세키 08:45발 → (급행 14열차) → 도쿄(翌日) 06:55착

경성에서 부산까지 약 7시간 15분이 걸렸다. 경성에서 도쿄까지는 모두 31시간 50분이 소요되었다. 상행 '아까쯔끼'의 경성에서 출발하는 시각은 오후 3시 50분이었다.

17열차(하행, 부산잔교 → 경성, 18열차의 역방향)

도쿄 23:00발 → (급행 7열차) → 착(翌日) 21:05 시모노세키 22:30발 → (관부연락선 7便) → 착(翌日) 06:00 부산잔교 06:50발 → 대구 08:48발 → 대전 11:45발 → 경성 14:05착

부산에서 경성까지 약 7시간 15분이 걸렸다. 도쿄에서 경성까지는 약 39시간 5분이 소요되었다. 하행 '아까쯔끼'의 경성 도착 시각은 오후 2시 5분이었다.

(4) 일반 급행열차

508열차(상행, 나진 → 경성, 〈지도 1〉의 ⑥-⑤-④)

나진 15:15발 → 함흥(翌日) 06:55발 → 원산 09:10발 → 경성 14:15착

나진에서 경성까지 약 23시간이 걸렸다. 경성에는 오후 2시 15분에 도착했다.

507열차(하행, 경성 → 나진, 508열차의 역방향)

경성 15:50발 → 원산 20:44발 → 함흥 22:57발 → 나진(翌日)

14:35착

경성에서 나진까지 약 22시간 45분이 걸렸다. 경성에서 출발하는 시각은 오후 3시 50분이었다.

(5) 일반 급행열차

310열차(상행, 무단장) → 성, 〈지도 1〉의 ⑧-⑤-④)

무단장 10:30발 → 함흥(翌日) 06:57발 → 원산 09:17발 → 경성 14:12착

무단장에서 경성까지 약 27시간 42분이 걸렸다. 경성에 도착하는 시각은 오후 2시 12분이었다.

309열차(하행, 경성 → 무단장, 310열차의 역방향)

경성 15:55발 → 원산 20:43발 → 함흥 22:58발 → 무단장(翌日) 19:00착

경성에서 무단장까지 약 27시간 5분이 걸렸다. 경성에서 출발하는 시각은 오후 3시 55분이었다. 이 노선에 신설된 직통 급행열차(1940. 10. 1)는 1942년 5월 1일 1왕복을 증설할 정도로 성황이었다.

우등열차의 발착시간표를 보건대, 경성과 동북아시아의 주요 도시는 꽤 긴밀하게 연결되어 있었다. 경성에서 베이징은 28시간 전후, 도쿄는 40시간 전후, 신징은 20시간 전후, 무단장은 28시간 전후, 나진은 23시간 전후, 부산은 7시간 전후면 갈 수 있었고, 거꾸로 비슷한 시간을 걸려 상대방 도시에서도 경성에 올 수 있었다.

6) 열차 이름의 전용(轉用)과 계승

철도는 일단 건설되면 특별한 사정이 없는 한 영구적으로 사용되는

사회간접자본이다. 고정성(固定性), 독점성(獨占性), 내구성(耐久性)이 강한 교통수단인 것이다. 따라서 철도설비와 열차운행 등은 시대와 체제가 바뀌어도 강한 연관성(聯關性)과 연속성(連續性)을 띠게 마련이다. 승객과 화주(貨主) 등 이용자에게 익숙해진 열차 이름이 일본 제국주의의 붕괴 이후에도 여기저기서 사용되는 것도 한 예라고 할 수 있다.

패전 전 도쿄에서 시모노세키까지 일본열도를 횡단한 '후지'와 동일 계통의 열차는 패전 후 일본에서 2번 부활했다. 제1대는 패전 전에 도쿄 신바시-시모노세키 노선을 달렸다(1912. 6. 15~ 1944. 4. 1). 제2대는 패전 후 도쿄 신바시-고베(神戸) 노선을 3년간 왕복했다(1961. 10. 1~1964. 10. 1). 제3대는 도쿄-오이타(大分) 노선을 달렸는데, 1964년 10월 1일부터 현재까지 운행 중이다.

패전 전 한반도를 종단한 국제 급행열차 '히까리'라는 이름의 열차는 패전 후 일본에서 두 번 부활했다. 제1대는 하카타(博多)-벳푸(別府)를 달린 급행인데, 6년 6개월가량 활약했다(1958. 4. 25~1964. 10. 1). 제2대는 도쿄-신오사카(新大阪) 노선을 왕래한 신간선(新幹線) 초특급열차인데, 1964년 10월 1일부터 현재까지 맹위를 떨치고 있다.

패전 전 '히까리'와 함께 한반도를 종단한 국제 급행열차 '노조미'라는 이름의 열차도 패전 후 일본에서 부활했다. 1992년 3월 14일 신간선 도쿄-신오사카 구간을 달리기 시작한 초특급열차가 그것이다. '노조미'는 이 구간을 비행기보다 빠르게 주파한다는 슬로건을 내걸었다. 실제로 '노조미'는 지금도 일본에서 가장 빠르고 쾌적한 고속열차이다. 요금도 제일 비싸다.

패전 전 서울-부산을 왕복한 특급열차 '아까쯔끼'라는 이름은 패전 후 일본에서 세 차례 부활했다. 제1대는 도쿄-오사카 노선 부정기 급행으로서 3년간 운행되었다(1958. 10. 1~1961. 10. 1). 9개월가량 휴지(休止)되었다가 부활한 '아까쯔끼' 제2대는 도쿄-오사카 부정기 급행인데, 2년 4개월 정도 활약했다(1962. 6. 10~1964. 10. 1). 제3대는 신오사카-서가고시마(西鹿兒島)·나가사키(長崎) 노선으로 이전(移轉) 운행되었는데, 1965년 10월 1일부터 현재까지 활약 중이다.

패전 전 두만강 중류를 건너 만주 중앙부와 동해항로를 거쳐 도쿄를 연결한 '아사히'라는 열차 이름은 패전 후 일본에서 두 번 부활했다. 제1대는 센다이(仙臺)-니가타(新瀉) 노선을 달린 준급행열차로서 22년가량 운행되었다(1960. 11. 1~1982. 7. 1). 제2대는 오미야(大宮)-니가타 신간선의 초특급열차로 변신했는데, 12년가량 활약했다(1982. 11. 15~1994. 7. 15). 그 후 도쿄-니가타 신간선에서 초특급열차 'Maxあさひ'로 이름을 수정하여 운행되고 있다.

'후지'처럼 일본열도 안에서 운행된 열차가 패전 전후 동일한 이름으로 운행되는 것을 탓할 필요는 없다. 국내 문제라고 보면 그만이다. 그렇지만 일본이 식민지 한국과 괴뢰국 만주에서 운행한 국제열차의 이름을 패전 이후 일본열도 안으로 가져와 다시 사용하는 것은 납득하기 어렵다. 그 열차 이름은 일본 제국주의의 식민지 지배와 괴뢰국 통치를 상징하는 역사성을 띠고 있기 때문이다. 패전 후 자유민주주의 국가로 새로 출발한 일본이 제국주의의 유산을 계승 또는 활용하고 있다고 비판을 받아 마땅하다.

일본이 패전 전 한국철도에서 축적한 노하우는 패전 후 신간선 등의 개발로 이어졌다. 그렇다고 해서, 일본이 현재 세계에 자랑하는 신간선 등의 고속열차에 '히카리', '노조미', '아까쯔끼', '아사히' 등의 이름을 붙인 것은 일본인의 역사 인식이 침략과 지배의 사실에 무지하거나 둔감하다고 비난받을 소지가 충분하다. 우연한 일이라고 치부하기에는 사안이 너무 중대하다.

Ⅳ. 한일 역사교과서의 철도 기술

1. 한국 교과서

1) 한국사

2019년까지 한국에서 사용된 고등학교 한국사 교과서의 대다수는 철도에 관해 거의 기술하지 않았다. 일제하에서 한국인이 주체가 되어 1km의 철도도 건설하지 못한 데다가, 철도가 침략과 지배의 기제였다는 부정적 이미지가 철도를 아예 무시하는 경향을 빚은 것 같다. 그렇지만 앞에서 여러 차례 강조했듯이 좋든 싫든, 제국주의 국가든 식민지 지역이든, 철도는 근대문명의 형성과 밀접히 관련된 중요한 교통수단이었다. 따라서 자국사든 세계사든, 역사교과서라면 철도는 충분히 다룰 만한 소재라고 할 수 있다. 한국사 교과서 관계자의 무심(無心)함을 탓할 수밖에 없다.

필자가 대표 저자인 지학사 교과서는 철도에 관해 반쪽이나마 기술했다. 이 교과서는 대단원 'Ⅳ 국제 질서의 변동과 근대 국가 수립 운동' 아래 중단원 '06 개항 이후 경제·사회의 변화'라는 장을 설정했다. 이 장에 속한 '열강이 이권을 침탈하다'라는 항목에 '역사 더하기'라는 '읽기 자료'를 제시했는데, '일본의 철도 침략사'를 아래와 같이 기술했다.

> 1894년에 청·일 전쟁이 발발하자 일본은 군사 행동상의 이유로 서울~부산, 서울~인천 간 군사 철도 부설을 주장하였다. 그리하여 그해 8월 20일 이른바 한·일 잠정 합동 조관을 강요하면서, '경부선·경인선의 철도 수축 공사는 한국 정부가 아직 재정이 충분하지 못함을 고려하여 일본 정부 또는 일본의 한 회사와 체결하고, 시기를 보아서 이를 기공시킴을 희망한다.'는 조항을 규정하여 철도 부설권을 확보하였다.
> 청·일 전쟁에서 승리한 일본이 내정에 간섭하자, 1896년 한국 정부는 국내 철도 규칙을 새로 제정하여 공포하였다. 이는 한국에서 부설·경영하는 일반 철도에 관하여 의거하여야 할 바를 규정한 것이다.
> 대륙 진출의 야욕을 가진 일본은 청·일 전쟁에서 승리한 이후 러시아까지 제압하면서, 미국인과 프랑스인에게 특허하였던 철도 부설권마저 집요한 배후 공작을 펼쳐 인수하였다. 결국 일본은 1899년 처음으로 제물포~노량진 간 경인선 철도를 개통시켰다.[46]

지학사 교과서는 이와 함께 '경인선 개통식' 사진과 '간선철도와 주요 항만' 지도를 게재했는데, 지도에는 다음과 같은 설명이 붙어 있다. '호남선은 호남지방의 쌀과 면화를, 경원선은 함경도 지방의 광산물을 일본으로 가져갈 목적에서 건설되었다.'

또 'V 일제의 강점과 민족 운동의 전개' 아래 '02 일제의 식민 통치와 경제 수탈'이라는 장의 '식민지 수탈 체계가 확립되다'라는 항목은 아래와 같이 기술했다.

46 정재정 외, 2014, 『고등학교 한국사』, 지학사, 254쪽.

> 일제는 한국을 일본 경제권에 편입하고 대륙 침략의 발판을 마련하고자 철도, 도로, 항만 등의 기간 시설을 정비하고 건설하였다. 이에 따라 경부선, 경의선에 이어 호남선, 경원선 철도를 건설하여 X자 형태의 간선 철도망을 완성하였다.[47]

지학사 교과서는 청일전쟁을 기화로 일본이 한국에서 경인선과 경부선 부설권 등을 확보하는 과정을 비교적 자세하게 기술했다. 또 일본이 한국을 식민지로 지배하고 수탈하는 도구, 대륙을 침략하는 기간 시설로서 철도를 건설하고 정비했다고, 지도 등을 제시하면서 간결하게 설명했다. 제국주의 비판론의 시각에서 한국철도의 부정적 성격을 잘 부각시킨 셈이다. 물론 식민지적 근대문명의 전파 등에 대해서는 일절 언급하지 않았다. 다른 한국사 교과서가 철도에 관해 거의 기술하지 않은 점을 감안하면 지학사 교과서는 꽤 많이 관심을 기울였다고 평가할 수 있다.

2) 동아시아사

한국에서는 중국, 일본 등과의 역사 대립을 극복하고 역사 화해를 이룩하는 데 도움을 주겠다는 목표를 내걸고 고등학교 과정에 '동아시아사'라는 선택과목을 개설했다. 한국, 일본, 중국의 근대사에서 철도는 빼놓을 수 없는 주제다. 일본 세력하에서는 세 지역이 철도 경험을 공유하기도 했다. '동아시아사'에서 철도는 다루기 좋은 소재라고 여기고 훑어보니, 교학사 교과서가 한 쪽 정도를 기술했다.

교학사 교과서는 대단원 'V 국민 국가의 모색' 아래 중단원 '4 서구

47 정재정 외, 2014, 284쪽.

문물의 수용과 사회의 변화'를 설정했다. 여기에 '3 일상에서 공간과 시간의 변화'라는 절을 배치했는데, '학습목표'로 '서구식 시간 관념과 철도가 도입되면서 일상생활이 어떻게 바뀌었는지 알 수 있다.'를 제시했다. 그 속의 '철도의 두 얼굴, 문명을 전파하고 침략을 안내하다'라는 항목의 기술은 다음과 같다.

> 철도는 영국 산업 혁명의 산물이다. 그로부터 약 반 세기가 지난 1870년대에 일본과 청에서도 철도가 건설되기 시작하였다. 일본에서는 도쿄와 요코하마 사이에 철도가 개통되면서 걸어서 10시간 걸리던 거리가 53분밖에 걸리지 않게 되었다. 청에서도 영국인이 상하이에 철도를 개설하였다.
>
> 처음에는 일본과 청에서는 철도 건설을 반대하는 사람이 많았다. 국방 문제와 더불어 외국인의 경제 문화 침투가 초래할 나쁜 영향을 우려하였기 때문이다. 그러나 메이지 천황을 비롯한 일본의 개혁가들은 서구 문명을 도입하는 데 철도가 매우 중요하다는 사실을 깨닫고 있었다. 메이지 정부만이 아니라 민간 자본도 철도 건설에 적극적이어서 러·일 전쟁이 끝난 1905년에 철도가 일본의 동서를 관통하였다.
>
> 일본과 비슷한 시기에 철도가 있었던 청에서는 정부가 철도를 사들인 후 파괴해버렸다. 외국인이 중국의 주권을 무시하는 행위를 다시는 하지 못하도록 경고하려는 것이었다. 이후에도 철도 건설 문제를 둘러싸고 찬반 논쟁을 거듭하다 1889년에 국가 정책으로 철도 건설을 확정하였다. 그러나 정부와 민간 모두 철도 건설에 필요한 자본을 조달할 능력이 부족하였으므로 열강의 자본과 기술을 끌어들일 수밖에 없었다.

> 한편, 청·일 전쟁에서 승리한 일본은 식민지 타이완을 차지하자마자 남북으로 관통하는 철도를 건설하여 1908년 완성하였다. 일본은 조선에서도 경인선을 건설하였다. 이어, 러·일 전쟁의 와중에 침략 전쟁을 원만히 수행하기 위한 목적으로 군대와 조선인 민중을 동원하여 경부선과 경의선을 완공하였다. 포츠머스 조약으로 남만주 철도의 부설권도 확보하여 만주 침략의 발판을 마련하였다. 일본은 이처럼 여러 지역의 철도를 통제하고 운영하기 위해 대한 제국의 표준시를 강제로 일본에 맞추었다.[48]

이와 더불어 '1876년 상하이에 세워진 청 최초의 철도'라는 사진, '철도와 배를 이용한 이동로(1917~1939년)에는 부산에서 베이징까지 35시간가량 걸리는 직행 열차가 운행되었다.'라는 제목과 설명을 붙인 지도를 게재했다.

교학사 교과서는 1870년대부터 1910년 무렵까지 일본, 청, 타이완, 한국에서 철도가 건설되는 과정을 간결하게 기술했다. 그리고 철도가 각국의 사정에 따라 문명화 또는 식민화의 성격을 띠었다는 점을 비교해보도록 내용을 구성했다. 일본은 한국, 만주, 화북, 타이완 지역의 철도를 독점적으로 장악해나갔다. 교학사 교과서는 일본이 이 철도네트워크를 통제하고 운영하기 위해 일본의 표준시를 통용시켰다고 기술했다. 동아시아에서 도쿄를 중심으로 한 철도네트워크가 기능했다는 것을 우회적으로 표현한 듯하다. 의미가 정확히 전달될 수 있도록 기술하는 게 좋겠다.

48 손승철 외, 2012, 『고등학교 동아시아사』, 교학사, 184쪽.

교학사 교과서가 철도와 해로를 지도에 표시하고, 부산과 베이징 사이를 35시간에 주파하는 직행열차가 운행되었다고 설명한 것은 학습자의 사고(思考)를 자극하는 좋은 기술이다. 도보라면 한 달, 비행기라면 2시간 정도 걸릴 것이다. 교통수단이 시간과 거리를 어떻게 변화시킬 수 있는가를 시대 상황 속에서 비교해보는 것은 역사학습의 목표가 될 수 있다. 이런 시도를 높게 평가하지만, 시간을 잘못 제시한 것은 아쉽다. 앞에서 소상히 언급한 것처럼 베이징-부산 직통 급행열차 '흥아'는 베이징→부산(이른바 상행)을 39시간 05분, 부산→베이징(이른바 하행)을 41시간 30분에 주파했다. 35시간과 큰 차이가 있다. 교학사 교과서가 어떤 열차를 기준으로 삼았는지 그 근거를 밝혀주면 더 좋겠다.

2. 일본 교과서

1) 일본사

일본인은 대체로 철도를 좋아한다. 매주 철도 잡지가 서너 종 발행되고, 웬만한 서점은 철도 코너를 별도로 설치하고 있다. 마니아급의 철도 팬이 두텁게 형성되어 있다. 철도가 일본의 근대국가와 근대문명을 창출했다고 믿는 사람이 많기 때문이다. 그러니 역사교과서도 철도를 많이 다룰 수밖에 없다.

일본의 일본사 교과서는 고대부터 현대까지를 아우르는 B형과 근대 이후에 중점을 둔 A형으로 나뉜다. 철도에 관한 기술은 당연히 B형보다는 A형에 많으므로 후자 중에서 검토하겠다.

철도에 관해 가장 많이 기술한 것은 도쿄서적(東京書籍) 교과서다. 이 교과서는 '서장(序章) 우리들의 시대와 역사'라는 도입부 아래 '1 우리들과 역사의 연결'이라는 장을 설정하고 오키나와(沖縄) 철도를 자세히 다루었다. 그중 '두 장의 지도를 비교해보자-지역사회의 교통 변화'라는 절의 '학습목표'는 '우리들이 살고 있는 지역은 시대와 더불어 크게 변화하고, 여러 가지 역사를 거듭하여 현재 모습으로 되어왔다. 그것은 선박과 철도, 자동차 등 교통수단의 변천과 깊게 관련되어 있다. 여기서 오키나와 철도를 사례로써 지역사회에서 교통의 변화에 대해 조사해보자.'로 되어 있다.

먼저 '5만분의 1 지도-요나하라(與那原)·가테나(嘉手納)·자키미(座喜味)·나하那覇)(부분), 1919~1921년 측량 지도에 항공사진을 토대로 철도를 기입.'과 '5만분의 1 지도-오키나와시남부(沖縄市南部)·나패(那覇)·오키나와시북부(沖縄市北部)(부분), 현재 발행되고 있는 것(2007·2009년 발행).'을 나란히 게재하여 비교를 유도한다. 그리고 '지도에서 읽어내자'라는 항목에서 아래와 같이 기술했다.

> 위 두 장의 지도는 沖縄島 嘉手納 주변의 지도이다. 먼저 오른쪽 현재의 지도를 보자. 태반을 점하는 것은 嘉手納飛行場이다. 면적은 약 19.95평방킬로미터. 극동 최대의 미국 공군기지다.
> 다음에 왼쪽 戰前의 지도를 보자. 당시 이 지역에 기지는 없고, 몇 개의 집락과 철도 노선이 확인된다. 과거 嘉手納는 沖縄縣營鐵道 嘉手納線의 종착역이었다. 그러나 오른쪽 현재 지도에서 철도 노선은 보이지 않는다.
> 그러면 沖縄의 철도는 어떻게 역사적 변천을 걷게 되었을까?[49]

49 三宅明正 外, 2012, 『日本史A-現代からの歷史』, 東京書籍, 8~9쪽.

이어서 '오키나와(沖縄) 철도의 황금 시기'라는 항목에서 아래와 같이 기술했다.

산업 혁명기 영국에서 탄생한 철도는 근대를 상징하는 교통수단이다. 일본에서도 明治 시대부터 철도망이 적극적으로 정비되었다.

沖縄에서는 1914년(大正 3) 沖縄縣營鐵道, 路面電車인 沖縄電氣軌道, 馬車鐵道인 沖縄人車軌道가 개업하였다. 5년 후에는 糸満馬車軌道도 개업하고, 1920년대 중반 철도의 황금기를 맞는다. 그중에서도 沖縄縣營鐵道는 세 개 노선을 갖고 沖縄島 중남부의 주요 교통의 하나가 되었다.

여객철도 이외에도 沖縄縣內 각지에는 사탕수수를 운반하기 위한 산업용 철도가 수많이 건설되어 있었다.[50]

이와 함께 '1920년대의 가테나역(嘉手納驛)'과 '유이 레일(ゆいレール)' 사진, '1920년대 중엽 오키나와(沖縄)의 철도'와 '동아시아에서 오키나와(沖縄)의 위치' 지도를 게재했다. 이어서 '오키나와(沖縄) 철도는 왜 소멸하였는가?'라는 항목에서 아래와 같이 기술했다.

그런데, 결국 노선 버스가 발달하자 1930년대 중반에는 沖縄電氣軌道와 糸満馬車軌道가 폐지로 몰렸다. 또 沖縄縣營鐵道와 沖縄軌道는 태평양전쟁의 戰況 악화 때문에 운행을 중지하였다. 그리고 沖縄戰에 의해 沖縄 철도는 철저하게 파괴되어버렸다.

50 三宅明正 外, 2012.

전후 沖繩의 철도는 재건되지 않았다. 沖繩을 통치 아래 둔 미국이 도로 정비를 우선한 것, 기지 건설에 따라 선로가 잘린 것 등이 원인이라고 한다.[51]

또 '유이 레일(ゆいレール)의 역할을 생각해보자'라는 항목은 아래와 같이 기술했다.

2003년(平成 15), 沖繩都市모노레일(ゆいレール)이 개업하였다. 근년, 沖繩島 중남부에서는 교통 정체가 심각하게 되고 있어, 유이 레일은 沖繩의 지나친 車社會化를 완화하는 역할을 기대하여 건설된 것이다. 유이 레일이 짊어진 또 하나 역할은 那覇市 중심부와 那覇空港을 연결하는 것이다. 那覇空港에서는 국내선뿐만 아니라 서울, 臺北, 上海, 香港의 각 도시로 국제선이 취항하고 있다.
현대의 글로벌화는 항공 네트워크에 의해 지탱되고 있지만, 沖繩 철도는 그것과 연계되어 부활한 것이다.[52]

그리고 '과제(課題)에의 접근'이라는 탐구학습 문제를 아래와 같이 제시했다.

* 자신들 지역의 교통은 근대 이후 현재에 이르기까지 어떻게 변화해 왔는가? 조사해보자.

51 三宅明正 外, 2012.

52 三宅明正 外, 2012.

* 자신들 지역의 교통은 어떤 요인에서 발달하거나 쇠퇴하여왔는가? 생각해보자.

⇒ 철도와 기타 교통수단의 역사를 조사하는 데는 지역 노인에 듣는다든지, 지도와 사진을 활용한다든지, 박물관을 이용한다든지, 여러 가지 방법이 있다.[53]

도쿄서적 교과서는 근대 부분에서도 철도를 다뤘다. '제3장 두 세계대전을 둘러싼 국제정세와 일본' 아래 '근대의 추구(追究)'에서 '지역사회의 변화 2 철도와 항로에서 지역의 변용(變容)을 생각한다'를 설정하고 다음과 같은 '학습목표'를 제시했다.

근대 이후 철도와 해외와의 연락선은 지역사회를 변화시키고, 나아가 조선반도와 중국과의 관계도 바뀌갔다. 여기서는 下關을 예로 들어 근대 일본의 정치와 국제관계와 지역사회의 변화 관계에 대해 생각해보자.[54]

이와 함께 '일본·조선·중국 동북부를 잇는 철도망(20세기 초)' 지도와 '철도 500마일 기념 그림엽서(1906년)' 사진을 게재했다. 또 '교통의 요충인 시모노세키(下關)'라는 항목에서는 아래와 같이 기술했다.

山口縣 下關市는 고래부터 대륙과 해양의 교통 요충으로서 알려져,

53 三宅明正 外, 2012.

54 三宅明正 外, 2012, 150쪽.

瀨戶內와 九州를 비롯하여, 멀리 日本海 연안과 蝦夷地와도 교류·교역을 해왔다. 下關은 조선과 가깝고 부산 등과도 여러 가지 교류를 가지고 있었다.

明治 이후 철도망의 확충, 和船에서 汽船으로의 전환에 의해 일본해 해운의 쇠퇴, 東京을 중심으로 한 중앙집권화, 明治 정부의 대륙 진출 등에 따라 교통의 요충으로서 下關의 역할은 크게 변하였다.[55]

이어서 '일본과 조선의 결절점(結節點)이 된 시모노세키(下關)'이라는 항목을 더 설정하고 아래와 같이 기술했다.

1905년(明治 38), 下關-부산을 연결하는 關釜定期船路가 개통하고, 이후 일본과 조선을 연결하는 대동맥이 되었다. 일본의 조선 지배가 강화되고, 下關이 교통의 結節點이 되었기 때문이다. 山陽鐵道가 下關까지 뻗어 東京-下關이 철도로 연결되고, 조선에서는 부산-京城間, 京城-신의주 間 철도가 각각 개통하고, 이들에 의해 일본·조선·만주(중국 동북부)가 철도와 연락선으로 연결되게 되었다. 東京-京城 間은 60시간이었다.[56]

또 '교차하는 이동'이라는 항목에서는 아래와 같이 기술했다.

山陽鐵道의 取締役은 關釜連絡船 開航式에서, 下關은 '일본 본토의 종점'이고, '부산과의 연락도…歐亞 대륙과의 연락이다'라고 호언하

55 三宅明正 外, 2012, 150쪽.

56 三宅明正 外, 2012.

였다. 下關는 대륙 진출의 창구로서, 조선반도와 일본 사이를 사람들과 군대가 왕래하고, 물자가 이동하는 중계점이 되었다.

下關에는 조선과 만주에서 일확천금을 꿈꾼 일본인이 쇄도하고, 연락선으로 조선에 건너갔다. 조선에서는 학생, 상인에 더하여, 1910년의 한국병합 후가 되자, 토지조사사업 등으로 생활이 어려워진 농민 출신자가 연락선으로 下關에 도착하였다. 제1차 세계대전의 불황기에는 일본에 일자리를 찾아 下關으로 건너는 조선인이 늘고, 그중에는 女工이 되는 젊은 여성의 모습도 있었다. 일중전쟁 이후, 강제연행으로 일본에 끌려온 조선인이 도착한 곳도 下關이었다.

⇒ 일청·일로전쟁 전후에는, 지역에서 생산되는 농산물과 공업제품이 어떻게 변화하고, 그것이 지역의 생활에 어떤 영향을 미쳤는가? 대규모 개발이 지역에 사는 사람들의 생활을 어떻게 변화시켰는가, 국제정세의 변화가 지역의 문화와 연중행사에 어떤 영향을 미쳤는가 등, 지역사회의 변화에 대하여 追究하고 정리하여 보자.[57]

도쿄서적 교과서는 얇은 책(본문은 207쪽)임에도 불구하고 철도를 아주 많이 다뤘다. 필자도 저자의 일원으로 참가하여, '세계로부터의 시선-학창(學窓)에서 들여다보는 식민지 풍경'이라는 코너에서 '황국신민(皇國臣民)의 서사(誓詞)'에 대해 1쪽을 썼다. 필자의 의견이 반영된 것은 아니지만, 도쿄서적 교과서가 국내뿐만 아니라 한국, 만주 등과 관련시켜 철도를 다각적으로 살펴본 것은 높이 평가할 만하다.

도쿄서적 교과서는 철도에 대한 기술 분량도 많지만, 다루는 시각도

---

57 三宅明正 外, 2012, 150쪽.

지역사회, 시대변화, 국제관계, 해륙연락 등 다양하다. 제국주의 비판론을 전면에 내세워 철도를 다루지는 않았지만, 시모노세키와 관부연락선 등을 통해 일본이 한국, 만주, 화북 지역에 세력을 떨쳤음을 알 수 있게 기술했다. 한반도에 국제열차가 달려, 도쿄-경성 간 60시간이 걸렸다고 덧붙였다.

그런데 도쿄서적 교과서도 소요시간을 잘못 기재했다. 앞에서 필자가 제시한 바에 따르면 급행열차의 소요시간은 다음과 같다. 이른바 하행인 도쿄→경성은 '히까리' 37시간 24분, '흥아' 38시간 7분, '아까쯔끼' 39시간 5분이다. 이른바 상행인 경성→도쿄는 '히까리' 37시간 5분, '흥아' 40시간 20분, '아까쯔끼' 31시간 50분이다. 이것은 어디까지나 최단시간으로 관부연락선 등에 접속했다는 것을 전제했을 때다. 도쿄서적 교과서가 완행 보통열차를 상정하여 60시간이 걸렸다고 기술했다면 그 근거를 밝히는 게 좋겠다.

2) 세계사

일본의 세계사 교과서는 고대부터 현대까지를 아우르는 B형과 근대 이후에 중점을 둔 A형으로 나뉜다. 철도에 관한 기술은 당연히 B형보다는 A형에 많으므로 후자 중에서 몇 종류를 검토하겠다.

먼저 야마카와출판사(山川出版社) 교과서를 보자. '제1부 세계의 일체화와 일본' 아래 '제3장 근대의 세계'를 설정했다. 제3장에 'viewpoint 11 교통과 통신의 혁명'이라는 참고자료에 '철도망의 확장'이라는 항목이 있다. 여기에서 '유럽과 미국에서는 철도망이 넓어지고, 각국의 산업 발달을 힘차게 견인했다.'라고 기술하고, 그 사례로서 사진, 지도, 그림을 게재하고 다음과 같은 설명을 붙였다. '대륙횡단철도의 완성 축하(사진)-대륙횡단철도의 개통은 미국의 발전을 촉진했을 뿐만 아니라 세계의 일체화에도 아주 중요한 사건이었다. 한편 이것으로써 서부 개척에 박차를 가하게 되어 선주민의 생활은 한층 더 쫓기게 되었다.' 그리고 '유럽 철도망의 발전(지도)-1840년과 1880년의 철도망'을 다른 색깔로 표시하여 맹렬한 확장세를 일목요연하게 알 수 있도록 제시했다. 또 '1880년경의 뉴욕(그림)-마차철도(하)는 뉴욕 등 도시 내부의 이동수단으로서 퍼졌지만, 증기기관차에 의한 고가철도(상)가 건설되자 급속하게 그 모습을 잃었다.'를 게재했다.[58]

야마카와출판사 교과서는 그다음에 '세계의 일체화와 일본'이라는 항목에서 '이와쿠라사절단(岩倉使節團)의 루트'와 '『80일간 세계일주』 예정 행로'를 표시한 세계지도와 '이와쿠라사절단' 사진을 게재하고 다음과 같은 설명을 붙였다.

> 1873년에 간행된 쥘 베른의 소설 『80일간 세계일주』는 런던에서 증기선과 철도를 갈아타고 세계를 80일 이내에 일주할 수 있을까 도전하는 이야기다. 실은 그 2년 전 71~73년 메이지 정부는 이와쿠라 도모미(岩倉具視)를 특명 전권대사로 하는 사절단을 미국 유럽에 파견했는데, 그 루트는 『80일간 세계일주』와 거의 같았다.', '세계일주 루트'라는 표제를 단 지도에는 이와쿠라사절단과 『80일간 세계일주』의 루트는 기본적인 부분이 겹쳐 있고, 모두 수에즈운하와 미국대륙횡단철도 그리고 증기선의 정기항로를 이용했다.[59]

58 近藤和彦 等, 2019, 『世界の歷史 改訂版』, 山川出版社, 117쪽.

59 近藤和彦 等, 2019.

이와 함께 게재한 '이와쿠라사절단(岩倉使節團)'이라는 표제를 단 사진에는, '모두 46명으로 구성되어 있었다. 사진은 좌에서 기도 다카요시(木戸孝允), 야마구치 나오요시(山口尙芳), 이와쿠라 도모미(岩倉具視), 이토 히로부미(伊藤博文), 오쿠보 토시미치(大久保利通)'라는 설명을 달았다.

야마카와출판사 교과서는 '제2부 지구사회와 일본'의 '제2장 2개의 세계대전' 중 '동아시아의 민족운동'에서 '장작림의 폭살을 보도한 일본의 신문'(사진)을 게재했다. 쓰레기 등으로 덮여 막힌 철도와 탈선해 비스듬히 쓰러진 객차의 사진에는 다음과 같은 설명이 붙어 있다.

> 將介石의 국민혁명군에 패배한 張作霖은 北京에서 근거지인 중국 동북지방에 돌아오는 도중 일본 관동군의 손에 奉天 교외에서 폭살당했다. 이 사건을 계기로 張學良은 국민정부와 손을 잡게 된다. 사진은 현장을 찍은 것. 1928년 6월 5일, 東京朝日新聞의 호외.[60]

도쿄서적 교과서는 '제2부 성숙하는 아시아와 세계를 향하는 유럽' 아래 '제3장 대서양세계의 변용과 그 파급'이라는 장을 설정하고 그 속의 '제2절 산업혁명과 세계시장의 확대'라는 절에서 '교통·운수의 변혁과 세계'라는 항목을 다음과 같이 기술했다.

> 산업혁명은 인간과 물자의 이동 수단에 극적인 변화를 가져왔다. 기계화된 산업에 필요한 대량 물자 수송은 도로와 운하의 건설·정비를 불가결하게 만들었다. 또 증기기관차와 증기선의 등장, 그중에서도

60 近藤和彦 等, 2019, 145쪽.

> 철도는 철과 석탄과 증기라는 새 시대의 힘을 사람들 앞에 보여 강한 인상을 주었다. 그것은 원격지에 신산업의 성과를 운반하고, 시각표를 통하여 지방의 시간을 중앙에 연결시켰다. 철도망의 확대는 눈부시고, 새 투자를 자극했다. 여러 나라의 산업화에서 철도건설은 많은 경우 문자 그대로 그 견인차가 되었다. 한편 도로가 발달하지 않았던 미국에서 최초로 실용화된 증기선은 내륙 하천용에서 곧 외양 항해용으로 발전하고, 세계로 확대하는 문명의 심벌이 되었다. 그러나 그것은 비문명으로 보는 지역을 굴복시키고, 식민지를 확대해가는 힘이기도 했다. 산업혁명을 통하여 '세계의 공장'이 된 영국을 중심으로 세계는 원료·자원의 공급지, 상품시장으로서 점점 연결되어간다.[61]

이와 더불어, 설명을 붙인 지도, 그림, 사진, 연표 등을 다음과 같이 제시했다. '영국의 철도와 운하'(지도), '일본 최초의 철도(1872년 横濱-新橋 사이). 철도는 일본에서는 육증기(陸蒸氣)라고 불려 신시대의 상징이었다.'(그림), '스티븐슨(1781~1848) 영국에서 탄광부 아들로 태어난 그는 스스로도 탄광에 들어가 거기서 갱내수송에 증기기관을 응용했다. 드디어 1825년 북영국 스톡턴에서 다링톤까지 세계 최초의 여객용 철도를 개통시켰다.'(사진), '기술혁신의 진전'(연표).

또 '제4장 산업사회의 확장과 성숙'의 '제2절 국민국가에의 길'에서 '남북전쟁 후의 미국 사회'라는 항목은 철도와 관련하여, "남북전쟁 후 미국에서는 급속하게 공업이 발달하고 서부개척도 비약적으로 진행되었다. 1869년에는 최초의 대륙횡단철도가 개통되어 경제발전과 서부개척

---

61 加藤晴康 等, 2019,『世界史A』, 東京書籍, 91쪽.

을 지탱했다"라고 기술했다. 아울러 '남북전쟁 당시의 여러 주와 대륙횡단철도'(지도), '미국 대륙횡단철도 건설과 중국인 노동자'(사진)를 게재했다.[62]

도쿄서적 교과서는 '제3부 현대의 세계와 일본' 아래 '제6장 제국과 민족의 시대'의 '제3절 아시아, 아프리카의 저항운동'에서 '일로전쟁' 항목에는 다음과 같은 구절이 있다. "한편 1895년 삼국간섭 후 러시아는 시베리아철도와 연결하는 동철철도 부설권을 청에서 획득하고, 요동반도 남단(뤼순, 다롄)을 조차한 뒤에 의화단사건 후에도 중국 동북지방을 계속 점령했다. 이것을 조선에 대한 위협으로 느낀 일본은 1904년 2월 일로전쟁을 개시했다." 이와 함께 동아시아에서 열강의 세력권과 철도건설을 표시한 제도를 게재했다.[63]

짓교출판사(実教出版社) 교과서는 '제4부 지구사회와 일본' 아래 '제6장 2개의 세계대전'을 설정하고, '1절 격변하는 사회와 제국주의' 속에 '철도건설'이라는 항목을 기술했다. 그 내용은 다음과 같다.

> 공업화는 철도건설을 배경으로 나아갔다. 1830년에 영국에서 세계 최초의 여객 · 화물 영업운전이 시작되고, 유럽 각국과 미국에서도 30년대에 철도가 일부 개통되었다. 본격적인 철도건설도 1840년대 프랑스와 독일에서 시작되고, 이탈리아 · 미국 · 러시아에서도 정부가 주도하여 건설이 진척되어, 19세기 후반에는 대규모 계획이 실현되어갔다.
>
> 철도는 사람 · 물건 · 정보의 이동을 활발하게 만들고, 각국 경제발전의

62 加藤晴康 等, 2019, 111쪽.

63 加藤晴康 等, 2019, 148쪽.

> 기초가 되었다. 1840년에는 철도가 유럽과 북아메리카 이외는 존재하지 않았지만, 1880년대에는 전 세계로 퍼졌다. 나아가 제1차 세계대전이 시작되기까지 총연장 110만km에 이르렀다. 그 3분의 1 정도는 열강이 식민지와 세력권에 투자하여 건설되었다.[64]

아울러 각주에서 "미국에서는 남북전쟁 중 대륙횡단철도의 건설이 시작되고, 1890년대까지 5선의 횡단철도가 개통되었다. 러시아에서는 극동 진출을 위해 시베리아철도가 1891년 착공되어 1905년 완성되었다. 철도건설은 군사목적도 아울러 지녔다."라는 기술을 첨가하고, 사진으로서 '일본 최초의 철도 1호 기관차. 영국에서 수입되어 1872년 新橋와 橫濱 사이를 53분에 달렸다. 철도박물관 소장.'을 게재했다.

짓교출판사 교과서는 또 '2절 제1차 세계대전과 러시아혁명'에서 '20세기 초두의 시베리아철도'(지도)를 게재하고,[65] '4절 민족운동의 고양'의 '동아시아의 민족운동'에서 "남만주철도(만철) 일로전쟁의 결과 동청철도 남부지선의 경영을 이양받은 일본은 이것을 남만주철도로 만들어 대륙정책의 중핵으로 삼았다."라는 설명과 함께 '특급 아시아호'의 사진을 제시했다.[66] 나아가 '제5절 제2차 세계대전'의 '일중전쟁'에서 "폭파현장을 조사하는 리튼조사단 · 만주사변의 조사를 위해 파견된 리튼조사단은 정당방위라는 일본의 주장을 인정하지 않고, 만주국도 자발적인 것이 아니라는 보고서를 작성했다."라는 설명과 함께 파괴현장을 조사

---

64 平田雅博 等, 2019, 『世界史A 新訂版』, 実教出版社, 147쪽.

65 平田雅博 等, 2019, 154쪽.

66 平田雅博 等, 2019, 171쪽.

하는 모습의 사진을 게재했다.[67]

일본의 세계사 교과서는 문자 그대로 세계사의 차원에서 철도를 다뤘다. 서양, 그것도 강국(영국, 미국, 프랑스, 독일, 이탈리아, 러시아)의 철도를 기술하고 일본과 만주를 곁들였다. 다루는 시각은 철도가 산업혁명, 변경개척, 문명개화 등을 추동했다는 것이 두드러진다. 철도는 사람, 물자, 정보의 이동을 활발하게 만들어 근대사회를 이끌었다. 미대륙횡단철도, 시베리아철도, 남만주철도 등을 사례로 들었다. 제국주의 비판이나 식민지적 근대성론은 찾아볼 수 없다. 한국철도도 등장하지 않는다. 제국주의 국가나 식민지·반식민지를 막론하고 철도는 곧 근대이므로 두 지역의 사정을 균형 있게 기술할 수도 있지 않을까 하는 아쉬움을 많이 느낀다.

V. 한일 역사교과서의 철도 기술에 대한 제언

한국과 일본의 역사교과서는 아무나 간행하여 시중에서 판매하는 책이 아니다. 나라가 반포한 법령과 규정(예를 들면 한국의 '교과 과정'이나 일본의 '학습 지도 요령')에 따라 체계를 편제하고 내용을 구성하여 검정을 통과한 후 지정된 절차에 따라 학습자에게 보급되는 교재이다. 반관반민(半官半民)의 합작품이라고 할 수 있다. 그런 제약에도 불구하고 한국과 일본의 역사교과서는 집필자와 편집자에 따라 내용이나 시각이 조금씩 다르다.

20세기 전반 일본이 건설하고 운영한 한국철도는, 일본의 패전과 한

67 平田雅博 等, 2019, 180쪽.

국의 해방 이후 자국사나 세계사(또는 동아시아사) 교육에서 다루기 좋은 주제다. 싫든 좋든 양국은 철도를 함께 경험했기 때문에 그에 대한 인식을 서로 비교해보는 것은 지적 흥미를 자아낼 뿐만 아니라 상호 이해를 촉진하는 계기가 될 수 있다. 또 양국에서 한국철도에 대한 연구도 어느 정도 축적되어, 조금만 노력하면 교과서 기술이나 수업 자료로 충분히 활용할 수 있다.

이런 의미에서, 앞에서 살펴본 한국과 일본의 역사교과서가 자국사와 세계사(또는 동아시아사)를 불문하고 철도를 꽤 많이 다룬 것은 바람직한 일이다. 대체로 보건대, 한국의 한국사 교과서는 한국철도, 동아시아사 교과서는 한국·일본·중국의 철도에 대해 기술했다. 일본의 일본사 교과서는 일본과 한국 철도, 세계사 교과서는 서양 여러 나라의 철도에 대해 기술했다.

이상의 여러 사정을 감안하면서, 양국 역사교과서가 한국철도를 다루는 데 도움이 될 수 있는 방안을 몇 가지 제언하겠다.

첫째, 철도는 근대에서 인간 이동, 물자 교역, 정보 교류의 중추 수단이었다. 신속함, 정확함과 더불어 대량 수송이 장점이었다. 동북아시아에서는 한국철도가 그 중추였다. 이런 특성을 전근대의 마차, 도보, 현대의 자동차·비행기 등과 비교 설명하면 좋겠다. 열차시간표 등을 활용하여 주요 지역 간의 환승 방법과 소요시간 등을 탐색하도록 유도하는 것도 한 방법이다.

둘째, 철도는 세계적으로 근대체제 형성의 지렛대였다. 개발, 개척, 통합, 전쟁, 침략, 지배의 도구였다. 국가와 지역에 따라 철도가 수행한 역할의 편차는 크다. 한국철도에는 여러 성격이 얽혀 있다. 한국철도를 사례로 들어 동북아시아 근대사 수업을 진행하면 여러 가지 논의가 가능할 것이다.

셋째, 철도는 일상과 의식을 바꾸게 만드는 촉매였다. 근대인은 시간을 맞추고 규율을 지키게 되었다. 통학, 통근, 관광 등의 새로운 생활방식도 생겨났다. 철도가 그 주역이었다. 한국철도는 동북아시아 여행 코스의 메인 루트였다. 수학여행에서 특히 많이 이용했다. 그 사례를 교과서에 소개하면 학생의 흥미를 자아낼 것이다.

넷째, 식민지 지배에 대한 자각을 확인하는 자료로서 한국철도를 활용하기 바란다. 일본에서는 지금 패전 전 한반도를 달렸던 급행열차 이름을 다시 사용하고 있다. '히까리(ひかり)', '노조미(のぞみ)', '아까쯔끼(あかつき)', '아사히(あさひ)' 등이다. 일본은 이것들을 세계 최고라고 자랑하고 일본인은 일상에서 애용한다. 매일 공기처럼 접하는 이 열차 이름이 멀지 않은 과거에 침략과 지배의 상징이었다는 것을 오늘날 일본인은 얼마나 알고 있을까? 교과서에서 역사 인식을 취급할 때 충분히 다룰 만한 소재다.

다섯째, 철도는 제국과 식민지의 분리 독립을 설명하는 데도 유용하다. 한국철도는 해방과 동시에 남북이 분단되어 반신불수(半身不遂)가 되었다. 철도를 기축으로 한 동북아시아의 교통네트워크도 붕괴되었다. 한국철도가 그 전형이었다. 동북아시아의 냉전과 열전을 설명할 때도 한국철도는 유용하다.

여섯째, 철도는 국제사회의 평화공영을 전망하는 데도 활용할 수 있다. 유럽공동체와 유럽철도망이 한 예이다. 요즈음 한국 등에서 동아시아 철도공동체를 운위한다. 동북아시아에서는 그 성격과 지향이 지금과 전혀 달랐지만, 20세기 전반 일본이 주도한 동아시아 철도공동체가 기능한 적이 있었다. 한국철도가 기축이었다. 동북아시아의 평화공영을 논의하는 자료로써 한국철도의 역사를 원용하면 좋겠다.

VI. 맺음말

식민지에서 철도는 제국주의 국가의 군사적 지배와 경제적 수탈을 관철시키는 핵심적 교통기관이었다. 그렇기 때문에 철도의 노선은 항만을 기점(起點)으로 내륙의 정치적 중심지와 경제적 선진지역 및 원료 산출지를 관통하도록 선정되는 것이 일반적이었다. 한국철도도 예외는 아니었다. 거기에다 한반도의 지정학적 위치가 일본과 아시아대륙을 연결하는 교량적 성격을 띠고 있었기 때문에, 한국철도의 간선은 대부분 두 지역을 시간적, 공간적으로 최대한 가깝고 빠르게 연결할 수 있도록 한반도종관형으로 배치되었다.

한국철도의 화물수송은 일본, 한국, 만주의 경제적 상호관계 아래, 한국과 만주의 대용적(大容積) 저가품(低價品)인 1차산품을 일본으로 반출하고, 일본의 소용적(小容積) 고가품(高價品)인 2차산품을 한국과 만주로 반입하는 것이 기본 형태였다. 따라서 한국철도의 여객과 화물 수송은 일본과 만주를 상대로 한 국외수송이 주종이었고, 한국 내부의 수요를 충족시키기 위한 국내 지역 간 수송은 부차적인 것이었다.

오늘날 비행기를 이용하면 서울에서 동북아시아의 주요 도시는 대개 2시간 전후면 갈 수 있다. 문자 그대로 날아가기 때문이다. 열차는 땅위에 깔린 선로 위를 달려갈 수밖에 없는 한계를 지니고 있다. 그럼에도 불구하고 일본의 동북아시아 지배 말기인 1941년을 전후하여 서울과 주요 도시는 철도교통을 통해 1일 생활권 내지 2~3일 생활권으로 묶여 있었다.

당시 동북아시아 철도네트워크는 일본(도쿄)-한국(경성)-만주(신징)-중국(베이징)을 신속하고 간편하게 연결하는 데 최우선을 두었다. 국제열차의 발착시각은 일본 승객 곧 도쿄의 발착에 아주 편리하게 짜여 있었다. 도쿄 위주로 열차가 운행되었음은 도쿄를 향하는 열차를 상행(上行), 서울이나 베이징을 향하는 열차를 하행(下行)으로 부른 것에서 단적으로 나타난다. 일본은 철도운영에서 본국과 식민지, 수도와 지방 사이에 엄격한 차별과 서열을 설정했던 것이다.

일본은 한국철도의 건설과 운영에서 기술과 노하우를 체득했다. 일본이 축적한 유형무형의 자산은 패전 후 열도에서 고속철도를 건설하고 운영하는 데 크게 도움이 되었다. 심지어는 일본이 한국과 동북아시아에서 운행했던 국제열차의 이름조차 패전 후 일본에서 화려하게 부활했다. 식민지 지배 유산의 활용이자 제국의식에서 벗어나지 못한 일본인의 역사 인식을 반영하는 좋은 사례라고도 볼 수 있다.

반면에 해방과 동시에 한민족(韓民族)과 한반도(韓半島)는 남북으로 분단되었다. 이에 따라 식민지적 특성을 지닌 철도망조차 반쪽으로 나뉘어 반신불수의 상황에 빠졌다. 남북에 수립된 두 나라는 철도의 결함을 극복하기 위해 새로운 철도를 건설하는 등 나름대로 많은 노력을 기울였다. 그렇지만 한반도 철도의 국제적 성격상 남북철도가 연결되지 않으면 동북아시아 기축철도로서의 역할을 수행할 수 없다. 요즈음 동북아시아 철도공동체의 일환으로 남북철도의 연결이 운위되는 것은 결코 우연한 일이 아니다.

현대는 제국주의 시대가 아니므로 철도, 도시, 항로 등에서 차별 또는 특권이나 서열이 존재할 수 없다. 철도의 역할도 침략과 지배의 흉기에서 평화와 공영의 이기로 바뀌었다. 이런 시대에 우리는 일본이 20세기 전반에 한국을 비롯한 동북아시아에서 독점적으로 운영한 철도네트워크를 통해 어떤 지혜와 교훈을 얻어야 하는가?

한국과 일본의 고등학교 역사교과서(자국사, 세계사, 동아시아사)는 분량과 시각의 차이는 있지만 철도에 대해 언급하고 있다. 그중에는 2~3쪽 이상을 기술한 교과서도 있다. 그렇지만 한국철도를 다룬 교과서는 드물다. 한국철도야말로 한때 한국과 일본이 경험을 공유한 역사적 실체였다는 점을 감안하면 양국 교과서에서 좀 더 적극적으로 다뤄볼 만한 소재라고 생각한다. 이 연구가 작은 도움이라도 된다면 다행이다.

참고문헌

한국어

김종혁, 2017, 『일제시기 한국 철도망의 확산과 지역구조의 변동』, 도서출판 선인.

손승철 외, 2012, 『고등학교 동아시아사』, 교학사.

鄭在貞, 2016, 「日本の植民地支配と朝鮮の鉄道」(特集 鉄道からみる近代), 『歷史地理教育』 845.

______, 1999, 『일제침략과 한국철도(1892~1945)』, 서울대학교출판부.

______, 2008, 『帝國日本の植民地支配と韓國鐵道, 1892~1945』, 明石書店.

______, 2013. 8, 「일제하 동북아시아의 철도교통과 경성」, 『서울학연구』 52, 서울시립대학교.

______, 2015, 「일제하 '北鮮鐵道'의 경영과 日朝滿 신간선의 형성」, 『역사교육논집』 54, 역사교육회.

______, 2018, 『철도와 근대 서울』, 국학자료원.

정재정 외, 2014, 『고등학교 한국사』, 지학사.

허우긍, 2010, 『일제 강점기의 철도수송』, 서울대학교 출판문화원.

일본어

加藤晴康 等, 2019, 『世界史A』, 東京書籍.

高橋泰隆, 1995, 『日本植民地鉄道史論-台灣·朝鮮·滿洲·華北·華中鉄道の経営史研究』, 日本経済評論社.

高成鳳, 1999, 『植民地鉄道と民衆生活-朝鮮·台灣·中國東北』, 法政大學出版局.

______, 2006, 『植民地の鉄道』, 日本経済評論社.

近藤和彦 等, 2019, 『世界の歴史 改訂版』, 山川出版社.

林采成, 2005, 『戰時經濟と鐵道運營』, 東京大學出版會.

平田雅博 等, 2019, 『世界史A 新訂版』, 実教出版社.

平井廣一, 1985, 「日本植民地下における朝鮮鐵道財政の展開過程」, 『經濟學研究』 34-4, 北海道大學.

三宅明正 外, 2012, 『日本史A-現代からの歴史』, 東京書籍.

鮮交會, 1986, 『朝鮮交通史』, 鮮交會.

井上勇一, 1989, 『東アジア鉄道國際関係史』, 慶應通信社.

3장

식민지 조선에서의 천황제 이데올로기 투입과 수용의 양상
: 동아일보 기사를 중심으로

하종문

I. 문제의식과 분석 틀

1910년 8월 22일 대한제국은 일본의 식민지로 전락했다. 그 역사적 사건의 주체는 순종 황제와 메이지(明治) 천황이었다. 한일병합조약은 제1조에서 통치권의 양여를, 제2조에서 양여의 수락과 '병합'의 승낙을 각각 명시했다. 8월 29일 메이지 천황은 "(조선의-인용자 주로 이하 마찬가지) 민중은 직접 짐의 보살핌 아래에서 강복을 증진"하도록 하라는 조서를 내렸다. 조선의 식민지화는 명백히 천황의 이름으로 진행되었다. 식민지로부터의 해방 또한 1945년 8월 15일 라디오로 전해진 쇼와(昭和) 천황의 육성이었다.

병합 이후 식민통치의 틀은 물론 조선인의 일상 또한 천황 내지 천황제(이하 천황제로 통칭)와 불가분의 관계를 맺게 된다. 그 역사적 실태를 밝히는 작업은 크게 역사학, 교육사, 문학의 분야에서 수행되었다.

먼저 역사학에서의 천황제와 식민지배의 관계 분석은 주로 정책의 내용과 의도의 규명에 치우쳐 있으며, 공통의 키워드는 '천황제 이데올로기'이다. 조선총독부와 일본 정부를 행위자로 하여 천황제를 앞세운 식민지배 정책의 형성과 실행 체계를 밝히는 작업이 주류를 점해왔다. 간단히 말하면 정책사적 접근이 연구의 주류를 형성했다고 볼 수 있다. 물론 정책사와는 다른 각도에서 개념사의 연구 성과가 배출되는 점은 특기할 만한 변화일 터이다.[1]

교육사 분야의 연구 성과도 유사한 상황을 보여준다. 3차에 걸친 조

---

1 박명규, 2009, 『국민 · 인민 · 시민-개념사로 본 한국의 정치주체』, 소화; 김정인, 2018, 「일제 시기 국민과 시민 개념의 식민성과 반(反)식민성」, 『개념과 소통』 21호.

선교육령의 내용과 저의, 영향의 분석을 주축으로 삼는 한편 개별 교과서의 기술이 어떻게 바뀌어갔는가를 다루고 있다.[2]

마지막으로 중일전쟁 이후 이른바 '친일(파)' 내지 '전향'에 관해서는 '내선일체'와 '황국신민'을 공통분모로 삼아 역사학과 문학 쪽에서 방대한 연구가 축적되어왔다.[3] 특히 금세기에 들어와 친일의 진상 규명을 요구하는 정치적·사회적 요구의 분출은 연구의 활성화에 박차를 가했다.

이상의 기존 연구 상황을 더듬어가다 보면 두 가지 과제를 시급히 해결해야 할 것으로 판단된다. 하나는 식민지배와 천황제와의 관련성이 거론되면서도 그 구체적인 실태, 가령 천황제 이데올로기의 내실에 대한 규명이 충분히 이루어지지 않았다는 점이다. 다른 하나는 식민지 조선에서 천황제가 어떻게 인식되고 수용되었는가의 물음이 등한시되었다는 점이다. 대표적으로 중일전쟁 이후의 친일·전향을 분석한 수많은 논문과 저작에서도 천황제와의 연계성에 관한 천착은 간접적이거나 부차적으로 다뤄지고 있을 따름이다.

몇몇 연구자는 식민지 조선과 천황제의 접점이 없었다는 결론을 내린다. 윤건차에 따르면 미나미 지로(南次郎) 총독 이전의 조선인(주로 지식인)은 기본적으로 천황·천황제에 대한 인식과 자각이 없었다고 서술했으며,[4] 변은진도 천황제의 본질에 눈을 돌리게 된 것은 1920년대 후반

2 대표적으로 구난희, 2010, 「일제하 천황인식 형성과 역사교과서의 천황서술-1930년대 이후 역사교과서를 중심으로」, 『역사교육연구』 12와 장미경, 2018, 「1930년대 韓·日의 〈歷史教科書〉 비교 연구-〈천황〉 서술 내용을 중심으로」, 『일본문화학보』 76을 들 수 있다.

3 지면 관계상 문헌 소개는 생략하겠지만, 최근 문학 분야에서는 재조일본인의 작품으로까지 연구 대상이 넓어지고 있다는 점이 눈에 띈다.

4 윤건차, 2003, 『한일근대사상의 교착』, 문화과학사, 258쪽.

부터 1930년대 들어서였다고 봤다.[5] 그 결과는 간명하다. 조선인에게 천황제 수용은 어려웠다는 것이다. 천황제 이데올로기가 조선의 지배에 어떻게 활용되었는가를 분석한 박진우는 조선인에게 천황제 이데올로기는 "처음부터 이질적인 것이며 납득하기 어려운 것"이었다고 주장했으며,[6] 변은진도 조선 민중 대부분에게 "천황과 천황제는 일본을 지탱하는 하나의 '외피'에 불과한 것으로 이해"된 것으로 평가했다.[7]

그렇다면 친일파 지식인들은 왜 민중 차원에서 물과 기름처럼 섞이지 않았다는 천황제를 전면적으로 받아들였을까? 과연 35년 내내 민중들은 천황제의 수용에 소극적이거나 부정적이었을까?

유학생 시절에 가인 김병로는 도쿄를 찾은 한 조선 노인과 만난 이야기를 술회한 바 있다. 노인의 행장 속에서는 다음 내용의 글이 발견되었다고 한다.

> 朝鮮人들은 日本天皇의 聖恩에 悅伏하여 泰平을 謳歌하는바 그 恩澤이 우리 老儒에게 미치지 못함을 遺憾으로 생각하오며 우리 老儒도 天皇의 赤子이오니 特別히 聖念을 내리시와 救護하시기를 바라옵고 水陸萬里를 멀다 아니하고 忠誠된 마음으로 上疏를 올린다(밑줄은 인용자, 이하 마찬가지)[8]

---

5 변은진, 2000, 「식민지 조선민중의 천황 인식」, 『역사비평』 50호, 99쪽.

6 박진우, 2007, 「천황제이데올로기와 식민지조선-1910~1920년대를 중심으로」, 『일본역사연구』 26집, 216쪽.

7 변은진, 2000, 104쪽.

8 "隨想斷片(12)", 『경향신문』, 1959. 3. 31. 유학생 기관지 『학지광(學之光)』에 대한 언급과 김병로의 귀국을 감안하면 1914년 무렵의 일로 추정되며, 김병로 등은 그 노인을 설득하여 글을 파기한 다음 숙박비를 대납하고 귀국 교통편을 주선해주었다.

'노유'는 자신들에게 필요한 '구호'를 천황에게 호소하고 있으며, 행동의 근거로서는 '천황의 적자'라는 논리를 앞세웠다. 상소라는 단어는 대한제국의 황제와 천황이 동일시되고 있었다는 추측을 가능케 한다.

이 글의 노유뿐만 아니다. 이광수는 1916년에 발표한 글(「朝鮮人教育に對する要望」)에서 일본인과 마찬가지로 '천황의 적자'인 조선인에게도 동등한 교육이 실현되면 "조선인은 진정으로 황은을 받게 된 것에 충심으로 감사할 것"이며, "조선인에게도 참정권을 부여하여 완전한 일본신민의 대열에 넣어달라"고 썼다.[9] 그래서 이광수 연구자는 "천황의 말을 방패로 삼아 차별의 철폐를 요구하는 수법은 이후 이광수의 공식이 된다"고 단언했다.[10] 식민지배 내내 조선인들은 천황제와 그 이데올로기에 대해 찬반과는 다른 각도에서 '접촉'과 '반응'을 거듭했다고 봐야 하지 않을까?

이 글은 식민지화와 함께 조선인에게 강제된 천황제의 족적을 좇아가는 작업의 첫걸음이자 예비적인 고찰이다. 마지막 향후 과제 부분에서 상술하겠지만, 여기서의 성과는 중일전쟁 이후의 '전향'을 새롭게 조명하는 시각을 제공해줄 것이다.

연구 방법으로는 다음의 두 가지를 활용할 것이다. 먼저 조선에서의 천황제 인식과 천황제 이데올로기의 투입 및 수용을 살펴보기 위해 한글 신문에 게재된 기사의 용례를 살펴보고자 한다. 관련 검색어로서 천황, 천황폐하, 신민, 적자, 황국신민, 은사, 내탕금 등을 선정한 뒤 『동아일보』의 관련 기사를 추출하며, 내용에 대한 분석을 곁들일 것이다.

---

9 波多野節子, 2010, 「李光洙の第二次留學時代-『無情』の再読(上)」, 『朝鮮學報』 217집, 7쪽.

10 波多野節子, 2015, 『李光洙-韓國近代文學の祖と「親日」の烙印』, 中公新書, 81쪽.

이와 더불어 일본사에서 축적된 천황제 연구의 성과를 참조하여 두 종류의 대립되는 개념을 구사하여 기사의 분류와 분석을 시도할 것이다. 국체(國體)와 정체(政體), 신민과 국민 사이의 간극과 상호작용이다.[11] 달리 표현하면 전자는 대일본제국의 시스템의 문제이며, 후자는 시스템의 작동 및 변화의 주체 혹은 객체=대상이 되는 사람의 문제에 해당된다. 천황제와 동의어인 국체는 신민과, 현실 정부와 정치 체제를 가리키는 정체는 국민과 각각 조응한다. 식민지 조선의 현실에서는 국체와 정체는 천황과 총독부로 나타나며, '비국민'은 존재 가능하지만 '비신민'은 상정조차 불가능하다.

이러한 분석 틀은 일본의 두 연구자의 견해를 차용·결합한 결과물이다. 먼저 스즈키 마사유키(鈴木正幸)는 국체와 정체의 병립과 상충을 발판으로 삼아 근대 천황제의 작동 과정을 밝히고자 했다. "응당 있어야 할 천황제 국가=국체적 국가와, 현재 있는 국가=정체적 국가의 분리 의식이 성립할 가능성"을 상정하게 되면, 국민 일반에게도 열려진 국체는 피지배층이 활용 가능한 정치적 수단으로 바뀐다는 논리 구조이다.[12]

마키하라 노리오(牧原憲夫)는 근대 일본과 천황제를 분석하는 틀로써 신민과 국민의 분리 및 활용을 주창했다. 민중을 권력에서 배제하려 한 봉건적 전제 권력이 아닌 근대 천황제는 국가에 참가하는 민중인 국민을 전제로 하면서도 그들의 자발성을 정부가 허용하는 범위로 한정하기 위한 시스템으로서 성립되었다는 설명이다.[13] 따라서 신민은 근대의 소

---

11 보다 자세한 내용은 하종문, 2009, 「제국의 통합 기제로서의 천황제와 그 변화」, 『한일관계사연구』 32를 참조할 수 있다.

12 鈴木正幸, 1986, 『近代天皇制の支配秩序』, 校倉書房, 155쪽.

13 牧原憲夫, 1990, 『明治七年の大論争』, 日本経済評論社, 239쪽.

산이며, 제한선거제에 의해 국정 참가에서 배제된 민중(비-국민)을 공권의 유무에도 불구하고 국가의 일원으로 통합하는 데 편리한 관념으로 사용되었다고 풀어냈다.[14]

기왕의 한국 쪽 연구에서는 국민과 신민의 구분이나 식민지배와 천황제의 관련성에 대해 큰 관심을 보이지 않았다. 가령 개념사의 방식을 도입한 박명규[15]는 근대 일본 초기에 "정부의 공식 용어"인 신민과 "인민의 정치적 자각과 성숙을 강조하는 개념"인 국민 사이에 "일정한 긴장과 대립"이 있었다는 점에 주목하면서도(76쪽), 식민지 조선에서의 국민은 "일본제국의 신민, 천황의 신민으로서의 황국신민의 정체성을 지닌 주체를 표방하는 것"으로 이해했다(103쪽). 신민과 국민의 구분이 애매모호해지면서 황국신민의 특수성 해명 또한 미완으로 끝나고 말았다.[16] 한승연은

---

14 牧原憲夫, 1998, 『客分と國民のあいだ—近代民衆の政治意識』, 吉川弘文館, 181~182쪽. 참고로 1910년대 당시에도 국민과 신민의 차별성은 '공민교육'이라는 측면에서 인지되고 있었다. 일본 특수교육의 선구자로 평가되는 가와모토 우노스케(川本宇之介)는 1915년의 저서 『公民教育の理論及実際』에서 공민교육은 '국체의 옹호'와 '정체의 완성'이라는 두 가지 원리에 기초한다고 설명했다(平田勝政, 1985, 「大正デモクラシ-期における川本宇之介の公民教育論と特殊教育」, 『教育科學研究』 4호, 13~15쪽). 각각 메이지헌법의 절대주의적 측면과 입헌주의적 측면과 연결되며, 이 원리를 공민의 정의에 대입하면 전자로부터는 '천황의 직접 신민'이, 후자로부터는 '입헌국의 국민'이 추출된다. 신민과 국민의 차이, 그리고 국체와 정체의 구별이 명확히 의식되어 있다. 그리고 가와모토는 1920년 문부성에 들어갔다가 1924년부터 도쿄의 농아학교 교사로 근무했다.

15 박명규, 2009, 『국민·인민·시민-개념사로 본 한국의 정치주체』, 소화. 이하에서 기존 연구 성과를 복수로 인용하는 경우에는 말미에 쪽수만 명기하기로 한다. 근거가 되는 연구 성과로서는 윤건차의 『日本 그 국가·민족·국민』(일월서각, 1997), 특히 1부 3장과 2부 1장을 참조할 수 있다.

16 박명규의 논의를 차용한 김정인은 일제 시기의 국민과 시민 개념을 소재로 삼아 황국신민의 함의를 추적하면서 "식민지 조선에서 국민은 일본제국의 신민, 천황의 신민으로서의 황국신민의 정체성을 지닌 주체를 뜻했다"고 풀어냈다(김정인, 2018, 「일제 시기 국민과 시민 개념의 식민성과 반(反)식민성」, 『개념과 소통』 21호, 13쪽).

행정학 전공자로서 총독의 유고(諭告)와 훈시를 토대로 국민 개념의 형성에 관해 주목할 만한 연구 성과를 내놓았다.[17] 국민을 지칭하는 다양한 용어들은 만주사변 이후에 국민, 관민, 황국신민으로 변화했다는 점을 밝혀냈다.

그런 면에서 장용경의 논문은 획기적인 문제제기를 담고 있다.[18] 내선일체의 핵심은 "조선인이 일본을 배반하지 않도록 조선인과 국민 사이의 '간극'을 없애"는 것이었고, 일제는 그 방법을 "조선인을 '황국신민화' 한다는 것"에서 찾았으며, "조선인을 전쟁에 동원하기 위해 공적 제도에 참여시킨다는 의미"로서 국민화를, "일제에 의해 운용된 특정한 방식의 국민화"로서 황국신민화를 각각 설정했다고 분석했다(284쪽). 황국신민화는 조선인을 국민화하는 '전제'였으며(285쪽), 내선일체의 목표는 "조선인도 일본인도 아닌 모방자로서의 조선인 혹은 모방된 일본인"이었다고 한다(290쪽). 그런 구도를 세우게 되면 내선일체론은 "일본인이 됨으로써만 국민적 권리 제도적 차별을 철폐하겠다는 말"(298쪽)로 정리되며, 최종적으로 '민족말살'이라는 기존의 평가를 보강하는 선에서 머무르고 만다. 요컨대 천황에 대한 접근성의 '개방'이라는 측면을 내포하는 내선일체를 토대로 삼아 친일의 함의를 보다 풍부하게 그려낼 수 있는 길이 차단되는 것이다.[19]

17 한승연, 2011, 「일제시대 국민 개념 형성과정 연구」, 『정부학연구』 17권 1호.

18 장용경, 2005, 「'朝鮮人'과 '國民'의 간극-전시체제기 內鮮一體論의 성격과 조선 지식인들의 대응」, 『역사문제연구』 15호.

19 이후의 서술은 조선인 내부에서 국민의 틀을 확장하려는 시도로서 최재서를, 국민화를 거부하는 임화, 김사량의 분석으로 이어진다. 징병제 실시는 "태평양전쟁 발발로 인해 조선인의 일본인화 여부를 불문한 동원"이었으며, 최재서의 입장에서 "조선인인 채로 국민화가 가능한 길로 보였다"는 설명을 달았다(294쪽).

나카바야시 히로카즈(仲林裕員)의 연구는 1910년대의 분석에 그쳤음에도 불구하고 풍부한 논점을 제공하는 데 성공했다.[20] 제1차 조선교육령을 위시한 '교화'의 내실 속에 천황제 관념을 어떻게 배치할 것인가를 놓고 조선총독부는 혼선을 거듭했다. 결과적으로 구축된 것은 "조선인이 천황에게 충성을 맹세해야 하는 것은 천황이 '조선인의 군주'이기 때문이 아니라 천황이 '일본제국의 군주'이기 때문"(226쪽)이라는 논리였으며, 일본 본국의 '일본신민'과 달리 차별을 감수해야 할 조선인을 별도의 '제국신민'으로 범주화했다고 밝혀냈다.[21] 이 시도는 최종적으로 실패하게 되는데, 그 이유를 '이민족의 군주'로 인식된 천황과 '제국신민'의 결합력이 미약했다는 데서 찾고 있다.

그러나 앞서 소개했듯이 식민지로 전락한 지 4년 만에 한 조선인의 뇌리 속에는 총독과 대비되는 천황의 존재가 각인되어 있었다. 게다가 천황과 신민의 관계를 응축하는 적자를 앞세워 구호를 실현하려는 피치자의 '정치 감각'도 놓칠 수 없다. 나카바야시는 자신의 토지 수용에 맞서 자결한 한 양반의 사례를 "'성은'을 줄 수 없는 경우"에 발생하는 저항으로 설명했지만(219쪽), "천황폐하의 은사장(恩賜場)이라며 인민을 죽이면서까지 뽕밭을 만들어야 하는지 이해할 수 없다"는 유언장은 찬반과는 무관하게 천황의 이미지가 수용되어 활용되는 단계에 이르렀음을 짐작케 한다.[22] 그것을 보다 정치하게 추적하기 위해서는 천황제 이데

20 나카바야시 히로카즈, 2013, 「1910년대 조선총독부의 통치논리와 교육정책 - 동화의 의미와 제국신민화의 전략」, 『한국사연구』 161.

21 그 결과 "1910년대 조선총독부는 조선인에 대해서 '일본인'이 될 것은 요구하지 않고, '조선인'으로 '일본국민'이 될 것을 요구"(234쪽)하는 전략을 선택했다고 서술한다.

22 고마고메 다케시, 오성철 외 역, 2008, 『식민지 제국 일본의 문화 통합』, 역사비평사, 135쪽.

올로기의 투입뿐만 아니라 수용의 양상도 살펴야 한다.

이하에서는 다음의 작업을 수행하고자 한다. 식민지배와 천황제가 어떻게 조우하고 연계되는가를 살핀 다음, 천황제가 지배 논리 속에 어떻게 결부되었는지를 확인하고, 천황제 이데올로기의 수용 양상과 더불어 조선인의 정체성에 대해 분석을 시도할 것이다.

II. 식민지배와 천황제의 조우

한일병합조약이 체결되기 직전인 1910년 9월, 조선총독부의 초대 학무과장이 되는 구마모토 시게키치(隈本繁吉)는 「교화의견서」를 집필했다. 다음은 그중의 한 부분이다.

> 조선 민족은 동화에 필요한 특수의 요소를 결한다. (중략) 일본 제국민의 충의심은 일본 민족에게 고유한 조상 숭배에 뿌리를 두고 있다. (중략) 저 모토오리 노리나가(本居宣長)가 이세(伊勢)의 대묘(大廟)를 참배하면서,
>
> 어떤 분이 계신지 모르겠지만
> 고마움에 겨워 나도 몰래 눈물이 흐르네
>
> 라고 읊은 것은 실로 일본 민족의 심정을 가장 간명하고 직접적으로 나타낸 것이다. 대체 조선 민족을 동화시켜 이 미묘한 정감을 체득시킬 수 있다고 단언할 자 누가 있으랴.[23]

---

23 「敎化意見書」, 渡部學·阿部洋편, 1991, 『日本植民地教育政策史料集成』 69, 龍溪書舍. 노래의 원작자는 고대 말기의 승려 사이교(西行)라고 이야기된다.

천황에 대한 관념을 놓고 조선과 일본의 절대적인 차이점을 역설한 구마모토의 주장은 관련 연구에서 자주 인용될 정도로 유명하다.

「교화의견서」의 사고방식은 식민지배를 펼치기에 앞서 천황제와의 관련성을 획정하는 작업이 녹록치 않았음을 나타낸다. 대표적인 것이 메이지 천황의 교육칙어를 조선의 교육에 활용할 것인지 여부를 둘러싸고 초래된 혼선이었다.[24]

1911년 8월 제정된 제1차 조선교육령에는 "교육은 교육에 관한 칙어의 취지를 토대로 충량한 국민을 육성하는 것을 본의로 한다"며 교육칙어가 명기되었으며, 동년 10월에는 데라우치 마사타케(寺內正毅) 총독에게 교육칙어 등본이 하부되었다. 하지만 3·1운동 당시 평안남도에서는 교육칙어 등본을 파기하려는 시도가 있었을 만큼 정착 가능성은 그리 높지 않았다.

3·1운동의 충격파와 더불어 식민지 내지 이민족에게도 활용할 수 있도록 교육칙어를 개정하자는 목소리가 강해졌다. 관학 철학자로 명망이 높던 이노우에 데쓰지로(井上哲次郎)는 "주상의 유풍을 현창하기에 족하다"는 구절로 인해 천황이 조선인의 조상으로 해석될 우려가 있다는 점을 들면서 교육칙어를 수정하자고 제안했다. '문화통치'가 부르짖어지던 분위기 속에서 1922년 1월 교육칙어를 거론한 조선교육령 제2조가 삭제되었다. 추밀원의 심의 석상에서 총독부는 "조선인의 반감을 사서 오히려 통치에 불리를 초래할 염려"를 삭제 이유로 제시했다고 한다.[25]

---

24 이하의 논의는 별도의 언급이 없는 한, 정상우, 2010, 「교육칙어의 의미 변화」, 『일제 식민지배와 강제동원』, 경인문화사와 고마고메 다케시, 오성철 외 역, 2008, 『식민지 제국 일본의 문화 통합』의 2~4장을 참조했다.

25 李昇燁, 2015, 「第二次朝鮮教育令成立過程の再検討」, 『人文學報』 107, 145쪽.

1930년대 이후 교육칙어는 이른바 '국민도덕'의 차원에서 부활의 기지개를 켰다. 1930년 10월 교육칙어 공포 40주년 기념식에서 사이토 마코토(齋藤実) 총독은 "內地人 朝鮮人의 구별 없이 우리 國民이 恒常 하여야 할 道를 諭御"한 것이라며 추어올렸다. 답보 상태였던 교육칙어 등본의 학교 하부 작업도 재개되었다.

1936년 8월 제7대 조선 총독으로 미나미 지로가 부임했다. 동년 10월 조선 총독에게 교육칙어를 하부한 지 25주년을 기념하여 다양한 행사와 캠페인이 전개되었다. '내선일체'의 구호와 더불어 조선인을 '충량한 신민'으로 양성하는 황국신민화가 교육의 목표로 제시되었고, 1938년 3월 조선교육령의 개정이 이루어졌다.

황국신민화가 절정을 이루던 1944년, 최재서는 징병제의 시행에 즈음하여 다음과 같은 내용의 소설을 탈고했다.

> 그 소박한 얼굴이 일단 군복을 입고 총을 들고 행동을 개시하면 세계 무비의 정력적이고 강한 군대가 되는 것은 무슨 까닭일까? (중략) 천황의 위광—그렇다! 천황의 위광에 비춰졌을 때, 내지인은 자신을 잊는 것이다. 폐하의 명령에 대한 절대 순종, 단지 임무 수행만이 있을 뿐이므로 생이 없으면 죽음도 없다는 그런 심경—그것은 의무라든가 복종이라는 말로는 결코 설명할 수 없는 심경이다. 부모를 사랑하는 젖먹이 아이의 심리와는 다른 것일까. 어쨌든 천황의 마음을 마음으로서 오직 그렇게 하도록 하사해주신 것을 몸소 실행하는 바로 그것이 충의라고, 한층 쓰키시로는 그 자신만의 사색을 거쳐 여기까지 왔다.[26]

26 石耕, 1944년 2월, 「月城君の従軍」, 『綠旗』, 183쪽.

「쓰키시로 군의 종군」이라는 소설을 빌려 조선 최고 지식인 최재서는 구마모토가 제기했던 '일본 민족의 심정'이나 '미묘한 정감'을 나름대로 해석하고 그려냈다.

「교화의견서」에서 「쓰키시로 군의 종군」으로 이어지는 변화는 어떻게 만들어졌을까? 그것을 살펴보는 수단으로 본고에서는 『동아일보』의 기사 분석을 도입했다. 방법으로는 네이버의 뉴스라이브러리(https://newslibrary.naver.com)를 통해 천황제와 관련되는 천황(텬황), 성상, 황상, 천황폐하, 명치천황, 대정천황, 일본천황, 동궁/황태자/섭정/裕仁親王, 일시동인, 신민(臣民), 적자(赤子), 황국신민, 일본신민, 직소, 대원수, 대어심, 내탕금, 어인자(御仁慈), 어하사(御下賜), 하사금, 진휼, 황후/황태후, 정국신사대제, 교육칙어, 기원절(기원가절), 명치절, 춘계황령제/추계황령제 등을 검색한 다음 결과를 정리했다. 『동아일보』는 1920년 4월 1일 창간호를 낸 뒤 1940년 8월 10일 『조선일보』와 함께 폐간되었으며, 도중에 네 차례의 정간 처분을 받아 신문을 내지 못했다. 그 기간은 아래와 같다.

1차 : 1920년 9월~1921년 1월, 천황의 신물인 삼종의 신기 비판

2차 : 1926년 3월~4월, 국제 조직의 3.1운동 6주년 기념 축사를 번역 게재

3차 : 1930년 4월~9월, 미국 언론인의 항일 서한 게재

4차 : 1936년 8월~1937년 6월, 손기정 유니폼의 일장기 삭제

먼저 전체적인 개괄을 담은 것이 〈표 1〉이다. 천황의 마음과 뜻을 의미하는 대어심(大御心)을 이광수는 아래와 같이 사용했다.

> 내선일체가 되는 것을 허용하고 말고는 천황 한 분의 대어심이며, 내

지인이라고 해서 이러쿵저러쿵 할 성질의 사안이 아니다. 게다가 내선 일체, 즉 조선인이 일시동인, 내지인과 같은 폐하의 적자라는 사실은 황공하게도 메이지 대제(明治大帝)의 조칙에 의해 분명하고 확실하며 부동의 황모(皇謨)가 되었다.[27]

그리고 어인자(御仁慈)는 인자라는 단어에 존칭 접두사를 첨가한 형태로 천황과 황족에게만 사용된다.

천황 관련 기사의 빈도를 개괄하면 다음과 같다. 1921년의 급증은 동궁이던 쇼와 천황의 유럽 순방과 뒤이은 섭정 취임에 따른 결과이며, 1926년의 경우는 다이쇼 천황의 사망에 따른 보도의 증가 때문이다. 천황을 언급한 기사는 1933년부터 갑작스럽게 늘어나며, 1937년 중일전쟁의 발발 이후 400건 이상 빈번하게 다루어졌다(1936년과 1937년은 정간 중임을 감안해야 함). 1940년은 8월 초까지가 전년의 총건수에 육박하는 지경이었다.

대어심은 1937년 즉 중일전쟁 이후 전체 건수의 90% 이상 집중적으로 사용되었다. 조선인이 언급한 사례는 적으며, 주로 총독을 포함한 일본인이 입에 올렸다. 어인자는 중일전쟁 이후에만 등장하며, 후술하듯이 주로 황후와 태황후가 군인과 부상병을 위문하거나 물품을 하사한 경우에 쓰였다.

〈표 2〉는 천황을 어떻게 부르는지의 호칭과 어떤 천황이 얼마나 등장하는지를 집계한 것이다.

---

27 香山光郎, 1941, 「内鮮一体随想録」, 『協和叢書第五輯』, 中央協和会, 2쪽.

〈표 1〉『동아일보』의 천황 관련 기사와 그 이미지

	관련 기사	대어심	어인자
1920	20		
1921	106		
1922	39		
1923	80		
1924	80		
1925	40		
1926	128		
1927	38		
1928	55	1	
1929	38		
1930	43	1	
1931	49		
1932	78	1	
1933	178	4	
1934	180	1	
1935	209	2	
1936	98	1	
1937	280	15(1)	11(8)
1938	488	49	25(21)
1939	487	45	34(24)
1940	427	44(1)	15(12)
계	3,141	164(2)	85(65)

* 일본신민에는 일본국신민, 일본의 신민, 일본제국신민도 포함했다.

** 적자의 괄호 숫자는 직접적으로 조선인을 지칭한 사례이다.

〈표 2〉 천황의 호칭과 언급되는 천황의 내역

	금상	황상	성상	동궁/황태자/섭정/裕仁親王	메이지 천황	다이쇼 천황	일본천황
1920			1	3	3		
1921	1	3	3	88	3		3
1922				27	2		1
1923				57	1		3
1924	1			76	1		
1925				31	2		1
1926	2		8	28	14	30	9
1927	1		3	2	4	10	
1928					3	4	
1929	1		1			2	2
1930				1	1	2	1
1931					4	1	
1932					4	1	1
1933			2		9	2	
1934	1		2		5	7	
1935			2		3	4	1
1936	2				5		
1937			5	1	7	7	
1938	2	1	4		26	6	
1939			16		21	7	
1940	2		25		26	6	
계	13	4	72	314	144	89	22

* 금상천황과 금상천황폐하도 금상에 포함했으며, 명치대제·명치대황·명치성제·명치황제·선제폐하, 대정황제도 각각 메이지 천황과 다이쇼 천황에 넣었다.

** 1920년대에는 천황을 '텬황'이라고 표기한 사례가 다수 있다.

1937년 이후에는 성상이 자주 등장하지만, 내내 천황의 호칭은 천황폐하가 기본이었다. 주상은 한 건도 없으며, 1921년 3건이 확인되는 황

상은 "황상의 어불례(御不例)"와 같이 다이쇼 천황의 병환을 지칭하는 경우에 사용된다.[28]

동궁이나 황태자는 1933년 12월 쇼와 천황의 장남인 헤이세이(平成) 천황이 태어난 이후 기사에 이따금 나타나지만, 편의상 통계에는 포함하지 않았다. 그런 사실을 감안하더라도 식민지에서 조선인이 읽었던 신문에서 언급된 동궁이나 황태자는 전적으로 쇼와 천황이었다. 그 점은 〈표 1〉의 천황 관련 기사의 양과 결부시키면 역력하다. 1921년부터 1925년까지 신문을 장식했던 천황은 병중이던 다이쇼 천황의 섭정 쇼와 천황이었다. 달리 말하면 『동아일보』가 다루는 기사에서 천황은 곧 쇼와 천황이라고 해도 과언이 아닌 것이다.

메이지 천황과 다이쇼 천황 또한 쇼와 천황과의 관계성 속에서 독자의 눈에 비쳤다. 병마에 시달리다 사망한 1926년과 장례로 언급되는 1927년을 제외하면, 1933년부터 천황 관련 기사가 늘어남과 동시에 두 천황의 등장 빈도도 높아진다. 그리고 중일전쟁의 발발 후 쇼와 천황과 더불어 근대 이후의 두 천황을 거론하는 기사가 늘어나는데, 특히 메이지 천황 쪽이 더욱 두드러진다. 헌법 발포 50주년이 되는 1939년을 포함하여 일본의 명운을 건 전쟁의 수행에 근대화를 단행한 메이지 천황은 단골 소재로 소환되었던 것이다.

일본천황을 거론한 것은 조선인과 천황과의 거리감을 짚어보기 위해서이다. 일본천황은 총 22회 등장한다. 1926년 12월 25일 다이쇼 천황의 사망에 즈음하여 외국에서 답지한 조전 속의 8회, 그 이전이 9회, 이

---

28 고베대학 도서관의 디지털아카이브(http://www.lib.kobe-u.ac.jp/sinbun/)를 통해 일본의 신문에서 사용된 천황 호칭을 확인한 결과, 천황폐하 597건, 성상폐하 158건, 금상폐하 105건, 황상폐하 4건, 주상폐하 0건 등이었다.

후가 5회이다. 1927년 이후의 5회는 1929년 10월 8일(중일 외교 의례)과 11월 7일(대한제국 때의 이토 히로부미 장례식), 1930년 12월 3일(소설 속에서 등장), 1932년 3월 10일(국제연맹 소식), 1935년 8월 6일(천황 만화를 게재한 미국 잡지 편집자의 발언) 등이다. 1927년 이후의 용례는 모두 공식적이거나 형식적인 전언의 형태를 띠고 있으며, 식민지 조선과 대비되는 일본의 천황을 가리키는 경우는 1926년 이전 즉 다이쇼 천황의 생전에 국한된다.

천황이란 단어를 어떻게 받아들였는가는 1936년의 기사에서 힌트를 찾을 수 있다. 천황과 황제의 차이를 묻는 독자의 질문에 대해 신문사 측은 "다못 『天皇』은 『大日本帝國皇帝陛下』께만 奉稱케 되는 것으로 世界에 唯一입니다"는 답을 내놓았다(5월 31일). 황제와 달리 천황은 앞에 일본을 병기하지 않더라도 충분하다는 의미이다. 그 점에서 일본천황이라는 단어의 사용은 천황제 이데올로기에 대해 조선인이 품었던 '거리감'을 상징한다고 봐도 무방할 것이다. 쇼와 천황은 '일본만의' 천황이라는 이미지가 아니었을지 모른다는 정황 증거가 아닐까 싶다.[29]

다음 두 개의 기사를 발판으로 삼아 한발 더 깊숙이 들어가보자. 첫 번째는 '內政獨立도 獨立인가-當局의 奇怪한 解釋'이라는 제목의 사설이다('-'는 기사의 부제를 가리킴, 이하 마찬가지). 처음과 마지막 문장만 소개한다.

29 '일본황손' 내지 '일본황태자'는 전자가 1925년에 3회, 후자는 1921년 4월 8일(황태자의 유럽 방문)부터 1933년 12월 25일(황태자 탄생에 관한 영국의 축전)까지 이따금씩 나타난다. '일본황실'은 1920년 4월 9일(황태자의 결혼 문제) 처음 출현하여 1940년 7월 16일 만주국 황제 푸이의 일본 방문 때까지 자주 폭넓게 사용된다. 일본황실은 일본'의' 황실이라는 뜻이었다고 여겨진다.

> 日本天皇陛下 아래의 朝鮮內政獨立을 期約한다는 것이 朝鮮을 日本統治權으로부터 分離하자는 獨立運動과 同一한 內容을 有하는 것인가. [……] 吾人은 內政獨立 그것에 對하야 區々히 論하는 것이 아니어니와 그 政治的 結社의 自由에 對한 當局의 見解가 너무도 固陋하고 偏狹함에 對하야는 實노 不取하는 바이며, 더욱히 萬一 現當局이 그 所謂 內政獨立派가 現總督府의 批政을 摘發함으로써 重要한 任務를 作하는 點을 觀하야 此에 解散命令을 下하는 動機를 定하얏다하면 그는 吾人의 어듸ㅅ가지든지 巷議를 提出코저 하는 바이로다. (1922년 10월 30일)

문화통치의 흐름에 편승하여 참정권 승인을 요구했던 동광회의 해산을 가리킨다. 내정 독립의 '불온성'을 경감시키는 최고의 표현으로 '일본천황폐하'가 거론되며, 그 후광에 힘입어 내정독립파는 '현 총독부'와 대등한 위치에 세워진다. 실제로 동광회 본부는 1922년 4월 내대신 마쓰카타 마사요시(松方正義)에게 보낸 서한에서 자신들은 사전에 청원을 알지 못했다는 변명과 함께 내정 독립이 천황의 주권을 분명히 하고 있다는 점에 주목해달라고 요청했다.[30]

두 번째는 조선의 수재를 위문하는 천황의 칙사 방문을 다룬 짤막한 기사이다.

> 日本天皇, 皇后의 御旨를 承하고 朝鮮水害를 慰問코저 海江田侍從은 昨二十七日午前九時入京하엿더라. (1925년 7월 28일)

---

30 동선희, 2003, 「동광회의 조직과 성격에 관한 연구」, 『역사와현실』 50, 509쪽.

그런데 이 기사가 나오고 불과 5년이 지난 뒤에는 다음과 같이 표현된다.

> 承聞하던대 實로 惶恐한 일이지마는
> 天皇陛下께압서는 攝政宮殿下로 게실 當時부터 恒常 國産奬勵에
> 大御心을 注하시와 …(1930년 9월 24일)

근대 이후 일본에서는 천황이라는 단어를 사용할 때 한 글자를 비우는 '궐자(闕字)'나 행을 바꾸는 '평출(平出)'을 행한다. 이 기사는 평출의 사례이다.

사실 1920년 4월 29일 은사령을 소개하는 미즈노 렌타로(水野錬太郎) 정무총감의 담화에서 처음으로 궐자가 도입되지만, 대부분의 기사에서는 무시되던 상태였다. 1926년 11월 들어 다이쇼 천황의 용태가 언론을 통해 공개되고 나서부터 궐자 채택이 눈에 띈다(12월 18일의 「市民大會中止 仁取社長에게」). 다이쇼 천황의 사망에 이은 쇼와 천황의 즉위를 계기로 궐자 시행은 늘어나며, 1927년 2월 8일부터는 궐자가 거의 어김없이 시행되기에 이른다.[31]

천황, 엄밀히 말하면 쇼와 천황은 『동아일보』의 기사 속에서 착실히 식민지 조선인의 눈에 노출되고 뇌리에 새겨져갔다. 병합 2년 뒤에 메이지 천황은 세상을 떴고, 병마에 시달리던 다이쇼 천황의 자리는 쇼와 천황으로 채워졌다.

---

31 천황에 관한 존경어를 오용하여 수정한 사례도 확인된다. 1940년 6월 11일 조간 1면에서 "聖上陛下皇宮에 還啓"라는 제목을 "聖上陛下皇宮에 還御"로 고친다는 사고를 냈다(6월 12일). 환계는 행계(行啓)와 같이 황태자와 황후의 외출을 가리키는 용어이다. 참고로 천황의 외출은 행행(行幸)과 환행(還幸)이 사용되며, 천황과 황후의 동반 외출은 행행계(行幸啓)로 기술된다.

III. '지배' 논리와 천황제

1873년 일본 정부는 모든 공휴일을 천황과 관련지어 전면 개편했다. 새해의 시작을 빌려 제사를 지내는 1월 3일의 원시제(元始祭)부터 시작하여 11월 23일의 신상제(新嘗祭)까지 정기 공휴일에 메이지 천황과 다이쇼 천황의 사망일이 이듬해에 1회성 공휴일로 치러졌다. 다음 〈표 3〉에서는 공휴일 중에서 초대 진무(神武)의 즉위일이자 메이지 헌법이 반포된 기원절(2월 11일), 신무 천황의 제사일인 신무천황제(4월 3일), 천황의 생일인 천장절(다이쇼 천황-8월 31일, 쇼와 천황-4월 29일), 메이지 천황의 생일인 명치절(11월 3일), 춘분과 추분에 해당되는 춘계황령제와 추계황령제, 황후의 생일인 지구절(地久節, 3월 6일)이 언급된 기사 건수이다.

〈표 3〉의 결과는 공휴일 중에서 가장 비중 있게 다뤄진 것은 기원절임을 말해준다. 1923년 경성부의 자발적인 축하식 보도(2월 10일)가 초출이며, 1931년부터는 총독부의 기원절 배하식(拜賀式) 거행(2월 11일)과 함께 궁중에서의 제사 소식(2월 12일), 사회단체에 대한 은사금 교부(2월 13일)가 매년 지면을 장식하게 된다. 1938년부터는 중일전쟁의 본격화에 맞춰 전쟁 캠페인과 더불어 거행되었고, 1939년과 1940년은 각각 메이지헌법 반포 50주년과 기원 2600년 기념식이 더해지면서 많은 기사가 실렸다.

천장절 축하에 관한 기사는 조선의 경우 1922년이 초출(10월 29일, 11월 1일)이며, 본격적인 축제화는 쇼와 천황 즉위 이후 시도되었다. 1931년부터 궁중의 행사가 기사로 등장하기 시작했으며(4월 30일), 1932년에는 윤봉길 의사의 폭탄 투척으로 기사가 많아졌다. 1938년에

〈표 3〉 공휴일의 보도 건수

	기원절	신무천황제	천장절	명치절	지구절	춘계황령제	추계황령제
1920			4		1		
1921			2			1	
1922	1		7				
1923	2		1				1
1924	5		6		1		
1925	4		2				
1926	1		5		1		
1927			3	3			1
1928	1		3				
1929			3	1			
1930	4		1	3			
1931	9	1	6	2			1
1932	5	1	12	6		2	2
1933	8	2	13	6	1(2)	1	2
1934	14	5	5	7	3	1	1
1935	9	2	7	5		1	1
1936	6	1	9	1	2	2	
1937	1			23			10
1938	51	12	47	49	7(3)	1	5
1939	43	8	24	27	8(3)	1	5
1940	128	5	14	1	11(4)	3	
합계	292	37	174	134	35(12)	13	29

* 검색어에 기원가절, 천장가절, 명치가절 등을 포함하여 진행했다.

** 지구절의 괄호 숫자는 국모폐하(일부는 폐하)의 빈도를 가리킨다.

는 총독부는 천장절 축하식의 절차와 방법을 통첩하면서 진두지휘에 나섰다. 최종적으로 "時局에 鑑하옵사"라는 천황의 뜻에 따라 축하 의식은 중지되었지만(4월 21일), '총후(銃後)보국강조주간'이라는 이름 아래 치러진 전쟁 캠페인 속에서 각지 교회의 신사 참배 결정과 축하식, 국방

헌금 뉴스 등이 지면을 가득 채웠다.

메이지 천황의 생일인 명치절은 1927년부터 공휴일로 제정되었다. 조선에서의 명치절 봉축식(11월 3일)과 궁중의 제사(11월 4일)를 같이 보도하는 형식은 1930년이 처음이며, 1933년부터는 매년 위생 공로자, 경찰관, 소방 관계자 등의 표창이 개시되었다. 1937년에는 국민정신총동원운동과 연계시켜 '명치절봉축실시요강'이 통첩되어 대대적으로 치러졌다. 1938년의 명치절을 겨냥해서는 '동아신질서건설'을 담은 고노에(近衛) 수상의 제2차 성명이 발표된다는 보도가 나왔다(11월 2일).

식민지배에 관한 주요한 정책도 공휴일과 결부되어 분위기 조성을 꾀했다. 가령 조선인 지원병 제도의 도입은 1938년 "대체 四월三일의 신무천황제(神武天皇祭)를 기하야 공포, 즉일 실시될 모양이다"(2월 22일)라고 보도된 것이 전형적이다. 2월 초에 각의를 통과한 제3차 조선교육령과 더불어 총독부는 축하 행사를 지원병 제도 도입과 같이 거행한다고 발표했고(3월 11일), 당일에는 "京城府에서는 특히 이날을 국민정신작흥일로 정하고 각종 행사와 가치 一반시민, 회사, 은행, 상점도 일제히 국기를 거양하야 감격과 긴장으로서 의의깊은 一일을 보냇다"(4월 3일)는 기사가 게재되었다.

황후의 생일인 지구절, 춘계·추계황령제의 보도 또한 대대수가 1930년대에 들어와서부터 이루어졌다. 특히 황후는 중일전쟁이 발발하자 '국모폐하'라는 수식어까지 동원될 정도로 여성성으로서 전쟁을 뒷받침하는 적극성을 발휘하게 된다.

식민지 조선의 지배자는 쇼와 천황이었다고 했는데, 구체적으로 어떤 군주로서 식민지 조선에 현현했을까? 그 물음에 대한 답으로서 『동아일보』가 전하는 것은 '복지군주'와 '군사군주'의 두 종류이다. 전자에 관해서는 금품 하사와 은사령에 주목했다.

사회사업에 관한 기존 연구는 천황제와의 관련성을 별로 주목하지 않았다.[32] 병합에 즈음하여 일본은 3,000만 엔 상당의 공채를 발행하여 임시은사금(이하 은사금)을 설정했고, 그 이자를 바탕으로 총독부 재정과는 별도로 각종 사업을 추진했다. 은사금과 달리 부정기적인 자연재해나 특별한 경우를 빌려 황실은 다양한 명목의 금품(이하 하사금)을 내렸다. 이 하사금이야말로 식민지 조선에서 자비로운 군주상을 빚어내는 '연금술'이었다. 기사에 따르면 이왕직의 하사금은 일본 황실보다 빠르다.

먼저 〈표 4〉는 은사금과 하사금을 거론하고 있는 기사의 내역이다.

먼저 은사금의 언급은 1920년대에 다이쇼 천황 시기에 집중된다. 1920년 7월 초 영남 지방에 대홍수가 있었는데, 피해 구제에 사용된 것은 지방비, 부군도(府郡道)의 은사금 그리고 총독부가 관리하는 은사이재구조기금의 이자였다(8월 6일). 즉 은사금이 중요 재원이었던 것이다. 이후의 재해 구제에도 은사금이 투입되었다.

1923년 9월 1일의 관동대지진은 황실이 내탕금 1,000만 엔을 내놓았을 정도로 막대한 재해였다. 일본 본토의 사정이 급박하게 돌아가던 9월 4일, 다이쇼 천황과 황후는 서북 지방을 덮친 수해에 5,000엔을 하사했다는 기사가 실렸다(9월 6일). 이것이 『동아일보』로 확인되는 첫 하사금이었다.

1927년 2월 쇼와 천황의 즉위에 맞춰 '혜휼(惠恤)'에 쓰도록 150만 엔을 하사한다는 결정이 내려졌다. 관련 기사는 1928년에 두 차례 게재

32 이방원 · 이방현, 2014, 「일제전기(1910~1931) 조선총독부의 사회사업과 그 특성」, 『향토서울』 88; 조경희, 2016, 「1920년대 식민지조선 사회사업의 성격과 그 한계: '방빈(防貧)'의 좌절에서 노동사업으로」, 『역사와 담론』 80호.

〈표 4〉 은사금 기사와 하사금의 건수 및 기사 내역

	은사금 기사	하사금	
		건수	기사 횟수
1920	8	2	2
1921	8	1	1
1922	16	1	1
1923	16	2	5
1924	8	4	6
1925	7		
1926	10		
1927	6	1	1
1928	13	1	3
1929	7		
1930	6	2	2
1931	4	3	4
1932	9	4	9
1933	7	7	24
1934	6	4	14
1935		3	8
1936	2	2	5
1937	1	7	10
1938	2	11	25
1939		5	23
1940	1	6	18
계	136	60	143

되었는데, 조선에 34만 6,200엔이 배당되었으며(11월 11일), 관련하여 총독부는 11월 10일 "聖恩 優渥 洵히 感激의 至에 不堪한다"는 훈령을 처음으로 발했다(11월 15일).

뒤이어 1930년대부터는 쇼와 천황과 황후, 황태후까지 가세한 하사금이 빈출하고 관련 보도가 이어졌다. 그리고 위의 총독부 훈령과 같이 하사금이 갖는 의미를 총독을 비롯한 관계자들이 '선전'하는 기사들이 대폭 증가하는 것도 특징이다. 1932년부터 하사금 건수보다 기사 횟수가 많은 이유이기도 하다.

이제는 하사금에 초점을 맞춰 내실을 들여다보자. 길라잡이가 되는 것은 〈표 5〉이다.

1931년부터는 기원절을 기하여 사회사업단체에 하사금을 내리는 것이 관례화되었다. 1923년에는 총독부가 '장려금'을 지급한 것으로 보도되었는데(2월 13일), 1930년대부터는 일본 본토와 식민지를 망라하여 천황의 하사금을 분부했다는 뉴스로 바뀌었다. 1934년 "每年 紀元의 佳節에 當하야 宮中에서는 社會事業 御奬勵로 朝鮮內의 優良社會事業團體에 對하야 御下賜金이 게섯는데 (중략) 聖慮深遠 實로 恐懼感激에 不堪하는 바입니다"(2월 11일)라며 우가키 가즈시게(宇垣一成) 총독이 칭송을 덧붙이는 패턴이 매년 나타난다.

이외에 특기하고 싶은 것은 세 가지이다. 하나는 질병을 위무하는 군주의 이미지 구축은 여성 황족이 맡으며, 개인별로 '전담'하는 질병이 있다는 점이다. 가령 한센병은 황태후가, 결핵은 황후가 맡는 식이다.

1930년 한센병 요양소에 배당될 황태후의 하사금이 결정되었다는 보도가 있었으며(10월 25일, 일본 본토에 한정된 듯), 1932년에는 조선과 타이완 등에 5,500엔을 하사한다는 기사가 실렸다(11월 12일). 이듬해 총독부가 조선나(癩)예방협회를 설립한 데 맞춰 3만 엔을 하사하기로 했으며(2월 26일), 연말에도 "日用雜費와 被服費等을 節約하옵셔서" 일본 본토와 조선, 타이완에 하사금을 내린다는 보도가 게재되었다(11월 12일). 그 결과 1939년 신년 예산을 설명하는 오노(大野) 정무총감은

〈표 5〉 하사금의 상세 내역

	지급 주체		지급 지역		지급 사유			
	황실	이왕직	조선	일본	재해	교육·사회	공무·전쟁	기타
1920	1	1	1	1		1		1
1921		1	1			1		
1922		1	1			1		
1923	2		1	1	2			
1924	4		3	2		4		
1925								
1926								
1927	1		1	1		1		
1928		1						1
1929								
1930	2		2			2		
1931	1	2	2	1		2	1	
1932	4		3	3	1	2	1	
1933	7		5	1	1	5	1	
1934	3	3	4	4	2	7		
1935	3		2	1	1	2		
1936	2		2	1		2		
1937	5	2	5	2	1	2	4	
1938	9	2	5	4	2	6	4	
1939	5		2	4	1	4		
1940	6	1	5	3	1	5	1	
계	55	14	45	29	12	47	12	2

* 기타의 경우, 1920년은 이왕직이 악단에게 내린 하사금을, 1928년은 이왕직이 기구 축소에 즈음하여 내린 하사금을 가리킨다.

** 지급 대상과 지급 사유는 복수인 경우가 있어 건수와 일치하지 않을 수 있다.

*** 1935년의 사례에는 타이완의 이재민을 위해 지출된 황실의 구제금을 포함한다(4월 25일).

"황태후폐하(皇太后陛下)의 어분부도 게시므로 나병예방과 박멸에 목적을 관철할 터이다"(1월 6일)고 재차 강조하여 거론했다.

1939년 천장절을 빌려 황후는 결핵 예방을 위해 50만 엔을 하사했으며, 그 기사 아래에 고이소(小磯) 척무대신이 "實로 恐懼感激不堪하는 바이다"며 추어올렸다(4월 29일). 뒤이어 "총독부에서는 이번 결핵병 박멸의 거룩한 뜻 아래 황후폐하의 특별한 하사금을 중심으로 중앙측으로서는 일대 운동을 일으킬려는데"(5월 27일)라며 맞장구를 쳤다.

1939년 6월 들어 조선 최악의 가뭄 보도가 시작되며, 쇼와 천황은 고이소 척무대신에게 보고를 받았다(8월 30일). 곧바로 천황은 황후와 함께 10만 엔을 하사하고 히사마쓰(久松) 시종을 파견했으며, 미나미 총독은 "親다히 災害地의 實情을 視察시킬 御旨의 御吩咐를 拜"했다고 설명을 달았다(9월 5일). 히사마쓰의 일정은 도쿄 출발(9월 6일), 서울 도착과 성지(聖旨) 전달(9월 7일), 각지 방문(9월 8일, 9월 12·13·15·16일)을 마치고 천황에게 조선의 실정을 주상(奏上, 9월 17일)했다는 등 시시각각 기사화되었다. 이런 황실의 움직임과 보조를 맞추듯 한해 의연금을 모집한다는 기사도 실렸다(9월 10일). 그해 말에 미나미 총독은 "久松侍從을 御差遣하옵시어 其實狀을 視察케 하옵시는 同時에 罹災民救恤의 思念으로 天皇, 皇后 兩陛下께서 多額의 御內帑金을 御下賜하옵시엇"(12월 28일)다며 복지군주로서의 이미지를 상기시켰다.

일회성이 아닌 매년 반복되는 하사금도 등장했다. 1924년 1월 섭정(후일 쇼와 천황)은 자신의 결혼식을 기념하여 아동의 취학 장려를 위해 20만 엔을 내놓았고(2월 11일, 2월 16일). 이 돈은 각 도에 배분되어 장학기금으로 사용하기로 결정되었다(3월 18일). 경기도에서는 '아동장학기금사업규정'을 제정하여 매년 초등학생에 대한 표창을 실시했다(1933년

1월 27일, 1938년 1월 26일, 1940년 1월 27일). 전라도에서도 매년 지방비 1만 엔을 합하여 사업을 추진했다(1932년 11월 8일).

복지군주가 표방하는 지배자의 자애로움은 은사령이라는 이벤트의 반복 실시로 증폭된다. 1920년 4월 29일 조선의 황태자 이은과 마사코(方子)의 결혼식이 열렸다. 이날 미즈노 렌타로 정무총감은 은사령의 의미를 "至仁至慈하옵신 天皇陛下끠옵서는 特히 本日의 盛典을 機로 하야 恩赦令을 渙發하시니 實로 聖恩이 宏大感激함을 不勝하노라"고 설명했다(4월 29일). 『동아일보』가 전한 첫 은사령이었다.

섭정 히로히토(裕仁) 황태자와 구니노미야(久邇宮)가의 장녀 나가코(良子, 香淳皇后)의 혼례에 즈음하여 은사령이 내려졌다. 1919년 6월 정식으로 혼약했던 두 사람의 결혼식은 1923년으로 예정되었으나 관동대지진으로 연기되어 1924년 1월 26일에 거행되었다.

1926년 12월 26일 다이쇼 천황의 사망과 동시에 은사령이 공포되었다. 해를 넘겨 시행을 앞두고서는 "一刻三秋의 至情에도 頑乎不動한 黑鐵圓門"이라는 큰 제목 아래 2면 기사의 3분의 1 정도가 은사에 관한 소식으로 채워졌다(2월 8일).

1928년 11월 10일의 쇼와천황 즉위식에 즈음해서도 대사령이 발표되었다. 당초 불경죄와 내란죄, 신문지법 위반은 포함되었지만 치안유지법은 제외한다고 했으나(11월 8일), 최종 결정은 대사령이 아니라 감형·복권·특사뿐이었고(11월 11일), 치안유지법과 제령 위반자도 대상에 포함되었다(11월 12일). 같은 날 3면 기사의 하단은 "전 조선 일만사천구백여 명의 수인(囚人)의 마음을 조리든 금번의 은사"를 접한 전국 형무소의 소식을 담았다(11월 12일).

1933년 12월 23일 황태자(현 상황)의 탄생 소식이 전해지자 조선에서는 은사령의 향배에 촉각을 곤두세웠다. 이튿날에는 "이번에 발표될 은사령에 의하야 과연 어떠케나 될는지 가슴을 조리고 잇는 전 조선 二十六 형무소에 잇는 재감자"(12월 24일)로 시작되는 기사가 실렸으며, 은사에 누락된 모범수에게는 가출옥이 내려질 것임을 전하고 있다(1934년 2월 8일). 이 은사령에 관한 기사가 건수로서는 가장 많다.

1938년 2월 11일 헌법 발포 50주년이자 기원절에 지원병 제도와 조선교육령 개정 외에 은사령도 발포되었다. 마지막으로 언급할 것은 1940년의 이른바 '황기(皇紀) 2600주년 은사령'이다. "기원 二千六百년의 광휘잇는 건국가절(建國佳節)을 맞이하는 이때 황공하시옵게도 은사(恩赦)의 대소(大詔, 원문대로)를 환발하옵시어 성은은 어둠속에까지 빛이어 일반국민의 황공감격은 비할 곳이 없다"로 시작되는 기사의 제목은 '朝鮮에서 恩赦입은 者'이다(2월 13일). 다음 날에는 '紀元節恩赦의 光榮'이라는 제목 아래 각 형무소의 동정을 전한다(2월 14일).

군사군주의 이미지는 『동아일보』의 창간 이듬해부터 병석에 누운 다이쇼 천황이 아니라 쇼와 천황에게 집중된다. 다음의 〈표 6〉이 그런 정황을 보여준다.

먼저 『동아일보』 지면을 통해 전파된 군사군주=대원수는 쇼와 천황 한 사람에 국한된다. 1921년 5월의 첫 기사는 유럽을 순방 중이던 황태자 시절에 "영국 육군대장의 정장을 着하시고 兵營에서 留守大隊를 閱兵"(5월 24일)과 같이 전해졌으며, 1925년에도 "日本大元帥陛下(現在는 攝政殿下)가 親히 御統裁"(11월 21일)와 같이 쓰였다. 군사참의관[33] 회의의 경우 1921년 8월 열린 해군의 회의에 다이쇼 천황은 사후 보고를 받

33 추밀원과 마찬가지로 육해군 별로 조직된 천황의 자문기관이며, 1903년 설치되었다.

〈표 6〉 군사군주로서의 천황에 관한 기사

	대원수	군복 착용	참석·접견	하사품	야스쿠니 신사 대제	
					춘계	추계
1920						
1921		1				
1922						
1923			1			
1924			1			
1925	1					
1926			1			
1927	1	1	1			
1928						
1929						
1930			2			
1931	1	1	2			
1932	1		2	1		
1933	7	2	5	2	○	
1934	5	4	6	1	○	
1935	14	6	8			
1936	3	5	3	1		
1937	8	7	6	9		
1938	18	23	22	14	○	○
1939	17	34	21	9	○	○
1940	13	38	8	5	○	
합계	76	122	89	42		

* 1925년 11월의 대원수는 '일본대원수폐하'로 표기되었다.

** 군복 착용의 경우 대원수 혹은 육군·해군의 어정장(御正裝)·어군장(御軍裝)·어예장(御禮裝)의 표현이 사용되었다.

*** 참석은 육군대학의 졸업식(9회), 육군사관학교 졸업식(5회), 육군항공사관학교 졸업식(2회)과 함께 육해군의 훈련과 관병식·관함식 외에 군사 시설 방문과 각종 회의 등을 가리키며, 접견은 통상의 '친보식(親補式, 임명식)'을 제외하고 전황을 보고하는 알현만을 대상으로 했다.

**** 하사품의 대부분은 황후와 황태후가 만들었다는 붕대이며, 그다음이 전사자 유족에게 전달된 과자이다.

은 데 비해(8월 6일), 쇼와 천황은 1931년 12월 육군의 회의를 '친림'했다고 보도되었다(12월 3일).

쇼와 천황의 군사군주 이미지 만들기는 즉위와 더불어 개시되었는데, 1927년 2월 다이쇼 천황의 장례 과정은 그 서곡이었다. "天皇陛下께옵서는 大元帥御正裝으로 御左腕御喪章을 다시고 出御하옵섯다"(2월 8일)고 묘사되었고, 그해 10월의 '해군대연습' 실시 2개월 전에 천황의 '친람'이 내정되었다는 기사가 실렸다(8월 19일). 1930년에는 10월의 해군 훈련이(10월 19일·27일), 11월에는 육군 훈련이 각각 천황의 '어통감(御統監)' 아래 진행되었다(11월 12일).[34]

중국 침략은 군사군주의 빈번한 현신과 궤를 같이했다. 1931년의 기원절은 사회군주의 측면에서 획기적이라고 전술했는데, 마찬가지 변화가 군사군주 쪽에서도 확인된다. "陛下께옵서는 陸軍大元帥의 御正裝으로 出御하사 優渥한 勅語을 주시엇고"와 같이 쇼와 천황은 군복 차림으로 모습을 드러냈다. 3월 10일과 5월 27일인 육해군기념일의 보도 양상은 달라졌다. 육군기념일의 경우 조선에서는 1921년(3월 11일), 1923년(3월 8일)에 이어 1930년의 제25회 육군기념일에 즈음한 기념식이 보도되는 정도였다(3월 7일). 1933년에는 천황의 참관에 더해 식장이 야스쿠니(靖國)신사 경내로 옮겨 성대하게 치러졌다(3월 11일). 육군기념일은 1935년까지, 해군기념일은 1934~1935년 참석했다. 1935년 11월 규슈(九州) 남부에서 나흘 간 실시된 육군특별대연습(지방 행행 포함)은

---

34 전술한 고베대학 도서관의 디지털아카이브를 검색한 결과, 일본 본토에서는 1930년 10월의 해군 특별 대연습에서부터 대원수 단어의 사용이 조금씩 늘어나는 것으로 나타났다. 조선에서는 1930년 10월 황족이 참가한 경기도 일대의 사단 대항 연습이 기사화되었다(10월 4일·5일·9일).

그 절정이었다. 11월 5일의 첫 기사에 이어 "大元帥陛下께옵서는 御凜凜하신 御軍裝에 大勳位略章을 御佩用하옵시고"(11월 7일) 도쿄를 출발한 이후 22일 환행할 때까지 관련 기사는 9일 3회, 10일 1회, 11일 1회, 12일 2회, 13일 2회, 14일 2회, 15일 1회 등이 게재되었으며, 이어진 지방 행행의 보도는 15일 1회, 16일 3회, 17~19일과 21~22일 1회 이루어졌다.

중일전쟁이 발발하자 황후와 황태후가 주체가 되는 자애로운 황실 보도가 빈번해졌다. 1936년 "皇后陛下께옵서는 關東軍 傷病兵에게 對하야 繃帶 御下賜의 분부가 게시옵섯으므로"(3월 20일)와 같이 짤막하게 사실만 전하던 기사는 중국과의 전면전 이후 횟수도 분량도 급증했다. 8월 20일 '三陛下의 御日常'이라는 제목 아래 마쓰다이라 쓰네오(松平恆雄) 궁내대신의 근화(謹話)까지 곁들이며 황실의 모습을 전했다.

> 天皇陛下께옵서는 惶恐하옵게도 北支事變勃發 까닭에 (중략) 한時도 御軍裝을 풀지아니하옵시고 御軍務 御政務를 欄하옵신다고 (중략)
> 皇后陛下께옵서도 日夜 女官을 督勵하옵시어 親히 繃帶를 御卷하옵시고 義眼義肢를 御下賜하옵시고 又
> 皇太后陛下께옵서는 出征軍人의 勞苦를 思召하옵서 出動部隊에 對하야 慰問賜品을 賜하옵섯다

궐자와 평출을 엄수한 이런 부류의 기사가 폐간될 때까지 거의 매일 지면을 장식했다. 〈표 1〉의 어인자, 〈표 3〉의 지구절과 관련한 국모 폐하의 빈출도 같은 맥락에서 읽을 수 있다.

Ⅳ. 천황제 '수용'의 양상

이상과 같이 『동아일보』의 보도 기사를 통해 복지군주와 군사군주가 결합된 쇼와 천황의 대어심, 어인자를 전하면서 천황제 이데올로기를 부식하려는 노력과 흔적을 확인할 수 있었다. 그러면 조선총독부를 위시한 이런 지배자의 의도는 피지배자인 조선인에게 어떻게 받아들여졌을까? 마찬가지로 관련 기사를 통해 그 내실을 들여다보기로 하자.

3.1운동이 수습된 후 『경성일보』와 『매일신보』는 각지의 지국과 분국에 근무하는 조선인에게 설문조사를 실시했는데, 시정에 대한 부정적 의견 중 첫 번째는 "메이지 천황의 일시동인의 성소(聖召)가 있음에도 불구하고 통치 방침이 여기에 따르지 않는 것"이고 마지막은 "식민지 정책을 취하고 조선을 식민지로 취급하는 것"이었다.[35]

일시동인과 식민지가 충돌한다는 인식은 조선인만의 전유물이 아니었다. 귀족원 의원이던 나가타 히데지로(永田秀次郎)도 비슷한 생각을 지니고 있었다. 그는 조선의 교육자로부터 교육칙어 중 "너희 조상의 유풍을 현창한다"는 구절을 놓고 조선의 경우 조상들은 독립했었다며 의문을 제기했는데, 이에 대해 "일시동인의 혜택을 누리고 똑같이 폐하의 적자로서 부자의 정의로 무육"될 것이라 설득하라고 하면서도 "다만 당분간 양자(養子)와 실자(實子)의 구별 같은 느낌이 있는 것은 부득이한 사정"이라 인정할 수밖에 없었다.[36]

---

35 "鮮人の感想 総督府機関紙の調査(上)", 『大阪毎日新聞』, 1919. 8. 5. 그 외에 참정권 부재와 징병제 미실시 등도 열거되어 있다.

36 "平易なる皇室論(六)", 『東京日日新聞』, 1920. 12. 9.

두 사례에서 확연해지듯이 조선인의 천황제 수용 실태를 살피기 위해 가장 먼저 점검할 것은 일시동인이다. 일시동인은 일선동조론, 동조동근론 등과 함께 조선인의 '동화'를 촉구하고 실행하는 최대의 구호였다. 다음의 〈표 7〉은 일시동인의 주체와 조선인의 발화 횟수를 집계한 결과이다. 여기서 주체란 일시동인의 추진자 내지 근거를 의미하는데, 주체가 명기되지 않은 경우에는 내용상의 함의를 고려하여 판단했다. 가령 1920년 6월 17일 사이토 총독의 훈시 속의 "一視同仁의 聖意"는 총독이 화자지만 천황의 뜻이라는 점을 바탕으로 천황을 주체로 삼았다.

전체적인 추세로서 주목할 만한 것은 1920년대 초반까지 빈번하게 언급되던 일시동인이 중반 이후 줄어들다가 중일전쟁 이후 급증한다는 사실이다. 여기에 발화자를 결부시키면 흥미로운 결과가 도출된다. 1920년대 초반에는 조선인이 총독부와 총독을 향해 일시동인을 거론했으며, 중일전쟁 이후에는 주로 총독부 관계자가 천황을 개재시켜 조선인을 대상으로 일시동인을 언급했다. 짐작 가능하듯이 전자에서 일시동인은 차별을 항의하는 근거였고, 후자의 일시동인은 동원을 위한 구호였다. 기사 내용을 좇아가며 분석의 정밀도를 높여보자.

1921년 12월 평안남도 소재 평원군수와 경찰서장의 사택과 연무장을 건축하면서 기부금 모집이 실시된 것을 놓고 평양지국 기자는 "人民의 不平이 잇다는 말에는 도로혀 그러할 理가 업다고 辨明하니 이것이 所謂 一視同仁의 聖旨를 밧는 朝鮮總督의 行政方策이 될는지"(12월 14일)라며 비판했다. 1924년 초 대구 주재 기자는 대구부윤 무라이(村井)를 향해 다음과 같이 일갈했다.

朝鮮人은 本是例外로 친다 하고 그의 不平쯤이야 掛念치 아니한다하면 別問題이지만 不然타 하면 新年에 新精神을 가다듬어 모름직이 不平을 업샐 길을 講究하여라. 그리하야 實施하여라. 萬一 그러케 못하겟다 하면 吾人은 當局者諸君이 떠드는 그 所謂 文化統治의 根本意에 基하며 그 所謂 一視同仁의 趣旨에 基하야 君의 辭職을 勸告한다.

대구 기자는 대구부윤을 탄핵하는 근거로서 총독이 내건 문화통치와 더불어 메이지 천황이 선포한 일시동인을 활용한 것이다. 식민지배의 근간을 뒤흔드는 원리는 다름 아닌 천황제로부터 발원했다.

또한 『동아일보』는 조선에 관심을 가진 일본 정치가의 동향을 아우르고 그들의 목소리를 전달했다. 정우회 소속 중의원 의원 다키 구메지로(多木久米次郎)는 그 한 사람이었다.[37] 1931년 3월에는 조선 통치에 관한 다키의 건의안이 1면의 정치 기사로 게재되었다. "朝鮮은 單只 植民地가 아니라 日本嶺土의 一部로서 (중략) 現今統治의 方式과 其實質과는 어대까지 植民地로서 此를 取扱하고 憲法에 依한 臣民의 權利를 與치 아니하며 義務를 負擔케 아니함은 一視同仁의 範을 及하는 所以가 아니다"(3월 19일)며 참정권 부여를 부르짖었다.

일시동인은 권리를 획득하려는 조선인의 직접 행동과도 보조를 맞췄다. 두 사건을 전하는 기사에 주목하고자 한다.

하나는 1934년 대공황에 따른 조선 쌀의 이입을 제한하는 방침이 결정된 데 대한 반대의 목소리였다. 경북 안동의 군민결의대회에서는 결의

37 조선에서 사업을 전개했던 다키의 참정권 부여 논의는 金玄, 2009, 「植民地朝鮮と多木久米次郎：朝鮮における事業基盤と参政権問題」, 『海港都市研究』 4가 좋은 참조가 된다.

문이 채택되었는데, 내용은 다음과 같았다.

> 我朝鮮米에 對하야 差別的 待遇인 米穀管理案의 通過를 見함에 我民衆의 死活問題일 뿐아니라 國民思想上에 及하는 惡影響이 莫大하니 一視同仁의 聖旨에 基하야 差別的 米穀統制法은 絶對反對함(2월 16일)

두 번째는 중일전쟁 직후인 1937년 12월 조선과 만주를 오가는 화물의 취급을 지정회사가 대행하도록 한 조치에 충북 운송업자가 반대하여 궐기했다는 기사이다. 관련 조치는 "일시동인의 대어심(大御心)에 모순되는 입안(立案)으로써 비지정업자(非指定業者)를 사지(死地)로 인도함은 선정이라 할 수 없다"면서 반대를 진정하는 결의안을 채택했다.

1938년에는 일본의 호적에서 화족, 사족, 평민의 구분이 철폐된 소지가 일시동인의 실현이라고 평가하는 사설(6월 19일)이 나오고, 요릿집 점원의 대우 차별을 없애자는 기사에서도 일시동인이 원용된다(9월 17일). 미나미 총독이 시국대책조사회 설치에 즈음하여 한 "內에 一視同仁의 聖旨를 徹下하야 內鮮一體를 具現하고 外에 卽 滿洲, 支那는 勿論 延하야 世界에 我道義立國의 大精神을 恢弘하는 所以이다"라는 연설과 흥미로운 대조를 보여준다. 1910년 병합을 단행하면서 천황이 천명한 일시동인은 '충량'한 피치자여야 할 조선인에게 기묘하게 수용되고 활용되었던 것이다.

2장에서는 동광회를 통해 이른바 지식인이 천황을 앞세워 정치=총독을 비판한 사례를 기술했는데, 비슷한 양상은 민중 차원에서도 적지 않게 관찰된다. 발생 순서대로 몇 가지 사례를 음미해보기로 하자.

〈표 7〉 일시동인의 주체와 조선인의 발화 횟수

	주체				조선인 발화 횟수
	천황	정부/총독	기타	계	
1920	3	17(17)	1(1)	21	18
1921	2(1)	4(2)		6	3
1922	3	5(1)		8	1
1923	2(1)	15(14)		17	15
1924		6(6)		6	6
1925		3(3)		3	3
1926	1	2(2)		3	2
1927		5(5)		5	5
1928		1(1)		1	1
1929		3(1)		3	1
1930	2(2)	2(2)		4	4
1931		9(5)		9	5
1932		3(3)		3	3
1933	1	3(2)		4	2
1934	1(1)			1	1
1935	1			1	
1936					
1937	5(1)			5	1
1938	19	4(2)		23	2
1939	15	1		16	
1940	6	1		7	
계	61(6)	84(66)	1(1)	146	73

* 1920년의 기타는 조선인의 강연 제목을 소개한 것이라서 기타로 분류했다.
** 주체의 괄호 숫자는 조선인의 발화이다.

1920년 5월 한 소금상인은 천황을 거론하면서 탄원을 감행하는 지극히 조선적인 사태가 벌어졌다. 일본 내각과 조선통독부에 보낸 명원서(鳴寃書)의 후록(後錄) 말미에 첨가된 "至恩至德하신 天皇陛下 一視

之下에 百姓이 一夫라도 呼冤之歎이 無케하옵소서"(5월 27일)라는 문장이 그러하다.

1923년 3월 강원도 철원의 김낙영(金樂榮)에 관한 기사가 실렸다. "조선 통치에 대한 당문(長文, 인용자)의 의견서(意見書)를 초하야 상주문(上奏文)으로 일본 텬황폐하(天皇陛下)께 올리기 위해 장차 동경으로 가고자 하"(3월 22일)다가 당국에 탐지되어 저지되었다는 것이다. 김낙영의 소식은 이후에도 지면을 장식했다. 1925년에는 일본에 천황궁 삼천간을 짓기 위해 기부금 300만 엔을 모집하겠다는 허가원을 경찰서에 제출했으며(3월 19일), 이듬해에는 평양에 '대일본천황종교중앙총부'라는 문패를 내걸고 신도를 모집했다(1월 31일).[38] 1929년이 마지막 소식이다. 천황궁을 건설하겠다며 총독과 국장, 과장의 면회를 신청했다가 거절당한 뒤 사무관을 만났는데, 기사는 "황실을 위하는 사업을 한다고 함으로 넘우 소홀히 할 수도 업서 총독부에서는 머리를 알른 중이라더라"(10월 31일)는 문장으로 끝을 맺고 있다. 김낙영의 행태는 '불경'하지만 "소홀히 할 수도 업"었다는 데서 본질이 존재하지 않을까?

유사한 보도는 1926년에도 있었다. 야밤에 부녀자 방에 침입한 소년이 있었는데, 경찰서에서 "경관의 취조에 대하야 '나는 대정텬황이니 너희들의 알 바 아니다' 하고 도모지 말을 하지 아니함으로 성명과 본적디도알지 못하고 목하평양서에 보호 중"(10월 23일)이라는 기사이다. '不敬한 詐欺'라는 제목의 기사는 "궁내성어명황덕봉찬회지부장(宮內省皇德奉讚會支部長)이라고 하며 명치텬황(明治天皇) 대정텬황(大正天皇) 어진

38 1926년에는 철원에 천황궁을 짓기 위해 기부금을 모집하다가(6월 7일과 18일) 평양에서 검거되기도 했다(7월 30일).

영을 판다고 부호들을 방문하고 예약금으로 몃십전식 밧고 도라다니"(1927년 5월 26일)는 사건을 전하고 있다.

1931년 공주에서는 충남도청의 대전 이전에 반대하는 대대적인 집단행동이 펼쳐졌다. 그 와중에 한 여성이 "玉皇上帝와 天皇陛下 聖壽萬歲位牌下의 白饍과 果實을 陳列하고 道廳을 公州에 建築하여 달나는 祝願"을 벌였고, 경찰은 '미신'이라면서 여성과 위패를 경찰서에 압송했다(2월 15일). 도청 이전 반대에 천황을 동원하는 것도 불경스럽지만, 옥황상제와 나란히 굿판에 현신하는 천황의 위패는 희화화된 이미지와 더불어 천황제 이데올로기의 깊숙한 침투를 말해주는 증거일 터이다.

조선에서는 복지군주를 체감케 하는 은사금과 하사금, 은사령 또한 다른 맥락에서 받아들여졌다. 아래의 기사이다.

> 지난 十日부터 平壤府廳에서 平壤水害罹災民에 對하야 恩賜金을 配給한다고 午前十時부터 거의 十里나 되는 平壤公會堂으로 呼出하야노코 道內務部長을 爲始하야 府尹, 內務課長의 訓示만 午後까지 得意揚々하게 滔々히 한 後. 金錢分配는 後日期日을 定하야 다시 通知한다고 하얏다 한다. 官吏兩班들의 하는 일이닛가 實情보다도 "式"을 僞主하는 것이 例件일는지도 모르겟지만은 五六十錢 恩賜金을바드려고 終日을 虛費하고 空手로 도라가는 罹災民들은 그 心思가 엇더하얏스랴! (1923년 10월 15일)

이재민의 '심사'를 적시한 기자의 사고체계는 명백히 천황제 이데올로기의 원활한 작동과 상충된다.

1920년 4월 29일 조선의 황태자 이은과 마사코(方子)의 결혼식이 열렸다. 이날 미즈노 렌타로 정무총감은 은사령의 의미를 "至仁至慈하옵신 天皇陛下끠옵서는 特히 本日의 盛典을 機로 하야 恩赦令을 渙發하시니 實로 聖恩이 宏大感激함을 不勝하노라"고 설명했다(4월 29일). 하지만 사흘 뒤의 사설 '恩赦의 惠澤'에서는 "今番 恩赦는 吾人의 豫想이 未及한 바 惠澤이라 實로 惶恐"하다고 호평하면서도 말미에서는 "만일 朝鮮民衆의게 民衆的 幸福을 施하랴면 科를 犯하는 者가 無케 함은 勿論이오 恥와 格이 有하도록 儀式과 煩文을 發하고 德과 體로 道하며 齊함이 可하니 果然 當局의 德政이 此道로 出할가?"라며 의문부호를 던졌다(5월 2일). 천황의 은사령마저 총독 정치 비판의 계기로 활용되고 있는 점은 주시해야 할 대목이다.

이상과 같이 조선에서 천황제가 수용되는 일부 장면에서는 총독부의 의도를 비켜가는 기묘한 불온함이 감지된다. 그 궁극적인 사태 중의 하나는 천황(혹은 황족)에게 직접 호소하는 직소(直訴)의 출현이다. 〈표 8〉은 『동아일보』에 실린 직소의 내역이다.

이 표의 골자는 다음과 같다. 먼저 일본인이 감행한 직소 뉴스를 뒤따르듯이 1920년대 후반에 총 4건의 조선인 직소가 벌어졌다. 직소의 대상은 일본인과 조선인 공히 거의 대부분이 쇼와 천황이었다. 마지막으로 직소 건수도 기사 횟수도 1930년대가 되면 자취를 감추게 된다. 요컨대 『동아일보』에 보도된 직소는 섭정 시기에 이어 정식 천황으로 즉위하는 쇼와 천황의 치세 초반에 집중적으로 나타났다.

첫 직소는 1921년 2월 황태자 즉 쇼와 천황에게 군인 참정권을 원한다는 반찬 장사가 벌였으며, "술버릇이 고약하야 술을 먹으면 정신을 일는 버릇이 있"(2월 27일)다는 도쿄로부터의 소식을 그대로 전달하고 있다. 같은 해 11월의 직소자 또한 '정신병자'였다고 전했다.

〈표 8〉 직소의 주체와 대상, 내용

	주체(건별)		직소 대상		직소 내용			기사 수
	조선인	일본인	천황/황태자	기타	정치	사회	기타	
1920								
1921		2	2		1		1	3
1922		2	1	1	1	1		3
1923								
1924		1	1				1	1
1925								
1926		2	2		2			12
1927		3	3		1	2		10
1928	3	4	6	1		4	3	16(5)
1929	1	2	3			1	2	7(3)
1930		1	1			1		5
1931								
1932								
1933		1	1			1		4
1934								
1935								
1936								
1937								
1938								
1939								
1940								
계	4	18	20	2	5	10	7	61(8)

* 기사 수의 괄호는 조선인 관련 기사를 가리킨다.

** 직소 내용의 기타는 직소장의 내용이 공개되지 않았거나 정신병자로 간주된 사례를 가리킨다.

이듬해 3월에는 노동자 후지타 류지로(藤田留治郎)가 니주바시(二重橋) 위에서 폭탄을 터뜨려 자결하는 이른바 '니주바시폭탄사건'이 터졌다.[39] 충격의 정도는 3월 19일자 3면의 절반 분량을 할애하여 상세히 보도했다는 데서도 짐작 가능하다.

1928년은 직소가 가장 많이 이루어졌는데, 일본인이 4건에 조선인이 3건이었다. 3월 들어 6개월에 걸친 파업에도 불구하고 해결 기미가 없자 노다장유(野田醬油)의 쟁의부단장이 천황 앞에 나서서 상주문을 올렸다(3월 22일, 23일). 5월 8일에는 조선인이 이왕에게 직소를 했고, 8월 26일에는 평양에서 천황에게 상주하겠다며 경찰서에 출두한 '직소광자'의 건이 보도되었다. 11월 들어 직소를 계획한다는 정보만 179건이라는 보도가 나왔다(11월 16일), 그리고 교토에서는 조선인이 식민지배의 현실을 천황에게 직소하는 사건이 벌어졌다.

직소자는 27세의 청년 이경환이었으며, 직소장의 내용은 "나도 폐하의 신민으로 잇는 이상 국가를 위하야 일하고 십흔즉 의원선거(議員選擧) 징병응모(徵兵應募) 기타의 방면에 대하야 일본인과 가튼 대우를 밧고 십습니다"였다(11월 28일). 내무성 경보국의 자료에 따르면 요구 사항은 다음의 다섯 가지였다.

조선총독부를 폐지할 것

내지와 같이 중의원 의원을 뽑을 것

내지와 같이 징병할 것

재외 조선인을 내지인과 같이 보호할 것

39 3월 17일 14개조의 유서에는 "내각을 탄핵하여 죽음으로 천하의 인심을 분기시킨다는 것이 기록"되어 있었다(弘田勝太郎, 1925, 『普選運動史及普選の心得』, 而立社, 135쪽).

기타 정치적 차별을 폐지할 것[40]

병합과 식민지배라는 현실을 놓고 다양한 형태의 독립(혹은 자치) 운동이 벌어지던 1920년대 후반, 20대 후반의 청년은 제반 모순의 해결을 천황에 대한 직소로써 시도했다.

이경환의 직소가 던진 파장은 세 차례의 후속 보도를 통해서도 짐작할 수 있다. 징역 6개월을 구형받았으며(12월 12일), 대구형무소에 출감하여 귀가했고(1929년 6월 16일), 생활고에 시달리다가 부인과 함께 자살했다(1929년 11월 20일).

V. 식민지배하 조선인의 정체성

일본의 식민지를 관장하는 척무성은 매년 『척무요람』을 발간하는데, 1939년 조선의 상황은 다음과 같이 관찰되었다.

> 이번 지나사변은 2,300만 조선 동포에 대해 심정적으로 일본국민이 되는 기회를 제공했다고 말할 수 있다. 지난 만주사변에서 제국의 실력과 동아 개조의 대이념을 이해함으로써 종래 다이쇼(大正) 8년 사건(3.1운동, 인용자) 이래 암묵리에 잔존하던 민족자결주의 사상에 전향의 한 획을 그었으며, 이래 반도의 물정은 명랑, 약진의 기운을 띠기

40 하라 다케시, 김익한 · 김민철 역, 2000, 『직소와 왕권－한국과 일본의 민본주의 사상사 비교』, 지식산업사, 249쪽.

> 에 이르렀는데, 이 동향에 박차를 가해 반도 동포의 황국신민화에 가속도의 기운을 생기게 한 것은 지나사변이다.[41]

만주사변에 이어 지나사변 즉 중일전쟁은 조선인에게 '일본국민이 되는 기회'를 제공하고 '황국신민화'를 가속화했다는 자평이다. 중일전쟁 이후 조선에서 '친일'의 광풍이 몰아쳤다는 점만 보더라도 중국과의 전면전은 식민지배의 중요한 변곡점이었음에 틀림없다.

이하에서는 결론을 대신하여 식민지배의 양상을 바꿨던 중일전쟁 전후를 살피기 위해 천황제 이데올로기와 결부되는 조선인의 정체성을 분석하기로 한다. 방법으로 선택한 것은 조선인과 연관되어 사용된 호칭과 그 변화이다. 〈표 7〉은 조선인과 관련이 깊은 일본신민, 일본국민, 황국신민, 적자의 네 호칭의 사용 실태를 검색한 결과이다. 참고로 조선인에 대한 호칭으로서는 전 시기에 걸쳐 '조선민중'이 가장 많으며, '반도민중'은 '반도관민'과 함께 비교적 1937년부터 상용된 것으로 판단된다.

간단히 내용을 정리해두자. 조선인과 불가분의 관계를 지니는 호칭 중에서 가장 많은 것은 일본국민이다. 『동아일보』의 21년 역사 내내 상용되는 사실상의 공식 용어라 볼 수 있다. 일본신민은 일본국민과 황국신민에 비해 용례가 적으며, 사용 빈도도 중일전쟁 이전 시기가 높다. 반면에 황국신민은 일본국민과 비슷한 빈도를 보이지만, 사용 시기는 전적으로 중일전쟁 이후로 국한된다. 용례 중 약 400건 정도는 1면의 머릿기사로 배치된 '황국신민의 서사' 게재 및 관련 기사가 차지한다. 적자도 황국신민과 유사한 양상을 나타낸다. 중일전쟁 발발 이후에 집중적

---

41 「拓務要覧 昭和14年度」, 『拓務要覧』, 아시아역사자료센터 소장.

〈표 9〉 조선인과 연관된 호칭의 내역과 빈도

	일본신민	일본국민	황국신민	적자
1920	3	18		1
1921	2	24		
1922	2	17		1(1)
1923	7	19		
1924	5	52		
1925	6	39		
1926		13		
1927	4	18		1
1928	1	34		
1929	1	19		
1930	3	13		1
1931	13	24		
1932	7	38		
1933	3	33		
1934		27		
1935	8	31		
1936	6	35		4
1937	3	25	55	4(2)
1938	2	31	144	12(9)
1939	1	24	206	3(2)
1940	1	27	143	9
계	78	561	548	36(14)

* 일본신민에는 일본국신민, 일본의 신민, 일본제국신민도 포함했다.

** 적자의 괄호 숫자는 직접적으로 조선인을 지칭한 사례이다.

으로 출현하며, 조선인을 적자로 부르는 경우도 마찬가지이다. 호칭의 측면에서 중일전쟁 이후 조선인의 정체성은 황국신민과 적자라는 호칭과 결부되어 전개되어갔던 것이다.

이하에서는 네 호칭의 실제 용례를 분석하기로 한다. 『동아일보』 기사 속에서 일본신민은 국제무대에서 일본 정부가 일본인을 집합적으로 지칭하는 단어로 사용되었다. 1931~1932년 사이의 용례가 전형적이다. 만주사변의 발발에 따라 일본 정부는 "日本臣民의 生命財產에 對한 有效한 保障"(1931년 11월 9일)을 요구하는 서신을 보냈으며, 리튼 보고서의 번역문에서도 "日本臣民의 安全及其財產의 保護할 責任"(1932년 10월 9일)과 같이 등장한다. 그 점에서 일본신민은 제국신민과 유사도가 높다고 판단된다.

그런데 어떤 기사에서 조선인은 실질적으로 일본신민에서 배제된다는 논조가 눈에 띈다. 1923년 2월 13일 북간도 용정에서 조선 청년 최창호가 중국 군인의 총에 맞아 숨지는 일이 발생했다. 이 사건으로 자치운동의 일환으로 일본 국적을 포기하겠다는 움직임이 일었다. 그 이유는 다음과 같이 천명되었다.

> 그러나 一視同仁이라는 標語가 日韓合邦의 大旨임을 不拘하고 日本에서 吾人의 生命財產을 保護치 못함에 엇지 日本의 臣民이라는 假名을 堪忍하고 隷屬的卑劣에 自處하리오. 故로 根本的으로 日本臣民이라는 虛名에 脫離코저함이오.

외국인에게 조선인은 일본신민이지만 제국 일본 안에서는 조선인이라는 인식이 팽배했던 것이다.

일본신민이 주로 국제적인 용도였다면 일본국민은 국내외를 막론하고 일반적으로 통용되는 용어였다. 빈도도 가장 높고 1920년부터 1940년까지 빠짐없이 등장하기 때문이다. 국제 문제를 논할 때는 일본신민과 동의어가 되기도 하지만, 중일전쟁 이후의 국제무대에서 일본국민은 일본신민을 대체했다는 점에서 차이점이 두드러진다.

그렇다면 조선인은 과연 일본국민인가? 이 물음을 놓고 조선인과 총독부 관계자는 같으면서도 다른 답을 내놓는다.

먼저 조선인이 발화하는 일본국민은 대부분 일본인만을 가리킨다. 사설만 해도 "日本國民中에 '朝鮮不平의 爆發'을 보고 驚愕하고 狼狽하고 慚悔하고 革新을 自期하는 誠意가 動한 것을 깃버하고자 하노라"(1921년 3월 5일)와, "果然 日本國民의 政治的自覺이 徹底하다 하면 山本內閣의 復活을 到底히 容許黙過치 아니할 것은 事實이니"(1923년 8월 30일)라는 부분이 그러하다.

총독부의 관점은 달랐다. 1935년 우가키 총독은 조선 통치의 목표를 "半島同胞의 福祉를 日本國民과 同一水準에 達케 할 것"(10월 1일)이라 설명했다. 중일전쟁이 터지자 미나미 총독은 조선인이 나아가야 할 목표로서 일본국민을 설정했다. 국장회의 석상에서의 다음 발언이 그러하다.

> 이제 朝鮮人은 祖國을 爲하야 覺醒된 活動을 繼續하고 잇다. 그러나 이 결과는 如何히 落着될지 明瞭히 하여두지 안흐면 아니된다. 卽 朝鮮人은 眞의 日本國民이 되어버린다는 理想에 接近하고 잇는 것이다. 그러타고 해서 그에 對한 報酬的 觀念을 품어서는 아니 된다. 眞의 國民이 될 것 같으면 그에 따라서 주어될 것은 爲政者自身이 當然 考慮할 것이므로 일하는 者가 스스로 그 報酬를 생각할 것은 아니다.
> (8월 4일)

조선인에게 '진(眞)의 일본국민'은 다가가야 할 '이상'으로 정의된다. 일본국민으로서 요구되는 '각성된 활동'을 계속하면 위정자로부터 주어지므로 '보수적 관념'을 품지 말라는 조건도 달려 있다.

이제 황국신민으로 옮겨가보자. 황국신민의 서사와 함께 황국신민이라는 단어는 학무국장 시오바라 도키사부로(塩原時三郎)의 창작물이라고 이야기된다. 그런데 일본의 맥락에서 황국신민은 특별한 조어가 아니었다. 청일전쟁 끝자락인 1895년 3월 18일 육군대신에게 제출된 건의서에 "황국신민의 분으로서 국가의 위난을 방관하기 어려워"라고 씌어 있었으며,[42] 우가키 총독 또한 1935년 1월의 도지사회의에서 "진정으로 황국신민으로서의 완전한 지위를 향유하게 하여"와 같이 언급했다.[43] 어떤 면에서 황국신민은 황국과 신민을 결합한 일종의 동어반복이라는 점에서 일본 본토에서는 생경하게 느껴질 수도 있다.[44]

그렇다면 황국신민은 왜 만들어졌을까? 본고의 추측은 국가로서의 일본이 아닌 천황이 개재된 황국을 끌어들이면서 차별적인 신민의 현실을 보강하기 위한 신조어였다는 것이다. 일본국민과 마찬가지로 '현재'보다는 '미래' 혹은 '지향'의 함의를 담은 용어였다고 봐야 한다. 표현을 바꾸면 '예비' 일본국민 정도가 된다.

국민정신총동원 조선연맹의 초대 총재 가와시마 요시유키(川島義之)가 그런 정황을 알려준다.

---

42 「建白書但し占領地維持方の件」, 아시아역사자료센터. 1937년 7월 1일 아마테라스오미카미의 축제일을 제정하자는 중의원 결의에 즈음하여 법제국은 "위로는 황실, 아래로는 황국신민의 조상이신 아마테라스오미카미"와 같이 사용했다.

43 "宇垣総督施政の全貌", 『京城日報』, 1936. 8. 7; 한승연, 2011, 96쪽.

44 이와 관련되는 사실로서 고베대학 도서관의 디지털아카이브에서는 적자가 198건, 황국신민 17건(1935년의 우가키 발언 이외에는 모두 1938년 이후), 일본신민 350건(1910년대 115건, 1920년대 139건, 1930년대 88건, 1940년대 8건), 일본국민 3,033건으로 확인된다.

朝鮮民衆이 此前古 未曾有의 非常時에 잇어서 가장 意義 깊은 試鍊을 經하고 오직 皇國臣民으로서의 責務를 다하는 그 結果에는 半島民이 眞實한 日本國民으로서 雄飛함에 依하여서만 賦與할 수 잇는 世界의 大國民으로서 가장 빛나는 榮譽가 잇을 것이다. (1938년 12월 7일)

가와시마의 발언을 요약하면 전쟁 발발에 따라 조선인은 새롭게 책무를 짊어진 황국신민으로 '재정의'되며, 황국신민으로서의 책무를 다하면 '진실한 일본국민'이 될 수 있다는 것이다.

이제 점검해야 할 것은 일본신민과 황국신민과의 관계이다. 힌트는 미나미 총독이 1939년 4월 말부터 도쿄를 찾아 일본 정부와 협의한 결과를 전하는 기사이다.

이리하여 南總督이 일즉부터 抱懷하는 "事變以來 半島民衆의 披瀝하는 日本臣民으로서의 赤誠은 놀랠 만하야 事變前과는 隔世의 觀이 잇다. 그러나 그 赤誠에 對하야 報酬的權利를 要求할 것은 아니다. 何故냐하면 그에 對한 善處는 施政當局에 잇어 充分히 考慮할 當然한 責務가 잇기 때문이다"라는 '施政當局의 考慮'가 今回의 渡東(도쿄 방문)을 機會로 자못 明瞭히 表明된 셈이다. 이러한 '施政當局의 考慮'가 具體化되기까지 幾年間의 半島民衆의 皇國臣民에의 練成이야말로 總督이 渾身의 努力을 傾倒하야 目下 具體的으로 遂行되고 잇는 諸政策이다. (1939년 5월 21일)

논리는 간단하다. 조선인은 중일전쟁 이후 "일본신민으로서의 적성"을 보여줬지만 아직은 부족하며, "황국신민에의 연성"을 거쳐야마 완전한 내선일체를 이룩할 수 있다는 것이다. 병합으로 조선인에게 부여된 일본신민과 연성을 통해 징병제와 참정권을 누릴 수 있는 황국신민이 대비되고 있다.

주지하다시피 적자는 직접 천황과 혈연적으로 이어져 있다는 관계성을 상징한다. 1920년의 첫 사례는 만주 지역의 조선인도 "均一히 陛下의 赤子"라는 미즈노 정무총감의 훈시 속에 나타난다. 조선인이 적자를 자처한 것은 1922년의 일이다. 총독부 영문 기관지인 『서울 프레스』에 서울 시내 고등보통학교 교원이 쓴 기사를 번역한 것으로 "지금은 우리가 대일본제국의 천황폐하와 황후폐하의 적자가 되었습니다"라고 표현되어 있다.

중일전쟁 이후 적자의 단골 발화자는 미나미 총독이었다. 1937년 9월 훈시의 요지 속에서 시국의 몰이해는 "一視同仁에 잇는 陛下의 赤子로서 또는 銃後支援에 擧國一致의 努力을 할 非常時 帝國臣民의 一員으로서 實로 할말이 없는 것이라 하지 안흘 수 없다"(9월 24일)고 지적된다. 1938년 9월 소록도 갱생원을 방문한 자리에서는 "總督이나 團長(원장의 오식, 인용자)이나 다같이 天皇陛下의 赤子이다. 諸君도 亦同樣 陛下의 赤子이다"(9월 17일)고 말했다. 시국의 몰이해를 비판하는 근거로서도 한센병 환자를 보듬는 주체로서도 '폐하의 적자'라는 틀을 동원하고 있다.

앞서 총독부는 중일전쟁 발발에 따라 조선인·일본신민이 황국신민으로 탈바꿈해야 한다고 주장했는데, '예비' 일본국민인 황국신민에게는 권리를 요구할 자격이 부족했다. 앞서 미나미가 '보수적 관념'을 갖지 말라고 했던 것도 그런 맥락이었으며, 나아가 그런 '차별'을 은폐하고 호도하기 위한 소재로서 적자가 활용되었다. 대표적인 것이 조선에 도입된 지원병 제도이다.

"지원병제도 실시로 조선인도 황국신민의 일원으로서의 국방전선에 활약할 자격을 엇"(1940년 1월 30일)었지만, 일본국민이 아니기 때문에 징병제를 누릴 수 없다는 차별을 감추는 논리 속에 적자가 투입된다. 조선군 보도반의 정훈 소좌는 지원병 제도의 시행에 즈음하여 "朝鮮人이라는 意識을 스스로 絶滅"하고 "共히 陛下의 赤子로 彌榮發展"할 것을 촉구했다(3월 10일).

VI. 남겨진 과제

이상에서 식민지 조선인들은 쇼와 천황을 통해 천황이라는 존재와 더불어 복지군주와 군사군주라는 이미지를 생생하게 체험했다는 것을 확인했다. 그 과정에서 조선인들은 천황제 이데올로기를 '수용'함으로써 총독과 그 시책에 대항할 수 있는 논리와 근거를 획득하려고 시도했다. 그런 조선인의 정체성은 일본신민, 황국신민, 일본국민을 오가며 불안정성을 거듭했고, 그런 모순을 완화하는 기제로 동원된 것이 적자의 논리였다. 제국-내지와 식민지-외지 사이의 '차별'과 '평등'은 양측의 균질함이 전제되어 있지만, 강점 이후 일본도 조선도 지배를 둘러싸고 다양하고 이질적인 '기획'이 거미줄처럼 뒤얽혀 실행되고 있었던 것이다.

35년의 식민지배 동안 조선인은 조선인으로 남아 있을 수도 일본인으로 바뀌지도 못했다. 그런 어정쩡함은 조선의 지배가 '법치'가 아닌 '정치'와 '치안'의 영역에서 실시되었다는 사실에서 기인한 바 크다. 1911년 3월의 '조선에 시행될 법령에 관한 법률'의 제1조에서 조선의 법률적 통치는 조선 총독의 명령에 따라 수행된다고 밝힌 것이다. 하지만 침략전쟁이 확대됨에 따라 조선 총독의 임무는 조선인의 '저항' 통제에서 '협력'의 창출로 점점 확대되어갔다. 쇼와 천황의 즉위와 더불어 부식된 천황제 이데올로기는 전쟁 동원이라는 새로운 목표를 완수하는 유효한 장치로서 기능했다.

식민지배의 전환과 결부되어 조선인의 '친일화'도 가속화되었다. 1945년 1월 이광수는 징병제에 이어 참정권까지 허용된 조선의 현실을 다음과 같이 표현했다.

> 병역이 엄숙한 의무이며 존귀한 황민(皇民)의 특권이었듯이 국정 참여는 공민(公民)의 특권인 동시에 극히 엄숙한 의무이니라.[45]

병역은 황민과 연결되며 국정 참여의 주체는 공민으로 기술되어 있다. 일본군의 경우 '국군'보다 '황군'으로 불렸듯이 천황과의 결합이 강조되는 데 비해 참정권은 총독부 및 일본 정부와의 관계에서 발생하는 사안으로 인식된다. 친일 논리는 신민과 국민의 구분을 근거로 삼고 있었으며, 천황제와의 접점은 불가결한 전제였던 것이다.

향후 과제는 바로 이 '친일'의 실태를 천황과 총독(부), 신민과 국민의 양축으로 접근하여 해부하는 일이다. 일본의 패망으로 총독부는 해체되고 조선신궁은 파괴되었지만, '친일'의 청산도 식민주의의 극복도 충분하지 않았다. 왜 한반도는 그런 '독립'에 머물렀을까? 그 물음에 대한 답은 "천황 중심을 말하고 내선 일체를 말하는 것은 그가 진심으로 하는

45 李光洙, "모든 것을 바치리", 『每日新報』, 1945. 1. 18.

것이 아니라 그의 민족 운동의 한 방편에 불과"[46]했다는 이광수의 변명을 논파하는 데 있다고 판단된다.

46 이광수, 1962, 「나의고백」, 『이수집』, 삼당, 265쪽.

참고문헌

한국어

香山光郎, 1941, 「内鮮一体随想録」, 『協和叢書第五輯』, 中央協和会.

고마고메 다케시, 오성철 외 역, 2008, 『식민지 제국 일본의 문화 통합』, 역사비평사.

구난희, 2010, 「일제하 천황인식 형성과 역사교과서의 천황서술-1930년대 이후 역사교과서를 중심으로」, 『역사교육연구』 12.

김정인, 2018, 「일제 시기 국민과 시민 개념의 식민성과 반(反)식민성」, 『개념과 소통』 21호.

______, 2018, 「일제시기 국민과 시민 개념의 식민성과 반(反)식민성」, 『개념과 소통』 21호.

나카바야시 히로카즈, 2013, 「1910년대 조선총독부의 통치논리와 교육정책 - 동화의 의미와 제국신민화의 전략」, 『한국사연구』 161.

동선희, 2003, 「동광회의 조직과 성격에 관한 연구」, 『역사와현실』 50.

박명규, 2009, 『국민 · 인민 · 시민-개념사로 본 한국의 정치주체』, 소화.

박진우, 2007, 「천황제이데올로기와 식민지조선-1910~1920년대를 중심으로」, 『일본역사연구』 26집.

변은진, 2000, 「식민지 조선민중의 천황 인식」, 『역사비평』 50호.

윤건차, 2003, 『한일근대사상의 교착』, 문화과학사.

이방원 · 이방현, 2014, 「일제전기(1910~1931) 조선총독부의 사회사업과 그 특성」, 『향토서울』 88.

장미경, 2018, 「1930년대 韓 · 日의 〈歷史教科書〉 비교 연구-〈천황〉 서술 내용을 중심으로」, 『일본문화학보』 76.

장용경, 2005, 「'朝鮮人'과 '國民'의 간극-전시체제기 內鮮一體論의 성격과 조선 지식인들의 대응」, 『역사문제연구』 15호.

정상우, 2010, 「교육칙어의 의미 변화」, 『일제식민지배와 강제동원』, 경인문화사.

조경희, 2016, 「1920년대 식민지조선 사회사업의 성격과 그 한계: '방빈(防貧)'의 좌절에서 노동사업으로」, 호서사학회, 『역사와 담론』 80호.

하라 다케시, 김익한 · 김민철 역, 2000, 『직소와 왕권-한국과 일본의 민본주의 사상사 비교』, 지식산업사.

한승연, 2011, 「일제시대 국민 개념 형성과정 연구」, 『정부학연구』 17권.

일본어

金玄, 2009, 「植民地朝鮮と多木久米次郎：朝鮮における事業基盤と参政権問題」, 『海港都市研究』 4.

牧原憲夫, 1990, 『明治七年の大論争』, 日本経済評論社.

________, 1998, 『客分と國民のあいだ—近代民衆の政治意識』, 吉川弘文館.

鈴木正幸, 1986, 『近代天皇制の支配秩序』, 校倉書房.

渡部學·阿部洋 編, 1991, 『日本植民地教育政策史料集成』 69, 龍溪書舍.

李昇燁, 2015, 「第二次朝鮮教育令成立過程の再検討」, 『人文學報』 107.

石耕, 「月城君の從軍」, 『綠旗』, 1944. 2.

拓務省, 『拓務要覧』, 아시아역사자료센터 소장.

波多野節子, 2010, 「李光洙の第二次留學時代-『無情』の再読(上)」, 『朝鮮學報』 217.

__________, 2015, 『李光洙-韓國近代文學の祖と「親日」の烙印』, 中公新書.

平田勝政, 1985, 「大正デモクラシ-期における川本宇之介の公民教育論と特殊教育」, 『教育科學研究』 4.

弘田勝太郎, 1925, 『普選運動史及普選の心得』, 而立社.

신문 및 기타

"鮮人の感想 総督府機関紙の調査(上)", 『大阪毎日新聞』, 1919. 8. 5.

"隨想斷片(12)", 『경향신문』, 1959. 3. 31.

"宇垣総督施政の全貌", 『京城日報』, 1936. 8. 7.

李光洙, "모든 것을 바치리", 『毎日新報』, 1945. 1. 18.

"平易なる皇室論(六)", 『東京日日新聞』, 1920. 12. 9.

고베대학 도서관의 디지털아카이브(http://www.lib.kobe-u.ac.jp/sinbun/)

4장

일본의 식민지 조선에서의 동화주의·동화정책 재검토

박찬승

I. 머리말

1910년 일본은 한국을 병합한 뒤, 한국을 조선이라 칭했다. 그리고 이러한 조선을 '식민지'라 부르고 또 그렇게 대우했다.[1] 1929년 일본 정부 내에 척무성을 만들면서 조선을 '외지'라고 불렀지만,[2] '외지'란 '식민지'의 다른 이름에 불과했다.

일본의 식민지 조선 통치의 기본방침은 '동화주의' 혹은 '동화정책'이었다는 것은 학계의 통설이다. 하지만 '동화주의' 혹은 '동화정책'이란 무엇인가에 대해 학자들 간에 상당한 견해 차이가 있다. 학자들의 견해를 크게 세 그룹으로 나누어보면 다음과 같다. 첫째는 동화주의와 동화정책은 병합 이래 일본의 일관된 지배정책이었으며, 특히 1930년대 황민화정책에서 절정에 달했고, 이는 조선인의 민족정체성을 말살하기 위한 '민족말살정책'이었다는 견해이다(박경식 등). 둘째는 병합 이후 동화주의는 하나의 이데올로기로 제창되었을 뿐이고 현실에서는 조선인에 대한 차별정책이 주로 취해졌으며, 1937년 중일전쟁 이후에야 비로소 동화정책이 본격적으로 추진되었다는 견해이다(권태억 등). 셋째는 동화정책은 병합 이후부터 추진되기 시작했으나, 일본인과 조선인을 평등하

---

1 『동아일보』 1921년 4월 17일 「횡설수설」에 실린 글은 이러하다. "일본인은 조선을 가리켜 '식민지'라 한다. 조선 사람이 이 말을 너무 싫어하니까 근래 총독부에서는 별로 쓰지 아니하는 모양이나, 아직까지도 官民 간에 많이 쓴다. 拓殖局에서도 조선을 식민지라 하고, 정당에서도 역시 그러하다. 아마 일본을 '내지'라 함도 조선을 식민지라 하는 對象 上의 용어인 듯하다. 참 듣기 싫어, 그 빌어먹을 '식민지'소리."

2 拓務省은 조선총독부, 타이완총독부, 관동청, 카라후토(樺太)청, 남양청 등을 모두 '外地官廳'이라고 불렀다. 척무대신관방문서과, 1935, 『拓務省處務提要: 昭和9年12月末日現在』 44쪽.

게 대우하는 방향이 아닌 차별적으로 대우하는 방향에서의 동화, 즉 '차별을 내포하는 동화정책'이 꾸준히 추진되었다는 견해(山中速人, 駒込武 등)이다. 이 글의 제2장에서는 이에 대해 차례대로 살펴보고자 한다.

이와 같은 연구사 검토 위에서 이 글의 3~5장에서는 조선 총독들의 '동화주의'에 대한 인식과 구체적인 '동화정책'은 무엇이었는지를 살펴보기로 한다. 조선총독들의 동화주의와 동화정책은 시기에 따라 계속 변하고 있었는데, 이 글에서는 1910년대, 1920년대, 1930년대의 세 시기로 나누어서 살피고자 한다.

아울러 이러한 연구사 검토와 각 총독별 동화주의·동화정책에 대한 구체적인 검토를 통해 일제의 조선통치의 기본 방침이었다고 하는 '동화주의'란 무엇이었는지, 그리고 실제로 행해진 '동화정책'은 어떤 것이었는지에 대해 개괄적인 검토를 해보고자 한다.

II. 동화주의·동화정책에 대한 학계의 연구 동향

학계의 동화주의, 동화정책에 대한 연구는 크게 세 갈래로 나뉜다. 첫째는 동화정책은 조선인의 민족정체성을 말살하려는 정책이었다는 주장이고, 둘째는 동화정책은 1910년대와 1920년대에는 제대로 실시되지 않았으며, 1937년 중일전쟁 이후에야 비로소 나타나기 시작했다는 주장이며, 셋째는 문화적 동화정책은 있었지만 법제도적 차원에서의 정책은 제대로 취해지지 않았고, 동화정책은 사실은 '계층적 동화'를 지향하는 성격을 띠고 있었다는 주장이다. 이제 이들 견해에 대해 차례대로 살펴보기로 한다.

1. '동화정책 = 민족말살정책'론

박경식은 『日本帝國主義の朝鮮支配』(1973)에서 "일본제국주의는 1910년 이래 조선 민족에 대해서 일관하여 그 존재를 말살하고 일본의 천황에 충실한 '황국신민'으로 만들려는 여러 가지 방책을 취해왔다. 그리고 그것은 1930년대에 와서 침략전쟁의 개시에 따른 인적 자원의 부족을 보충하기 위해, 모든 수단을 강구하여 체계적이고 보다 강경한 정책을 취했다. 그러나 유구한 역사와 우수한 민족문화를 가진 조선 민족의 말살정책은 불가능했고, 일본제국주의의 '황민화'정책은 파탄하지 않을 수 없었다"고 지적하였다. 즉 황민화정책은 '조선 민족 말살정책'이었으며, 이는 원천적으로 불가능한 정책으로서 파탄하지 않을 수 없었다는 주장이다.[3]

국내에서도 동화정책을 '민족말살정책'으로 규정하는 글들이 나왔다. 차기벽은 일본의 조선 식민정책은 프랑스형을 모방하여 '직접통치'의 원칙을 채용했지만, 프랑스형과 근본적으로 다른 점은 '동화'라는 미명 아래 '이민족 말살정책'을 강행한 데 있다고 보았다. 그는 서구제국주의의 식민지배는 간접통치건 직접통치건 간에 사회경제적인 수탈을 기본 목적으로 했고, 피지배민족의 민족 보존은 당연한 것으로 생각하여, 민족문화운동에 대해서는 그것이 직접적인 독립운동이 아닌 한 방관적 태도를 취했다고 보았다. 그런데 일본제국주의의 식민정책은 사회경제적 수탈에 그치지 않고, 이민족을 말살·소멸시켜 스스로의 제국 내의 종속신

3 朴慶植, 1973, 『日本帝國主義の朝鮮支配』, 青木書店(『일본제국주의의 조선지배』, 1986, 청아출판사, 374쪽).

분층으로 만드는 데 중점을 둔 악랄한 성격의 것이었다는 것이다.[4]

한편 강창일은 '동화정책'에 대해 보다 본격적인 분석을 가하였다. 그는 동화정책이란 일본의 조선에 대한 영원하고도 완전한 지배, 즉 '조선의 일본화'를 통해 홋카이도나 오키나와처럼 일본의 한 지역으로 편입시켜 조선을 영원히 지배할 것을 목적으로 한 것이었다고 보았다. 그는 이 완전동화정책을 '조선민족말살주의'라고 개념화하고, '조선민족말살주의'란 조선적인 모든 것의 파괴, 해체를 뜻하는 것으로서, 민족적·문화적 동질성과 정체성, 혈연·지연의 공동체적 통합성, 조선 민족의 생물학적 특질까지도 파괴하려는 것이었다고 지적하였다. 조선어의 사용을 금지하고, 조선 역사를 일본 역사에 편입시키고, 황국신민서사·신사참배를 강제해 정신적·종교적 일본화를 획책했으며, 민족성 말살의 최후의 단계로서 폐성탈명(廢姓奪名, 이른바 창씨개명)을 하였다는 것이다. 그는 민족말살주의에 의한 제 정책은 조선 민족의 파괴와 해체를 통한 일본에의 편입을 목적으로 하고 있지만, 이것은 바로 그들이 주장하는 시혜적인 '무차별의 경지'도 아니었고, 문명화·근대화를 뜻하는 것도 결코 아니었다고 지적했다. 민족말살의 본질은 '조선의 단열화(斷裂化)·파쇄화(破碎化)를 통한 천황제 국가체제로의 노예적 편입'에 있었다는 것이다.[5]

신용하도 동화정책을 '민족말살정책'으로 보았다. 그는 "각종의 간악한 제국주의 식민지정책 중에서도 일본제국주의의 한국에 대한 식민지정책은 가장 폭압적이고 무단적이었으며 가장 악랄한 것이었다"고 비판

4 차기벽, 1985, 「일본제국주의의 식민정책의 형성배경과 그 전개과정」, 『일제의 한국식민통치』, 정음사.

5 강창일, 1994, 「일제의 조선지배정책」, 『역사와 현실』 12; 1999, 「일제초기 식민통치의 전략과 내용」, 『일제식민통치연구』 1(한국정신문화연구원 편), 백산서당.

하였다.[6] 그는 '민족말살정책'으로 예로서, 한국어 말살정책, 한국문자 말살정책, 한국민족문화 말살정책, 한국성명 말살정책(창씨개명), 한국역사 왜곡·말살정책, 한국민족의식 소멸정책, 일본어 강제교육 및 일본어 사용 일상화, 일본종교 숭배 정책, 일본숭배사상 주입정책, 일제에 대한 충성서약정책 등을 들었다.[7]

위와 같은 논의 과정을 거치면서 '동화정책=민족말살정책'의 담론은 한국 역사학계에서는 일반적인 것이 되었다. 그리고 개설서나 교과서에서도 대체로 그러한 시각으로 동화정책, 특히 1930년대의 황민화정책에 대해 서술하고 있다. 그러나 일제의 황민화정책이 과연 '조선 민족 말살정책'이었는지는 재검토를 요한다. 만일 조선 민족을 말살하려 하였다면 조선인을 일본 민족으로 받아들인다는 것이 전제가 되어야 한다. 그러나 당시 일본 본토의 일본 정부, 일본 국민은 물론이고, 조선에 와 있던 총독부 관리나 재조선 일본인도 그러한 것을 바라지는 않았다. 그들은 오히려 조선인이 일본인들 사이에 섞이는 것을 경계했다. 뒤에서 보겠지만, 창씨개명 때에도 조선총독부는 가능하면 일본인들과 구별되는 씨와 명을 만들도록 조선인들에게 권유했다. 일본인들은 조선인들과 민족의 차원에서는 계속 구별되기를 바랐다. 일본인들이 바란 것은 조선인들이 충량한 일본제국, 일본천황의 신민이 되어주기를 바라는 것, 즉 '충성스러운 일본 국민'이 되어주는 것이었다. 따라서 황민화정책을 '민족말살정책'이라고 해석하기는 어렵다고 본다.

6 신용하, 2001, 『일제강점기 한국민족사』(상), 서울대학교출판부, 1~3쪽.

7 신용하, 2001, 4~5쪽.

2. 동화정책, 1937년 이후 실시설

권태억은 프랑스의 동화정책과 일본의 동화정책을 비교하면서, 조선에서 일본의 동화정책이 어떻게 행해졌는지에 대해 새로운 이론을 제기했다. 권태억은 프랑스의 동화정책이 이론상으로는 자유주의적이었지만, 실제로는 중앙집권적이고 권위주의적이었으며, 원주민에 대한 차별과 예속이 행해졌고, 원주민이 프랑스의 지배를 거부할 때에는 가차없이 총칼의 살육이 행해졌다고 지적하였다. 일본의 경우, 오키나와와 홋카이도에 대해서는 철저한 일본화, 즉 동화정책을 취했지만, 타이완과 조선에 대해서는 일시동인을 표방하고 동화가 식민정책의 기조라고 말하면서도, 법적인 이역(異域)으로 남겨놓고, 피지배민에 대한 정치적 권리의 부여에도 매우 인색하였으며, 1920년대 말부터는 '내지'가 아닌 '외지(外地)'라고 공식적으로 지칭하기에 이르렀다는 것이다. 즉 일본은 타이완과 조선을 식민지로서 대했다는 것이다. 조선의 '특수지역'으로서의 성격은 더욱 강하여 총독이 강력한 행정권과 제령권을 갖고 있었으며, 법제적 측면에서 '이역'으로 남아 있었다고 보았다. 특히 법제적 측면에서 보면, 조선은 일본 헌법에 있어 이역이며, 식민지 지배자의 사정에 따라 식민지에 적용될 법률이 정해졌지만, 그럼에도 불구하고 식민지에 시행된 법령들은 일본법의 의용(依用)이라는 말이 상징하듯이 본국 법률의 차용에 지나지 않았다는 것이다. 경제적 측면에서의 이역성은 상대적으로 약했지만 이는 본국 시장과의 일체화를 위한 것이었다고 보았다. 또 교육의 측면에서도 천황에 충성하는 일본인으로 개조하기 위한 동화정책이 시행되었지만 그 강도는 약했고 점진적인 방법을 택했으며, 일본인화를 위한 강력한 수단이 될 초등교육 보급에도 소극적이었다고 보았다. 결국 표방으로서의 동화정책(일시동인)과 실제 정책에서의 차별이라는 '이념과 현실의 이중성'이 존재했는데, 이것이 해소되는 것은 1937년 대륙침략과 조선의 병참기지화라는 새로운 상황이 계기가 되었다고 보았다. 결국 권태억은 일제의 조선과 타이완에서의 동화정책은 1937년 중일전쟁 이후에야 비로소 시작된 것으로 보았다. 그 이전의 동화는 '정책'으로서가 아니라 '정치적 선전' 또는 '표방'으로서만 존재했다는 것이다. 그가 이렇게 말하는 것은 식민통치에서의 동화정책이란 식민지 및 그 주민을 본국의 영토 및 국민으로의 통합을 지향하여, 구체적으로 식민지에 본국과 같은 제도의 실시를 지향하며, 국민화를 위한 교육을 비롯한 문화정책을 실시하는 것을 지칭한다고 보기 때문이다. 그런데 타이완과 조선에서 이와 같은 동화'정책'은 1937년 이전에는 제대로 실시되지 않았다는 것이다.[8]

한편 정연태는 권태억의 설보다 더 강력하게 동화정책 부인론을 폈다. 그는 동화주의는 이데올로기로서 표방되었을 뿐, 정책으로 실행에 옮겨진 것은 아니었다고 보았다. 그는 중일전쟁 이후 전시체제기에 들어 한인의 일본인화가 폭력적으로 추진되었지만, 동화의 명분이 되었던 문명화정책의 기조를 포기함으로써 동화정책도 제대로 추진될 수 없었다고 주장했다.[9]

그러나 권태억과 정연태의 '동화정책 미실시'론은 '동화정책'의 수준을 지나치게 높게 잡은 데에서 비롯된 것이다. 일본이 식민지 조선에서 추진한 동화정책은 '조선인의 일본국민화'였다. 일본 정부나 조선총독부는

8 권태억, 2001, 「동화정책론」, 『역사학보』 172집.

9 정연태, 2004, 「조선총독 寺內正毅의 한국관과 식민통치 – 점진적 민족동화론과 민족차별 폭압정책의 이중성」, 『한국사연구』 124집.

조선을 완전히 일본의 '내지'로 만들 생각은 없었으며, 또 조선에서 일본과 완전히 같은 법과 제도를 시행할 생각도 없었다. 조선은 여전히 '외지'에 머무르면서, 다만 조선인이 일본제국에 충성을 다하는 일본국민이 되어주는 것, 그것이 일본이 생각하는 '동화정책'의 목표였기 때문이다.

3. '동화정책 = 계층적 동화 지향'론

동화정책, 동화주의와 관련한 논의로서 가장 주목되는 것은 고마고메 다케시(駒込武)의 글이다. 그는 식민지제국 일본이 어떻게 식민지의 문화통합을 기했는가를 분석한 글에서 '동화'의 문제에 대해 언급했다.[10] 그는 우선 '동화정책'이라는 용어가 식민지 시기의 지배자나 학자들은 물론이고, 오늘날의 학자들 사이에서도 매우 애매하게 사용되고 있다고 지적했다. 예를 들어 동화정책과 내지연장주의, 황민화정책 등이 모두 같은 개념으로 사용되는 경우도 있는데, 과연 그렇게 볼 수 있느냐 하는 것이다. 고마고메는 하루야마 메이테츠(春山明哲)의 연구를 빌려,[11] 하라 다카시(原敬)는 헌법을 비롯한 법제도상의 동일화를 선행시킨다는 내지연장주의 통치 방침을 품고 있었으며, 그것은 풍속 및 관습이나 역사 등을 포함하는 '동화' 일반과는 구별되는 것으로 보아야 한다고 지적했다. 또 황민화정책도 1930년대 후반 이후 조선과 타이완에서 행해진 제한된 정책을 가리키는 용어로 사용해야 한다고 지적했다. 그는 또 야마모

10 고마고메 다케시, 2007, 『식민제국 일본의 문화통합』, 역사비평사(駒込武, 1996, 『植民地帝國日本の文化統合』, 岩波書店).

11 春山明哲, 1980, 「近代日本の植民地統治と原敬」, 『日本植民地主義の政治的展開 1895-1934』, アジア政經學會.

토 유조(山本有造)의 말을 빌려[12] 식민지제국 일본의 지배에는 법제적, 정치적으로는 명백히 이역=식민지이면서도, 이데올로기적으로는 내지화를 표방한다고 하는, 이념과 현실의 이중성이 포함되어 있었다고 지적하고, 패전 직전의 단계에서 조선과 타이완에서 징병제도와 참정권 부여를 통해 이중성을 해소하려 시도하였다고 파악하였다. 결국 고마고메 다케시는 동화정책의 문제를 법제도 차원의 문제와, 교육정책 등 이데올로기적인 차원의 문제로 나누어 보아야 한다고 주장하였다. 여기서 그는 〈그림 1〉을 제시한다.

〈그림 1〉에서 보면, 문화적 차원에서는 동일화를 지향하고 법제적 차원에서도 평등화를 지향하면 이는 '동화·융합 타입'이 되고, 문화적 차원에서는 동일화를 지향하면서도 법제적 차원에서는 차별화를 지향하

〈그림 1〉

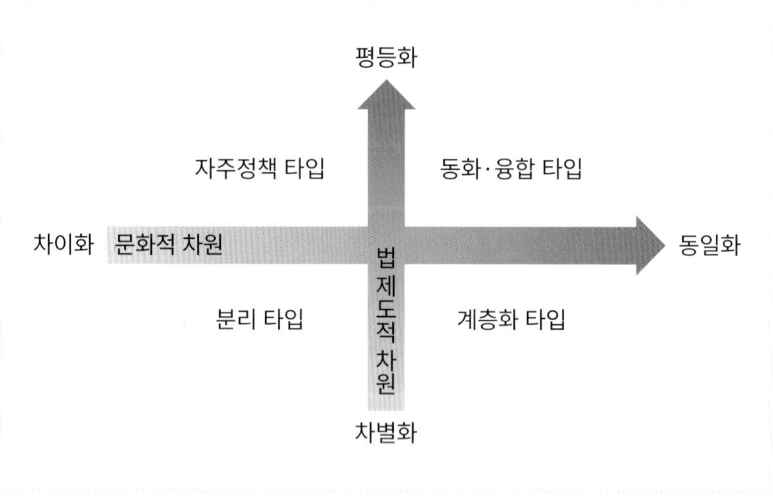

12 山本有造, 1992, 『日本植民地經濟史研究』, 名古屋大學出版會.

면 '계층화 타입'이 된다. 또 문화적 차원에서 차이화를 지향하고, 법제적 차원에서도 차별화를 지향하면 이는 '분리 타입'이 된다. 또 문화적 차원에서 차이를 지향하면서도 법제적 차원에서는 평등화를 지향하면 이는 '자주정책 타입'이 된다. 자주정책의 예로서는 영국의 캐나다와 호주에 대한 정책을 들고 있다. 자주정책과 대비되는 분리 타입과 계층화 타입은 종속정책에 해당한다고 보았다. 고마고메는 법제적 차원에서의 평등화와 차별화를 '내지연장주의'와 '식민지주의'로 부르고자 했고, 문화적 차원에서의 동일화와 차이화를 자주주의(自主主義)와 가타주의(假他主義)로 부르고자 했다.

그런데 고마고메가 제시한 도표는 고마고메가 밝힌 것처럼 야마나카 하야토(山中速人)의 논문에 나오는 도표를 약간 변형시킨 것이었다.[13] 야마나카는 X축과 Y축을 문화적 차원과 사회구조적 차원으로 명명하고, 각각의 구역을 동화·융화 타입, 계층화 타입, 분리 타입, 다원주의 타입으로 이름붙였다. 야마나카는 식민지 조선에서의 '동화주의'는 하나의 상징에 불과한 것이었고, 현실의 정책에서는 '동화·융합'이 아니라 '계층화'(부분적으로는 '분리')의 방향으로 나아갔다고 지적했다. 일본의 한국 병합 당시 일본의 언론매체의 지배적인 논조는 '동화·융합'이었고, 그 가운데에는 조선의 문화를 개발하고, 민도를 높여서 장차 참정권이나 자치권을 주어야 한다고 하는 '윤리적 제국주의' 입장의 동화론과, 한국과 일본은 같은 조상을 가진 민족이므로 '일한병합'은 과거로 복귀한 것이라는 이른바 '일선동조론'과 같은 천황제 내셔널리즘 입장의 동

13 山中速人, 1983, 「朝鮮同化政策と社會學的同化」(下), 『關西學院大學社會學部紀要』 46, 306쪽.

화론이 있었지만, 이는 모두 비현실적인 동화론이었다고 그는 지적한다. 병합 이후 현실에서의 정책을 세운 이들은 문화적 차원에서의 동화는 동의했지만, 사회구조적 차원에서는 차별을 둘 수밖에 없다고 하는 입장이었다는 것이다. 따라서 현실에서의 동화정책은 '계층화 타입'으로 나타날 수밖에 없었으며, 문화적 차원의 동화 노선도 버리고 '분리' 타입으로 갈 가능성도 있었다는 것이 그의 결론이다.[14] 고마고메는 야마나카의 이와 같은 분석틀이 대체로 정확하다고 보고 이를 따른다고 밝혔다. 다만 고마고메는 이 가운데 Y축을 법제도적 차원으로, 다원주의 타입을 자주정책 타입으로 수정할 필요가 있다고 지적했다. 다원주의 타입을 자주정책 타입으로 수정한 것은 피지배민족의 독립을 고려한 것으로, 이는 적절하다고 보인다.

고마고메는 식민정책학자 야나이하라 타다오(矢内原忠雄)의 글을 빌려 논의를 더 전개한다. 야나이하라는 1926년에 쓴 「조선통치의 방침」이라는 글에서 식민지 통치정책을 종속정책, 동화정책, 자주정책으로 분류했다. 종속정책은 오로지 본국의 이익만을 중심으로 하는 전제적 착취정책으로, 16~18세기에 영국의 인도 지배나 네덜란드의 자바 지배가 이에 해당한다고 한다. 동화정책은 본국의 법제·풍습·언어를 보급하고, '잡혼'을 장려하여 식민지 사회의 본국화를 꾀하는 것으로 프랑스의 알제리 통치가 대표적이라고 한다. 끝으로 자주정책은 영연방의 자치령인 캐나다·오스트레일리아처럼 식민지 의회를 설치하는 등 자치를 인정한 다음, 제국의 일원으로서 협동을 꾀하는 것이라고 한다. 야나이하라는 일본의 조선 통치 방침에 대해서는 애매하게 서술하였지만, 조선에

14 山中速人, 1983, 301~308쪽.

참정권이 부여되지 않고 있다는 것을 들어 대체로 '종속정책'으로 보고 있었다고 고마고메는 해석한다. 그러나 야나이하라는 이 글에서 "아국의 식민지통치정책은 일반적으로 동화주의의 색채를 띤다. 법률도 점차 내지법을 연장하는 형세이다. 교육도 그 골자는 내지교육이다."라고 하여, 일본의 조선통치정책은 '동화주의'에 기초한 것으로 보고 있었다.[15]

그런데 야나이하라는 1937년에 쓴 「조선통치상의 두세 문제」라는 글에서 동화정책이란 경제적, 사회적 동화는 요구하면서도 정치적 권리의 동화는 거부하는 것을 특색으로 한다고 하여, 앞서 제시한 그림에서 '계층화 타입'에 해당하는 정책을 '동화적 식민정책'이라고 말하였던 것으로 고마고메는 해석했다. 따라서 야나이하라도 동화정책이 무엇인지에 대해 엄밀한 개념 정의를 하지 못했다고 그는 보았다. 고마고메는 앞서 본 그림에서 동화·융합 타입과 계층화 타입의 어느 한쪽을 동화정책이라고 규정하기 어렵다고 보았다. 따라서 그는 통치정책으로서의 '동화'정책과, 추상적 이념으로서의 '동화'를 구별해 보아야 한다고 주장한다. 양자는 정합성을 가질 수도 있지만, 그렇지 않을 수도 있다는 것이 그의 생각이다. 예를 들어 한편으로는 차별화와 차이화를 기본으로 하는 분리 타입의 정책을 취하면서도, 다른 한편으로 이념으로서는 '사상 감정'의 동일화로서의 '동화'를 지향하는 경우도 있을 수 있다는 것이다. 그러나 이 경우에는 동화 이념은 형해화되고, 현실의 차별성을 은폐하기 위한 표면적 언설일 뿐이라고 지적한다.[16] 이런 경우의 '동화주의'에 대해서는

---

15 矢內原忠雄, 1926, 「朝鮮統治の方針」, 『朝鮮統治策に關する學說』(李種植 편), 84쪽.

16 고마고메 다케시, 2007, 36~38쪽.

이미 야마나카도 '정치적 상징'일 뿐이라고 지적했었다.[17] 결국 고마고메는 식민지 조선에서의 동화정책은 '문화적 동화정책'은 있었지만 법제도적 차원에서의 정책은 제대로 취해지지 않음으로써 현실에서의 동화정책은 사실은 '계층적 동화'를 지향하는 성격을 띠고 있었던 것으로 본다.

이상 야마나카와 고마고메의 견해를 살펴보았다. 두 사람의 견해 가운데에는 취할 바가 많다. 특히 법제적 차원과 문화적 차원으로 나누어 동화정책을 살피고, 후자의 동화정책은 있었지만 전자의 동화정책은 제대로 실행되지 않았다고 한 것, 따라서 현실에서의 동화정책은 '동화·융합'이 아니라 '계층화'(부분적으로는 '분리')의 방향으로 나아갔다고 지적한 것은 탁견이라고 생각된다. 그러나 야마나카가 "동화주의는 상징에 불과했다"고 본 것은 역시 동화주의의 수준을 너무 높게 잡았기 때문이 아닌가 생각된다. 당시 일본제국의 권력자들은 조선을 완전히 일본의 내지로 만들려 했을까. 하라 다카시의 '내지연장주의'가 그에 가장 가까운 경우라 할 수 있지만, 그의 의견은 일본 정부 내에서 소수 의견에 불과했고, 그 또한 1920년에 쓴 「조선통치사견(朝鮮統治私見)」에서 "조선통치의 궁극의 목적은 내지와 같게 만드는 것"이라고 했을 뿐,[18] '조선을 내지화'해야 한다고 주장하지는 않았다.

이상 세 가지 견해에 대해 살펴보았는데, 최근 들어 '동화정책'에 대해 새로운 관점들이 등장하고 있어 눈길을 끈다.

나카바야시 히로카즈(仲林裕員)는 '동화'의 의미를 '민족적 정체성의 일본화'로 해석하는 기존의 연구에 대해 이의를 제기하였다. 그는 '동화'

---

17 山中速人, 1983, 308쪽.

18 原敬, 1990, 「朝鮮統治私見」, 『齋藤實文書』 13, 고려서림, 68쪽.

에는 일본제국에 대한 복종으로 전환하고자 하는 '신민(臣民)화'를 의미하는 '동화'와, 민족적 정체성의 일본화를 의미하는 '동화'가 있다면서, 양자를 구별해서 보는 것이 중요하다고 강조했다. 이러한 관점에서 그는 1910년대의 조선총독부의 동화정책을 분석하여, 이 시기의 동화정책은 조선인의 민족적 정체성을 일본화하려고 한 것이 아니라, 조선인을 천황과 일본제국에 대해 충성하는 '제국신민'으로 만들려 한 것이었다고 해석하였다. 즉 두 가지 '동화' 가운데 첫 번째 '동화'의 의미를 지니고 있었다는 것이다.[19] 여기에서 그가 말하는 전자의 동화는 '정치적 동화', 후자의 동화는 '문화적 동화'라고 표현할 수 있을 것 같다. 그런데 1910년대에 조선총독부는 보통학교 이상의 모든 학교에서 일본어로 가르치도록 지시했다. 이는 총독부가 이미 언어교육을 통한 문화적 동화를 염두에 두고 있었음을 말해준다. 물론 그렇다고 해서 일본어 교육이 조선인을 일본인화하려고 했다고 말할 수는 없다. 조선인을 일본국민화하기 위해 일본어 교육을 시작하고 있다고 말하는 것이 더 정확할 것이다.

또 김신재는 일본의 식민지 조선에서의 동화정책을 단계적, 점진적, 차별적인 성격을 지닌 것으로 보아야 한다고 주장했다. 그는 일본의 조선지배는 통치방식상 영국식에 가까웠지만, 내용상으로는 프랑스의 동화정책을 기조로 하였다고 보았다. 그는 일본이 강점 초기부터 한반도를 자국 영토로 영구히 편입하고 조선인을 일본인으로 만들려는 생각을 갖고 있었다고 보았다. 그는 일본은 식민지배 초기부터 동화라는 원대한 전략하에 단계적 과정을 밟았다고 본다. 또 그는 일본이 한국을 합병

---

19 仲林裕員, 2013. 6, 「1910년대 조선총독부의 통치논리와 교육정책」, 『한국사연구』 161집.

한 뒤 실시한 동화정책에는 차별정책이 포함되어 있다고 보았다. 즉 사회구조적 측면에서는 식민본국과 식민지 간에 차별화정책을, 문화적 측면에서는 동일화정책을 펼쳤다고 보았다. 이는 앞서 본 야마나카(山中速人)의 견해를 따른 것이다. 이처럼 김신재는 일본의 동화정책이 점진적, 차별적, 단계적인 성격을 지니고 있었다고 보았다. 그는 이러한 '단계적 동화정책'의 실시라는 점에서 일본이 조선에 동화정책을 펼쳤다고 본다. 그는 일제강점기 동화정책이 3기로 나누어 실시되었다고 보았다. 제1기는 1910년 병합에서 1919년 3·1운동 때까지로 '무단통치에 의한 동화기반 조성기'이며, 제2기는 3·1운동 이후 1937년 중일전쟁 발발 이전까지로 '유화책에 의한 동화정책기'이며, 제3기는 중일전쟁 발발 이후 해방전까지로 '노골적인 동화정책기'로 보았다. 그는 제3기의 황국신민화정책은 노골적으로 조선인의 일본인화가 강요된 시기였지만, 그것은 권리의 평등을 수반하지 않은 의무의 평등만을 강조한 '차별적 동화'의 요구였다고 보았다.[20]

이 글에서는 현실에서의 동화정책은 사실은 '계층적 동화'를 지향하는 성격을 띠고 있었던 것으로 보는 고마고메의 견해와, 동화정책이 점진적, 차별적, 단계적 성격을 지니고 있었다는 김신재의 견해를 받아들이고자 한다. 다만 이 글에서는 김신재의 동화정책 3기 구분법을 받아들이면서도, 시기 구분을 다소 달리하여 제1기는 1910년대의 데라우치와 하세가와 총독의 무단통치에 의한 '강압적인 동화정책 토대 형성기', 제2기는 1920년대 사이토 총독기로서 '유화적, 우회적인 동화정책 추진기', 제3기는 1930년대 이후 우가키 총독과 미나미 총독 시기로 '적극적,

20 김신재, 2016, 「일제강점기 조선총독부의 지배정책과 동화정책」, 『동국사학』 60집.

급진적인 동화정책 실행기'로 보고자 한다. 이하 각 시기별로 동화정책의 구체상을 살펴보기로 한다.

III. 1910년대의 '일선동화(日鮮同化)' : 강압적인 동화정책 토대 형성기

일본이 한국을 병합한 뒤 일본의 한국에 대한 통치 방침은 공식적으로 표방되지는 않았으나 사실상 '동화주의'로 정립된 것으로 보인다. 일본이 한국병합을 발표한 다음 날인 8월 30일 『매일신보』는 "同化의 主意"라는 아래와 같은 사설을 실었는데, 이는 당시 통감부와의 교감 위에서 쓰인 것으로 보인다.

> 일본이 강하면 아국도 강하고 아국이 약하면 일본도 약할 것은 一家내에 兄則飽하며 弟則飢할 리는 만무타 할지니, 가히 憂樂을 同하고 休戚을 共하여 동양의 안녕질서를 共享할 것은 아 양국간에 共同企圖할 자라. 是以로 양국 주권자가 호상 주창하여 합병을 約成하였으니, 此는 일본이 유신한 후에 아국도 유신하는 日이라. 今我同胞는 여하한 사상을 포유하여야 可할까. 양국 군주의 聖意를 體하여 감히 違할 바이 無하고, 일본 문명 新政에 涵泳하고 同化하는 域에 共進하여 극동의 平和主意를 永久勿墜할지어다.[21]

21 "同化의 主意", 『매일신보』, 1910. 8. 30.

여기에서 '동화'는 바로 일본의 신정(新政)에 조선인도 동화해야 한다는 것이었다. 여기에서 동화는 바로 정치적 동화, 즉 일본의 통치에 대한 순종을 의미하는 것이었다. 그런데 『매일신보』는 '동화'의 개념을 정치적 동화뿐만 아니라, 사회문화적인 동화로도 이해했던 것으로 보인다. 그리고 이러한 정치적, 사회문화적 동화는 결코 쉬운 일이 아니라고 보았다. 이 사설을 실은 지 두 주일 뒤에 실은 "동화의 방법"이라는 사설에서는 다음과 같이 사회문화적 동화를 언급하면서 그 어려운 점을 지적했다.

> 泛而言之하면, 同洲同族으로 그 글이 또한 같으니 同化하는 域에 進就하기가 용이하다 이를지나, 몇천 년을 국가와 국가 사이에 서로 지키던 規模가 크게 달라서 정치가 다르고, 법률이 다르고, 語音이 다르고, 衣制가 다르고, 먹고 마시는 것이 다르고, 거처가 다르니 性情과 사상이 같지 않을 것은 자연스런 이치라. 비록 曰 피아가 同文이라 하나, 文義와 措辭(문법)가 서로 다른 것은 각기 國文을 가지고 語訓이 서로 다르고, 句讀이 난해하여 書自書 人自人하는 歎이 있으니, 전연히 同文이라 칭하기 어렵도다. (중략) 兩地 人民이 언어로 상통치 못하야 同化상에 불편한 점이 반드시 생기리로다.[22]

즉 흔히 '동종동문(同種同文)'이라고 하지만, 양측의 언어는 뜻과 문법이 달라서 양측의 동화(同化)상에 불편한 점이 반드시 생길 것이라고 지적하였던 것이다. 결국 이 사설은 양측의 동화를 위해서는 '어학', 즉 일본어의 보급이 가장 중요하다고 강조하였다. 또 이 사설은 "러시아가 핀

22 "同化의 方法", 『매일신보』, 1910. 9. 14.

란드에, 독일이 폴란드에 언어를 급속히 변경코자 하여 강제력을 행하였으니, 이들 행정은 당국자의 고견으로는 단연히 행치 아니할 것은 예측(豫料)할 자이나, 만일 급속히 행하게 하면 의외의 반항이 일어나 통치상에 방해를 할까 우려하노니 본 기자는 취(取)하지 아니하는 자이로다"라고 하여,[23] 일본어 교육도 너무 서두르지 말 것을 종용하고 있었다. 그러나 조선총독부는 1910년대부터 보통학교를 비롯하여 모든 학교 교육에서 일본어를 교수 용어로 할 것을 강요하였다. 즉 적어도 일본어 교육에서는 점진적인 방법이 아닌, 급진적인 방법을 택하였던 것이다.

데라우치도 처음에는 점진적 동화주의를 택하는 것처럼 말했다. 1910년 데라우치 마사다케(寺內正毅) 총독은 이렇게 말했다고 한다.

> 寺內 총독은 그 만찬회에서 조선병합 후의 상황을 말하되, 조선은 야만미개지국과 달라서 건국 3천년에 상당한 문명과 역사를 가졌은즉, 그 풍속 습관 등에 대하야 급격한 변혁을 행함은 득책이 아니라. 고로 총독부는 점차로 동화의 목적을 達하기로 기하노니, 余는 제군이 먼저 조선의 역사를 연구하여 그 개발에 供하기를 바라노라 하고 일장 연설하였더라.[24]

그러나 그는 3년 뒤인 1913년 통감 취임 3주년을 맞아 『매일신보』 기자와의 인터뷰에서 다음과 같이 말하였다.

---

23 앞의 글.

24 "殖民學會 대회", 『매일신보』, 1910. 12. 9.

> 나는 감히 절대적으로 동화주의라 말하지는 아니하나, 그러나 조선인으로서 同化하기 쉽고, 동화하지 아니치 못할 국민으로 認하노라. 나는 이 방침에 기초하야 鮮人 자제의 교육에 유의하고, 또 일반 행정상에도 다대한 주의를 가하노라.[25]

이 글을 보면 데라우치는 조선인을 일본인으로 동화시키는 것은 비교적 쉬운 일로 생각하고 있었던 것으로 보인다. 즉 '동화'에 대해서 낙관적인 전망, 적극적인 생각을 갖고 있었던 것이다. 당시 데라우치를 인터뷰한 『매일신보』 기자는 데라우치의 말에 대한 해설로서 다음과 같이 덧붙였다.

> 세상에는 신영토의 國民 同化難을 말하는 자가 있으니, 사실상 각국이 그 식민지를 경영하는 자가 동화정책에 열중하다가 용이하게 그 효과가 없음에 부심함이 없지 않으나, 조선인은 가장 동화하기 쉬운 국민인즉, 타국인과 동일하게 논할 것이 아님은 前說과 같도다. 현재 저들은 부지부식간에 점차 동화하며, 저들은 다년의 인습을 버리고 단발하는 자가 많으며, 저들은 유래의 습관을 不顧하고 내지인의 풍속을 본받아 따르며, 저들은 국어를 학습함에 노력하고, 또 일선인의 결혼자가 많으며, 기타 同化의 실적이 많을 뿐 아니라, 저들은 진취적 자각적으로 동화하기에 노력하는 경향이 분명하니, 오인은 저들을 指導 誘掖하고, 독려 편달하야 신구 국민으로 하여금 融然相和하며, 渾然 同化케 함이 별로 難事가 아니라 하노라.[26]

25 "寺內總督談(4) 同化策", 『매일신보』, 1913. 6. 28.

26 위와 같음.

앞의 글에서 『매일신보』 기자는 조선인이 일본인들의 습관, 풍속을 본받아 따르는 이가 늘어나고 있고, 일본어를 학습하고, 일본인과 결혼하는 자들도 늘어나고 있다면서 '동화'에 대해 낙관적으로 말하고 있었다. 『매일신보』의 논조는 1910년과는 달라진 것이다. 『매일신보』는 이미 1912년의 한 사설에서도 '동화'에 대해 다음과 같이 낙관적으로 서술하였다.

> 現今 일본 및 조선이 병합함을 見할진대, 의복이 不同하고, 음식이 부동하고, 거처가 부동하고, 습관이 부동하고, 기타 천백 사물이 개개 부동할지라도, 同化的을 主로 하는 때는 십 년 이십 년에 순연한 一家를 化成할지로다. 若 一家를 화하야 피차에 의구가 無하고, 시기가 無하면 자연 의복도 동일할지오, 음식도 동일할지오, 거처도 동일할지오, 습관도 동일할지오, 기타 천백 사물도 역시 개개이 동일할지니, 反히 何를 較하리오.[27]

'동화'를 목적으로 삼는다면 십 년, 이십 년 만에 순연한 일가를 이룰 수 있다는 것이었다. 『매일신보』의 이와 같은 논조의 변화는 데라우치의 동화에 대한 낙관적인 사고, 적극적인 추진 의도를 반영한 것으로 보인다.

데라우치의 이와 같은 '동화'에 대한 낙관적, 적극적인 사고는 그의 강압적인 통치 방법, 즉 무단통치와 결합되어 여러 형태의 적극적인 동화정책 추진으로 나타났다. 우선 그는 정치적 측면에서 중앙 통치기관으로서 조선총독부의 기구를 정비하고, 헌병경찰제도의 실시를 통해 조선

27 "日鮮의 同化", 『매일신보』, 1912. 9. 12.

인들에 대한 통치기반을 확고히 하였다. 그리고 조선인들을 총독부 관리, 각 도지사와 군수, 헌병과 경찰의 보조원 등으로 끌어들여 일본의 조선 통치에 대한 협력세력을 만들었다. 이어서 그는 군·면의 통폐합을 실시하고, 부제(府制)와 면제(面制)를 도입하여 조선의 지방제도를 일본의 지방제도(市町村制)와 유사하게 개편하였으며, 지방의 양반과 향리 등 유력세력 가운데 일부를 역시 협력세력으로 끌어들였다. 또 「조선교육령」을 공포하여 보통교육, 실업교육 중심의 교육제도를 만들고, 모든 학교의 교수용어를 일본어로 하도록 지시하고, 이를 위해 일본에서 일본인 교사들을 대거 조선으로 불러왔다. 그런가 하면 「묘지규칙」을 반포하여 앞으로 모든 묘지는 공동묘지에만 쓰도록 했다. 이는 조선의 전통적인 장묘문화와 거리가 먼 것이었다.

위와 같은 데라우치의 조선 통치는 조선인들의 많은 반발과 저항을 불러일으켰다. 그럼에도 불구하고 데라우치는 강압적인 방법으로 이를 밀고 나갔다. 데라우치는 이와 같은 조치들이 조선인을 일본 국민으로 동화시켜나가는 데 있어 초석이 될 것이라고 생각했다. 즉 그는 '동화주의'의 방향에서 향후 조선 통치의 기반을 마련한다는 생각을 갖고 이와 같은 정책을 추진한 것으로 보인다. 그러나 조선인들은 강압적인 방식으로 정치적인 복종과 사회·문화적인 동화를 추진하는 데라우치의 방식에 커다란 불만을 가질 수밖에 없었다.

데라우치의 후임인 하세가와 요시미치(長谷川好道) 총독은 '동화' 문제에 대해 특별히 언급한 것이 없다. 그는 전임자의 정책을 대체로 따른다는 입장이었기 때문에, 데라우치의 노선과 큰 차이가 없었을 것으로 보인다. 그런데 1919년 3, 4월 3·1만세운동이 거세게 일어난 뒤인 그해 7월 1일 그가 발표한 다음과 같은 총독 유고를 보면, 데라우치와는 상당히 다른 말을 하고 있음을 보게 된다.

> 대저 병합의 목적인즉 내지인 및 조선인이 서로 의지하고 도와서 일체로 단결하여 동양평화의 기초를 확립케 함에 있는지라. 조선은 즉 제국의 판도요 屬邦이 아니며, 조선인은 곧 제국의 臣民인즉, 내지인과 하등 차별이 없는지라. 이 때문에 조선통치도 일찍이 同化의 방침으로 일시동인의 대의를 準則하여 감히 偏私함이 없기를 期望하였으나, 다만 언어와 습속이 不同함이 있어서 문화도 역시 一日의 선후가 있으므로 백반 시설이 전연히 軌範을 동일케 못함이 있어 時惑 該 制度의 차이가 있다고 하나 이 또한 과도시대의 부득이함에 나옴이라. 원래 피차의 경중이 있음은 아니라. 日後 同化의 실적이 발양하게 되면 내지와 조선이며 또 장차 내지인과 조선인이 획일한 제도하에 서서 皇化를 霑均케 함은 두말할 것이 없을지라.[28]

그는 3·1운동 당시 많은 조선인들이 "조선총독부가 조선인들에게 동화의 전제가 되는 평등한 대우가 아니라 오히려 '차별 대우'를 하고 있다"고 지적한 것을 의식하여, 언어와 습속이 다르고, 문화의 수준 차이가 있기 때문에 '제도적 차이'는 불가피한 과도적인 것이었다고 주장했다. 후일 동화의 실적이 쌓이게 되면 이러한 제도적 차이는 사라질 것이라고 그는 말했다. 그는 '동화'를 말하는 경우, 끊임없이 제도적 차별에 대한 비판이 따라올 것으로 생각했던 것 같다. 따라서 그는 '동화' 대신 '융화'라는 말을 선택했다. 그는 일본인과 조선인의 "서민은 마땅히 내외의 정

28 「長谷川好道 總督 諭告」, 『조선총독부 관보』, 1919. 7. 1.

세를 살피고 병합의 진의를 본받아 호상 融和하여 일가의 親으로써 交하고, 형제의 誼으로써 結하여, 이 땅의 발달과 民의 행복을 企圖하여 병합의 목적에 부응하기를 힘쓸지어다."라고 말하였다.[29] 그는 일선인의 '동화'보다는 일선인의 '융화'라는 말을 선택했던 것이다. 하세가와 총독은 이 유고 발표 이후 한 달여 만인 8월 12일 면직되었다.

IV. 1920년대의 '일선융화(日鮮融和)' : 유화적, 우회적 동화정책 추진기

1. 하라 다카시 수상의 '내지연장주의'

1919년 조선에서 3·1운동이 일어나자 일본 정부는 조선 통치정책을 놓고 고민에 빠졌다. 당시 일본 언론은 대부분 데라우치와 하세가와 식의 통치를 '무단통치'라고 규정하고 이를 비판하였다. 그밖에도 일본 언론은 두 총독의 실정(失政)을 낱낱이 지적했다. 당시 정우회 출신으로 첫 정당내각을 이끌던 하라 다카시(原敬) 수상은 이러한 지적을 어느 정도 받아들일 수밖에 없었다. 하라 수상은 자신의 조선 통치에 대한 구상을 정리하여, 신임 총독으로 임명된 사이토 총독에게 「조선통치사견」이라는 글로 정리하여 전달했다.[30]

하라는 1895년 그가 외무차관에 있을 당시에 청일전쟁의 결과 일본

29 앞의 글.

30 하라의 「조선통치사견」에 대해서는 서종진, 2020, 「일본 제국주의의 '내지연장주의'와 조선총독부의 '문화정치'」, 『한국정치외교사논총』 41-2 참조.

이 중국으로부터 얻게 된 타이완에 대한 통치제도 수립 논의에 깊숙이 간여했다. 당시 이토 내각은 타이완 통치를 위해 이른바 '63법'을 제정했다. 이는 타이완을 통치하기 위한 법령을 일본 본토의 법령과는 다른, 타이완 총독이 제정 반포하는 '율령'으로 한다는 것이었다. 이에 대해 하라는 반대하는 입장에 있었다. 그는 기본적으로 일본 본토의 법령으로 타이완을 통치해야 한다는 입장을 갖고 있었다. 그러나 그의 주장은 받아들여지지 않았다. 하라는 타이완을 식민지가 아닌 제2의 오키나와로 만든다는 것을 목표로 하여 통치해야 한다고 생각했다. 따라서 그는 타이완에서 일본 본토의 법령을 그대로 연장해서 통치해야 한다고 주장한 것이다. 그의 이러한 입장은 훗날 '내지연장주의'라고 불리게 된다. 그러나 이토 히로부미 정부는 그의 주장을 수용하지 않았다. 결국 타이완 통치는 타이완총독이 제정 반포하는 '율령'에 따라 이루어지게 되었다. 1910년 일본이 한국을 병합한 뒤, 일본 정부는 타이완의 전례에 따라 '조선' 통치도 조선총독이 제정 반포하는 '제령'에 의거하기로 결정하였다. 하라는 1897년 이후 외무관료의 일을 그만두고 언론계를 거쳐 이토 히로부미가 중심이 된 정우회에 참여하여 정계로 진출하였다. 1910년 전후에는 내무대신의 자리에 있었으나, 조선 통치의 방침을 결정하는 과정에서는 깊이 관여하지 못하였다. 그러나 그는 조선의 '제령' 제도에 대해 매우 불만스럽게 생각하고 있었다. 1914년 그는 정우회의 총재가 되었고, 1918년 마침내 내각 수상의 자리에 올랐다. 이후 그는 조선과 타이완에서의 통치제도 개혁을 구상하고 있었다. 그런 상황에서 조선에서 3·1운동이 일어나자, 그는 이를 조선, 타이완 통치제도를 개혁할 기

회로 삼고자 했다.[31]

그는 1919년에 쓴 「조선통치사견」에서 일본의 조선 통치 정책은 타이완통치정책을 모방한 것인데, 타이완 통치 정책은 당시 신영토에 대한 통치 경험이 없었던 일본이 구미제국의 식민통치의 제도들을 참고하여 결정한 것으로, 이는 임시적인 것이지, 영구적인 것이 될 수 없다고 비판하였다. 따라서 그는 다음과 같이 주장한다.

> 조선에서의 병합 후 약 10년의 경험에 의하면, 현행 제도는 근본적으로 잘못된 것이라고 단언할 수 있다. 왜냐하면 이 제도가 모방한 구미 여러 나라의 식민지는 우리 제국의 조선과는 전혀 그 성질을 달리하는 것이다. 구미 여러 나라에 속하는 식민지는 인종을 달리하고 종교를 달리하고 역사를 달리한다. 단순하게 언어 풍속이 다를 뿐만 아니라, 근본적으로 서로 다르기 때문에 이에 대해서는 특수한 제도를 실시하지 않을 수 없다. (중략) 아 제국과 신영토인 조선의 관계를 보면, 언어 풍속에 다소 차이가 있지만, 근본으로 거슬러 올라가면 거의 동일 계통에 속하고, 인종에서는 처음부터 차이가 없고, 역사에서도 상고시대로 거슬러 올라가면 거의 같다고 논할 수 있다.[32]

따라서 그는 일본의 조선 통치정책은 구미 제국의 식민지 통치정책과 달라야 한다고 주장한다. 그는 위에서 본 것처럼 우선 '식민지'라는 말 대신 '신영토'라는 말을 쓴다. 이어서 그는 "나의 소견에 의하면, 조선도

31 春山明哲, 2008, 『近代日本と台灣』, 藤原書店, 194~201쪽.

32 原敬, 1990, 「朝鮮統治私見」, 『齋藤實文書』 13, 고려서림, 63~64쪽.

내지와 완전히 동일한 제도를 펴야 한다고 믿는다. 즉 행정상, 사법상, 군사상, 기타 경제 재정의 점에서도, 교육 지도의 점에서도 완전히 동일하게 하지 않을 수 없다. 이를 동일하게 하면, 동일한 결과를 얻을 수 있다고 확신한다"고 말하였다. 그는 "현재의 조선인의 상태를 보건대 가상하게도 내지인과 동화할 수 있을 것 같다. 어떤 점에서도 동화할 수 없는 근본적인 성질을 가진다고는 인정할 수 없다. 따라서 조선 통치의 원칙으로서 완전히 내지 인민을 통치하는 것과 같은 주의, 같은 방침에 의하여 근본정책을 정하지 않을 수 없다"고 주장하였다.[33]

그러나 그렇다고 하여 그가 당장 모든 부문에서 '내지'와 똑같은 법과 제도를 조선에서 실시해야 한다고 주장한 것은 아니었다. 그는 "조선 통치의 종국의 목적은 내지와 똑같이 만드는 것에 있다. 다만 현재의 상태에서 곧바로 내지와 똑같은 통치법을 취할 수는 없기 때문에 아래와 같은 것들을 종국의 목적에 도달하는 통로로서 사정이 허하는 한에서 속히 시행하지 않을 수 없다"고 말하였다.[34] 그러한 점들을 열거하면, 1) 조선총독은 문관, 무관 모두 할 수 있도록 해야 한다, 2) 총독에게 제령(制令)을 반포할 수 있는 권한을 주는 것은 '내지'의 법률과 명령이 조선에 적합하지 않은 부분 혹은 조선에서 특별히 필요한 부분에만 한정해야 한다, 3) 조선에서 특별한 사법제도를 펴고 있는 것은 가능한 한 속히 폐지해야 하며, 관세나 재정 제도도 속히 '내지'와 동일한 제도로 통일해야 한다, 4) 지방제도는 '내지'의 시정촌(市町村)제도와 유사한 제도를

33 原敬, 1990, 64~65쪽.

34 原敬, 1990, 68쪽.

만들어 이를 실시하고, 점차 부현제(府縣制)도 실시할 수 있도록 해야 한다, 5) 헌병이 경찰을 겸하는 제도를 폐지해야 한다, 6) 조선에서 일본과 다른 교육제도를 실시하는 것을 그만두어야 하며, 조선인 스스로 일본 국민이 되는 것이 그들의 행복이며, 그들의 향상 발전을 도모하는 길이라는 생각을 갖도록 교육해야 한다는 것 등이었다.[35]

하라의 결론은 "조선을 통치하는 원칙으로서는 완전히 내지 인민을 통치하는 것과 같은 주의, 같은 방침으로 한다는 것을 근본정책으로 정하지 않으면 안 된다. 다만 문명의 정도, 생활의 상태 등 갑자기 동일하게 만들 수 없는 것은 점진적으로 나아간다는 방침을 정하지 않을 수 없을 뿐이다"라는 것이었다.[36] 그의 주장은 '점진적 내지연장주의'라고 표현할 수 있는 것이었다.[37]

2. 사이토 마코토 총독의 유화적, 우회적 동화정책

사이토 총독은 1920년 4월 1일 『동아일보』 창간호에 기고한 글에서 "통치의 근본정신은 합병의 정신을 준수하여 (조선을) 영원히 일본의 일부로, 全然히 內鮮 同等의 지위까지 得達케 하고자 함이다"라고 말하였다. 즉 조선을 영원히 일본의 일부로 만드는 것이 목표라는 것을 분명히 한 것이다. 이는 사이토를 총독으로 임명한 하라 다카시 수상의 입장과 같은 것이었다. 사이토 역시 내지연장주의자이며, 동화주의자였던 것이

35 原敬, 1990, 68~79쪽. 그 밖에도 형법 문제, 종교정책 문제, 내선인 혼인 문제, 관료 등용 문제 등도 언급하고 있다.

36 原敬, 1990, 65쪽.

37 春山明哲, 2008, 207쪽.

다. 그러나 그는 이어서 "동화정책이란 말도 나는 그 의미를 요해(了解)할 수 없으니, 일 민족이 타 민족과 전연히 동일한 정신을 가지게 됨은 지난한 일일 뿐 아니라 더구나 위력으로써 이를 강요함은 물론 불가능한 바이다. 조선 민족은 조선 민족으로서 발전할 것이오, 또 그리 함이 조금도 피차의 이해가 모순될 것은 아니라 생각한다. 그러므로 풍속·습관·언어 등에 관하여 그다지 간섭하지 아니할 터이다"라고 말하였다.[38] 즉 한 민족을 타 민족에게 동화시키는 것은 지극히 어려운 일이며, 위력으로는 불가능하다고 본 것이다. 여기에서 그가 말하는 '동화'는 주로 사회문화적인 측면에서의 동화였다. 결국 그는 정치적 측면에서 동화를 목표로 하면서, 사회문화적 측면에서의 동화는 목표로 삼지 않겠다는 입장을 밝힌 것이다. 그는 특히 '위력으로써 강요하지 않겠다'고 하여, 유화적인 통치 방침을 밝혔다.

'동화' 대신 그가 강조한 것은 '일시동인(一視同仁)'과 '일선융화(日鮮融和)'였다. 그는 조선에 부임한 지 한 달 정도 지난 1919년 10월 23일 『매일신보』와의 인터뷰에서 "내가 밤낮으로 희망하는 바는 조선인 뒤 제군이 속히 정부의 일시동인하는 취지를 양해함에 있다"고 말하였다. 그는 자신이 조선총독으로 온 이상, 조선 본위로 정치를 하고자 하고, 특히 '내선인의 차별'을 하지 않겠다는 것을 강조하였다. 그는 "가능한 한 內鮮人은 일시동인하에 혼연 융화하여 국가의 이익과 권력을 발양하며, 동양의 평화를 유지하기를 간절히 바란다"고 말하였다.[39] 이후 사이토 총독은 '동화'라는 말은 거의 쓰지 않고, 일시동인과 융화를 주로

38 "同化의 意味를 不可解, 齋藤總督 談", 『동아일보』, 1920. 4. 1.

39 "齋藤總督 감상담, 강직근엄한 寺內伯, 一視同仁은 확정불변", 『매일신보』, 1919. 10. 23.

강조하였다.

'일신동인'이란 말은 동아시아의 중국, 한국, 일본에서 통치자들에 의해 오래전부터 쓰인 말이었다. 일본이 한국을 병합한 뒤 조선총독부가 이 말을 처음 쓴 것은 1912년 1월 4일의 조선총독부 훈령 제1호에서였던 것으로 보인다. 이 훈령에서 데라우치 총독은 "천황폐하는 일찍이 신민의 교육에 깊은 관심을 갖고 '교육에 관한 칙어'를 선포하였다. 이제 이를 조선에 하사하니, 이는 제국 교육의 본의를 명확히 하고, 일시동인 민중을 자애하는 성지(聖旨)에 다름아니다"라고 말하였다.[40] 또 3·1운동이 있었던 1919년 8월 19일 다이쇼(大正) 천황은 조서(詔書)를 통해 "짐은 일찍이 조선의 강녕을 염두에 두고 그 민중을 위무한바, 일시동인 짐이 신민으로서 추호의 차이도 없이 하고"라고 하였다.[41] 즉 일시동인은 "천황이 조선인들에게도 일본인들과 똑같은 은혜를 베풀어줄 것"이라고 선전하기 위해 등장한 말이었는데, 일선인의 차별 철폐를 선전하기 위한 이데올로기로서는 가장 적합한 용어였다. 따라서 사이토 총독으로서는 이 용어를 적극 활용하고자 했던 것이다.

'일선융화론'은 '일시동인'의 이데올로기와 밀접하게 연결되어 있었다. 『매일신보』는 이미 1910년대부터 사설과 기사를 통해 이를 강조해왔다. 예를 들어 1915년 2월 28일자 사설 "일선융화론"이 그러한 글이다. 이 글에서는 우선 일본이 조선을 병합한 것은 토지와 인민, 이권과 재원을 탐내서 한 것이 아니고, 또 서구 열강이 식민지를 만든 것처럼 일본이 조선과 조선인을 속지(屬地)와 예민(隸民)으로 만든 것이 아니라, 조선의

---

40 「조선총독부 훈령 제1호」(1912), 『조선총독부 관보』, 1912. 1. 6.

41 田中勳 편저, 1925, 『内鮮同化論』, 12쪽.

국토를 방위하고 조선의 민족을 보호하기 위해 조선 측에서 통치권을 일본 천황이 양여받은 것이라고 주장하였다. 이 글은 이어서 일본인과 조선인은 동종(同種), 즉 같은 인종의 관계에 있으면서, 오랫동안 상호 이주, 귀화, 혼인 등 상호간에 매우 친밀한 관계를 유지해왔다는 것을 강조했다. 또 언어, 풍속, 습관, 의복, 건축 등이 대동소이하다는 것을 강조했다. 따라서 "일선 양가는 옛부터 융화친선하여 서로 교도하고, 서로 모방하되 각자 단점을 버리고 장점을 취하는 관계에 있으면서, 따로 장벽이 없었다"는 점을 강조했다. 결국 병합 이후 현재의 시점에도 형제와 같은 관계를 유지하면서 서로 공경하고 서로 사랑하며 서로 권면하고 서로 이끌어주는 관계가 되어야 한다는 것이 이 글의 결론이었다.[42] 이 글은 '일선융화'를 강조한 것이지만, 그 요지는 '일선동화론'과 큰 차이가 없어 보인다.

그런데 『매일신보』는 그해 6월 13일부터 7월 1일까지 10회에 걸쳐 "여하히 하면 일선인이 융화될까"라는 주제의 특집 기사를 연재했다. 일본인과 조선인 양측의 관료나 관변인사들을 인터뷰하여 실은 이 특집의 첫 기사에서는 일본과 조선이 한 집이 된 지 오륙 년이 되었는데, 그동안 국가의 방침이 일본인과 조선인의 융화를 제일 큰 근본주의로 삼고 열성으로 노력해왔다고 주장하였다. 그리고 이에 따라 겉으로는 양편의 감정이 매우 융화된 것처럼 보이기는 하지만, 속을 들여다보면, 아직 감정이 풀어졌다고는 할 수 없는 점이 많으므로, 어떻게 하면 양편의 감정을 융화시킬 수 있을 것인지 여러 의견을 들어보고자 하는 것이 이 특집의 취지라고 밝혔다. 이후 조선 측에서는 자작(子爵) 조중응(趙重應), 경

42 "일선융화론", 『매일신보』, 1915. 2. 18.

성상업회의소(京城商業會議所) 회두(會頭) 백완혁(白完爀), 전무취제역(專務取締役) 한상룡(韓相龍), 공진회협찬회 이사 안순환(安淳煥), 경기도참여관 류혁노(柳赫魯) 등이, 일본 측에서는 경성영자보(京城英字報) 사장(社長) 야마가타 이소(山縣五十雄), 한성은행(漢城銀行), 이왕직사무관(李王職事務官) 고쿠분 쇼타로(國分象太郎) 등이 각기 의견을 밝혔다. 이들이 내놓은 의견은 '요보'와 '왜'라는 말을 쓰지 말라, 성의로써 상대를 대하라, 타국인을 대하는 것 같은 관념을 버리라, 형제자매로 생각하라, 가족을 대함과 같이 겸손하게 상대하라는 등의 것이었다.[43] 이 특집에서 말하는 '융화'는 일본인과 조선인 간의 융화에 초점을 맞추고 있었다.

앞서 본 사이토의 1919년 10월의 『매일신보』 인터뷰도 역시 '내선인의 융화'에 초점을 맞추고 있었다. 사이토는 당시 "끝으로 내가 바라는 바는 내선인이 혼연융화하여 일가(一家)의 친(親)을 실현"하는 것이라고 밝혔다.[44] 사이토의 이와 같은 '내선융화론'은 전임자인 하세가와가 7월 1일 발표한 총독유고에서 말한 '일선융화론'의 맥을 잇는 것이기도 했다. 두 총독이 '동화'보다 '융화'를 강조하게 된 것은 1) '동화'는 조선인들의 반발을 일으킬 가능성이 높지만, '융화'는 그럴 가능성이 낮다는 점, 2) '융화'라는 우회로를 통해서도 '동화'로 나아갈 수 있다는 점, 3) '동화'를 강조할 경우 조선인에 대한 어쩔 수 없는 차별에 대한 조선인들의 비판이 계속될 수밖에 없다는 점, 4) 조선인들의 일본인에 대한 반감을 누그러뜨려 재조선 일본인들의 안전을 보호할 필요가 있다는 점

---

43 "여하히 하면 일선인이 융화될까", 『매일신보』, 1916년 6월 13일부터 7월 1일까지의 특집.

44 "齋藤總督 감상담, 강직근엄한 寺內伯, 一視同仁은 확정불변", 『매일신보』, 1919. 10. 23.

등을 고려했기 때문일 것이다.

한편 『동아일보』와 『조선일보』는 사이토 총독의 '일선융화론'은 사실은 '일선동화'의 다른 말이라고 주장하였다. 먼저 『동아일보』는 사설을 통해, "융화라 함은 동화를 의미함이라. 조선의 문화와 도덕과 언어와 문자와 정신과 전통을 파괴 또는 박멸하고, 이에 조선 민족으로 하여금 대화혼을 가진 일본인을 만들려 함이니"라고 하여, 융화는 동화의 다른 말일 뿐이라고 보았다. 이 신문은 "사이토 총독도 융화의 불가능함을 간파하고, 그 정책의 개선에 노력할 뿐 아니라, 본지 창간호에 축사를 보내어 동화정책의 무의미하고 불가능함으로 논하였으니, 지금 사이토 총독이 융화라 하는 대방침하에 실현에 노력한다 함은 요해치 못할 바이라"라고 하여, 사이토 총독이 한편으로는 '동화는 불가능하다고 하면서, 한편으로는 '융화'를 강조하는 것은 모순이라고 비판하였다.[45] 한편 『조선일보』는 '민성(民聲)'이라는 난을 통해 다음과 같이 지적하였다.

> 재등실총독(齋藤實總督)은 근일 동경에 체류하야 조선에 관한 의회의 질문을 답변하느라고 분망한 중에 일선(日鮮)의 실제적 융상(實際的融相)이라 하는 일편문(一篇文)을 또 저술하여 어느 잡지에 게재하였다 ▲ 그 주지(主旨)는 일선(日鮮)의 융화를 완성하려면 동일심(同一心)이라야만 할 것인데 동일심은 동일한 혈(血)과 육(肉)의 결탁(結托)이 본칙(本則)임으로 일선인(日鮮人)의 잡혼(雜婚)이 제일요건(第一要件)이라 하였다. (중략) ▲ 그렇지만 지난번에 의회에서 조선인을 동화

45 "사설 학우회 순회강연단 해산명령과 언론압박", 『동아일보』, 1920. 7. 22.

코자 함이 아니라 하던 말과 모순(矛盾)이 되니 건망증이 났던지.[46]

위와 같이 『동아일보』와 『조선일보』는 사이토 총독의 '일선융화론'을 사실상 '일선동화론'과 같은 것으로 보았다. 『조선일보』는 1925년 '일선융화의 정치'라는 제목의 사설에서 "조선통치당국의 파악한 동화정책(同化政策) 및 그의 요약한 지도원리인 '일선융화(日鮮融和)'의 진체(眞諦)"라고 언급하였다. 즉 '일선융화'는 '일선동화'를 위한 실행방침이라고 보았던 것이다.[47]

그러면 사이토의 실제 속마음은 어떤 것이었을까. 사이토는 1929년 척무성이 만들어질 때, 추밀원의 고문관으로 있었다. 그는 추밀원에서 척식성 법안이 논의되는 과정에서 당시 다나카 수상에 대한 질문에서 "조선통치에 대해서는 타 식민지에 대하는 것과는 달라야 한다고 생각한다. 따라서 그 행정사무도 점차 내지와 마찬가지로 해나가야 한다고 생각한다. 신설 척식성의 통치 방침은 타 식민지와 마찬가지로 일괄 통치해나간다는 방침인데, 조선만을 따로 떼어서 척식성 관할 밖에 둘 생각은 없는가?"라고 말하였다. 이를 보면, 그는 1929년까지도 하라 수상이 말한 '내지연장주의'의 입장을 지키고 있었던 것으로 보인다. '내지연장주의'는 기본적으로 '동화주의'의 입장에서, '동화'를 실현하기 위해 '내지연장주의'가 필요하다고 보는 것이기 때문에 사이토는 여전히 동화주의자였다고 보아야 할 것이다. 그러나 사이토는 총독 재임 시에 가능하면 이를 잘 드러내지 않으려 했고, 그래서 '동화'라는 말 대신 '융화'라

---

46 "민성(民聲)", 『조선일보』, 1923. 3. 7.

47 "사설 日鮮融和의 正體", 『조선일보』, 1925. 6. 4.

는 말을 즐겨 썼다. 그러나 '융화'라는 말은 앞서 본 『동아일보』나 『조선일보』의 지적처럼 '동화정책'을 위장(僞裝, camouflage)하기 위한 용어에 지나지 않았다. 사이토가 택한 것은 '우회적 동화정책'이었던 것이다.

사이토의 유화적, 우회적 동화정책은 구체적으로는 어떻게 실행되었을까. 그는 우선 '일선융화'를 앞세우고 일본인과 조선인들이 함께 참여하는 단체들의 조직을 적극 지원하였다. 또 지방제도의 개정을 통하여 비록 자문기관이긴 하였지만 부와 면에 협의회, 도에 평의회를 설치하여, 지방에서 유력자들을 협력세력으로 포섭하였다. 그리고 이들 조선인 유력자들이 일본인 유력자들과 협력하도록 적극 유도하였다. 또 보통학교에서 일본어 수업시간을 늘리는 등 적극적인 일본어 보급 정책을 폈다. 사이토의 이와 같은 유화적이고 우회적인 동화정책은 1910년대 데라우치의 강압적이고 직접적인 동화정책에 비해 보다 세련되고 또 효과도 높은 것이었다.

V. 1930년대 이후의 '내선일체(內鮮一體)' : 적극적, 급진적 동화정책 실행기

1. 우가키 총독의 '혼연융화를 통한 내선일체'론

우가키 가즈시게 총독은 1927년 대리총독으로 조선에 온 적이 있었다. 그는 당시 일기에 다음과 같이 썼다.

> 일한병합의 유종의 미는 일선인을 渾然融和시켜 一體로 만드는 데

있다. 조선인을 억지로 일본인으로 만드는 것이 아니라 양자 상호 간에 採長補短의 태도로 접속하여 日鮮一家를 기하는 것이다.[48]

그는 일선인의 '혼연융화를 통한 일체화'를 생각하고 있었다. 그는 일기의 다른 부분에서도 "일본과 조선에서의 통치와 조선의 민심은 한 그릇에 담겨 있는 물과 기름의 관계에 가까워 혼화융합이 안 되는 느낌이 있다. 이 관계가 교정되지 않고는 일한융합의 참된 목적을 달성하기 어렵다"고 썼다.[49]

1931년 7월 그는 조선총독에 정식 임명되어 조선에 오게 되었다. 그는 부임 직후 있었던 총독부 및 소속 관서의 직원에 대한 훈시에서 "굉원(宏遠)한 황유(皇猷)에 따라 조선통치의 정신을 널리 알리고, 내선(內鮮)의 혼화(渾和), 일체일원(一體一元)의 실현을 도모하고, 민중의 강복(康福)을 증진하기 위하여 차제에 일대 용맹심을 분휘하여 국면을 타개하고, 갱시일신(更始一新)의 실(實)을 거둔다는 각오가 필요하다"고 강조하였다.[50] 앞서 1927년에 그가 중요하다고 생각했던 내선의 혼화융합을 통한 일체화를 총독부 직원들에게 강조한 것이다.

그는 이후에도 기회가 있을 때마다 내선의 혼화융합을 강조하였는데, 주목되는 것은 그가 '내선일체'라는 말을 함께 사용하기 시작했다는 것이다. 1932년 3월 중추원 회의 개회식에서 연설을 통해 그는 "원래 일한

---

48 『宇垣一成日記』 1, 1927년 4월 27일, 571쪽(최유리, 1997, 『일제말기 식민지 지배정책 연구』, 국학자료원, 22쪽서 재인용).

49 『宇垣一成日記』 1, 1927년 10월 3일, 611쪽(최유리, 1997, 23쪽서 재인용).

50 『朝鮮總督府官報』, 1931년 7월 16일, 朝鮮總督 宇垣一成, 「朝鮮總督府及所屬官署職員ニ對スル訓示」.

병합의 큰 뜻은 내선일체(內鮮一體)의 실을 거두고, 동양의 평화를 영원히 확보함에 있다"고 말하였다.[51] 1932년 7월 도지사 회의에서도 그는 "일한 병합의 큰 뜻은 동양의 평화를 영원히 확보하고, 내선일체가 되어 융합집목(融合輯睦)의 실을 거두고, 뭇사람의 강녕과 복지를 증진함에 있다"고 말하였다.[52] 1933년 4월 도지사 회의에서도 우가키 총독은 도제(道制) 실시에 따라 "내선일원일체(內鮮一元一體), 융화협조의 실을 거두고" 있다고 자화자찬하였다.[53] 일반적으로 '내선일체'라는 말은 우가키 총독의 후임인 미나미 지로(南次郞) 총독이 처음 쓴 것처럼 알려져 있지만, 실제로는 그에 앞서 우가키 총독이 자주 썼던 말이었다. 때문에 우가키 총독과 함께 새로 부임한 이마이다(今井田) 정무총감도 중추원 회의 개회 시에 의장으로서 연설을 하면서, "통치의 방침에 관하여는 이미 총독이 발표한 유고와 누차의 훈시에도 있음과 같이 공안(公安)을 유지하고, 민중 강복의 증진을 도모하며, 내선일체로 되어 그 공창공영(共昌共榮)의 실을 거두어, 나라의 융성하는 기운에 도움이 되며, 동양평화의 기초를 공고히 하는 것을 그 주안으로 하는 바입니다"라고 하여, 역시 '내선일체'라는 말을 쓰고 있었다.[54] 그러나 '내선일체'의 실현은 아직은 먼 훗날의 목표에 불과했다.

때문에 우가키는 내선(內鮮)의 융화(融和), 혼화(渾和), 융합와 같은 말도 자주 사용했다. 특히 농촌진흥운동을 진행하면서, 이를 통해 "관민의

---

51 "宇垣總督의 訓示", 『매일신보』, 1932. 3. 4.

52 『朝鮮總督府官報』, 1932년 7월 1일, 朝鮮總督 宇垣一成, 「道知事訓示」.

53 『朝鮮總督府官報』, 1933년 4월 12일, 朝鮮總督 宇垣一成, 「道知事訓示」.

54 "新總督 맞아 중추원회의 개최, 今井田 新議長의 총재 아래 총독 훈시후 의사진행", 『매일신보』 1931. 9. 8.

친화협의, 내선인 간의 융합제휴, 생활개선, 소비절약, 영농개선 기타 각반에 걸쳐 점차 실적을 거두게 되었다"고 강조하였다.[55] 그러나 그는 내선융화와 같은 말보다는 이보다 조금 더 강한 '내선의 융합'이나 '내선의 혼연일체', '내선일체'와 같은 말을 더 즐겨 썼다. 그는 1932년 이봉창의거 사건이 일어나자 조선인들의 사상, 의식을 바꾸어나가는 것이 중요하다고 생각한 것으로 보인다. 그는 1932년 도지사회의에서 훈시를 통해 사쿠라다몬(櫻田門) 사건(이봉창의거를 지칭)에 대해 언급하면서, 이러한 "역한(逆漢)이 나왔음은 실로 두려워하지 않을 수 없는 일"이라고 말하고, "금후 일층 국체(國體)를 천명하고 사상의 순화를 기하여, 전조선에 서로 이끌어 화충협동(和衷協同), 더욱 존황보국(尊皇報國)의 지성을 다하여 성명(聖明)에 답할 것을 기하고자 한다"고 말하였다.[56]

이후 그는 '교화운동', 즉 '국민정신 진작운동', '민심작흥운동' 등에 큰 관심을 갖고 이를 강조하였다. 국민정신 진작운동은 이미 1923년 11월 10일에 다이쇼 천황의 내린 조서(詔書)를 통해 시작된 것이었는데, 우가키 총독은 1932년부터 이날의 기념식을 성대하게 갖고 '국민정신의 진작'을 강조하였다. 그는 1932년 기념식에서 성명을 통해, 국제적으로 만주국 수립 이후 일본이 국제연맹과의 불화 등 어려운 처지에 있고, 내부적으로도 산업의 부진과 재계의 불황으로 여러 어려움에 처해 있다면서, 이러한 때를 맞아 "조야(朝野)가 번연히 돌아보고 궐연히 일어나 협심육력하야 민풍을 작흥하며, 민력을 함양하여 난국의 타개를 꾀하고, 국운

55 조선총독부, 「宇垣總督의 訓示要旨: 農村指導主任者 打合會 席上에서」, 『조선』 1934년 2월호, 2쪽.

56 "劈頭 總督과 總監의 訓示: 物質偏重의 羈絆에서 超脫함이 가장 必要, 農村救濟는 自立精神涵養으로, 宇垣總督의 訓示", 『매일신보』, 1932. 7. 1.

의 발전을 도모할 때이라. 나는 이때에 내선일체, 관민상솔(官民相率)하여 깊이 위와 같은 정세를 돌아보고, 세계에 있어서의 동아(東亞) 민족의 입장과 일본 국민의 사명과 아울러 조선 자체의 진가를 자각하는 동시에, 사치안일의 누습을 버리고 근검역행의 미풍을 일으켜야" 한다고 주장하였다.[57] 우가키 총독이 이와 같은 '국민정신 진작운동'을 통해 이루고자 하는 것은 바로 정신적 측면에서의 '동화'였다. 그는 정치적인 측면에서의 동화는 제도적 측면만이 아니라 정신적인 측면에서의 동화에 의해서만 비로소 이루어질 수 있다고 생각했다.

우가키 총독의 '융합을 통한 동화, 내선일체'론은 1935년 총독부의 시정(始政) 25주년 기념식에서 우가키가 행한 다음과 같은 연설에 잘 집약되어 있다.

> 만주사변 이후 國家 異常 情勢에 당면하여는 거의 內鮮一體一心의 굳은 意識이 衝動하여 今에는 此의 결합을 방해하고 此의 협화를 賊하는 모든 有害사상과 삼성을 삼세 박멸고자 하는 경향이 가종 현상으로 현현되어온 사실을 보게 되었다. 兩三년 전부터 획기적 흥국적 聖業으로서 奮起한 농산어촌의 진흥, 자력갱생의 운동과 같은 것도 이 사조, 경향을 기조로 하여 양해되고 伸展되어감은 다시 지적할 것도 없는바, 다만 언어의 장벽과 풍속습관의 不同으로 인하여 혈액의 교류에까지 십분 도달치 못한 유감은 있으나, 다음의 사반세기를 假借(빌림)하여 준다면 此양민족은 다시 크게 渾然한 同化融合의 域에 達하야 세계사상의 一 驚異임에 이를 것이다. 그렇다 반드시 이렇게

57 "民心作興運動總本營 今十日의 總督府 二千餘名 廳員會合, 總監이 大詔奉讀 이어서 熱烈한 訓示가 잇고 宇垣總督 聲明朗讀", 『매일신보』, 1932. 11. 11.

되어야 할 것이다. 조선의 시정 방침의 안목은 대개 이 경지를 목표로 하여 나가야 할 것을 이 기회에 切言하며, 官民一統의 다시 更히 格段의 깊은 이해와 굳은 肝銘을 促코자 한다.[58]

이 연설에서 보면, 우가키는 당시의 정세에서 '내선일체일심'이 필요하다는 것을 강조하였고, 이를 위해 양 민족은 '혼연한 동화융합'을 이루어야 한다고 주장하였다.

우가키 총독과 일본 정부의 식민지 통치 방침은 1937년 6월 우가키 총독이 행한 도지사 회의에서의 훈시에 잘 나타난다. 부산의 일본인들이 발간한 『부산일보』는 이를 보도하면서, "총독의 훈시에 나타난 통치상의 대신념, 근본정신은 우리 국체 및 황도(皇道)의 신수(神髓)에 반도의 동포를 동화시켜, 일본 국민으로서 태평하고 밝은 세상의 황화(皇化)를 입게 하는 것을 신념으로 하고, 열성(列聖)의 지극히 어질고 자애로운 일시동인의 대어심(大御心)을 받들어 이것을 그대로 오류 없이 만백성의 위에 전하고, 만중을 위하여 도모함으로써 유감이 없도록 함에 있다"고 전하였다.[59] 즉 우가키 총독의 조선 통치의 기본 방침은 '일본의 국체와 황도에 조선인들을 동화시키는 것', 즉 일본이라는 국가와 일본 천황에 대한 충성심을 기르는 것이었다.

이상에서 살펴본 바와 같이 우가키 총독의 동화주의는 '융화혼합에 의한 내선일체'를 목표로 설정하면서 '정신적 측면에서의 동화'에 중점을 두고 있었으며, '내선일체'를 앞세움으로써 이전의 총독들과 비교하

58 "엄숙한 역사성을 看取코, 多幸할 前途를 翹望(몹시 기다림), 始政二十五周年을 迎하야, 宇垣一成 총독", 『매일신보』, 1935. 10. 1.

59 "통치의 근본의, 총독의 강력한 훈시(경성지사에서)", 『부산일보』, 1936. 6. 27.

여 보다 적극적인 동화정책을 펴고 있었다.

2. 미나미 총독의 적극적, 급진적인 '내선일체' 정책의 실행

우가키 총독의 내선일체론을 이어받아 이를 본격적으로 강조하고 나선 이가 바로 미나미 지로(南次郞) 총독이었다. 미나미 총독은 1936년 8월 조선에 부임하면서 발표한 성명서에서 역대 총독의 노력을 치하하고, 자신도 그들을 이어받아 "민력의 발달, 강복(康福)의 증진, 산업무역의 발달을 도모하고, 더 나아가 융화의 실을 거두려 한다"고 말하였다.[60] 그는 이때만 해도 '내선융화'를 언급하고 있었다.

그러나 그가 부임한 지 1년쯤 되는 1937년 7월 7일 중일전쟁이 발발하고, 이후 전선이 확대되자, 조선총독부는 이에 대한 대책을 마련하게 된다. 7월 23일 총독부 국장회의에서 미나미 총독은 "비상시국에 처하야 내선일체의 실적을 높이는 일"에 노력할 것을 지시하였다.[61] 8월 12일 국장 회의에서도 미나미 총독은 "금회의 사변을 계기로 하야 종래의 내선융화가 이미 내선일체로 나아가고 있는데 이 기운을 더욱 조장시키는 것"이 필요하다고 강조하였다.[62] 이처럼 미나미 총독은 중일전쟁 발발을 맞이하여 '내선일체'론을 본격적으로 제창하기 시작했던 것이다.

미나미 총독이 '내선일체'를 강력히 지시한 이후, 모든 행정기관, 경찰

60 "南신총독 26일 着京, 성명서를 발표", 『동아일보』, 1936. 8. 23.

61 "대동단결의 기치하 내선일체론 재확인, 총후의 성원 위한 각종 단체 창설과 회합 개최, 경기서 대립 배제 강조", 『매일신보』, 1937. 7. 23.

62 "內鮮一體에 向하야 一層의 徹底를 期하라 -局長會議에서 南總督 指示", 『매일신보』, 1937. 8. 12.

등은 '내선일체'를 구호로 내걸기 시작했다. 예를 들어 강원도 도지사는 각 군에 "내선일체의 인식을 심화시켜 난국 타개에 매진하라"는 지시를 내렸다.[63] 또 경기도 학무과에서는 초중등 학교에 학생들에게 비상시국에 대한 바른 인식을 갖도록 하고, 내선일체 정신을 잘 체득하여, 시국에 대한 유언비어에 이끌리지 않도록 하라고 지시를 내렸다.[64]

9월 이후 조선총독부는 여러 방면에서 '내선일체'의 실천을 지시했다. 9월 6일 이른바 '애국일'을 맞아 총독부는 초등학교부터 대학에 이르기까지 모든 학교에서 '내선일체'의 완성을 위한 행사를 갖도록 지시했다. 이에 따라 이날 각 학교에서는 국기 게양, 국가 고창, 황거요배(皇居遙拜), 국민정신작흥조서의 봉독, 신사신궁 참배 등의 행사를 가졌다. 또 교장과 군인, 학무국 관리 들은 각 학교에서 시국에 대한 강연을 했다.[65] 또 10월 들어서는 교육에서도 내선일체를 구현한다는 명분으로, 조선인 학교와 일본인 학교의 명칭을 통일하는 작업이 진행되었다. 이에 따라 조선교육령의 개정이 이루어졌고, 조선인 학교의 '보통학교'와 '고등보통학교' 명칭은 '소학교'와 '중학교'로 바뀌었다.[66]

미나미 총독은 또 그해 10월에 교육의 근본 방침을 '황국신민의 연성'으로 설정하고, '황국신민의 서사'를 제정, 반포하였다. 그리고 조선 교

---

63 "內鮮一體認識深化 難局打開에 邁進, 강원 김지사", 『매일신보』, 1937. 8. 13.

64 "全道內初中等校生에 內鮮一體精神强調 그리하야 時艱을 克服토록 京畿學務課서 激勵", 『매일신보』, 1937. 8. 31.

65 "百二十萬學徒動員 國民的自覺의 大行事, 內鮮一體도 在於此", 『매일신보』, 1937. 9. 7.

66 "敎育에 內鮮一體具現 學校名稱統一(中學과 小學으로), 明春부터 實施의 方針 樞密院의 諒解엇고자 資料蒐集中 朝鮮敎育令改正準備中", 『매일신보』, 1937. 10. 3.

육의 3대 방침을 '국체명징, 내선일체, 인고단련'으로 설정했다.[67] 그는 또 11월 10일 국민정신작흥 조서(國民精神作興 詔書) 발표 기념일을 맞아 성명을 발표했다. 이 성명에서 그는 "중대 시국에 당하야 국민 공유의 긍지에 의하여 나의 성명(聲明)의 뜻을 본받아 내선(內鮮)이 일체 협력하야 망사봉공(忘私奉公)하야 소홀히 함이 없으면 시국의 어려움을 극복하는 일을 가히 기대할 것이며, 국체의 정화는 스스로 발양될 것"이라고 말하였다.[68] 미나미 총독은 이제 정신적 측면에서의 '동화정책'을 보다 강력히 추진하고 있었던 것이다. 그리고 이는 조선인을 전장에 동원하기 위한 사전 준비작업이었다.

결국 내선일체론은 1938년 조선에서 지원병제도를 실시하는 것으로 이어졌다. 1938년 2월 23일 육군특별지원병제도가 칙령으로 공포되었고, 3월 30일 그 시행령이 발포되었다. 이에 따라 4월 3일부터 지원병 모집이 시작되었다. 이에 대해 총독부 기관지인 『매일신보』는 '내선일체의 굳센 제1보'이며, '시정(始政) 28년 치적의 결정(結晶)'이라고 평가하였다.[69]

미나미 총독은 이어서 전쟁에의 인적, 물적 자원의 동원을 위해 국민정신총동원연맹 조선연맹을 조직하였다. 국민정신총동원 중앙연맹은 이미 일본 본토에서 1937년 10월에 조직된 것이었는데, 이에 보조를 같이하기 위한 조선연맹을 만든 것이었다. 그리고 일본의 중앙연맹이 지도방침으로서 거국일치(擧國一致), 견인지구(堅引持久), 진충보국(盡忠報國)의

67 최유리, 1997, 71~72쪽.

68 "全鮮 一齊 詔書 奉讀, 官民內鮮一體를 强化 銃後奉仕의 覺悟益固, 南총독 성명", 『매일신보』, 1937. 11. 11.

69 "內鮮一體認識深化 難局打開에 邁進, 강원 김지사", 『매일신보』, 1938. 4. 3.

3대 슬로건을 내세웠는데, 조선연맹은 이에 '내선일체'를 추가한 4대 슬로건을 내세웠다.[70] 전시체제의 강화에 따라 국민정신총동원 조선연맹은 1940년 10월 국민총력 조선연맹으로 전환되었다. 그리고 이 연맹은 규약 제2조에서 "본 연맹은 국체의 본의에 기초하여 내선일체의 실을 거두며, 각기 그 직역에서 멸사봉공의 정성을 받들어 협심육력으로 국방국가체제의 완성, 동아신질서의 건설에 매진할 것을 목적으로 한다"고 표방하였다.[71] 결국 조선총독부는 한편에서는 조선인이 전쟁에 협력하고 참여할 수 있게 된 것은 내선일체가 비로소 실현된 증표라고 주장하면서, 다른 한편에서는 더 강력한 내선일체의 실현을 위해서는 조선인도 전쟁에 적극 협력하고 참여해야 한다고 주장하였던 것이다. '내선일체'는 전쟁 협력의 이유이면서 동시에 목표로서 설정되고 있었다.

한편 미나미 총독은 1939년 11월 10일 조선민사령 개정을 공포하여 이른바 '창씨개명' 사업을 시작했다. 당시 총독부 법무국장은 이를 통해 '내선일체'에 박차를 가하게 될 것이라고 주장했다.[72] 당시 이 문제와 관련하여 총독부 내에는 세 가지 입장이 있었다고 한다. 첫째는 조선인에게 명실상부한 일본인풍의 씨명을 짓도록 해야 한다는 것이고(학무국장 시오바라), 둘째는 조선의 가족·친족제도의 개편을 위해 씨제도를 창설하여 일본식 '이에(家)'의 관념을 강화해야 한다는 것(법무국), 셋째는 일본인풍의 씨명을 짓게 하는 것은 반대한다는 것(경무국) 등이었다. 총독부 내의 이와 같은 서로 다른 의견 때문에 '창씨개명'은 진행되는 과정에

---

70 최유리, 1997, 86~87쪽.

71 최유리, 1997, 125~126쪽.

72 "조선인에 내지성씨, 서양자 제도도 인정, 민법을 개정 불원 실시", 『매일신보』, 1939. 11. 9.

서 우여곡절을 겪게 된다. 즉 경무국 쪽은 이 사업에 협조하지 않겠다는 태도를 취하게 되고, 법무국은 이를 달래기 위해 결국 조선인들에게 가능하면 일본인풍이 아닌 씨명을 새로 짓도록 유도하게 되었다. 즉 '내선일체'가 소리높이 주창되고 있었지만, 조선인을 일본인과 구별이 없을 정도로 동화시켜야 할 것인지에 대해 총독부 안에서도 이견이 있었고, 결국 어느 정도는 차이가 드러나도록 해야 한다는 결론을 냈던 것이다.[73] 이는 미나미 총독 시기에 '내선일체'라는 '동화'의 최고 수준의 슬로건이 주창되고 있었지만, 식민지 지배당국 안에서는 여전히 '차이' 내지는 '차별'을 둘 수밖에 없다는 입장이 강했음을 말해주는 것이다.

이상에서 살펴본 것처럼 미나미 지로 총독은 중일전쟁 발발 이후의 상황에서 조선인들을 전쟁에 동원하기 위해 '내선일체' '황국신민화'를 앞세우면서 상당히 적극적이고 급진적인 '동화주의' 정책을 폈다. 그러나 그의 동화정책도 창씨개명에서 나타나는 것처럼 '차별'을 완전히 배제한 것은 결코 아니었다. 그들은 조선인을 일본인으로 만들고자 하는 것이 아니었다. 그들의 목표는 조선인을 일본 국민으로 만드는 것이었다. 더 구체적으로는 차별을 동반하는 '2등 국민'으로 만든다는 것이었다.

---

73 水野直樹, 2008,『創氏改名-日本の朝鮮支配の中で』, 岩波新書 제1부와 제4부 참조.

Ⅵ. 맺음말

이상에서 살핀 바와 같이 식민지 조선 통치를 담당했던 조선총독부의 수장인 총독들은 일관하여 '동화주의' 노선을 걸었으며, 그에 기초한 정책들을 폈다고 할 수 있다. 그것은 일본 정부의 조선 통치 기본 방침이 '동화주의'였기 때문이다. 그렇다고 해서 조선을 식민지나 '외지'가 아닌 '내지'로 만든다든가, 조선인을 일본인(일본 민족)으로 만든다는 것은 아니었다. 그들의 '동화주의'란 '조선인의 일본 국민화'를 의미하는 것이었다. 이를 위해서는 우선 정치적 동화가 필요했고, 이어서 사회·문화적 동화, 정신적 동화가 필요했다. 조선 총독들은 이러한 동화를 위해서는 상당한 시간이 필요하다고 보았다. 따라서 그들은 대체로 점진적 동화주의의 입장을 취하였다. 그러나 각 총독은 그때그때의 정세와 총독 개인의 취향에 따라 적극적 혹은 소극적인 동화정책을 펴는 경우도 있었고, 또 강압적 혹은 유화적인 동화정책을 펴는 경우도 있었다.

각 총독별로 차례대로 동화정책에 대한 입장을 살펴보자. 1910년대의 데라우치, 하세가와 총독은 일본의 조선 통치의 기본적인 방침이 '동화주의'라는 것을 확인하고, 정치적, 사회문화적 측면에서 향후 추진될 '동화정책'의 토대를 닦고자 했다. 그들은 각종 법제를 만들거나 강압적인 방법으로 일본 통치에 대한 조선인들의 복종을 요구했다. 또 조선인들의 통치에 대한 협력을 끌어내기 위해 관리와 경찰에 조선인들을 끌어넣었고, 또 조선인 학생들에게 일본어를 가르치기 시작했다. 또 심지어 조선인의 관습과 배치되는 「묘지규칙」 같은 것을 만들어 조선인들의 반발을 사기도 했다.

3·1운동은 그러한 정책에 대한 파탄 선고였다. 1920년대 사이토 총독과 하라 수상은 기본적으로 내지연장주의, 동화주의의 입장에서 조선의 동화정책을 계속 추진하고자 했다. 그러나 사이토 총독은 이전에 비해 보다 온건하고 점진적인 방식으로 동화정책을 추진하고자 했다. 여기에서 나온 것이 '일선융화', 즉 일본인과 조선인 간의 융화라는 슬로건이었다. 그는 '동화'라는 말을 쓰지 않고 '융화'라는 말을 내걸었고, 강압적이고 직접적인 방식보다는 유화적이고 우회적인 방식으로 동화정책을 추진하고자 했다.

1930년대 우가키 총독은 '내선융화'에서 일보 더 나아간 '융합을 통한 내선일체'라는 슬로건을 내걸고, 정신적 동화를 목표로 '국민정신 작흥운동', '심전개발운동' 등을 펴기 시작했다. 이는 조선인들에게 일본이라는 국가와 천황에 대한 충성심을 심어주기 위한 것이었다. 1936년 부임한 미나미 총독은 1937년 중일전쟁이 발발하자, 조선과 조선인이 이 전쟁에서 중요한 역할을 하게 될 것이라고 보고, 보다 적극적으로 '내선일체'를 내걸고 아예 '황민화정책'을 추진했다. 이로써 그는 이전 총독들에 비해 보다 적극적이고 급진적인 동화주의자가 되었다. 그는 구체적인 동화정책으로서 학교 이름의 통일, 창씨개명의 시행, 신사참배 강요, 지원병제도의 실시 등의 조치를 취했다. 그러나 창씨개명의 시행 과정에서 보이듯이 조선인에 대한 차별은 여전히 남겨둘 수밖에 없었다. 조선인을 일본 국민으로 만드는 동화정책은 실제로는 조선인을 '2등 국민'으로 만드는 것을 목표로 하고 있었기 때문이다. 1910년대부터 '동화'와 '차별'은 계속해서 충돌하고 있는 것처럼 보였는데, 사실은 충돌이 아니었다. 동화는 원래 차별을 내포한 동화였기 때문이다.

참고문헌

한국어

강창일, 1994, 「일제의 조선지배정책」, 『역사와 현실』 12; 1999, 「일제초기 식민통치의 전략과 내용」, 『일제식민통치연구』 1(한국정신문화연구원 편), 백산서당.

고마고메 다케시, 2007, 『식민제국 일본의 문화통합』, 역사비평사(駒込武, 1996, 『植民地帝國日本の文化統合』, 岩波書店).

권태억, 2001, 「동화정책론」, 『역사학보』 172집.

김신재, 2016, 「일제강점기 조선총독부의 지배정책과 동화정책」, 『동국사학』 60집.

나카바야시 히로가츠(仲林裕員), 2013. 6, 「1910년대 조선총독부의 통치논리와 교육정책」, 『한국사연구』 161집.

박경식, 1973, 『日本帝國主義の朝鮮支配』, 青木書店(『일본제국주의의 조선지배』, 1986, 청아).

서종진, 2020, 「일본 제국주의의 '내지연장주의'와 조선총독부의 '문화정치'」, 『한국정치외교사논총』 41-2.

신용하, 2001, 『일제강점기 한국민족사』(상), 서울대학교출판부.

정연태, 2004, 「조선총독 寺內正毅의 한국관과 식민통치-점진적 민족동화론과 민족차별 폭압정책의 이중성」, 『한국사연구』 124집.

조선총독부, 「宇垣總督의 訓示要旨: 農村指導主任者 打合會 席上에서」, 『조선』 1934. 2.

차기벽, 1985, 「일본제국주의의 식민정책의 형성배경과 그 전개과정」, 『일제의 한국 식민통치』, 정음사.

최유리, 1997, 『일제말기 식민지 지배정책 연구』, 국학자료원.

일본어

春山明哲, 1980, 「近代日本の植民地統治と原敬」, 『日本植民地主義の政治的展開 1895-1934』, アジア政經學會.

________, 2008, 『近代日本と台灣』, 藤原書店.

水野直樹, 2008, 『創氏改名-日本の朝鮮支配の中で』, 岩波新書.

矢內原忠雄, 1926, 「朝鮮統治の方針」, 李種植 編, 『朝鮮統治策に關する學說』.

山中速人, 1983, 「朝鮮同化政策と社會學的同化」(下), 『關西學院大學社會學部紀要』 46.

山本有造, 1992,『日本植民地經濟史研究』, 名古屋大學出版會.
拓務大臣官房文書課, 1935,『拓務省處務提要: 昭和9年12月末日現在』.
原敬, 1990,「朝鮮統治私見」,『齋藤實文書』13, 고려서림.

신문 및 기타
『조선총독부 관보』.
"教育에 內鮮一體具現 學校名稱統一(中學과 小學으로), 明春부터 實施의 方針 樞.
"南신총독 26일 着京, 성명서를 발표",『동아일보』, 1936. 8. 23.
"內鮮一體에 向하야 一層의 徹底를 期하라 -局長會議에서 南總督 指示",『매일신보』, 1937. 8. 12.
"內鮮一體認識深化 難局打開에 邁進, 강원 김지사",『매일신보』, 1937. 8. 13.
"內鮮一體認識深化 難局打開에 邁進, 강원 김지사",『매일신보』, 1938. 4. 3.
"대동단결의 기치하 내선일체론 재확인, 총후의 성원 위한 각종 단체 창설과 회합 개최, 경기서 대립 배제 강조",『매일신보』, 1937. 7. 23.
"同化의 方法",『매일신보』, 1910. 9. 14.
"同化의 意味를 不可解, 齋藤總督 談",『동아일보』. 1920. 4. 1.
"同化의 主意",『매일신보』, 1910. 8. 30.
"민성(民聲)",『조선일보』, 1923. 3. 7.
"百二十萬學徒動員 國民的自覺의 大行事, 內鮮一體도 在於此",『매일신보』, 1937. 9. 7.
"劈頭 總督과 總監의 訓示: 物質偏重의 羈絆에서 超脫함이 가장 必要, 農村救濟는 自立精神涵養으로, 宇垣總督의 訓示",『매일신보』, 1932. 7. 1.
"寺內總督談(4) 同化策",『매일신보』, 1913. 6. 28.
"사설 日鮮融和의 正體",『조선일보』, 1925. 6. 4.
"사설 학우회 순회강연단 해산명령과 언론압박",『동아일보』, 1920. 7. 22.
"殖民學會 대회",『매일신보』, 1910. 12. 9.
"新總督 맞아 중추원회의 개최, 今井田 新議長의 총재 아래 총독 훈시후 의사진행",『매일신보』1931. 9. 8.
"엄숙한 역사성을 看取코, 多幸할 前途를 翹望(몹시 기다림), 始政二十五周年을 迎하야, 宇垣一成 총독",『매일신보』, 1935. 10. 1.
"여하히 하면 일선인이 융화될까",『매일신보』, 1916년 6월 13일부터 7월 1일까지의 특집.
"宇垣總督의 訓示",『매일신보』, 1932. 3. 4.

"일선융화론", 『매일신보』, 1915. 2. 18.
"日鮮의 同化", 『매일신보』, 1912. 9. 12.
"齋藤總督 감상담, 강직근엄한 寺內伯, 一視同仁은 확정불변", 『매일신보』, 1919. 10. 23."齋藤總督 감상담, 강직근엄한 寺內伯, 一視同仁은 확정불변", 『매일신보』. 1919. 10. 23.
"全道內初中等校生에 內鮮一體精神强調 그리하야 時艱을 克服토록 京畿學務課서 激勵", 『매일신보』, 1937. 8. 31.
"全鮮 一齊 詔書 奉讀, 官民內鮮一體를 强化 銃後奉仕의 覺悟益固, 南총독 성명", 『매일신보』 1937. 11. 11.
"조선인에 내지성씨, 서양자 제도도 인정, 민법을 개정 불원 실시", 『매일신보』, 1939. 11. 9.
"통치의 근본의, 총독의 강력한 훈시(경성지사에서)", 『부산일보』, 1936. 6. 27.
密院의 諒解엇고자 資料蒐集中 朝鮮教育令改正準備中", 『매일신보』, 1937. 10. 3.

5장

엇갈리고, 충돌하는 '이해'
: 식민지기 일본인의 조선관, 그 제상(諸相)

미쓰이 다카시(三ッ井崇)

I. 머리말

'전후 최악'이라고도 일컬어지는 한일관계의 긴장 상태가 이어지는 가운데, '화해'를 위해서는 어떠한 지(知)의 축적이 필요할까. 더욱이 역사 연구의 입장에서는 어떠한 지식의 공유가 필요할까.

이것을 고찰하는 한 재료로 한일 양국에서 이목이 집중되었던 한 편의 영화를 언급해 보겠다. 영화 〈박열〉은 조선인 사회운동가 박열과 일본인 사상가인 가네코 후미코(金子文子)의 사상적 연대와 러브스토리로 주목을 받았다. 한국에서는 약 236만 명[1]의 관객을 동원했으며, 일본에서는 정확한 관객 수는 알 수 없으나 시민 그룹 등에서 상영회를 개최하는 사례도 나타나는 등 일정한 주목을 받았다고 말할 수 있다. 적어도 일본인에게는 일본과 한반도의 힘든 시기에 일본인과 조선인이 '연대'했다는 사실이 신선하게 다가왔을지도 모른다.

가네코 후미코만이 아니다. 지금까지 아사카와 노리타카(淺川伯教)·다쿠미(巧) 형제, 후세 다쓰지(布施辰治) 등도 식민지하에서 차별에 고통받던 조선인에 대한 이해자로 주목받아왔다. 그때마다 일본인임에도 이해자였다는 점에 관심이 집중되어 암울한 시대의 '빛'과 같은 존재로, 차별을 헤쳐나가기 위한 일본인의 모범 사례로 주목받았다. 그 의의는 부정할 수 없으나, 이 인물들이 부각된 까닭은 그들이 예외적인 존재였기 때문이다. 대체로 일본인과 조선인 사이에 상호 이해가 성립한 사례는 적었던 것이 사실일 터이다. 그렇다면 위와 같은 '빛'과 함께 일본인과 조선인 사이에 이해가 성립할 수 없었던 '그림자' 부분 또한 충분히 고

1 '영화관 입장권 통합 전산망(KOBIS)' 통계.

찰되어야 할 것이다. 이 글은 이 지점을 '엇갈림' 혹은 '충돌'이라는 관점에서 정리해본다.

우선 이 점을 고찰하는 현대적 의의를 2가지 사례를 통해 살펴보자.

하나는 현재 일본에서 발생하고 있는 흥미로운 현상이다. 한일관계가 악화해 '혐한(嫌韓)/단한(斷韓)'을 내건 헤이트 스피치가 일본 사회에 만연하고 있음에도, '한류'의 인기는 여전히 식을 줄 모르며 '제3차 한류 열풍'이라 불릴 만한 현상이 나타나고 있다. 그곳에서는 K-POP과 화장품 등 한국의 문화 콘텐츠를 거부감 없이 받아들이는 일본 청년들의 모습을 발견할 수 있다. 그러나 그것은 과거부터 현재에 이르기까지 일본과 한반도 사이에 지속되어온 갈등에 대한 이해와는 한참 동떨어진 것이다.[2]

한편, 한일 갈등의 상황을 극복하기 위해 행동하는 젊은이들의 모습도 볼 수 있다. 언론에서 큰 화제로 떠오른 것은 한일 양국에서 등장한 '프리허그' 사례이다. 한일 양국의 언론이 빚어낸 편향된 상호 이미지에 위기감을 느낀 젊은이들이 프리허그를 통해 '우호'를 확인하거나 되찾으려는 시도라고 할 수 있다. 특히 어느 한국인 여대생은 프리허그를 하면서 일본을 종단하고, 각지에서 일본인과 교류하고 있었다. 그 학생이 오사카(大阪)에서 겪은 경험 중 특히 주목할 만한 사례가 있다. 교류회에 참석한 한 남성 참가자가 자신은 원래 '혐한' 사상의 소유자로, 한국 정부의 역사관에는 동의할 수 없으나 미래 세대를 위해 서로 다른 사상을

2 井上有紀子, "嫌韓の裏で'第3次韓流ブーム'到來中！韓國好き女性たちが語る実情". 『AERA』 2019年12月9日號. https://dot.asahi.com/aera/2019120600044.html?page=1(2019년 12월 10일 접속).

가진 사람들끼리 교류의 기회를 가질 필요가 있다고 발언했다.[3] 이 참가자가 한 발언은 갈등에 대한 이전의 무관심과는 반대로 (사상적 경향은 차치하고) 갈등을 마주하는 자세를 보이고 있는 점은 흥미롭다.

두 사례 모두에서 중요한 점은 어떠한 입장에서 자신이 한반도를 바라보고 있는지 자각하고, 분석하는 힘일 것이다. 이 글의 목적은 이를 위한 재료를 근대사 특히 식민지기 조선의 시공간에서 제공하는 것이다. 이하에서는 과거 일본인의 조선관을 상호 이해의 성립이 얼마나 어려웠는가라는 관점에서 재조명하고, 그 속에서 조선인과 엇갈리고 또 충돌한 조선관의 양상을 확인한다.

II. 일방적인 조선 '이해'

1. 조선총독부의 조선관

조선총독부는 지배 대상인 조선인, 조선사회에 대해 조사를 하고 그것을 조사 자료로 정리했다. 특히 조선관을 단적으로 보여주는 자료 중 하나로 들 수 있는 것이 조사자료 제20집 『㊙조선인의 사상과 성격(朝鮮人の思想と性格)』(1927)이다. 이 자료는 총독부 촉탁인 무라야마 지준(村山智順)이 기존 자료에서 조선인관과 관련된 기사나 증언을 수집한 것이다. 이 책의 '머리말(序)'에는 다음과 같은 기술이 담겨 있다.

---

3 「"フリーハグ"で日本縦断 女性の願い」, 『NHKおはよう日本』, 「今朝のクローズアップ」, 2019年11月11日. https://www.nhk.or.jp/ohayou/digest/2019/11/1111.html(2019년 12월 10일 접속).

> 조선을 이해하기 위해서는 조선인의 사상과 성격을 살펴보는 것이 가장 필요한 조건이다. 하지만 이 사상과 그 성격의 참모습을 여실히 묘사하기란 쉽지 않다. 왜냐하면 사상은 늘 동요하고 성격은 잠재된 채 보이지 않는 것이 일반적이기 때문에 이를 포착하여 밝히는 데 사상과 성격 그 자체를 직접 다루었다가는 헛수고로 끝나고 마는 경우가 많아, 이들을 육성시킨 문화와 이들이 발현되는 사회현상에 의거하여 간접적으로 관찰해야 하기 때문이다. 이 책은 주로 조선인의 사상과 그 성격을 조사연구하는 자료로 삼을 요량으로 각종 방면에서 본 조선인의 사상과 성격을 잡다하게 수집한 것에 불과하나, 이 정도만으로도 어느 정도까지는 조선인을 이해하는 데 도움이 될 것이다.[4]

"조선인을 이해하기 위해서"라는 목적이 명확하게 드러나 있음을 알 수 있다. 목차는 '조선인의 개관', '조선인의 성정', '조선의 사회경향', '정치 및 경제사상', '신앙사상', '조선의 문화사상', '조선의 문예사상'으로 구성되어 있다. 이 전부를 망라해 다루기는 어려우나, '조선인의 성정' 중 '일반적 성격' 부분에는 '방종, 사치, 낭비, 사행', '부화뇌동', '모방성', '무기력', '이기적', '진지함의 결여', '감격성 결여'와 같은 표현이 종종 등장한다.[5] 그러나 이들 '분석'은 모조리 일본인 혹은 일본 언론의 조선인관에서 추출한 것으로, 객관성이 떨어지며 또한 당사자인 조선인의 시점이 빠진 편견이라 해도 과언이 아니라는 것은 두말할 나위도 없다. 그러한 점에서 당연히 일방적인 '이해'에 불과하다.

---

4 朝鮮総督府, 1927, 『朝鮮人の思想と性格』, 1쪽.

5 朝鮮総督府, 1927, 45~51쪽.

이러한 인식은 조선총독부를 위시해 일제강점기 일본인에게 흔히 볼 수 있던 인식이며, 이들 요소를 이용해 조선은 뒤처진 '문명화'라는 이미지를 심었다. 이를 통해 일본에 의한 조선의 '문명화'를 정당화하려 했던 셈이다.

2. '식민사관'의 정치학(politics) – '일조동원론'을 중심으로

근대조선사학사를 설명할 때 소위 '식민사관' 중 하나로 거론되는 것이 '일조동원론(日朝同源論)'이다. 이는 역사학, 인류학, 언어학 등의 분야에서 민족/인종기원론적 측면에서 일본과 조선이 '동조(同祖)/동계(同系)/동원(同源)'이었다는 논리를 총칭하는 개념이다. 종래 '일선동조론(日鮮同祖論)'이라 일컬어졌으나, 이 논리에는 다양한 변종이 존재했음을 고려할 때에 '일조동원론'이라는 명칭 쪽이 타당하므로 다음에서는 이와 같이 부른다.

'일조동원론'의 정치성은 조선사학사의 맥락에서 볼 때 역시 한국병합(1910)을 정당화하기 위해 학계나 언론계에서 적극적으로 이용되었다는 점에 있다. 그리고 그것은 조선인의 민족주의와 양립될 수 없는 부분이 많아 단순히 '식민'을 위한 학문으로 여겨진 측면이 있다.

그러나 '일조동원론'은 일본의 천황제 문제와 반드시 결부될 수밖에 없었다. 왜냐하면 동원론은 조선민족론뿐만 아니라 다른 한편으로 일본민족론의 성격을 지니고 있었기 때문이다. 바꾸어 말하면 동원론은 일본의 '국체(國體)'와도 연동되어 있었기에 필연적으로 조선인의 민족주의와 대치될 수밖에 없었다.[6] 참고로 당시 '국사(=일본사)' 계열에서 주창된 동원론에 대해 동양사학 계열에서는 시라토리 구라키치(白鳥庫吉) 등이 동원부정론을 제기했다. 그것은 혼합민족론을 채용하는 전자와 '일본 민족'의 유구성(悠久性)을 역설하는 단일민족론의 대립이었다. 하지만 '내지'에서는 후자가 우세했다. 동원론은 갈등 요인이었으나, 한국병합의 정당화를 위해서 전자가 주장된다.

예를 들면 조선총독부는 1915년부터 조선반도사편찬사업에 착수하는데, 『조선반도사 편성 요지 및 순서(朝鮮半島史編成ノ要旨及順序)』(1916)에서는 편찬의 주안점을 "일선인(日鮮人)이 동족인 사실을 밝히는 것"[7]으로 규정하고 있다. 즉 동원론은 일본의 조선 통치에서 기본 틀로 설정되어 있었다. 1919년에 일어난 조선인의 대규모 저항운동인 3·1운동 후에도 그 자세를 허물지 않았고, 황민화정책기까지 쭉 견지되었다.

이러한 이데올로기가 조선인의 민족의식과 일치하지 않은 것은 특히 3·1운동 시기에 현저히 드러났다. 당시 오사카에서 독립운동에 참여한 염상섭은 다음과 같은 내용의 독립신인문을 기초했다.

> 평화의 제단에 숭고한 희생으로 바쳐진 3천만의 망령(亡靈)에 의하여 가장 웅변으로 또 가장 통절히 오인(吾人)에게 가르쳐준 것은 실로 민족자결주의 오직 한마디다.
>
> 일본이 입을 모아 조선을 혹은 동족(同族)이라 부르고 혹은 동조(同祖)라 역설하는 사실은 무엇보다 역력한 증거이다. 우리 한국은 4천

---

6 이 점에 관해서는 三ツ井崇, 2004, 「近代アカデミズム史學のなかの「日鮮同祖論」-韓國併合前後を中心に-」, 『朝鮮史研究會論文集』 第42集을 참조.

7 朝鮮総督府, 1916, 『朝鮮半島史編成ノ要旨及順序』, 4쪽.

> 3백년의 존엄한 역사를 가졌고 일본은 한국에 뒤지기를 실로 1천여 년이다. 단지 이를 보아도 조선 민족은 야마토(大和, 일본-역자) 민족과 하등 상호 관련이 없음은 췌언(贅言)할 필요도 없는데, 합병 이래 이미 10년이 지난 오늘까지 일본이 조선에 임(臨)함에 얼마나 참학(慘虐)과 무도(無道)를 극(極)하였는지는 오인(吾人)의 말을 기다릴 것도 없이 일본 국민 스스로가 돌이켜보아 뉘우치는 바가 클 것이다.[8]

그러나 당시 일본의 총리였던 하라 다카시(原敬)가 '내지연장주의'를 제시하기 위해 저술한 「조선통치사견(朝鮮統治私見)」(1919)을 보면, "우리 제국과 신영토인 조선의 관계를 보자면 언어, 풍속에서 다소 상이할지언정 그 근본으로 거슬러 올라가면 거의 동일한 계통에 속하며, 인종은 본디 이동(異同)이 없고 역사도 상고(上古)까지 거슬러 올라가면 거의 동일하다고 논할 수 있다"[9]라고 했다. '내지연장주의'를 정당화하기 위한 수사의 측면도 있으나, 이미 한국병합을 정당화하는 논리이기도 했던 만큼 새삼스럽게 부정할 수도 없었다. 그리고 무엇보다 중요한 점은 염상섭의 독립선언문에 나타난 동원론에 대한 혐오감을 보면, 하라의 「조선통치사견」에서 볼 수 있는 동원론의 논리는 설사 수사였다 해도 3·1운동의 대책으로는 한계를 내포하고 있었다.

그러나 일본의 지식인 사이에서는 동원론=조선 지배라는 전제를 허무는 논의가 등장했다. 다음에서는 3·1운동 이후의 야나기 무네요시(柳

8 재오사카한국노동자일동대표 염상섭, 1919년 3월 19일, 「독립선언서」, 姜德相 編, 1967, 『現代史資料26 朝鮮2』, みすず書房, 34쪽.

9 原敬, 1919, 「朝鮮統治私見(上)」, 『斎藤実関係文書』, 國立國會図書館憲政資料室, 所蔵番號104-19.

宗悅), 요시노 사쿠조(吉野作造)라는 두 지식인의 담론에 주목해 그 점을 확인하겠다.

3. '육친'과 '벗' 사이의 흔들림 – 야나기 무네요시

일본 민예(民藝)운동의 중심인물이자 사상가인 야나기 무네요시는 아사카와 노리타카·다쿠미 형제와 함께 조선의 민속공예에 꾸준한 관심을 기울였던 인물이다. 야나기는 3·1운동 후인 1920년, 잡지 『개조(改造)』 6월호에 「조선의 벗에게 보내는 글」을 발표했다. 다음은 이 글의 내용에 대한 분석이다.

야나기는 우선 본문 첫머리에서 다음과 같이 적고 있다.

> 여러분의 쓸쓸한 심정을 헤아리고 있노라면 나도 모르게 눈에 눈물이 번진다.【나는 지금 여러분의 운명을 생각하고, 돌아보면서 또다시 이 세상의 부조리한 정세를 생각한다. 있을 수 없는 일들이 눈앞에 펼쳐지고 있다.】 내 마음은 평화로울 수 없다. 내 마음이 여러분을 향할 때,【나도 함께 여러분의 고통을 느낀다.】[10]

그리고 야나기는 조선의 "부조리한 정세"에 동정을 표하면서 다음과 같이 글을 잇고 있다.

10 柳宗悅, 1920, 「朝鮮の友に贈る書」, 『改造』 第2巻 第6號, 1쪽. 덧붙여 이 글은 검열로 삭제된 부분이 곳곳에 존재한다. 그래서 삭제된 부분을 柳宗悅, 1984, 『民藝四十年』(岩波書店·文庫)의 텍스트를 토대로 보완했으며, 그 보완 부분은【 】로 표시했다. 이하 같다.

사람은 태어나면서부터 사람을 사랑한다. 미움이나 다툼이 인간의 본성일 리가 없다. 여러 불순한 동기로 인해 나라와 나라가 갈리고, 마음과 마음이 멀어지고 있다. 【부조리한 정세가 추악한 지배로 우쭐해져 있다. 그러나 영속할 수 있는 부조리가 과연 어디에 있겠는가. 모든 마음은 본래 모습으로 돌아가고자 한다. 모든 것이 본디 모습으로 돌아간다면 사랑은 더욱 빈번히 우리 사이를 오갈 것이다. 그런데 어떤 부조리한 힘이 우리를 둘로 갈라놓고 있는 것이다.】[11]

위와 같이 지적한 다음, "【오랜 세월 번갈아 계속된 무력과 위압에 의해 철저하게 인정을 짓밟힌 조선의 역사를 생각하노라면 나는 북받치는 눈물을 주체할 수 없다】"[12]고 쓰고 있다. 야나기가 비판하고 있는 대상은 조선인에 대해 압정을 자행하는 일본인 또는 일본 국가이며, 일본인 일반이 아니다. 그러나 "비록 내가 목격자가 아닐지라도, 【여러 참혹한 일이 여러분들에게 자행되었다는 사실을 전해들을 때, 내 마음은 고통스럽기만 하다.】 그것을 묵묵히 참고 견디어야 하는 여러분의 운명에 나는 할 말을 잃는다"[13]나, "【우리는 여러분이 모국을 생각하며 실행하는 의분(義憤)의 행위를 책망하는 것에 대해 모순을 느끼지 않을 수 없다.】 진리는 보편적인 진리일 때 바람직할 터이나, 때로는 하나의 행위에 두 개의 이름이 붙여져, 【어떤 때는 '충절', 또 어떤 때는 '불령(不逞)'이라는 이름으로 불린다.】 따져보면 이러한 모순이 이 세상에 얼마나 많이 존재하는

11 柳宗悅, 1920, 2쪽.

12 柳宗悅, 1920.

13 柳宗悅, 1920, 7쪽.

가"[14]라는 문장에서는 일본의 조선 통치에 대한 그의 비판 의식을 엿볼 수 있다. 야나기는 국가와 개인을 분리하면서 "나의 정확한 관찰에 의하면, 개인적으로 조선인들을 증오하는 사람은 거의 없다", "두 나라가 갈라지는 것은 개인과 개인의 증오로 말미암은 것이 아니다. 나는 정이 많은 우리 동포가 이웃나라의 벗을 잊지 않고 있다는 것을 믿는다"고 적고 있다.[15] 그런데 이 글에서는 종종 일본인을 "우리"로, 조선인을 "여러분"으로 칭하고 있는데, 식민지 상황하에 있는 조선을 "나라"로, 조선인을 "이웃나라의 벗"으로 표현한 대목에서는 그의 일종의 경계의식이 포착된다. 그렇다면 그는 일본인과 조선인의 관계를 어떠한 것으로 인식하고 있었을까. 그는 양자의 바람직한 관계에 대해 다음과 같이 역설하고 있다.

> 여러분과 우리는 역사적으로나 지리적으로나 또는 인종적으로나 언어적으로나 진정 육신의 형제라 생각한다. 【나는 지금의 상태를 자연스러운 것이라 생각하지 않는다. 또 이 불행한 관계가 영속되어서는 안 된다고 생각한다. 부자연스러운 것이 도태되는 것은 이 세상의 확고한 이치이다. 나는 지금 두 나라 간의 부자연스러운 관계가 바로잡힐 날이 도래하기를 간절히 바라고 있다.】 실로 일본에 있어 형제인 조선이 일본의 [노예]가 되어서는 안 된다. 그는 조선의 불명예이기보다 오히려 일본의 더할 수 없는 치욕이다.[16]

---

14 柳宗悅, 1920.

15 柳宗悅, 1920, 4쪽.

16 柳宗悅, 1920. [ ] 부분은 원문에서 삭제되어 공백으로 처리되어 있으나, 검열 결과임이 표시되어 있지 않다.

여기서 말하는 "자연스러운" 상태란 "조선이 일본을 사랑하고, 일본이 조선을 사랑하는" 상태로, 야나기는 "언젠가 서로를 육신의 형제로 느끼는 사랑의 본능이 우리의 마음속에 되살아날 것임을 굳게 믿고 있다"고 썼다.[17]

그런데 동원론에 의거해 "육신의 형제"라고 의식하면서도 "동포"가 아니라는 것은 무슨 의미일까. 여기서 주의할 점은 야나기에게 중요한 것은 "육신"이라기보다 "육신"으로서 '사랑'의 부재를 문제시하고 있다는 점이다. 바꾸어 말하면 "육신"이라는(인종론과도 결부된다) '피붙이'의 논리를 전제로 하면서도 정신 차원의 '사랑'의 공유 여하를 중시하고 있는 것이다. 그렇다면 야나기는 일본의 조선 통치의 문제점을 무엇으로 파악하고 있었고, 또 해결책은 무엇이라 생각하고 있었을까.

> [위정자가] 조선을 안으로부터 이해하지 못하는 것은 첫째는 종교와 예술적 교양이 전혀 없기 때문이다. 오로지 무력과 정치를 통해서만 나라와 나라를 묶을 수는 없을 터이다. 진정한 이해나 평화를 이 세상에 가져오는 것은 믿음을 상징하는 종교요, 미를 추구하는 예술이다. 이것이야말로 최고의 진리이다. 인간은 오로지 궁극적인 진리에서만 진정한 고향을 찾아낸다. 믿음이나 미의 세계에는 증오가 없고 반역이 없다. 영원히 우리 사이에서 갈등의 불행을 끊고자 한다면, 우리는 우리 사이를 종교와 예술로 묶어야 한다. 이러한 힘만이 우리에게 진정한 정애(情愛)와 이해의 길을 보여준다.[18]

17 柳宗悅, 1920, 7쪽.

18 柳宗悅, 1920, 13쪽. [ ] 부분은 원문에서 삭제되어 있으나, 검열 결과임이 표시되어 있지 않다.

많은 선교사는 스스로를 탁월한 민족이라는 망상을 품고 있다. 그러나 그와 같은 추한 모습이 스스로를 우수하다고 믿는 우리의 태도에도 있다는 것을 나는 느끼지 않을 수 없다. 하지만 존경과 겸양의 덕이 없는 곳에서 어찌 우정이 유지될 수 있고, 진정한 사랑을 나눌 수 있겠는가.【나는 일본에 대한 조선의 반감이 지극히 자연스러운 결과에 지나지 않는다고 생각하고 있다. 일본이 자초한 소란에 대해서는 일본 스스로가 그 책임을 져야 한다. 위정자는 여러분을 동화시키려 하고 있다. 그러나 불완전한 우리에게 어찌 그러한 권위가 있겠는가. 이토록 부자연스러운 태도도 없고 또 이토록 설득력이 없는 주장도 없다. 동화의 주장이 이 세상에서 치를 수 있는 것은 반항이라는 결과뿐이리라. 일본의 혹자가 기독교화를 비웃듯이, 여러분도 일본화를 비웃을 것임이 틀림없다.】조선 고유의 미와 마음의 자유는 타인에 의해 범해져서는 안 된다. 아니, 영원히 범해질 수 없는 것임은 자명하다. 진정한 일치는 동화에서 오지 않는다. 개성과 개성을 상호 존경할 때에만 맺어지는 하나가 있을 뿐이다.[19]

한마디로 요약하면, '무력과 정치'가 아닌 개성 간의 상호적 사랑이나 존경심을 통해서만 두 나라 '국민'을 묶을 수 있다는 것이다. 중요한 점은 '육신의 형제'라는 인종론적 규정이 일본인과 조선인 간의 애정과 존경의 근간이 될지언정, 결코 일본의 조선 통치를 정당화하는 논리적 기반이 될 수 없다는 사실이다. 또 다른 하나는 '육신의 형제'임이 민족적 동일성을 절대로 보장하지 않는다는 점이다. 그리고 가장 큰 모순은 이 글

19 柳宗悅, 1920, 14쪽.

이 '조선'이라는 '형제'에게 호소하고 있지 않고, '벗'에게 호소하고 있다는 것이다. 그것은 야나기 자신의 혼란에 기인한다기보다 일본과 조선 간의 인종적 관계 규정과 실제 사이의 거리감에 기초한다고 말할 수 있다.

4. 무효화되는 '동종성(同種性)' – 요시노 사쿠조

1919년 6월 25일, 여명회(黎明會)가 주최한 제6회 강연회가 도쿄의 간다청년회관에서 개최되었다. 여명회는 1918년, 요시노 사쿠조(吉野作造, 정치학), 후쿠다 도쿠조(福田德三, 경제학) 등의 민본주의자 사상가, 지식인들이 결성한 단체이다. 이 강연회의 내용은 여명회의 기관지 『여명강연집(黎明講演集)』 제6집에 「조선문제 호」라는 제하의 특집으로 실렸다. 이 '조선문제'란 바로 3·1운동을 가리키며, 권말의 「잡기」에는 수많은 조선인 학생들이 강연을 듣기 위해 찾았다고 기술되어 있다.[20]

이 강연집에 실린 글은 요시노, 후쿠다를 비롯해 아베 슈스케(阿部秀助, 역사학), 아소 히사시(麻生久, 정치인·노동운동가), 우치가사키 사쿠사부로(内ケ崎作三郎, 목사·정치인) 등 6명의 강연 속기이다. 이하에서는 요시노의 강연 「조선 통치의 개혁에 관한 최소한도의 요구(朝鮮統治の改革に関する最少限度の要求)」의 내용에 주목한다.

요시노는 우선 "관민 모두 조선의 문제를 경시하고 있는"[21] 현 상황을 강하게 비판하고, "조선인에 대한 차별적 대우의 철폐", "무인(武人) 정치의 철폐", 종래 "동화정책의 폐지", 언론의 자유를 조선인에게 부여할 것

20 『黎明講演集』 第6集, 1919.

21 吉野作造, 1919, 「朝鮮統治の改革に関する最少限度の要求」, 『黎明講演集』 第6集, 2쪽.

등 4종류의 정책을 제언했다.[22] 특히 일본인이나 통치자를 비판한 맥락에서는 다음과 같은 발언이 등장한다.

> 때로는 또 조선과 일본의 수천 년 이래의 관계를 설명하고, 예로부터 이렇게 관계가 가까운 나라임을 들어 조선인에게 잘 호소하면 무언가 해결 방도가 설 것이라고 극히 무사태평한 낙관론을 주장하는 자도 있습니다. 물론 그도 일리가 있기는 합니다만, 우리가 수천 년 이래의 역사를 설명하고 조선인의 반성을 구한다면, 이와 함께 일본인도 수천 년 이래의 일한(日韓)의 역사에 따라서는 반성해야 할 일이 있을 것입니다. 불행히도 우리 동포 사이에는 일본 쪽에서 반성하자는 논의는 전혀 들려오지 않습니다.[23]

> 그러나 오늘날까지 조선과 일본은 수천 년 이래의 관계가 있다는 식의 말을-내가 보기에 이것은 뻔한 속임수 같은 것이라고 생각되는데, 그런 말을 하고 있습니다. 말은 그렇게 하고 있습니다만, 실은 조선인이 외국인임은 틀림없습니다. 조선인은 명의는 차치하고 역시 여러 점에서 외국인입니다. 그 외국인에게 우리가 돌연 진정한 생래의 우리 동포를 대하는 것과 똑같은 감정을 느낄 수 없는 것은 일면 부득이한 일이라고 생각합니다.[24]

이러한 주장은 역사적 근접성의 수사가 이미 통치의 현 상황을 정당

---

22 吉野作造, 1919, 8~41쪽.

23 吉野作造, 1919, 2~3쪽.

24 吉野作造, 1919, 5~6쪽.

화하는 논리가 될 수 없음을 뜻한다. 요시노는 이러한 견해를 3·1운동 이전부터 밝혀왔다. 『중앙공론(中央公論)』 1916년 6월호에 실린 「만한(滿韓)을 시찰하고」에서도 똑같이 피력하고 있다.

> 실로 조선 민족은 역사적으로 보아 일본 민족과 가장 종족적 관계가 가깝다. 따라서 한일 양국의 접근, 제휴라는 것에 대단한 편의가 있음은 의심할 여지가 없다. 하지만 아무리 종래 학정에 시달렸다고 해도 일변하여 외국의 지배를 수용하는 것은 독립 국민으로서의 자존심과 양립할 수 없다.[25]

이렇듯 종족적 접근성보다는 '민족'의 차이를 전제로 "이민족 통치의 이상은 그 민족의 독립을 존중하고, 이와 함께 그 독립의 완성에 의해 결국은 정치적 자치를 주는 것을 방침으로 하는 데에 있다 하겠다"[26]고 쓰고 있다. 이때 동원론은 현재의 통치 방식을 긍정하는 논리가 될 수 없음을 알 수 있다. 야나기도 요시노도 조선인 내셔널리즘에서는 당연히 부정되는 동원론적 이해에 젖어 있었다는 점에서는 조선인 내셔널리즘과 상충한다고 보아야 하나, 조선인을 '타자'로 인식하고, 당시의 동화정책을 비판했다는 점에서 주목할 만하다.

25 吉野作造, 1916, 「滿韓を視察して」, 『中央公論』 第31編 第6號, 28쪽.

26 吉野作造, 1916, 29~30쪽.

5. 오독된 차별 해소의 논리-기타 사다키치

야나기나 요시노와는 달리 동원론을 강하게 주장하며 '동화'가 일본과 조선의 '행복'을 보장한다고 본 역사가가 있었다. 바로 동원론의 이데올로그인 기타 사다키치(喜田貞吉)이다. 한국병합 당시, 기타는 문부성 관료로 동원론을 왕성하게 주장하고 있었다.[27] 그러나 그 후 기타가 동원론을 주장한 시기는 1919~1921년으로 얼마간 공백이 있음을 알 수 있다. 이하에서는 이 시기 기타의 동원론 담론에 대해서 검토한다.

먼저 1919년 6월에 발표된 「조선 민족이란 무엇인가(朝鮮民族とは何ぞや)」의 서문에 해당하는 '개설'의 다음과 같은 언사에 주목해보자.

> 조선에서 소요사건이 일어난 것이 신문지면에 빈번히 보도되었다. 우리는 본디 그 원인 여하를 모르며 경과 여하도 모른다. 하지만 민족자결문제가 전 세계에 소리 높여 주창되고 있는 오늘날, 그 민족적 관계를 규명하는 작업은 우리에게 가장 시의적절한 일이라 생각한다. 즉 평소의 신념을 피력하여 경세가는 물론이거니와 일반 인사에게 참고가 되게 하려고 한다. 이는 우리 학도의 사회에 대한 임무 중 하나라 믿기 때문이다.[28]

---

27 이 시기 동원론의 성격에 관해서는 미쓰이 다카시, 「근대 일본 역사학과 조선: 기타 사다키치(喜田貞吉)의 '일조동원론(日朝同源論)'을 중심으로」(연세대학교 근대한국학연구소 인문한국플러스(HK+)사업단, 『20세기 전환기 동아시아 지식장과 근대한국학 탄생의 계보』, 소명출판, 2020년 간행 예정)에서 밝히고 있다.

28 喜田貞吉, 1919, 「朝鮮民族とは何ぞや-日鮮両民族の関係を論ず-」, 『民族と歴史』 第1巻 第6號, 228쪽.

3·1운동의 원인이나 경과를 모른다고 하면서도, "민족자결문제"에 민감할 수밖에 없던 기타는 설사 정확하지는 않아도 '소요사건'이 민족 문제임을 알고 있었고, 그에 대해 무관심할 수 없었을 것이다. 그러한 의미에서 이 논문은 그의 시국 의식을 반영한 글이라 할 수 있다. 참고로 이 논문의 본론 내용을 간추려보면, 세 가지 시점으로 정리할 수 있다. 하나는 『산해경(山海經)』이나 『후한서(後漢書)』 등의 사서에 등장하는 '한(韓)'과 '왜(倭)'의 위치가 인접 관계에 있다는 점, 또 다른 하나는 고구려, 백제, 예(濊), 맥(貊), 옥저(沃沮) 등 한반도 동북부의 민족들과 천손계 민족 간의 동계성을 주장하고 있는 점, 그리고 마지막 하나는 한반도에서 중국인의 이주 흔적을 찾을 수 있으며, 조선 민족과 뒤섞였다고 주장하는 점이다.

그런데 같은 『민족과 역사(民族と歴史)』 창간호(1919년 1월)에는 「'일본 민족'이란 무엇인가('日本民族'とは何ぞや)」라는 제목의 기타의 논문이 실려 있다. 이 논문은 요컨대 "우리 '일본 민족'은 우리 천손민족 외에 소위 모인(毛人)·중이(衆夷)인 선주 토착 민족들을 위시해 진·한·백제 등 해외 귀화 민족들까지 정복해 일단(一團)을 구성한 견고한 복합 민족이다"[29] 라고 주장하는 것이 목적이었다. 앞서 살펴본 조선민족론은 이러한 일본민족론과 한몸인 셈이다. 물론 그 '복합'성을 설명한 다음, '선주민족'을 융화, 동화의 대상으로만 파악하고 있는 점이 문제이기는 하나, 이 논문의 결론은 '동화융합'을 위해서는 "새로이 종속된 민족들이라 하나",

---

29 喜田貞吉, 1919, 「「日本民族」とは何ぞや-日本民族の概念を論ず-」, 『民族と歴史』 第1巻 第1號, 8쪽. 이러한 인식은 일본의 '군민동조(君民同祖)'관을 부정하고, 재조합해가는 시도로 이어졌다(미쓰이 다카시, 앞의 책, 「근대 일본 역사학과 조선: 기타 사다키치(喜田貞吉)의 '일조동원론(日朝同源論)'을 중심으로」).

"결코 이를 소외 학대하지 않고 온정으로 이를 포용"해야 한다는 것이었다.[30]

이러한 기타의 논의는 동원론에 의한 '동화' 가능성을 믿어 의심치 않는 것이었으나, 다음과 같은 언사는 현실적으로 그 가능성을 실현할 수 없는 현 상황을 역설적으로 드러내고 있다.

> 조선 민족은 일본 민족과 동일하며, 그것이 중고(中古) 이래 정치적 차별 탓에 언어·풍속·습관·사상 등에서 이동(異同)을 낳았음에 다름없다. 이제 이 두 민족은 관계가 깊었던 고대의 상태로 되돌아가 함께 동일 국가를 조직하고 있다. 만약 조선 민족으로 하여금 점차 그 다수에 동화하여 언어·풍속·습관을 고치고 그 사상을 하나로 만든다면, 피아의 구별은 완선히 철폐되어 혼연 융화한 일대 일본 민족을 이룩할 것이다. 혹자는 그 급격한 동화정책을 비난하고 금번 폭동도 그 원인 중 하나가 여기에 있다고 논하고 있다. 이 또한 일리가 있기는 하나, 과거의 우리 역사는 언제나 그 완전한 동화의 사적(事蹟)을 남기고 있으며, 다행히 그 동화가 실현된다면, 이는 비단 제국을 위한 행복일 뿐만 아니라, 실로 그들 자신의 복리를 증진하는 일이 되어야 한다.[31]

결국 명확하게 비판하지는 않았으나, 기타 자신도 "급격한 동화정책"에 대한 비난, 반발의 존재를 인정할 수밖에 없었고, 제아무리 고대의 "동

30 喜田貞吉, 1919, 「「日本民族」とは何ぞや-日本民族の概念を論ず-」, 9쪽.

31 喜田貞吉, 1919, 「朝鮮民族とは何ぞや-日鮮両民族の関係を論ず-」, 238~239쪽.

화의 사적"을 외친들 "그 동화"의 "실현"은 어디까지나 가정일 뿐이었다. 무엇보다 기타가 의거한 복합민족론은 일본인을 대상으로 한 설득 논리로서의 성격이 강한 만큼, 두말할 나위도 없이 조선인의 존재는 잘 보이지 않는다. 그런데 1921년에 발표된 「일선양민족동원론(日鮮兩民族同源論)」(『민족과 역사』 제6권 제1호)에서는 약간의 변화가 감지된다.

하지만 동원론의 인식이야말로 대립의 해소·융화에서 가장 중요하다는 생각이나 동원론의 논법 자체에 변화가 있는 것은 아니었다. 도리어 변화를 보인 것은 현 상황을 인식하는 그의 논조이다. '서언'에서 그는 다음과 같이 기술했다.

> 특히 그간 사리분별을 못하는 피아의 우민(愚民)들이 헛되이 그들에게 압박을 가하고 헛되이 우리에게 반항을 시도하는 듯한 상태로는 그 융화는 더한층 어렵다 하지 않을 수 없다. 그렇기는 하나, 그 헛되이 압박을 가하고 헛되이 반항을 시도하는 까닭이 주로 피아 그 민족이 다르고 타인끼리 모였다는 오상(誤想)에 근거함이 많음은 거의 의심의 여지가 없는 사실이다.[32]

그리고 '결론'에서는 이렇게 밝히고 있다.

> 때로는 여전히 양자 사이에 의사소통이 부족하고, 누차 분요(紛擾)가 발생하는 까닭은 첫째 적잖이 내지인의 구 한국 신민에 대한 적절치 않은 대우에 기인하고 있음은 부정하기 어려우나, 또 하나는 이 양자

32 喜田貞吉, 1921, 「日鮮両民族同源論」, 『民族と歴史』 第6巻 第1號, 4쪽.

> 가 본래 동원이었다는 것에 생각이 미치지 못한 채 서로 이민족시하고 물과 기름처럼 섞이기 어렵다고 생각하고 있기 때문에 다름없다.[33]

'내지인'에 대한 비판 의식을 뚜렷하게 드러낸 점이 특징적이며, 현실의 갈등에 대한 그의 분노에 가까운 감정을 읽을 수 있다. 일본의 조선 통치를 근본적으로 부정하고 있지는 않으나, 현재의 통치가 조선인에게 '행복'을 가져다주지 않고 있다는 사실은 명확하게 인식하고 있었다.

또 하나 흥미로운 자료로, 『민족과 역사』의 같은 호에 실린 그의 조선·만주 여행 일지인 「경신선만여행일지(庚申鮮滿旅行日誌)」를 분석해 보자. 이 글에 등장하는 몇몇 에피소드는 이러한 기타의 인식 배경을 이해할 때 중요하다. 하나의 사례를 소개하겠다. 1920년 5월 26일, 기차로 경성에 도착한 기타가 남대문역에서 여관으로 향하는 인력거에 몸을 싣고 있을 때, 조선인 인력거꾼이 끄는 인력거가 기타가 탄 인력거를 추월하는 모습을 보고 일본인 인력거꾼이 조선인 인력거꾼에게 "뭐냐, 조선인 주제에"라고 큰 목소리로 화를 내며 조선인 인력거를 잡아채 뒤로 잡아당겨 추월했다. 이를 지켜본 기타는 이렇게 말하고 있다.

> 이런 무지, 몰이해의 무리가 내지에서 건너와 조선인을 압박하고, 모욕하여 가까스로 학정에서 해방되어 기뻐해야 할 터인 사람들로 하여금 반감을 일으켜 분개하지 않을 수 없게 만들어, 피하의 융화를 방해하는 씨앗을 이곳에 뿌리고 있다.[34]

---

33 喜田貞吉, 1921, 69쪽.

34 喜田貞吉, 1921, 「庚申鮮滿旅行日誌」, 『民族と歷史』 第6巻 第1號, 276쪽.

> 그들을 내지인보다 한 단계 뒤처진 민족인 것처럼 이해하고, "뭐냐, 조선인 주제에"와 같은 잘못된 생각으로 그들을 대하는 자가 있기에 더 한층 그들의 반감을 사고 있음에 다름없다. 당국자의 친절이 더러 그들에게 받아들여지지 않고 선의의 악성(惡性)이라고 비평하는 자가 있다고도 들었다. 이도 필경 그들을 뒤처진 민족이라 생각하고 아이를 돌보는 듯한 태도로 대한 탓이었다고 한다. 지금의 당국자는 이러한 정세를 잘 이해해 만사를 유루 없이 정치를 시행하고 있다고 들었으나, 개중에는 여전히 부모의 심정을 모르는 아이처럼, 하급 벼슬아치 중에는 그들을 어떻게 대할지를 모르는 까닭에 의사 소통이 부족한 자가 없다고도 할 수 없다.[35]

일본의 통치를 근본적으로 비판하지 않은 채 총독부의 통치를 '선정(善政)'으로 평가하고 있는 점에서 한계를 드러내고 있다고 하나, 일본인의 조선인에 대한 차별 문제를 기타 나름대로 상당히 날카롭게 추궁한 발언이었다고 할 수 있다.

이러한 기타의 동원론이나 조선인 차별 인식의 배경에 대해 여기서 잠깐 언급해둘 필요가 있을 듯하다. 조선사의 맥락에서는 거의 알려지지 않았으나, 기타는 일본의 피차별부락 연구자이기도 했다. 그 인식과 동원론의 주장을 대조해보면, 흥미로운 점이 부각된다. 이에 관한 구체적인 내용은 별도의 글을 준비하겠으나, 간단히 줄이면 다음과 같다.[36]

구로카와 미도리(黒川みどり)에 따르면, 메이지시대 이후의 피차별부락

---

35 喜田貞吉, 1921, 277~278쪽.

36 이 점에 관해서는 미쓰이 다카시, 앞의 책, 「근대 일본 역사학과 조선: 기타 사다키치(喜田貞吉)의 '일조동원론(日朝同源論)'을 중심으로」에서 구체적으로 논했다.

민은 이(異)인종으로 '발견'되어 차별 대상이 되어갔다. 기타는 이러한 피차별부락민을 '이인종'으로 보는 시각에 이의를 제기했다. 기타는 '일본 민족'을 복합 민족으로 규정하고, '잡종'성을 주장함으로써 동일 민족 안에 그 존재를 편입해 본질적으로 차별이 없다는 것을 보여주는 게 아니라, 직업이나 '처우의 문제'로 차별을 받게 된 것에 불과하다고 주장했다. 이러한 분석은 일면 획기적이었다. 그러나 한편으로 기타는 현재의 차별을 '문명'상의 '후진성'으로 이해했다. 그로부터 벗어나기 위해서는 행정이나 주변 시선의 개선만이 아니라 피차별부락민 스스로가 문명화를 위해 노력할 필요가 있다는 것이었다.[37] 그러나 두말할 나위 없이 그것은 쉽지 않았다.

기타의 '문명'이 '후진'적이라던가 차별에서 벗어나기 위해 자발적인 '문명화' 노력이 필요하다는 인식은 조선인에 대해서도 동일하게 나타났다. 앞서 살펴본 「경신선만여행일지」를 보면, 곳곳에서 드러난다. 일례로 1920년 5월 24일에 부산에서 본 광경을 기록한 한 구절을 들어보겠다. 조선인의 생활 수준이 일본인과 비교해 뒤떨어진다는 인식을 드러내고 있는데, "우리 헤이안시대의 학정(虐政) 결과 낙오되어 패자의 대열로 떨어진 사람들의 모습이 절로 떠오른다"고 하고, "이를 구할 길은 오로지 당로자(當路者)의 유액(誘掖), 보도(輔導)와 조선인 자신의 자각 분발에 있을 뿐이다"고 분석하고 있다.[38] 이 대목에서도 현 조선에 대한 인식과 그 대책을 피차별부락민에 대한 그것과 같은 선상에서 나열해서 보고 있음을 알 수 있다. 이는 동원론에서도 마찬가지로 '일본 민족'의 복합

---

37 黒川みどり, 2006, 『創られた〈人種〉-部落差別と人種主義-』, 有志舎, 130~143쪽.

38 喜田貞吉, 1921, 257~258쪽.

민족성을 논하고, 그 안에 포섭함으로써 근본적으로 '평등'하다고 하는 일본인을 대상으로 한 설득 논리였던 셈이다.

기타에게 피차별부락민을 '일본 민족'으로 포섭하는 것은 '이인종'의 표상(表象)을 부정하고, 동일 '민족'으로서의 평등성을 보장한다는 의미에서 그 나름의 차별 해소 논리였다. 따라서 동원론을 통해 같은 논리를 조선에 대입한 것이다. 그러나 그것은 조선인의 '제국' 편입을 무비판적으로 추진하는 것으로 이어졌다. 그리고 무엇보다 큰 문제는 3·1운동 당시 조선인들 중에는 동원론에 반발하는 사람이 많았다는 것이다. 그것은 앞서 살펴본 염상섭의 독립선언문에도 잘 드러나 있다. 기타는 조선인의 내셔널리즘에 대한 이해가 부족했을지도 모른다. 그 점은 다음과 같은 문언을 보더라도 알 수 있다.

> 동양의 영구한 화근을 없애고 일본의 안전을 위해서나 조선인의 복리를 위해서나 반드시 내디뎌야 하는 길을 밟아 이룩한 한국병합을 배신하여 독립을 꿈꾸는 무지한 패거리들은 스스로 자신의 목을 조르는 자로 언어도단이 아닐 수 없으나, "뭐냐 조선인 주제에"라는 듯한 태도를 노골적으로 휘두르는 어리석은 내지인의 거동을 보고 있노라면 내가 만약 외국인이었다면 잠시 잠깐 선동이라도 해볼까 하는 생각이 들었다.[39]

이러한 기타의 인식은 기타 나름의 차별 해소 논리가 조선인에게는 결코 그렇게 수용되지 않는 논리의 '오독'을 나타내는 사례라고 할 수 있다.

---

39 喜田貞吉, 1921, 284쪽.

III. 충돌하는 '이해': 지배자와 피지배자 간의 넘을 수 없는 벽

이상에서는 조선 통치에 직접적으로 관여한 적이 없는 지식인 차원의 인식을 통해 엇갈림의 사례를 살펴보았다. 그러나 지배자 측의 지배 대상에 대한 '이해' 없이 과연 통치가 가능한가라는 소박한 궁금증이 생길 것이다. 물론 지배자 측은 조선인·조선 사정을 파악하고 그것을 통치에 활용하려 했다. 그러한 작업을 통해 지배를 위한 '합의'의 조달을 실현하려 한 것이다. 하지만 그것은 결과적으로 실패한 것으로 보인다. 이하에서는 그 양상에 대해서 고찰한다.

1. '합의'의 조달과 실패

사실 조선 통치의 과정에서는 지배하는 측과 지배당하는 측이라는 상호 대립하는 존재가 종종 접촉하는 모습을 보이기도 했다.

3·1운동 당시, 조선군사령관이던 우쓰노미야 다로(宇都宮太郎)는 자신의 일기에서 빈번히 조선인과 접촉했음을 밝히고 있다. 특히 흥미로운 것이 동학의 후신인 천도교의 간부였던 권동진(權東鎭)이라는 인물과의 접촉이다. 이 인물은 1919년 3월 1일에 민족대표 33인의 이름으로 발표한 독립선언서의 서명자 중 한 사람이었다. 우쓰노미야의 일기에서는 1919년 1월부터 2월에 걸쳐서도 수차례 만난 것이 확인된다. 3·1운동과 관련된 활동이 물밑에서 움직이던 시기이기도 한 만큼 관심을 끈다. 우쓰노미야는 1월 5일의 일기에서 권동진을 두고 "장래 함께 대화를 나

눌 수 있고 쓰임새가 있을 한 사람이다. 동아(東亞)를 위해 크게 모의하기로 약속했다"[40]고 주를 덧붙일 만큼 신뢰가 두터웠던 듯하다. 권동진은 3·1운동 직전인 2월 27일에 우쓰노미야를 찾아 "조선인들 마음의 괴리가 갈수록 심각해지고 있는 실정을 말하"고, "이번 [고종의] 국장 때에는 무슨 일이 벌어질지 장담할 수 없으니 조심하라"는 말을 남기고 떠났다고 기록되어 있다.[41] 결과적으로 우쓰노미야는 며칠 후 시작되는 3·1운동 자체를 예측하지 못했으나, 여기서 중요한 점은 민족운동·독립운동을 단속한 측이 이러한 조선의 지도자층과 상시 접촉을 시도했다는 사실이다. 이하에서는 몇 가지 사례를 통해 이 점에 대해서 검토한다.

3·1운동이 일어난 해인 1919년 11월, 일본 정부는 상하이의 대한민국임시정부에서 활동 중이던 독립운동가 여운형을 초청했다. 목적은 상하이의 조선인 사회에서 영향력이 컸던 여운형을 회유하는 것이었다.

여운형이 회유의 표적이 된 직접적인 계기는 총독부가 1919년 2월에 체포된 장덕수의 자백을 통해 여운형이 상하이에서 영향력이 크다는 사실을 알게 되었기 때문이다. 식민지 통치 초기부터 조선총독부나 조선군은 민족주의자의 회유를 과제로 내걸고 있었다. 3·1운동을 거치면서 기독교의 회유가 필요한 상황에서 민족주의자이자 기독교도(목사)였던 여운형이 안성맞춤인 대상으로 꼽힌 것은 쉽게 상상이 된다.

실제로 그 공작에 가담한 곳은 와타제 쓰네요시(渡瀨常吉) 등의 일본조합교회였다. 그들은 육군과 조선총독부의 의향을 받아들여 '내선융화'를 전면에 내세우고 여운형에 대한 회유 공작을 시도했다. 여운형은

40 宇都宮太郎関係資料研究會 編, 2007,『日本陸軍とアジア政策-陸軍大將宇都宮太郎日記 3 -』, 岩波書店, 198쪽.

41 宇都宮太郎関係資料研究會 編, 2007, 220쪽.

기독교도로서 일본인 목사와도 접촉했으며, 그 인물들로부터 '사상 온건'이라는 평가를 받기도 했다. 그러한 기독교도로서의 네트워크와 상하이의 거류민단에 대한 그의 영향력이 주목받은 것은 자연스러운 흐름이었다. 그렇기에 일본 측에서는 어떻게든 구워삶고 싶은 인물 중 한 명이었다고 할 수 있다.

그러나 여운형의 첫 반응은 소극적이었다. 초빙 의도를 신중하게 가늠했기 때문이기도 하나, 대한민국임시정부(임정) 내부에서도 의견이 갈렸기 때문이다. 최종적으로 여운형은 개인 자격으로 게다가 임정의 감시역이 붙는 조건으로 도쿄로 향했다. 또 이때 여운형의 희망이 받아들여져 이미 체포되었던 장덕수가 초법적 조치로 석방되어 통역을 겸해 동행한 것도 잘 알려진 사실이다.

한편 일본 측의 공작은 일본조합교회가 했으나, 정부 측의 창구는 처음에는 육군성이, 후에는 척식국이 된다. 그리고 무엇보다 중요한 점은 일본 정부가 여운형을 어떠한 방향으로 회유하려 했을까 일 것이다. 이미 마쓰오 다카요시(松尾尊兊)가 밝힌 바와 같이, 조합교회의 '내선융화'론은 참정권, 언론 출판의 자유, '내선'인 평등 대우 등이 주된 내용이었다.[42] 하지만 이는 ('참정권'의 정도는 차치하고) 이미 살펴본 조선군이나 일본 정부 그리고 조선총독부도 내걸고 있던 내용으로, 그런 점에서 조합교회는 군이나 정부의 의향을 전달한 것과 다름없다. 그리고 특히 여운형을 맞이한 일본 정부 측이 그를 설득하기 위해 활용한 논리는 조선의 '자치'였다. 강덕상은 1919년 11월 19과 20일의 두 차례에 걸쳐 열린 고가 렌조(古賀廉造) 척식국장관과의 회담 광경의 복원을 시도하는 가운

42 松尾尊兊, 1998,『民本主義と帝國主義』, みすず書房, 273~274쪽.

데, 복수의 회담 보고에서 각 회담의 모두 발언이 빠져 있는 것을 발견했다. 그리고 그 빠진 부분은 "조선은 자치가 적절하다, 귀하께서 자치운동을 일으킨다면 현재 조선에 투옥 중인 사람을 전부 석방하겠다, 내가 보기에 자치도 곧바로는 어려우니 사이토 총독과 상의하면서 각 기관을 자치화하고 후에 점차 시행해야 한다고 본다"는 1차 회담 당시, 고가의 발언이었다며 중요한 의미가 있다고 지적했다.[43] 하지만 여운형이 자치를 부정하고 '자유독립'의 필요성을 강조하여 회담은 결렬되었다. 이러한 일본 측의 '자치' 권유는 매우 기이한 것이었다.

그럼 이번에는 단속하는 측의 시점을 1920년대 이후의 민족운동과 결부 지어 검토해보겠다. 총독부의 경무 관료와 정무총감을 역임한 다나카 다케오(田中武雄)는 민족운동가와 '간담'을 '활발하게 나눴다'고 전쟁이 끝난 후에 회상했다.[44] 그러나 그 '간담'은 조선의 독립을 허락하지 않는 총독부의 입장과, 조선의 청년운동가의 독립 정신이 충돌하는 장이었다.

다나카 다케오는 그 '간담'에 대해서 다음과 같이 회상하고 있다.

43 姜徳相, 2002,『呂運亨評伝1 朝鮮 三·一獨立運動』, 新幹社, 285쪽부터 재인용. 夢陽呂運亨先生全集発刊委員會 編,『夢陽呂運亨全集』 1(도서출판 한울, 1991)의「日本政府의 주요 인사들과의 會談」에 수록된 고가의 발언에는 "한국은 자치를 하도록 하는 것이 좋다. 만일 당신이 자치제를 찬성한다면 거기에 필요한 자금은 얼마든지 줄 수가 있다. 그리고 현재 투옥되어 있는 정치범은 모두 석방될 것이다"라는 내용이 있다. 자치를 위한 필요 자금까지 원조하겠다는 발언이 있었다고 해도, 얼마나 정확한지는 향후 검토할 필요가 있다. 만약 실제 그런 발언이 있었다 해도, 강덕상이 인용하는 "내가 보기에 자치도 곧바로는 어렵다"는 고가의 인식과는 거리가 있다고 하지 않을 수 없다.

44 宮田節子 監修·河かおる 解説, 2003,「未公開資料 朝鮮総督府関係者 録音記録(4) 民族運動と「治安」対策」,『東洋文化研究』 第5號, 340~341쪽.

그 마루야마 쓰루키치(丸山[鶴吉]) 씨인가가 갔을 때에 그리고 사이토 씨 시절, 이미 진정한 민족운동의 선두에 있던 송진우(宋鎮禹)나 또는 전남 사람으로 와세다에서 돌아온 박이규(朴珥圭) 등이 그리고 장덕수(張德秀) 같은 패거리들, 그런 그룹을 모아 총독[부]의 젊은 사무관, 과장이 간담회를 경성호텔 그곳에서 노상 열었다.[45]

그 자리에서 독립을 허락하지 않는다고 하면, 그렇다면 어떤 자세로 대하는가 하면, (중략) 당시 내가 아직 젊고 지금보다 더 남자답게 잘생기고 꽤 달변이던 청년시절에 가장 많이 상대한 사람이 조선의, 당시 와세다나 메이지 같은 대학을 졸업하고 돌아온 젊은 조선민족운동 투사였어요. (중략) 장덕수도 그렇고 그리고 송진우도 그랬습니다. 그리고 여운형은 꽤 시간이 지나 붙잡았기 때문에 그때는 없었죠. 하지만 김성수(金性洙) 같은 젊은 정년 당시에요, 매우 이 내화를 그러니까 간담. (중략) 정말로 상대방은 조선인의 입장에서 활발하게 주장했고, 이쪽은 조선의 통치 더욱이 경찰이라는 입장에서 맞섰으니 정말 혈기가 넘쳤죠.[46]

이러한 '간담'의 장은 통치하는 측이 민족운동의 지도적 입장에 있는 지식인을 불러 '합의'의 조달을 시도하는 장이었으며, 또 조선 지식인 측

45 「3 参政権施行の経緯を語る-田中武雄小磯内閣書記官長ほか-」, 宮田節子 解説·監修, 2000, 「未公開資料 朝鮮総督府関係者 録音記録(1) 十五年戦争下の朝鮮統治」, 『東洋文化研究』 第2號, 168쪽. 인용문 중의 [ ]는 인용자에 의한다. 이하 같다.

46 「13 日本統治下の朝鮮民族運動」, 宮田節子 監修·河かおる 解説, 2003, 「未公開資料 朝鮮総督府関係者 録音記録(4) 民族運動と「治安」対策」, 『東洋文化研究』 第5號, 340~341쪽.

입장에서도 자신의 의견을 총독부에 직접 전달할 수 기회로 기능했을 거라는 것은 상상하기 어렵지 않다. 바꾸어 말하면 쌍방이 '접근전'을 시도했던 셈이다. 물론 국가 권력을 보유하고 있지 않던 조선인 측에서 볼 때, 이러한 '접근전'은 자칫 잘못했다가 당국 측의 논리에 잠식될 위험성이 있던 만큼, 사안이 그리 간단하지만은 않았던 듯하다. 그러한 사실은 다나카 다케오의 다음 발언에서도 엿볼 수 있다.

> 조선의 만세소요 직후 사이토 총독이 세운 방침은 언론의 자유를 허용하는 것으로, 언문 신문 3곳을 허용했습니다. 거기에는 어용신문도 있었지만, 『동아일보』, 『조선신문[조선일보]』, 『시대일보』, 이 세 신문을 허용했죠. 이 신문들은 날마다 정말 압수당할 것 같은 기사만 썼습니다. 써제끼는 거죠. 그래서 압수당할 때마다 방금 말한 장덕수나 송진우가 찾아와서 논쟁을 벌였고 그 논쟁은 결국 조선 통치의 근본인 민족 문제로 귀결되었죠. 그래서, 매우, 우리는 국시(國是)로 조선을 다스리는 입장에 있으니 그게 독립은 허락될 수 없다. 하지만 (중략) 정신적으로는 뭐, 가난해도 자신의 일가를 이루고 싶으니 이는 당연한 이야기로 (하략)[47]

여기서 말하는 "압수"란 사전검열의 결과로 시행되던 행정 처분의 일종이었다. 이 다나카의 발언에서 총독부는 민족운동과의 관계에서 늘 긴장할 수밖에 없었다는 것을 알 수 있다. 이렇게 볼 때, '합의'의 조달은 거의 불가능에 가까웠다고 보는 편이 타당하다. 애당초 합의 조달 또는

---

47 宮田節子 監修 · 河かおる 解說, 2003, 342쪽.

교섭 과정에서 통치하는 측과 당하는 측이라는 대극점에 있는 주체는 결코 대등한 관계일 수 없다. 다시 말해 경무국과 민족운동가 간의 '간담'도 결코 대등한 관계 위에서 성립한 것이 아니었다. 저항이든 협력이든 이 비대칭적 관계성에서 어떻게 규정되었는지가 그것들의 성격을 판가름하는 중요한 사항이 된다.

사실 이 '간담'의 배경에는 마루야마 쓰루키치와 와세다대학 출신 민족운동가인 장덕수의 접촉이 존재했다. 거기에는 어떠한 생각이 자리 잡고 있었을까. 시기적으로 다소 뒤인 자료이기는 하나, 마루야마가 경무국장에 취임하기 직전인 1922년 4월, 일본의 한 강연에서 언급한 다음의 발언에 주목해보겠다.

> 그래서 조선 통치의 앞날을 생각해보면, 결국 조선인의 정치 참여 권리를 확대해 조선인 본위의 조선통치주의의 범위가 차차 확대되도록 추진해야 한다고 생각합니다만, 언제, 어떤 과정으로 확대할 것인지가 통치상 무엇보다 주의가 필요한 사안이라고 봅니다. 오늘날과 같은 세계의 사조 속에서는 단지 조선인을 애지중지하며 발달시켜주는 선정주의로는 도저히 조선의 자치적 정신, 바꾸어 말하면 조선인 본위의 정치 범위를 점차 확대해 조선인의 권리 자유를 신장하는 정치 형태이어야 한다고 저는 늘 생각하고 있습니다. 조선인의 민족적 정신, 민족적 자각에 관해서는 여러 논의가 있습니다만, 조선인은 조선이라는 곳에 뭉쳐 있을 때, 조선 민족이다는 자각은 공평하게 판단하면 1900만 조선인 모두에게 존재하며, 러시아령에 있는 자도, 미국에 있는 자도, 조선인이라는 자각을 확실하게 가지고 있습니다. 이 하나가 되어 있는 동일 민족이라는 자각을 조선인이 가지고 있는 이상, 언어

> 가 유사하다거나 인종이 같다거나 여러 논리로 달래보아도 이 민족적 정신을 갑자기 마멸(磨滅)시키기란 매우 어렵고 어쩌면 불가능한 문제일지도 모릅니다. 특히 민족적 정신에 자극을 준 것은 1차 세계대전 이후의 사조로 도처에서 그 실례가 나타나고 있습니다.[48]

여기서 "조선인 본위의 정치 범위를 점차 확대해 조선인의 권리 자유를 신장하는 정치 형태"의 일환으로 조선인의 자치를 상정하고 있다는 것을 짐작할 수 있다. "조선인의 민족적 정신, 민족적 자각"을 "갑자기 마멸시키"기란 어렵다는 것을 인식하고 있다는 점이 눈길을 끄는데, 경무국 시절의 부하였던 다나카 다케오는 훗날 마루야마의 발언 중 이 대목을 거론하며, 경무당국 측이 독립을 염원하던 '조선 청년'을 얼마나 이해하고 있었는지를 잘 보여주는 부분으로, 그 맥락에서 조선에 언론의 기회를 허락한 것이라고 말했다.[49] 그러나 마루야마는 이 강연을 다음과 같이 마무리 짓고 있다.

> 민족적 요구의 정신은 그리 간단치 않다는 것이 우리가 이후 여러 사항을 고려하고 여러 사안을 판단할 때에 꼭 주의해야 할 점이라고 생각합니다. 한편으로 이 민족적 요구의 정신을 점차 농후화하려는 운동은 장차 갈수록 치열해질 것이 자명하므로, 이에 대한 대책도 충분히 연구해야 합니다. 요컨대 천천히 각종 수단 방법을 이용해 이 민족

---

48 丸山鶴吉 述, 1922,「朝鮮治安の現状及將來」, 朝鮮総督府(近藤釼一 編, 1970,『朝鮮総督府資料選集 斎藤総督の文化統治』, 財団法人友邦協會), 396~397쪽.

49 宮田節子 監修·河かおる 解説, 2003,「13 日本統治下の朝鮮民族運動」, 341~342쪽.

적 요망을 부지불식간에 조금씩 마멸해나가도록 국민이 분투하는 것 외에 방도가 없다고 생각합니다.[50]

결국 방향성으로는 "민족적 요망을 부지불식간에 조금씩 마멸해나가는" 것을 지향했다. 그러한 점에서 마루야마나 그 밖의 경무 관료들이 준비한 '간담'의 장은 민족주의를 '마멸'로 이끄는 시도 중 하나였다. 장덕수를 비롯한 조선의 지식인들은 부러 '접근전'에 몸을 던졌다고 생각한다. 그 원인은 당국 측의 입장에서 '합의' 조달이 만만치 않았기 때문이기도 하나, 총독부의 실제 정책에서 "조선인 본위의 정치"를 도입하는 일은 없었다는 것은 두말할 필요도 없다.

2. '내선일체'의 갈등

위와 같은 문제는 조선인의 저항인가 협력인가라는 문제를 환기하는데, 어떻게 황민화정책기에 나타났을까. 미야타 세쓰코(宮田節子)는 민중들 사이에서 일본의 패전을 예측하는 유언비어가 퍼지거나 애국반장의 지시에 따르지 않는 등과 같은 사례가 등장했다고 밝혔다.[51] 그러나 위로부터의 일본인화=황민화의 압력이 거세지는 가운데 과거의 민족운동가·독립운동가 중에서 친일로 전향하는 이도 등장하기 시작한 것은 잘 알려진 사실이다.

극단적인 일례를 들어보자. 현영섭(玄永燮)이라는 지식인은 1938년에

50 丸山鶴吉, 1922, 「朝鮮治安の現状及將來」, 406쪽.

51 宮田節子, 1985, 『朝鮮民衆と「皇民化」政策』, 未來社, 11~49쪽.

집필한 『조선인의 나아갈 길(朝鮮人の進むべき道)』에서 "조선인이 일본인이며, 일본인으로서 살아갈 길 이외에는 나아갈 길은 있을 수 없다"라 하고, "그리고 한발 더 나아가 완전히 일본 국민이 되어, 완전히 천황폐하에게 충성을 다하여야 한다. 완전한 황국 신민이 되어야 한다"고까지 단언하고 있다.[52] 그리고 그를 위해 "조선어를 폐지하라"고 부르짖었다.[53] 조선어의 "폐지"를 적나라하게 주장하는 것은 1938년 당시, 미나미 지로(南次郎) 조선총독조차도 부정할[54] 만큼 과격한 것으로, '내선일체'를 주장하는 여타 조선의 지식인들도 거리를 두는 논쟁이었다. 사실 현영섭은 경성제국대학 출신으로 과거 무정부주의자로 활동한 이력의 소유자였다. 황민화정책은 이러한 지식인까지 낳았다.

현영섭은 더 나아가 다음과 같은 주장도 하고 있다.

> 현재 우리가 같은 조선에서 태어났음에도 내선인 간에 대우의 차가 있음이 인정된다. 나는 이는 생활의 차이에 말미암은 것으로 생각하고 있다. 조선인이 온전히 일본인이 될 때, 조선인이 완전히 일본 민족이 되어 내선의 구별이 사라질 때 이 차별은 사라질 것이다.[55]

일본인과 조선인 간의 "대우의 차"=차별이 엄존하는 가운데 이를 해소하는 방법을 "완전히 일본 민족이 되"는 것에서 구하고 있다. 다른 대목에서는 "국정에 참여할 기회", "의무교육", "병역의 의무", "거주의 자유"

52 玄永燮, 1938, 『朝鮮人の進むべき道』, 緑旗連盟, 「序のことば」, 7쪽, 本文, 144쪽.
53 玄永燮, 1938, 157쪽.
54 「朝鮮語排斥不可-南総督이迷妄者에게一針-」, 『三千里』 第10巻 第8號, 1938, 22쪽.
55 玄永燮, 1938, 180쪽.

를 처우 개선의 내용으로 들고도 있다.[56] 이를테면 이들 권리를 얻기 위해서는 조선인이 조선 민족임을 버리고 그 민족의 상징인 조선어를 폐지하라는 것이 그 진의인 셈이다. 통치자의 입장에서도 조선인의 권리 문제는 '내선일체'를 추진하기 위해서는 불가피한 문제였다. 특히 장차 조선인을 징병이라는 형태로 전쟁에 동원하려면 그것과 맞바꿀 권리 문제가 부상할 수밖에 없었다. 당시 조선군은 민족주의자·공산주의자의 언동을 예의주시하면서, "지나사변 후 선인(鮮人)의 애국운동은 내지인과 비교해 하등 손색이 없음. 위정자는 이점을 고려해 사변 종식 후 속히 선인에게 참정권을 부여할 것"(신태악(辛泰嶽), 민족주의자)[57], "선인의 지원병제도는 조선에 병역법을 시행하기 위한 전제로 봐야 한다. 이렇게 선인에게 병역 의무를 부담 지우는 이상은 이 기회를 이용해 일거에 참정권을 획득해야 한다"(김삼민(金三民), 공산주의자)[58]와 같은 발언을 수집하고 있었다. 이러한 발언을 의식해 조선군 참모부도 "일부에서는 여전히 내선일체 시책에 불만을 토로하며 내선인 차별 철폐를 요망하거나 혹은 지원병제도가 병역제도 시행이 전제가 된다고 속단해 이 기회에 참정권의 획득을 왈가왈부하고"[59]라고 언급하고 있다. 조선군이 이들 발언에 매우 주의를 기울이고 있었다는 것을 알 수 있다. 동시에 송진우와 같이 "당국은 시국을 이용해 활발하게 내선일체의 현양(顯揚)을 외치고 있으나, 내선인 간의 차별적 대우는 아직도 엄연히 존속하고 있다. 이리

56 玄永燮, 1938, 147쪽.

57 朝鮮軍参謀部, 1939, 『昭和十三年後半期 朝鮮思想運動概況』(宮田節子 編·解說, 1991, 『十五年戦争極秘資料集 28 朝鮮思想運動概況』, 不二出版, 129쪽).

58 朝鮮軍参謀部, 1939, 125쪽.

59 朝鮮軍参謀部, 1939, 129쪽.

하여 내선일체는 실로 정신적으로 파괴되어 선인의 민족적 의식은 점차 고양되기에 이를 것이다"[60]와 같은 주장도 등장했다. 이를 통해 '내선일체'에 회의적인 지식인도 많았음을 알 수 있다.

이렇듯 '내선일체'의 창도(唱導)는 결국 일본인과 조선인 간의 대우 격차를 부각시켰다. 현영섭조차 "민족과 민족 간의 관계는 자유로운 벗 사이의 교제와 같이 마음 편한 것이 아니"라고 할 만큼,[61] 민족 간의 벽이나 갈등에 대해서는 꽤 냉소적인 시선을 가지고 있었다.

김사량(金史良)은 일본어로 창작 활동을 한 작가였다. 그의 소설 중 하나인 「천마(天馬)」(1940)는 동시대의 조선 문단을 소재로 한 작품으로, 주인공은 현룡(겐노가미 류노스케)이라는 이름의 조선인 '국어' 작가이다. 현룡은 "내지인과 마주한 때에는 일종의 비굴함에서 조선인의 욕을 줄줄 늘어놓지 않고는 못 배기며, 그때 비로소 자신 또한 내지인과 동등해질 수 있다고 굳게 믿고 있는"[62] 인물로 묘사되어 있다. 현룡은 '국민'에의 자기동일화를 꾀하고, 식민지 민족주의의 가치 체계를 철저하게 부정했다. 그러나 일본인 문학가는 조선인 문학가의 '국어'·'국민' 문화에 동화를 인정하지 않았고, 현룡은 그로 인한 좌절감에서 '내지인'을 자임하면서도 결국은 그리 될 수 없는 차별 대상으로서의 '조선인'임을 어쩔 수 없이 느낄 수밖에 없었다. 이 「천마」가 그리는 세계는 동화=황민화에 의한 평등화 따위는 환상에 불과하다는 사실을 보여주고 있다. 이러한 모순은 결코 소설 속 세계에만 머물지 않았다.

---

60 朝鮮軍参謀部, 1939.

61 天野道夫(玄永燮), 1941, 「内鮮聯合か内鮮一体か」, 『内鮮一体』 新年號, 39쪽.

62 金史良, 1940, 「天馬」, 『文芸春秋』 第18巻 第6號, 375쪽.

3. 표면화하는 일본(인)을 향한 불신감과 시정의 모순–조선총독부시국대책조사회(1938)를 통해

1938년 9월 6~9일, 조선총독부시국대책조사회(이하 조사회)가 개최된다. 조사회는 총독의 자문기관으로 설치된 회의이다. 맨 처음 조사회에서 심의할 기초안의 작성과 개최 준비를 위해 1938년 2월 8일부로 오노 로쿠이치로(大野緑一郎) 정무총감을 위원장으로 하는 시국대책준비위원회가 설치되었다. 이 준비위원회에서는 구체적 조사 사항에 관해 조사가 이루어졌고 같은 해 6월 하순까지 기초안의 작성을 마무리 짓는다. 이후 7월 한 달 동안 총독부 각 국(局) 대표와 관방 간사로 구성된 소간사회에서 기초안에 관한 조사, 심의가 진행되었고, 8월 19일에 열린 마지막 준비위원회에서는 조사회에서 다룰 의사, 자문 사항, 분과회 구성 등을 최종적으로 결정했다. 8월 26일부로 「조선총독부시국대책조사회관제」(칙령 제601호)가 공포되어 "총독부의 희망대로 內(내지), 鮮(조선), 滿(만수), 支(중국) 각 방면의 권위자를" 위원으로 선정, 발령했다.[63]

준비위원회를 설치하면서는 그 목적을 "1. 시국의 영구화에 수반하여 내선일체의 주지 아래 반도에서 물심양면의 체제 강화책을 확립할 것", "2. 조선이 일본의 대륙적 발판으로 중요성이 가중되기에 이르렀다는 깊은 자각 아래 대외적, 정신적으로 발전할 방책을 연구할 것"이라고 표명하고 있다.[64] "시국의 영구화"란 같은 해 1월의 제1차 고노에(近衛) 성명

63 「朝鮮総督府時局対策調査會成立マデノ準備事務概要」에서는 관제 공포가 8월 27일로 되어 있으나, 『朝鮮総督府官報』(1938년 8월 31일자)에서는 8월 26일로 되어 있으므로 이쪽을 따랐다.

64 『京城日報』 1938. 2. 10.

에 나타난 중화민국정부와의 화평 교섭 결렬을 뜻한다고 생각해도 좋을 것이다. 또 이후 4월에 국가총동원법이 공포되어 그다음 달에는 조선에 시행되었으며 그 밖에 7월에는 국민정신총동원조선연맹이 결성되는 등의 움직임에도 주의할 필요가 있다. 즉 조사회는 조선이 총동원체제에 편입되어가는 과정에서 개최된 회의였다.

조사회 회의에서는 18개 항목의 자문 사항을 3개의 분과회 체제로 나누어 논의했는데, 이하에서는 이 중 '내선일체'와 관련된 논의를 총회와 제1분과회를 통해 확인하고, 구체적으로 무엇이 쟁점으로 부상했는지를 확인한다.

회의록[65]을 보면 '내선일체'를 주창할수록 드러나는 것은 이의 실현을 가로막는 현 상황이었다. 특히 일본인에 대한 불신감 문제는 의제로 상정될 수밖에 없었다. 이승우(李升雨, 조선총독부 중추원참의)는 다음과 같이 말했다.

> 내선일체, 내선일체를 조선인만 얘기한들 내지분들이 "너희는 일본 신민이 아니다"라고 한다면 "아니, 나는 일본인입니다"라고 말해도 통하지 않는다. 그러하면 자신은 일본인이 되고 싶어 열심히 노력해도 일본분들이 너는 일본인이 아니라고 하면, 에이 난 맘대로 하는 거야라는 형국이 되어버립니다. (77쪽)

그 배후에는 특히 "내지의 내지인" 중 일부가 "조선은 식민지"로 "내선

65 朝鮮総督府, 1938, 『朝鮮総督府時局対策調査會會議録』. 이하 이 회의록에서 인용한 부분은 본문에 쪽수만 기재한다.

일체라 해도 그것은 실행 불가능할 것"이며, "내선일체의 정신은 이상은 대단히 좋으나, 이것을 실행한다면 조선인들이 권리를 주장해 내지인과 똑같이 대우해달라고 요구해 난처하다. 이렇게 되면 우리가 조선에 있을 수가 없게 된다고 반대하고 있는 사람도 있습니다"라는 인식에 근거한 것이었다(76-77쪽).

현준호(玄俊鎬, 중추원참의, 호남은행장)는 조선에 거주하는 '내지인'은 대부분 "돈을 모으고, 성공하면 조선을 헌신짝처럼 버리고 내지로 떠나는 사람이 많다"고 불만을 토로했다(104쪽). 이렇듯 '내선일체'의 실현을 둘러싸고 일본인이 도리어 방해하고 있다는 인식이 표명된 것은 각 발언의 성격에 미묘한 차이는 차치해도 주목할 필요가 있다. 조선인이 일본인에게 가진 불신감에서도 그 난항을 엿볼 수 있다. 그럼 일본인 쪽에서 의식을 바꿀 수 있느냐면 그 또한 쉽지 않았다. 이 회의에서는 누차 조선인의 '내지' 도항상의 제한(도항증명제도) 철폐가 제기되었다. 이에 대해 시모무라 히로시(下村宏, 귀족원의원)는 "내지에서는 선인의 부정적인 면만이 우리에게 드러난다. 아무리 제한해도 밀항해 들어온다"(96쪽)고 발언하는 등, 조선인에 대한 불신감이 앞서는 탓에 일본인 쪽에서 '내선일체'을 실현하기란 상당히 어려웠다고 보인다.

애당초 조선인은 조선총독부의 시정에도 불신감을 품고 있었다. 가령 총독부가 수립한 증미계획(1940년부터 시행)에 대해 한상룡(韓相龍, 중추원참의, 조선생명보험사 사장)은 총회에서 "때마침 지나사변이 한창이니 쌀을 증산시킨다, 민간이 그렇게 오해하고 있고 일단 시국이 끝나면 어쩌면 쇼와 7년(1932) 문제가 다시금 발생하지 않을까 하는 오해가 있습니다"(34쪽)라고 발언했다. 즉, 쇼와공황대책의 기억 탓에 "민간에서는 불신감을 품고 있다는 것이다. 또 이승우가 지배권력 측의 안이한 사회 인식을 다음과 같이 빈정거림을 담아 지적하고 있는 것은 흥미롭다.

> 모두 각자 한 명마다 짚신을 한 켤레씩 가지고 있습니다. 총독이 오시면 고무신을 버리고 짚신을 신고서 마중하고 총독이 가시면 다시 원래대로 손에 들고 갑니다. 이런 일이 있습니다. (중략) 이런 일은, 본부 당국 분들은 모르실 거라 생각합니다. 시찰을 오시면 '짚신이 많이 보급되었습니다'라는 보고가 올라갈 테니까요. (149쪽)

두말할 나위도 없이 지배권력과 말단사회 간의 의사소통의 부재를 말해주고 있다.

이러한 불협화음을 비굴할 정도까지 천황제에 대한 지지를 표명하면서 민족의 벽으로 표현한 이가 최린(崔麟, 매일신보사 사장)이었다. 최린은 "철저하게 흔들리지 않는 중심을 가지고 발전해, 결합해온 민족은 야마토 민족이다", "그러나 조선 민족 혹은 한(漢)민족은 그러한 중심을 갖고 형성되지 않았다"라 하고, "'국체명징(國體明徵)'이라는 것은 중요한 문제이기는 하나", "문화의 차이라는 것은 상당히 강한 것입니다"고 말했다. 그 예시로 든 문화가 조선 여성은 여름에도 버선을 신는데 "지금은 비상시국이니 자유주의는 안 된다"며 나막신을 강제로 신게 한 결과, 신는 법을 몰라 줄이 끊기거나 나막신 자체가 부서지고 말았다는 극히 일상적인 사례였다. 최린은 "인간에게 생활 습관이라는 것은 과장해서 말하면 문화라고 할 수 있고—그러한 것이 매우 힘을—강한 힘을 가지고 있습니다"라 말하고, "조선인이 이제껏 생활상 지녀온 문화의 차이" 문제가 극히 중요하다고 주장했다. 이러한 일상 속 문화 차이에서 "민족성"의 차이의 근간을 포착하고, 더 나아가 '내선일체'의 어려움을 시사했다. 또한 현준호는 "조선의 일반민은 정신의 확립이 없다"고 하면서도 "생활 자체가 해결된다면" '내선일체'가 철저하게 강화될 것이라고 말했다. 그러나 체위(체격·건강 상태)의 개선, 보건·의료시설의 정비, 위생의 정비, 농촌 진흥 등이 아직 논의된 적이 없었기 때문에 "생활 자체"의 "해결"이 아직 실현되지 않고 있다는 사실이 폭로된다. 이러한 상태에서 '내선일체'를 말하는 것은 아무리 목표라 해도 조선인에게는 현실의 미비를 부각시키는 슬로건에 불과했다.

조선인의 시정에 대한 불만의 뿌리에는 역시 차별적 처우 문제가 존재했다. 특히 답신안의 작성을 둘러싸고 조선인(주로 관리)의 처우 개선 문제는 큰 충돌을 빚었다. 이에 관해서는 조선인 관리의 고등관 등용 여하나 '내지인'에 대한 가봉(加俸) 철폐 가부라는 문제가 구체적으로 언급되었다. 이 처우 문제는 답신안 작성 당시 반목한 점이기도 했다. 이는 철저한 '국민정신총동원운동' 중 한 항목으로 "각 사회층에서 발생하고 있는 내선인 간의 대우 차이에 대해서도 내선일체의 철저한 강화에 수반하여 점차 제도 기타 실제상의 취급도 개폐하여야 함을 명시할 것"[66]이라고 정해져 있었으나, 소위원회에서 항목을 상위 항목으로 독립시켜, "각 사회층에서 발생하고 있는 내선인 간의 대우 차이에 대해서도 내선일체의 철저한 강화에 수반하여 점차 제도 기타 실제상의 취급을 개폐하기 위하여 연구할 것"(172쪽)으로 수정되었다. 이 마지막의 "연구할 것"이라는 표현을 두고 이승우와 이기찬(李基燦, 중추원참의)이 반발했다. 이승우는 「원안」(=시안) 쪽이 다소 어투가 강해 "매우 이상하게 느껴졌"지만, "그것이 강하다고 해서 이 부분을 수정해 연구할 것이라고 고친다

66 朝鮮総督府, 1938, 『朝鮮総督府時局対策調査會諮問答申案試案』, 5쪽.

면 조선인으로서는 내선일체 문제 자체가 전부 몰각되는 게 아닌가 하고 생각될 것입니다"(173쪽)고 반발했다. 이기찬은 "이제 와서 연구할 문제는 아니라고 생각"한다며, "말이 아무리 이상해도−가급적 개폐하기 위해 애쓰거나 그런 식으로 추진하거나…연구라는 말은 심히 일반의 기분을 상하게 합니다"(175쪽)고 발언했다. 결국 이 항목에 관해서는 문언도 위치도 당초 시안대로 채택되었다.[67]

이상과 같이, 조선인 더욱이 친일파라 불리는 조선인의 발언에서는 일본인에 대한 불만 또는 일본인과 조선인의 차이 의식을 읽을 수 있다. 특히 총독부 중추원참의였던 이승우의 '내선일체'의 실태에 대한 불만-일본인에 대한-에서는 앞서 살펴본 「천마」에 묘사된 일본인으로부터의 배제 구조가 실제 문제로 표면화되었다는 것을 짐작게 한다.

애초에 '내선일체'에 호응했다고 해서 당국 측이 그에 응답할 것이라고도 장담할 수 없었다. 앞서 언급한 다나카 다케오는 전후 "조선총독부에 접근하는 소위 친일을 떠벌리는 자 중에는 제대로 된 자가 없다고까지 극언할 수 없지만, 믿을 만한 사람은 못 된다. 절대적으로 믿을 수 없다"고 회상했다.[68] 당국 측이 이러한 근본적인 불신감을 갖고 있는 상황에서 조선 지식층의 '내선일체'에 대한 기대는 공허한 것이었다.

---

67 朝鮮総督府, 1938,『朝鮮総督府時局対策調査會諮問答申書』, 朝鮮総督府, 3쪽.

68 宮田節子 解說·河かおる 監修, 2003,「未公開資料 朝鮮総督府関係者 録音記録(1) 十五年戦争下の朝鮮統治」, 167쪽.

Ⅳ. '연대' 또는 '공감'의 가능성

이렇듯 '이해'의 엇갈림이나 충돌만 언급하면 '연대'나 '공감'의 가능성은 진정으로 없었는가라는 궁금증이 생길 것이다. 이하에서는 가네코 후미코와 아사카와 다쿠미의 예를 통해 그 가능성을 탐색한다.

1. 가네코 후미코의 사례

가네코 후미코와 박열의 연대와 사랑이 조명되면서 지금은 '일본인'과 '조선인'의 민족 간 '연대' 스토리로 회자되고 있다. 가네코가 이 민족적 경계를 어떻게 의식하고 있었는지는 그녀의 옥중수기인 『무엇이 나를 이렇게 만들었는가(何が私をそうさせたか)』에서도 엿볼 수 있다. 특히 박열에게 구혼하는 다음과 같은 대목에서 단적으로 드러난다.

> "저기…. 난 일본인이에요. 그러나 조선인에 대해 특별히 편견 같은 것은 없어요. 그런데도 당신은 나에게 반감을 가지고 있나요?"
> 조선인이 일본인에게 품고 있는 감정을 나는 대략 알고 있다고 자처했기에 무엇보다도 그것을 먼저 물을 필요가 있었다. 나는 조선인의 감정을 두려워하고 있었던 것이다. (중략)
> "그렇군요. 다행이에요"라고 나는 약간 편안해져 미소 지었다. "그런데 한 가지 더 물어볼게요. 당신은 민족운동가인가요?… 사실 난 조선에 오랫동안 산 적이 있어요. 그래서인지 민족운동을 하는 사람들의 기분을 어렴풋이나마 알 것 같은 기분도 드는데 누가 뭐래도 나는 조선인이 아니어서 그들처럼 일본으로부터 억압받은 적도 없으니, 그들과

함께 독립운동을 할 마음은 생기지 않는군요. 그러니까 당신이 만약 독립운동가라면 아쉽지만 당신과 함께할 수 없어요."[69]

가네코는 심상소학교(尋常小學校)·고등소학교 시기를 조선에서 보냈다. 가네코는 일본인과 조선인에 대한 불평등한 처우를 목도하면서 정작 가네코 본인은 할머니 집에서 심각한 학대를 당하고 있었다. 그리고 자신이 속한(속한 터인) 일본인의 세계가 아닌 일본인으로부터 학대당하고 있는 조선인에게서 받은 동정심에 감동하고 있다.

나는 몰래 집을 빠져나왔다. 나온들 마땅히 갈 곳은 없었다. 바로 밑 길가에 있는 조선인들의 공동우물로 가서 하릴없이 우물 안을 들여다보았다. 얼굴을 아는 조선인 아낙네가 항아리 속에 담긴 채소를 씻으러 왔다가 내 얼굴을 보고서,
"또 할머니에게 혼났어요?"라고 친절하게 말을 건넸다.
나는 조용히 고개만 끄덕였다.
"불쌍해라!" 아낙네는 나의 불쌍한 모습을 유심히 쳐다보더니 동정 어린 눈으로 말했다. "우리 집에 갈래요? 딸도 집에 있으니까."
나는 또 울고 싶어졌다. 슬퍼서 우는 것이 아니라 그저 큰 자비심에 마음이 녹아 감격의 눈물을….[70]

이미 야마다 쇼지(山田昭次)의 연구[71]에서도 밝혀졌듯이, 가네코는 천

69 金子文子, 2017,『何が私をそうさせたか』, 岩波書店·文庫, 400쪽.

70 金子文子, 2017, 163~164쪽.

71 山田昭次, 1996,『金子文子-自己·天皇制國家朝鮮人-』, 影書房.

황제국가 일본에서 무적자(無籍者)로 태어나, 유년기부터 청년기까지 계급, 젠더 모순에 고통받고 있었다. 그러한 사회적 소수자의 처지와 조선에서의 원체험이 조선인에 대한 깊은 이해의 본바탕이 되었을 것임은 상상하기 어렵지 않다.

그러나 그 이해는 단순히 상대방이 조선인이라는 이유에서 파생된 것이 아니었다.[72] 가네코는 1920년 4월에 도쿄로 나와 자립하면서 사회주의자와 교류를 이어갔다. 그것은 위와 같은 모순에서 자신을 해방시켜 나가는 과정이기도 했다. 그 생활 속에서 일본인, 조선인과 함께 활동하고 있었는데, 박열과 만나고 그의 글을 접하면서 그곳에서 자신의 활동이 나아가야 할 미래상을 발견했다. 그러한 점에서 박열이라는 인물의 개성과 삶에 대한 이해와 공감이 있었다고 보아야 한다. 그렇다고 그 이해라는 것이 곧바로 성립하지는 않았다. 그 사실은 프로포즈 당시 '조선인의 감정'에 머뭇거리면서 박열이 '민족주의자'인지를 확인할 수밖에 없던 대목에서도 알 수 있다. 또 자기 이야기하기를 꺼리는 박열에 대해 가네코는 단편적인 그의 말과 주변에서 얻은 정보를 종합해 그의 삶을 알려 했을 정도였다.[73] 가네코는 한 걸음씩 이해를 심화시켜 가려고 한 것이다.

72 가네코에게 사회주의자 또는 조선인이라는 속성이 그대로 그 인물에 대한 긍정적 평가로 이어지지는 않았다. 가네코의 옥중일기에는 청년기에 겪은 가네코의 연애에 대한 기술도 보이는데, 일본인 남성, 조선인 남성과 육체관계를 맺으면서도 사랑이 이뤄지지 않아 남성의 무책임함에 실망하고도 있다.

73 金子文子, 2017, 402~404쪽.

2. 아사카와 다쿠미의 사례

이어서 아사카와 다쿠미의 사례를 살펴보겠다. 그의 유고 「북한산일주(北漢山一周)」에는 김만수(金萬洙, 철학자), 염상섭(소설가), 변영로(卞榮魯, 시인), 오상순(吳相淳, 시인) 4명의 조선인과 술잔을 기울이며 토론하는 장면이 묘사되어 있다.

> 달빛이 비추는 선로 위에서 김과 장래에 대해 대화를 나눴다. 주로 그가 지망하고 있는 문학 연구에 관한 태도나 그의 일가를 어떻게 꾸려나갈지에 대해서였다.
> 기차가 붐비고 있어 청량리까지 줄곧 서서 갔다. 중국집에서 식사를 하고 나오자 주막에 있던 오 군이 나를 발견했다. 무리는 김, 염, 변, 오 네 사람이었다.
> 김 군을 빼고 세 사람 모두 얼큰히 취해 있었다. 일본인과 조선인 간의 문제나 도쿄의 지진에 관해 기염을 토하고 있었다. 내 의견도 물었으나 조만간 더 느긋하게 얘기를 나누기로 약속하고 말을 자제했다.
> 그 소란 속에서 문밖에서 일본옷 차림의 세 남자의 그림자가 어른거리는 것을 눈치챘다. 그 남자들은 내가 중국요리점에 있었을 때 옆 방에 들어온 세 사람이었다.
> 염 군은 나에게 조선인의 앞날을 어떻게 생각하냐고 묻고 기탄없이 얘기해주기를 바랐다. 나는 큰 길가가 아니고 상대방이 취해 있지 않으면 자발적으로 의견을 말할 용기가 있으나 상황이 좋지 않아 입을 다물었다.
> 오 군은 도쿄의 지진에 통쾌하다며 우쭐대듯이 말했는데 기분이 썩

> 좋지 않았다. 그가 조금은 심오한 인간으로, 깊은 사고에서 재해를 신의 영역으로 긍정한다면, 마음을 가다듬고 대화하고 싶었으나 비꼬는 탓에 짜증이 났다.[74]

아사카와는 4명의 조선인과 가진 술자리에서 "일본인과 조선인 간의 문제나 도쿄 지진"이라는 민감한 주제로 토론할 기회가 있었으나, 아사카와 본인은 구체적인 의견의 피력을 자제한 듯하다. 그것은 조선인들을 감시하는 "일본 옷 차림의 세 남자"가 있었고 술에 취한 상태로 논쟁하는 게 싫었기 때문일 것이다. 어쨌든 아사카와의 의견이 동석한 조선인과 전적으로 같지 않았다는 것을 짐작게 한다.

중요한 것은 '이해'는 사상이나 견해가 전적으로 같을 필요가 없다는 점이다. 서로 교류하면서 서로의 생각을 파악하는 장이 마련되는 것이 전제 조건으로 중요하다. 아사카와는 이 글을 다음과 같이 마무리하고 있다.

> 권태로운 조선 청년의 마음을 어찌 고칠까. 저 세 그림자는 악화시킬 뿐 고칠 능력은 없을 것이다.[75]

지배권력을 표상하는 '세 그림자'에 대한 비판 의식을 담으면서 '조선 청년'의 '권태'=갈등에 대해 깊이 생각하고 있음을 알 수 있다. 이러한 타자감각이 중요하다.

---

74 淺川巧, 1923,「北漢山一周」. 淺川巧 著, 高崎宗司 編, 2003,『朝鮮民芸論集』, 岩波書店 · 文庫, 259쪽.

75 淺川巧 著, 高崎宗司 編, 2003, 260쪽.

V. 맺음말

'이해'를 하기 위해서는 입장·처지나 경험, 사상의 동일성이 필요할까? 그렇지는 않을 것이다.

예를 들면 야나기 무네요시의 「조선의 벗에게 보내는 글」은 분명 앞서 설명한 바와 같이 조선인의 의식과 상충하는 측면이 있었으나, 그중 일부가 대한민국임시정부의 『독립신문』에 번역되어 실렸다. 독립운동가에게는 적어도 조선인에게 소개할 만한 글로 인식된 것이다.

또 요시노 사쿠조는 조선 통치 전반을 부정하지는 않았으나, 요시노가 교편을 잡은 도쿄제국대학 법학부에서 많은 조선인 유학생들이 그 밑에서 수학하는 선택지를 고른 것도 사실이다.

가네코 후미코나 아사카와 다쿠미도 마찬가지지만, 타자에 대한 감각은 교류 속에서 탄생한다. 지금 물어야 할 것은 '제3차 한류 열풍'에서 나타나는 타자감각의 부족을 어떻게 채울 것인가이다. 한편 '프리허그'는 타자감각을 자신 주변의 문제로 느끼고자 하는 행위일지도 모른다. 그리고 '이해'를 향한 시도는 앞에서 살펴본 바와 같이 역사성을 가지고 있었다. '화해'는 이러한 역사성의 이해 위에 구축되어가는 것이 아닐까. 이를 위해서도 엇갈림이나 충돌이라는 역사의 '고통스러운' 장면을 이해해두는 것이 중요하다고 생각한다.

참고문헌

사료

朝鮮総督府, 1927, 『㊙朝鮮人の思想と性格』.

__________, 1938, 『㊙朝鮮総督府時局対策調査會會議録』.

__________, 1938, 『朝鮮総督府時局対策調査會諮問答申書』.

__________, 1938, 『朝鮮総督府時局対策調査會諮問答申案試案』.

__________, 1916, 『朝鮮半島史編成ノ要旨及順序』.

한국어

미쓰이 다카시, 2019, 「'동포'와 이민족 사이: '일조동원론'과 인종 담론의 모순」, 한국역사연구회 3·1운동 100주년 기획위원회 엮음, 『3·1운동 100주년 총서5 사상과 문화』, 휴머니스트.

미쓰이 다카시, 2020, 「근대 일본 역사학과 조선: 기타 사다키치(喜田貞吉)의 '일조동원론(日朝同源論)'을 중심으로」, 연세대학교 근대한국학연구소 인문한국플러스(HK+) 사업단, 『20세기 전환기 동아시아 지식장과 근대한국학 탄생의 계보』, 소명출판.

일본어

姜徳相 編, 1967, 『現代史資料26 朝鮮2』, みすず書房.

姜徳相, 2002, 『呂運亨評伝1 朝鮮三·一獨立運動』, 新幹社.

宮田節子 監修·解説, 2003, 「未公開資料 朝鮮総督府関係者 録音記録(4) 民族運動と治安対 4장 日本의 植民地朝鮮에서의 同化主義·同化政策 재검토 | 285策」, 『東洋文化研究』 第5號.

宮田節子 編·解説, 1991, 『十五年戦争極秘資料集28 朝鮮思想運動概況』, 不二出版.

宮田節子 解説·監修, 2000, 「未公開資料 朝鮮総督府関係者 録音記録(1) 十五年戦争下の朝鮮統治」, 『東洋文化研究』 第2號.

宮田節子, 1985, 『朝鮮民衆と「皇民化」政策』, 未來社.

近藤釼一 編, 1970, 『朝鮮総督府資料選集 斎藤総督の文化統治』, 財団法人友邦協會.

金子文子, 2017, 『何が私をそうさせたか』, 岩波書店·文庫.

柳宗悦, 1984, 『民藝四十年』, 岩波書店·文庫.

山田昭次, 1996,『金子文子-自己・天皇制國家・朝鮮人-』, 影書房.

三ツ井崇,「근대 일본 역사학과 조선: 기타 사다키치(喜田貞吉)의 '일조동원론(日朝同源論)'을 중심으로」(연세대학교 근대한국학연구소 인문한국플러스(HK+)사업단, 2020,『20세기 전환기 동아시아 지식장과 근대한국학 탄생의 계보』, 소명출판)

________, 2004,「近代アカデミズム史學のなかの「日鮮同祖論」-韓國併合前後を中心に-」,『朝鮮史研究會論文集』第42集.

松尾尊兊, 1998,『民本主義と帝國主義』, みすず書房.

宇都宮太郎関係資料研究會 編, 2007,『日本陸軍とアジア政策-陸軍大將宇都宮太郎日記3-』, 岩波書店.

淺川巧 著, 高崎宗司 編, 2003,『朝鮮民芸論集』, 岩波書店・文庫.

玄永燮, 1938,『朝鮮人の進むべき道』, 緑旗連盟.

黒川みどり, 2006,『創られた〈人種〉-部落差別と人種主義-』, 有志舎.

喜田貞吉, 1919,「「日本民族」とは何ぞや-日本民族の概念を論ず-」,『民族と歴史』第1巻 第1號.

________, 1919,「朝鮮民族とは何ぞや-日鮮両民族の関係を論ず-」,『民族と歴史』第1巻 第6號.

________, 1921,「庚申鮮満旅行日誌」,『民族と歴史』第6巻 第1號.

________, 1921,「日鮮両民族同源論」,『民族と歴史』第6巻 第1號.

6장

근현대기 일본과 조선·한국의 대중문화: 그 형성과 전개

도노무라 마사루(外村大)

I. 머리말: 대중문화의 영향력과 가능성

오늘날의 세계에서 대중문화와 무관하게 살아가고 있는 사람은 적다. 여기서 말하는 대중문화란 고도의 지식이나 특수한 이해력이 특별히 필요하지 않고 불특정 다수가 즐길 수 있는 음악, 무대예술, 영상 작품, 소설, 만화나 애니메이션 등을 가리킨다. 이러한 대중문화는 모든 계층에 폭넓게 수용되고 있으며 그러한 연유로 그 작품들은 대중의 의식에 작용하는 동시에 그것을 반영하고 있다.

그러한 대중문화 작품들을 수용하는 사람들은 종종 한 나라의 국민 범위로 수렴된다. 이는 언어나 매스미디어가 만들어내는 사람들의 유대 등으로 규정되기 때문이다. 그러나 동시에 대중문화는 그 안에만 머물지 않는 확장성을 가진다. 특히 관계가 밀접하고 인적 왕래가 활발해질수록 대중문화는 국경을 손쉽게 넘나든다. 그 결과, 타국의 영향을 받아 한 나라의 대중문화 자체가 변용되어가기도 한다.

이러한 점에서 근대국가 형성기 이후의 일본과 조선·한국의 역사에서는 대중문화를 눈여겨볼 필요가 있다. 양국은 밀접한 관계를 맺으면서 근대국가로의 길을 걸어왔다. 특히 일본이 조선을 식민지배한 시기에는 대량의 인적 이동이 이어졌다. 그 후 제2차 세계대전 이후의 조선 해방과 새로운 국가 건설로 상호 관계는 일단 약해지나, 20세기 이후 다시금 인적 왕래가 증가하고 교류도 활발해졌다.

하지만 지금까지 일본과 조선·한국의 관계를 시야에 넣은 대중문화 연구도 적고 그 역사를 양국의 시민은 그다지 인식하지 못했다고 말할 수 있다. 이하에서는 그 점을 살펴본 다음, 20세기 이후 일본과 조선·한국 각각에서 진행된 대중문화의 형성과 전개에서 서로 어떠한 영향을 주고받았는지, 대중문화에 반영된 민중의 의식, 국가 통제 등에 관해 몇몇 사례를 가지고 검토하겠다. 그리고 상대국의 대중문화를 접하고 친숙해지는 것과 한일 간 역사 문제 갈등 관계에 대해서도 고찰해보겠다.

II. 역사 인식 속 대중문화

우선 한일 각자의 사회에서 역사로서의 대중문화가 어떻게 이야기되고 있는지를 확인해겠다. 일본이든 한국이든 대중문화에서는 수많은 작품이 창작되어 팬을 획득하고 있다. 그러나 역사연구자가 대중문화를 분석의 소재로 삼는 일은 그리 많지 않다. 아마도 그것을 중요하다고 여기고 고찰하려는 의식이 부족했기 때문일 것이다.

그렇다고 하나, 대중문화가 역사 연구의 대상에서 완전히 배제된 것은 아니며, 일본, 한국 각 국가 단위의 근현대사를 말할 때도 대중문화의 형성이나 전개가 언급되고 있다. 이를 학교에서 사용되는 역사교과서에서 확인해보면 다음과 같다.

우선 일본에서나 한국에서나 대중문화와 관련된 기술이 등장하는 때는 전간기(戰間期, 제1차세계대전 종결 후부터 제2차세계대전 발발까지의 시기로 일반적으로 1919년에서 1939년까지를 말한다-옮긴이)와 제2차 세계대전 후의 경제성장 시기이다. 일본 역사교과서에서 등장하는 전간기의 대중문화 관련 기술은 한국과 비교해 다소 구체적이며 대중사회의 성립과 관련된 내용이 주를 이루고 있다. 도시화에 의한 신중간층의 형성과 문자해독율 상승으로 인한 신문과 잡지 독자의 증가 외에 라디오, 레코드, 영화라는 새로운 매체의 등장도 언급되고 있다. 동시대의 일본과 비교해 도시화에 뒤처져 있었고 문자해독율도 아직 낮았던 식민지 조선에서는 제1차 세계대전 시기의 대중문화에 대한 기술은 적다. 단순히 영화나 라디오, 레코드를 언급하고 새로운 문화의 탄생을 기술하고 있다. 전후에는 TV 보급 외에 일본에서는 만화, 애니메이션을, 한국에서는 케이팝(K-Pop)의 인기를 몇몇 교과서가 소개하고 있다.

그리고 이러한 각국 역사 속 대중문화의 언급은 동아시아 안에서의 월경 문제를 그다지 의식하고 있지 않다. 미국 문화의 영향이나 일본의 애니메이션과 K-Pop에 관해서는 지구 규모로 수용되고 있다고 기술하고 있으나, 일본과 조선·한국의 관계를 교과서가 다루는 경우는 적다. 다만, 한국의 역사교과서 중에는 식민지기 조선의 대중문화에 대해서 민족의식이 반영되었다고 지적하기도 한다. 이상과 같은 역사교과서의 기술 내용은 아마도 평균적인 한일 시민의 역사 인식과 그다지 동떨어져 있지 않을 것이다.

III. 서양 근대의 영향과 대중문화의 성립

그러나 일본과 조선·한국은 밀접한 관계를 맺으면서 서로 영향을 주고받아왔다. 대중문화도 예외는 아니었다.

19세기 후반 이후, 일본과 조선은 서구에 기원을 둔 제도와 기술, 문화를 수용하면서 다양한 분야에서 근대화를 추진했다. 당시 일본은 조선보다 근대화에서 약간 앞서고 있었다. 그래서 조선은 일본보다 다소 뒤늦게 서양의 다양한 문물을 배우거나 서양에서 문물을 도입한 일본에서 배우기도 했다. 대중문화와 깊이 연관된 음악이나 연극 분야에서도 이러한 패턴이 확인된다.

우선 음악을 살펴보면 당연히 일본이든 조선이든 각각 전근대에서 이어받은 음악이 존재했다. 다만, 근대 이후 그것과는 다른 서양에서 전해진 악기와 서양의 음계를 이용해 연주되고, 불리는 음악이 널리 퍼져나갔다. 그러한 서양음악의 학습이 시작된 곳은 일본의 경우 군대였다. 군대의 행진이나 군악대가 식전 등에서 쓸 음악이 필요했기 때문이다. 그를 위해 1879년에 일본 정부는 프로이센 출신 음악 교사인 프란츠 에케르트(Franz Eckert)를 초빙했다. 에케르트는 1899년에 일본을 떠날 때까지 음악 교육에 종사하며 군악대를 양성했다. 또 군대에서는 행진이나 전의를 북돋우기 위해 군가가 제창되기에 이르렀다. 같은 시기, 일본의 초등교육에서도 '창가(唱歌)'가 도입되었다. 초기에는 서양의 악곡에 일본어 가사를 붙인 노래를, 후에는 서양음악을 배운 일본인 작곡가가 창작한 독자적인 창가도 아동들에게 가르쳤다. 이러한 과정을 거쳐 일본에서는 서양문화를 수용한 음악이 보급되었다.

이 움직임은 조선·한국의 음악사와도 관련이 깊다. 왜냐하면 대한제국 또한 1901년에 군악대 양성을 위해 서양인 음악 교사를 초빙했기 때문이다. 그는 바로 과거 일본에서 일한 경험이 있는 프란츠 에케르트였다. 대한제국의 군대는 보호국화와 한국병합으로 인해 축소, 소멸하나, 그 후에도 에케르트는 조선 왕실의 군대 업무를 맡아보았고, 1916년에 서울에서 숨을 거두었다. 또 19세기 말부터 20세기 초엽에 걸친 한국의 애국계몽운동 전개 속에서 학습된 노래 중에는 일본의 창가나 군가 또는 교회 등에서 불린, 일본에서도 유명했던 곡에 조선어 가사를 붙인 것

이 종종 눈에 띈다.[1]

연극도 전근대의 연극과는 상이한 유형의 것이 서양 국가를 접한 일본에서 출현했으며, 다소 뒤늦게 한반도에서도 출현했다. 일본에서는 이미 근세에 교토, 오사카, 에도에 극장이 세워졌다. 서민들 사이에서는 가부키가 인기를 끌었다. 그러나 19세기 말에는 그와 다른 서양 연극의 양식까지 도입하며, 여배우도 출연하는 연극이 시작되었다. 작품의 소재로는 동시대의 세태나 풍속, 그리고 남녀 간의 애정이나 의리 문제를 둘러싼 인간관계의 갈등 등을 다룬 것이 많았다. 그러한 연극은 20세기 초엽에 신파극이라 불렸다.

이 신파극의 영향을 받아 조선에서도 신파극(한자로 쓰면 新派劇이다)이 큰 인기를 끌게 되었다. 이 현상은 한국의 보호국화를 배경으로 경성에서 일본인 인구가 증가한 현상과 관련이 있다. 경성에서는 일본인을 위한 극장이 세워져 신파극이 상연되었다. 물론 대사는 일본어였고, 따라서 관객도 거의 일본인이었을 것이다. 그러나 극장의 게소쿠방(下足番, 신발을 관리하는 잡부-옮긴이)으로 일하던 조선인 임성구(林聖九)는 마침내 일본어 대사를 외우고 1911년에는 이를 조선어로 바꾸어 연극을 상연하는 극단인 혁신단을 설립했다. 그 공연이 인기를 끌며 조선에서도 신파극은 활발하게 상연되었다. 덧붙여 20세기 초엽, 일본에서는 이러한 통속적인 신파극에 반기를 들며 서구의 연극 기법을 배우면서 예술성을 보다 강하게 의식한 움직임도 시작되었는데, 이것을 신극이라 불렀다. 그리고 1920년에 들어 도쿄에서 유학한 조선인들이 조선에서 신극 운동을 일으켰다.[2]

---

1 이상, 일본과 조선·한국의 서양음악 수용 움직임에 대해서는 이강숙 외 편, 2001, 『우리 양악100년』, 현암사를 참조했다.

2 이상, 조선·한국의 근대 연극 형성에 대해서는 유민영, 2001, 『한국연극운동사』, 대학

이렇듯 일본과 조선·한국은 각기 서양 문물을 배우면서 근대화를 추진했다. 그때의 교사나 소재는 실제 공통된 것도 많았다. 혹여나 그러한 점에서 양국은 그야말로 쌍둥이 같은 관계라고 생각하거나 근대화에서는 일본이 한발 앞서 있었으니 일본이 형이라 생각하는 사람도 있을지 모르겠다.

하지만 그 생각에 동조하는 일본인은 대부분 전근대에 조선이 한발 앞서 중국 문화를 수용하고 일본이 많은 것을 거기서 배운 사실을 망각해버린 것을 자각하지 못하고 있다. 동시에 서양 문물을 동일하게 접했더라도 무엇을 수용하고, 자신들의 것으로 만들었는지는 일본과 조선·한국 간에 각기 다르기도 하다. 또 서양 문물을 수용한 일본에서 배웠다고 하나 조선이 그대로 모방한 것도 아니었다. 타인이 보기에는 쌍둥이가 매우 흡사해도 각자 개성이 있듯이 일본과 조선·한국의 문화는 서로 다르다.

예를 들면 〈올드 랭 사인〉이라는 스코틀랜드 민요는 일본에서도 한국에서도 친숙한 멜로디이다. 이는 일본에서는 반딧불이의 빛을 사용해 글을 읽고 열심히 공부했다는 가사가 붙은 창가로 불리었다. 현재 일본에서는 학교 졸업식 때 불리는 〈호타루노히카리(蛍の光)〉라는 곡으로 유명하다. 그러나 실은 20세기 초엽 일본에서는 이 곡에—지금은 거의 알려지지 않았으나—"타이완의 북쪽 끝도 가라후토도 일본이 지켜야 할 땅이니"라고 일본제국이 식민지를 포함하는 광대한 범위의 제국이며, 그것을 유지해야 한다고 호소하는 가사를 붙여 초등교육에서 '창가'로 불렀다.

그러나 이 같은 멜로디가 조선·한국에서는 전연 다른 가사로 알려져

사를 참조했다.

있다. 그 가사는 현 대한민국의 애국가와 같다. 곧 이 멜로디는 어느 시기까지 조선인에게는 민족의 자립, 해방의 염원과 결합돼 있었다. 일본에서는 자국의 제국주의적 발전을 의식한 가사가 붙여진 곡이 조선에서는 피지배 상태로부터의 탈피를 염원하면서 불린 셈이다.

또 신파극에서는 일본에서 인기를 끈 소설 『곤지키야샤(金色夜叉)』가 조선에서는 『장한몽』이라는 신파극으로 번안되어 상연되었다.[3] 『곤지키야샤』의 주인공은 하자마 간이치(間寛一)와 시기사와 미야(鴫沢宮)로, 부호 가문에 시집가게 된 미야를 하자마 간이치가 차고 헤어지는 장면이 아타미의 해변을 배경으로 펼쳐진다. 이에 반해 『장한몽』의 두 주인공 이름은 이수일과 심순애이며 당연히 둘은 조선에 거주하는 조선인으로 명장면의 배경은 아타미의 해변이 아닌 평양의 대동강으로 바뀌었다. 그러나 차이점은 그뿐만이 아니다. 『곤지키야샤』에서는 헤어진 두 주인공은 재회하지 못한 채 비극적인 결말로 막을 내리나, 『장한몽』은 마지막에 수일과 순애가 재회해 함께 살아가는 내용으로 끝난다.[4] 왜 이렇게 결말이 바뀌었는지는 알 수 없으나, 문화의 수용 방식이 각 지역에 따라 미묘하게 달랐음을 보여주는 흥미로운 실례이다.

---

3 덧붙여 『곤지키야샤(金色夜叉)』 자체가 미국의 소설을 토대로 한 것이라는 지적도 있다(堀啓子, 2008, 「明治期の翻訳 · 翻案における米國廉価版小說の影響」, 『出版研究』 제38호.

4 申美仙, 2012, 「韓國における『長恨夢』の大衆的受容-小説 · 演劇 · メディア-」, 『比較文學』 제54권.

IV. 본국과 식민지에서의 확장과 월경

이상과 같이, 19세기 말부터 20세기 초엽에 걸쳐 일본이나 조선·한국에서는 서양문화의 영향을 받아 음악이나 연극에서 새로운 움직임이 등장했다. 그 과정에서 탄생한 신문화가 '대중'이라 표현할 만한 규모의 인구와 다양한 사람들에게 향유되게 된 것은 제1차 세계대전 이후였다. 이후 1930년대 중반까지 곧 중일전쟁의 전면화, 장기화로 인해 총력전 체제가 구축될 때까지 일본제국 안에도 대중문화 작품들을 수용하는 측의 요구를 반영하면서 창작자가 창의성을 발휘해 창작할 수 있는 토양이 존재했다(물론 다양한 제약이 있었으나 그 제약은 총력전하와 비교해 두드러진 것은 아니었다). 이 장에서는 그러한 전간기 일본과 조선에서 전개된 대중문화의 확장성과 경계를 넘어선 상호 관계를 탐색해보겠다.

역사교과서 부분에서도 설명했듯이, 일본 내지에서는 이 시기 도시화가 진전되어 대중사회가 형성되어갔다. 식민지 조선에서도 비록 한정적이기는 하나 그러한 움직임이 나타나기 시작했다. 그 가운데에 새로운 미디어가 보급되어갔다. 우선 상업영화가 제작되어 서민도 그것을 감상할 수 있게 되었다. 또 음반의 대량 생산도 시작되어 축음기로 음반을 들을 수 있는 사람들도 증가했다. 더 나아가 라디오 방송도 1925년에는 도쿄에서, 이듬해에는 오사카, 나고야 그리고 조선의 서울에서도 1927년에 송출되었다.

이들 신미디어가 등장하면서 같은 대중문화 작품을 수용하는 사람들의 수는 이전과 비교해 크게 증가했다. 더욱이 그러한 신미디어의 도입에서는 일본 내지와 조선 등 식민지 간의 시차가 거의 없었다. 같은 일본제국의 지도 안에 있었다는 것을 생각하면 이상한 일도 아니다.

다만, 미디어의 존재 방식이나 그를 통해 전해지는 대중문화 작품들과 그 수용에서는 민족적인 독자성이나 경계가 당연히 존재했다. 거기에는 물론 언어의 차이가 깊이 관계하고 있었다. 영화의 경우, 무성영화가 제작되던 시기(조선에서는 1930년대 중반까지), 변사의 해설이 중요했다. 조선의 도시 거주자도 조선어·일본어 두 언어를 할 줄 아는 사람만 있던 게 아니었던 만큼, 영화관은 조선인용과 일본인용으로 나뉘어 있었다.[5] 음반도 유행가의 가사 언어에 따라 구매자 민족이 서로 달랐다. 라디오 방송의 경우, 경성방송국은 당초 시간대별로 일본어 방송과 조선어 방송을 송출하고 있었으나, 후에 일본어 방송을 제1방송, 조선어 방송을 제2방송이라는 형태로 바꿔 운영했다.

이와 함께 각 미디어의 존재 방식에는 제국의 각 민족적 지위도 영향을 미치고 있었다. 두말할 나위도 없이 일본제국에서 일본인은 지배 민족으로 경제 면에서도 평균적으로 조선인보다 위였다. 그래서 미디어도 일본인 중심으로 편성되어 발달하게 되었다. 식민지 조선에도 일본인을 위한 영화관이 꽤 있었고, 라디오 방송도 일본어 방송에 많은 시간을 할애하고 있었다. 또 20세기 초엽까지 서울에 위치했던 일본인용 극장은 한국병합 후에도 물론 존속했고 반대로 조선인 극단 전용 극장은 1935년에 동양극장이 설립되기까지 한반도에서 모습을 찾아볼 수 없

5 이는 입지 조건과도 관계가 있다. 즉 번화가도 조선인 마을과 일본인 마을로 구분되어 있었다(橋谷弘, 2004,『帝國日本と植民地都市』, 吉川弘文堂). 따라서 유성영화가 일반화된 이후에도 조선 영화관의 민족적 분리 경향은 계속되었다(물론 완전한 분리는 아니었다). 덧붙여 대사가 적은 초기 유성영화 등에서는 같은 영화관에서 상영 중인 영화에 대해 일본어 변사와 조선어 변사가 거의 동시에 해설하는 경우도 있었다(한국영화100년기념사업추진위원회 편, 2019,『한국영화 100년 100경』, 돌베개).

었다.[6]

동시대 조선인이 대중문화를 접할 기회가 일본인과 비교해 한정적이었다는 사실은 몇몇 통계에서 확인된다. 가령 1936년의 영화관 수와 그 관객 수에 착안해보자. 1936년은 군수생산 확충을 배경으로 경기 호황을 누리면서 실업자가 감소하고 공장 노동자층도 생활이 개선되던 시기였다. 같은 해 일본 내지의 상설 영화관 수는 1,547곳이었다.[7] 이에 반해 조선의 영화관 수는 60곳이고 그 경영자는 민족별로 볼 때 일본인 40명, 조선인 10명이었다.[8] 조선인용 영화관은 아마도 조선인이 경영했을 것으로 추정되므로, 조선에서도 영화를 볼 기회를 누린 쪽은 도리어 일본인이었다고 생각된다. 그리고 각종 흥행 관객 수를 보면, 일본 내지에서는 도쿄부만 해도 연극이 798만 6,665명, 영화 4,070만 2,356명, 만세 331만 7,524명인 데 반해,[9] 조선에서는 연극이 293만 4,970명, 영화가 889만 2331명, 기타 흥행이 161만 9,420명으로 도쿄부를 밑돌고 있다.[10] 이 수치에는 일본어로 상연된 흥행이 상당수 포함되어 있으므로, 조선인 관객 수는 이보다 적다는 사실에 주의할 필요가 있다.

라디오의 경우, 1936년 시점 통계를 보면 일본 내지에서는 세대당 보

---

6 동양극장은 후술하는 배구자와 그녀의 남편이 설립해 경영한 곳이었다("사실과 풍문 동양극장", 1937. 6. 16, 『동아일보』). 덧붙여 일본제국 밖으로 시선을 확장해보면, 동시대에 조선인 극장이 없던 것은 아니었다. 혁명 후 러시아에는 조선인 극단이 활동하는 고려극장이 있었다(現代語學塾『レーニン・キチ』を読む会 편역, 1991, 『在ソ朝鮮人のペレストロイカ』, 凱風社).

7 内務省警保局, 1937, 『警察統計報告 第13回』.

8 朝鮮総督府, 1938, 『朝鮮総督府統計年報 昭和11年』.

9 警視総監官房文書課統計係 편, 1939, 『警視庁統計書 第48回』.

10 朝鮮総督府, 1940, 『朝鮮総督府統計年報 昭和13年』.

급률이 시부 42.1%, 군부 14.2%였다.[11] 조선은 같은 해 통계를 보면, 일본인 청취자 수는 4만 9,349명, 조선인 청취자 수는 2만 2,777명이며 이를 토대로 세대별 보급률을 산출하면 일본인 32.3%, 조선인 0.6%로 현격한 차를 보이고 있다.[12] 분명 조선에서는 두 언어로 방송이 송출되고 있었다고 하나, 조선어 방송의 청취자는 조선인 중에서도 도시의 부유층 등에 한정되어 있던 셈이다.

위와 같은 이를테면 시장 규모의 차이와도 연관되어 대중문화를 공급하는 기업도 조선에서는 수가 적었고 자본도 빈약했다. 1920년~1930년대 상황을 보면, 음반회사의 경우 미국 자본과 연계한 곳까지 포함해 일본 내지에 본거지를 둔 대형 음반회사가 조선에 영업소를 설치하고 조선어 유행가 등을 제작하는 방식이 두드러졌다. 조선의 독자적인 음반회사로는 오케이레코드가 1933년부터 활동을 이어갔으나, 1936년에 도쿄에 본거지를 둔 제국축음기주식회사로 영업권을 양도했다(그러나 오케이레코드의 이름으로 음반을 제작, 판매했다).[13] 영화도 일본에서는 니혼활동사진주식회사(닛카쓰(日活))와 쇼치쿠(松竹)가, 1936년에는 도호(東寶)가 출범하는 등 대자본이 확립되었으나, 조선에서는 몇몇 약소 프로덕션이 난립했다. 기업 기반이 튼튼하지 않고 대형 스튜디오가 없는 상태가 1930년대 중반까지 계속되었다.[14]

그리고 조선인을 위한 문화 활동을 펼치기에는 식민지기에는 일본제국의 통제라는 제약이 있었다. 물론 일본인이 창작하는 일본인 대상 작

11 日本放送協会, 1941, 『昭和十七年 ラジオ年鑑』, 日本放送協会.

12 朝鮮総督府, 1938, 『朝鮮総督府統計年報 昭和11年』.

13 朴燦鎬, 1987, 『韓國歌謠史』, 晶文社, 129~130쪽.

14 朝鮮映画文化研究所, 「朝鮮映画三十年史」, 『映画旬報』, 1943년 7월 11일호.

품도 천황제 비판이나 사유재산의 부정 등을 담을 수 없었다. 하나, 조선에서는 식민지 지배하에 놓여 있던 동시대의 조선 사회, 조선 민족의 현실을 부정적으로 파악하고, 민족 독립의 방향성을 시사하는 내용 자체가 엄격한 단속 대상이었다.

이러한 상황에서 일본인을 위한 대중문화는 조선, 조선인에게도 지대한 영향을 미쳤다. 일본에서 유행한 것이 조선에서도 유행하고, 일본어를 조선어로 번역해 조선인용으로 유통하는 현상이 종종 일어났다. 가령 1914년에는 일본의 도쿄에서 신극 극단인 게이쥬츠좌(芸術座)가 톨스토이의 작품 『부활』을 상연했다. 『부활』의 주인공 카추샤 역할을 맡은 여배우 마쓰이 스마코(松井須磨)가 극 중에서 노래한 〈카추샤의 노래〉가 호평을 얻었고, 같은 해 4월에는 음반으로 발매되었다. 유행은 도쿄 외 일본 각지로도 파급되어 일부 학교에서는 〈카추샤의 노래〉를 금지하는 등의 움직임까지 등장할 정도였다. 그리고 같은 해에는 마쓰이 스마코가 〈카추샤의 노래〉를 부르는 장면을 촬영한 단편영화가 제작되어 8월에 개봉되었다.[15] 마쓰이 스마코 등 출연자와 극에 나오는 노래는 거의 시차를 두지 않고 조선에서도 인기를 끌었다. 1915년 11월에 게이쥬츠좌 일행은 조선을 찾아 경성부 용산에 위치한 사쿠라좌(櫻座)에서 공연했다. 이를 보도하는 기사에는 '카추샤' 등의 '사회극'을 상연한다고 했었던 만큼, 〈카추샤의 노래〉를 부른 것은 틀림없는 듯하다.[16] 또 1917년에도 게이쥬츠좌는 조선에서 공연하고 〈카추샤의 노래〉를 선보였다.[17]

---

15 永嶺重敏, 2010, 『流行歌の誕生「カチューシャの唄」とその時代』, 吉川弘文館.

16 "예술좌 일행 내연(芸術座一行来演)", 『매일신보』, 1915. 11. 9.

17 "群山座の須磨子", 『釜山日報』, 1917. 7. 3.

물론 마쓰이 스마코 등이 출연하는 '게이쥬츠좌'의 조선 공연을 찾은 관객은 태반이 일본인이었을 것이다. 그러나 그 모습을 조선인도 목격했으며, 일본인이 부르고 카페의 축음기 등에서 흘러나오는 〈카추샤의 노래〉는 조선인의 귀에도 전달되었다. 그리고 〈카추샤의 노래〉는 조선어 가사가 붙여져 음반으로도 취입되었다. 그러한 과정을 거쳐 〈카추샤의 노래〉는 조선인들에게도 알려졌다. 소설가 이태준의 자전적 소설인 『사상의 월하』(『매일신보』에 1941년 3월 4일부터 7월 5일까지 연재)에서는 주인공이 원산에서 근무하던 당시, 최남선이 번역한 톨스토이의 『부활』을 읽고 소설 속의 카추샤를 떠올리며 "그 무렵 원산에서도 유행하기 시작한 '카추샤 불쌍해라, 이별의 아픔이여…'를 노래"하는 장면이 등장한다. 이태준은 1919년경에 원산에서 근무하고 있으므로, 적어도 그 무렵에는 한반도의 지방 도시에 거주하던 조선인들 사이에서도 〈카추샤의 노래〉가 퍼져 있던 것이다.[18]

그리고 1920년대 이후, 축음기가 보급되어 일본에서 다수의 유행가가 탄생하자, 조선어 가사를 붙인 음반이 종종 취입되기에 이른다. 가령 〈술은 눈물일까 한숨일까(酒は涙か溜息か)〉, 〈센도코우타(船頭小唄)〉 등의 일본어로 된 유행가에는 조선어 버전이 있는 것이 확인된다.

또 일본 연예 극단에 가입한 조선인도 일찌감치 확인된다. 1916년에 배구자(裵龜子)가 쇼쿄쿠사이텐카쓰이치좌(松旭斎天勝一座)에 가입했다. 그는 후에 이 극단의 스타로 등극했다. 쇼쿄쿠사이텐카쓰이치좌는 마술을 전문으로 하는 단체였으나, 소녀들의 동요 가창이나 아동극, 악기 연주, 일본무용과 서양무용, 촌극 등으로 짜인 쇼를 상연해 인기를 끌었

18 李泰俊 저·熊木勉 역, 2016, 『思想の月夜』, 平凡社.

다. 그리고 쇼쿄쿠사이텐카쓰이치좌는 공연을 위해 조선을 찾았다. 그때 배구자가 입문해서 이곳에서 무용을 배웠다. 이미 1910년대 중반에 배구자는 덴카쓰를 잇는 스타로 주목받을 정도였다. 그러나 쇼쿄쿠사이텐카쓰이치좌에서 배구자는 극단의 일원에 불과했고 조선인으로서의 연예를 마음껏 펼칠 수 없었다.[19]

그러나 당연히 조선에서는 조선인들 사이에서 민족문화에 뿌리를 두고 민족 감정에 호소하는 독자적인 대중문화가 발전하고 있었다. 조선의 유행가 중 대부분은 일본의 유행가가 원곡이 아니었고 조선인이 작사, 작곡한 것이었다. 특히 신민요라 불리는—이는 일본에서도 역시 만들어졌으나—민요조 멜로디와 리듬에 옛사람들의 삶과 풍경을 연상시키는 가사를 붙인 것은 조선의 향토에 대한 애정을 환기시켰다. 또 방랑생활이나 가까운 사람과의 이별을 노래한 유행가—이 또한 일본에서도 흔히 창작되고 있으나—에 조선의 민중은 식민지하에서 겪는 생활의 비애를 느끼는 경우도 많았다.

연예에서도 민족적 요소를 담은 것이 출현했다. 앞서 언급한 배구자는 1926년에 쇼쿄쿠사이텐카쓰이치좌를 탈퇴하고 일시적으로 은퇴하였는데, 그 후 1929년에 자신의 극단을 이끌고 공연을 시작했다. 그는 소녀의 무용이나 촌극을 선보이는 점에서 쇼쿄쿠사이덴카쓰이치좌의 스타일을 답습했으나, 민요 〈아리랑〉을 무용화한 작품이나, '승무', '검무'를 도입하는 등 조선의 독자적인 문화를 도입했다. 배구자는 그 후에도 민족무용의 창조를 내걸고 꾸준히 활동했다.[20]

---

19 이상, 도노무라 마사루, 2020, 「조선인 대중 연예인 배구자의 궤적」, 한림대학교 일본학연구소 편, 『제국과 포스트제국을 넘어서 공유된 기억과 조각난 기억』 참조.

20 도노무라 마사루, 2020.

그리고 영화 분야에서는 〈춘향전〉과 〈홍길동전〉, 〈심청전〉, 〈장화홍련전〉 등 전근대기부터 전해져온 설화나 한글 소설을 토대로 한 작품들이 제작되었다. 그리고 1926년에는 나운규가 각색하고, 감독, 주연을 맡은 〈아리랑〉이 제작되어 대성공을 거두었다. 영화 〈아리랑〉은 조선의 생활을 세밀하게 묘사하고 있을 뿐만 아니라 민족적 억압의 현실을 시사하는 작품으로 조선 관객의 감정에 호소했다. 주인공은 경찰의 고문으로 정신이상이 되어 본가가 있는 농촌으로 돌아온 인텔리 청년으로, 고문은 3·1운동에 참가했기 때문이라고 변사의 입을 통해 종종 시사된다. 주인공은 지주와 경찰 권력의 앞잡이가 자신의 여동생을 범하려는 장면을 목격하고 제정신으로 돌아와 그 인물을 살해하고 경찰에 체포된다. 라스트신은 주인공이 "이 몸이 삼천리강산에 태어났기에 미쳤고 사람을 죽였습니다. (중략) 여러분, 눈물을 거두어주십시오"라는 말을 남기고 경찰에 끌려가는 것으로, 그 장면을 보면서 관객들은 주제가인 〈아리랑〉을 함께 불렀다고 한다.[21]

한편 일본인을 대상으로 하는 대중문화는 1920년대에 구미 문화의 수입과 그것을 번안한 작품 외에 일본어가 사용되었고 다수자인 일본인–아이누나 오키나와, 조선과는 관계가 없는–이 담당하며, 오로지 그들만 등장하는 작품이 주를 이루었다. 연극이나 영화는 태반이 동시대의 도쿄나 오사카 등에서 생활하는 다수자인 일본인이 벌이거나 전근대기의 사무라이나 서민이 일으킨 사건을 토대로 한 작품이었으며, 유행가 가사에 등장하는 지명 또한 일본 내지의 관광 명소나 대도시 번화가였다.

21 佐藤忠男, 1995, 『日本映画史 第2巻』, 岩波書店, 115~116쪽.

그러나 어느 시기부터 일본 내지에도 식민지의 대중문화가 전해졌고, 다수자인 일본인도 점차 그것을 접하게 되었다. 조선에서 유래한 대중문화를 보면 가령 영화 〈아리랑〉은 일본 내지의 영화 잡지에도 소개되어 일본 내지에서 상영되었다. 그 밖에도 1920년대부터 1930년대에 걸쳐 전근대부터 전해진 조선의 설화 등을 토대로 한 조선 영화로 〈심청전〉과 〈춘향전〉, 〈홍길동전〉, 〈장화홍련전〉 등이 제작되었다.[22]

유행가 분야에서도 조선 민요가 일본 내지로 유입되었다. 영화 〈아리랑〉에 삽입된 경기 민요 〈아리랑〉을 일본인 대중들도 즐기게 되었다. 〈아리랑〉은 일본어 가사를 붙여 음반으로 발매되어 꽤 유행했다. 1931년 시인이자 민요 연구자이기도 한 김소운(金素雲)은 이 노래가 "영화로 만들어져 멀리 일본에까지 운반된" 점, "바로 열흘 정도 전에 우에노 주변을 지나가다 일본 가사의 〈아리랑〉을 듣고는 놀랐는데, 문득 깨닫고 보니 오쓰카에서도 신주쿠에서도 시부야에서도 이 음반은 돌아가고 있다. 도쿄 근방에서 〈아리랑〉을 듣고 있노라니 이상한 기분이 든다"고 썼다.[23] 그 후에는 또 다른 일본어 가사의 〈아리랑〉이나 조선 징시를 담아 제목에 〈아리랑〉을 넣은 다른 곡도 취입되었다.[24] 또 배구자의 극단은 1930년 3월부터 일본 내지를 돌면서 공연한 후, 일단 조선으로 귀국하는데 1932년 이후에는 주요 활동 무대를 일본 내지의 도시로 옮겼다. 그

---

22 한국영화100년기념사업추진위원회 편, 2019, 『한국영화 100년 100경』, 돌베개.

23 "金素雲「アリラン峠」", 『東京朝日新聞』, 1931. 7. 23. 덧붙여 김소운이 여기서 말하고 있는 〈아리랑〉은 사이죠 야소(西条八十)가 작사한 것으로, 김소운은 그에 비판적이었다.

24 東京韓國文化院·旌善アリラン研究所·國立民俗博物館 편, 2013, 『THE SOUL OF KOREA アリラン』. 이 책에 따르면, 1945년 이전에 일본 내지에서 발매된 SP 음반 중 제목에 '아리랑'이 붙은 것은 50종 이상에 달했다고 한다.

리고 1930년대 중반에는 일본의 대형 연예 흥행 회사인 요시모토흥행(吉本興行)과 계약을 맺고 영화에도 출연하는 등, 활동 무대를 넓혔다.[25]

이처럼 조선의 대중문화가 일본 내지로 유입된 배경에는 재일 조선인 인구의 증가와 커뮤니티의 형성이 있었다. 1935년의 재일 조선인 인구는 62만 5,678명으로, 가장 많은 인구가 집중되어 있던 오사카시의 경우 조선인 인구는 15만 4,503명을 기록했다.[26] 조선의 제2의 도시였던 평양부의 조선인 인구가 1935년에 14만 9,363명이었으니,[27] 이를 웃돌고 있는 것이다. 도쿄와 고베, 교토 등의 조선인 인구도 오사카시보다는 적으나, 조선의 지방 도시와 같은 정도로, 대체로 조선인 대상의 대중문화 시장으로는 충분한 규모를 가지고 있었다. 더욱이 타국에서 살아가는 사람들에게 조선에서 건너온 연예나 영화는 특별한 의미로 다가왔다. 그것은 그리운 고향을 상기시켰고, 타국살이의 위안이 되었기 때문이다. 따라서 그것을 즐기기 위해 찾는 조선인 관객이 많으리라는 것은 충분히 기대할 수 있었다. 조선인의 연예나 조선 영화가 일본 내지의 도시로 유입되는 현상은 전혀 이상할 것이 없던 것이다. 동시에 종종 일본 내지에서 만들어진 작품을 조선인이 공연하는 양상도 확인된다.[28] 이밖에 매주나 매달까지는 아니었지만 라디오 방송에서도 조선의 유행가와 판소리, 연극을 다루기도 했다.

---

25 도노무라 마사루, 2020.

26 大阪市 편, 1943, 『大阪市統計書 第39回(昭和15年)』, 大阪市.

27 朝鮮総督府 편, 1937, 『朝鮮総督府統計年報 昭和10年』; 朝鮮総督府 편, 1942, 『朝鮮総督府統計年報 昭和15年』.

28 예를 들면 『九州日報』 1930년 3월 29일자에 따르면 후쿠오카현 야하타시 고토부키관에서 열린 배구자의 공연은 '재야하타 조선인 유지 후원'으로 열린 것이었다.

하지만 일본 내지로 유입된 조선의 연예나 영화를 즐기는 관객은 비단 조선인만은 아니었다. 물론 명백히 관객의 대다수가 조선인이었던 사례도 확인된다. 그러나 비록 처음에는 그러한 양상을 띠었지만, 1930년대 중반 이후 점차 일본인 관객까지 끌어들이면서 활약하는 조선인 연예인이 두드러지기 시작했고,[29] 조선의 영화도 일본 내지에서 좋은 흥행 성적을 거두며 화제에 오르는 작품이 등장했다.[30]

이러한 현상이 개개 조선인 가수나 연예인, 배우 등 관계자의 매력이나 창의성, 기량에 기인함은 당연하다. 다만, 늘 새로운 감각을 추구하는 대중의 특성도 관련되어 있을 것이다. 즉 일본인 대중에게 신기한 조선의 노래나 춤, 그 풍속이 어우러진 영화는 매력적으로 다가왔다.

그때 일본인들은 조선은 어디까지나 일본제국의 지도 안에 있으며 그 문화도 대일본제국에 속한다고 생각했거나 적어도 그러해야 한다고 생각했다는 점에 주의할 필요가 있다. 그래서 조선의 대중문화는 종종 일본 대중에게 조선인 또한 같은 일본제국의 일원임을 자각하게 하고 더 나아가 타이완과 아이누, 오키나와 등과 함께 일본제국의 '향토색'을 표

---

29 예를 들면 배구자는 1930년 이후 일본에서 공연 활동을 펼치고 있으며, 1934년 8월에 오사카시 나카노시마공회당에서 열린 조선일보사 주최 자선음악회에 출연해서 조선인 관객으로부터 큰 박수갈채를 받았음에도 이 시점에 일본의 잡지 등에서 다뤄진 적은 없었다. 그러나 이듬해 이후 일본어 잡지 등에서도 그녀의 활동을 전하기 시작했다(도노무라 마사루, 2020)

30 가령 고려영화사의 〈장화홍련전〉은 오사카에서 "3주 연속 상영 히트"를 쳤다("民族悲劇 薔花紅蓮伝", 『都新聞』, 1936. 6. 15일자). 또 일본 내지의 신코키네마(新興キネマ)의 협력 아래 제작되어 비록 감독은 일본인이었으나 조선을 무대로 조선인 배우, 조선어 대사(일본어 자막)를 기용한 영화 〈여로(旅路)〉도 "도쿄 개봉으로 양질의 조선 영화를 일단 내지 관객에서 선보였고, 메이지좌의 개봉에서는 대성공을 거두었다"고 평가되는 등(朝鮮映画文化研究所, 「朝鮮映画三十年史」), 일본어 신문에서도 비교적 장문의 영화평이 실렸다("新映画評判記 旅路", 『都新聞』, 1937. 5. 5).

현하기 위해 제공되었다. 또 신기술은 그러한 의식을 함양할 때 효과적이었다. 라디오는 멀리 떨어진 '외지'인들의 노래 등을 현지로부터 '본국'에 중계로 전달할 수 있었다. 참고로 1937년 정월에는 일본 내지의 방송국 30곳과 조선의 방송국 3곳, 타이완의 방송국 3곳, 만주의 방송국 4곳을 잇는 '하사(賀詞) 릴레이 방송'을 송출하는 시도도 이루어졌다.[31] 이를 통해 대다수 일본인은 제국 규모의 문화적 다양성과 그 안의 일체성을 느꼈을 터이다.

그러나 조선인이 일본제국의 일부가 된 조선의 현실을 당연시하거나 바람직하다고 생각했는지는 또 다른 문제이다. 도리어 식민지 지배의 억압을 느끼고 있던 조선인은 자신들의 문화는 일본제국의 일부가 아니며 고유의 것이라고 생각하고 있었다. 그리고 대중문화의 담당자도 때때로 조선 문화에 자긍심을 느끼며 그것을 담은 작품을 창작하고자 했다. 또 일본 내지에서 일본인 관객도 있는 공간에서 조선의 노래나 춤을 공연하는 활동 등에 대해서도 조선인—이 경우, 배우, 관객 쌍방이다—은 종종 특별한 감정을 품었을 것이다.

가령 앞서 언급한 배구자는 1931년에 신문기자와의 인터뷰에서 "우리의 조상들은 벌써 어느 나라에게든지 지지 않을 만한 훌륭한 무용을 추고 있었던 것이"라고 말하고, "남의 것만 맹목적으로 추종해갈 것이 아니라 우리는 어디까지나 우리 고유한 춤을 연구해서 조선에 확고한

31 "挨拶に各局総動員", 『東京朝日新聞』, 1937. 1. 1. 덧붙여 릴레이 중계의 첫 방송국은 홋카이도 오비히로방송국으로 아이누가 아이누어로 새해 인사를 했다고 한다("年頭の賀詞に民族的香り", 『東京朝日新聞』, 1936. 12. 26). 조선의 방송이 조선어로 어떤 내용을 전했는지는 알 수 없으나, 일본제국의 다양성을 담은 프로그램이었음을 엿볼 수 있다.

무용도(舞踊道)를 수립하는 것이 급선무"라고 강조했다.[32] 그 후 조선 문화에 뿌리를 둔 작품을 늘린 그녀는 "조선인도 무시하지 못하겠네(朝鮮人もバカにならないね)"라는 일본인의 반응에 "그런 소리를 들을 때마다 비위가 뒤집혀서 곧 짐을 싸서 돌아가고 싶은 생각이" 나는데, "그러나 돌이켜 생각을 해보면 이번 길은 우리의 것을 자신의 힘으로 해외에 소개해보는 첫시험의 길이오니 이 길에서 얻는 경험을 다만 그것으로 만족할 수 밖에 없을까 하나이다"고 생각하면서 일본 내지의 무대에 서고 있다.[33] 다시 말해 자국 고유의 우수한 문화를 일본인에게 소개하는 데에서 의의를 발견하고 사명감을 가지고 꾸준히 노력을 기울인 셈이다. 또 조선인 단체가 주최한 자선공연에서 배구자의 무대를 접한 조선인 관객의 반응은 감격에 겨워 눈물을 흘릴 정도였다고 한다.[34] 유감스럽게도 이러한 반응을 보인 조선인 관객의 심정이 어떠했는지 구체적으로 기록한 문헌은 확인되지 않으나, 민족 간의 유대감이 있었다는 것은 쉬이 추측된다.

이렇듯 대중문화를 매개로 조선의 민중이 민족으로서의 유대감을 자각하는 일은 일본 당국자에게 썩 탐탁지 않은 현상이었다. 그로 인해 조선 민중들 사이에서 조선의 일본제국으로부터의 탈피나 일본인을 우위에 둔 지배 질서에 대한 반항이 거세질 가능성이 있었기 때문이다. 그러한 우려 탓에 조선의 대중문화가 억압되는 사례는 전간기에도 보기 드물지 않았다. 배구자는 오사카 공연 당시, 태극기를 흔들며 조선의 산하

32 "조선민요의 무용화 특색 발휘에 전력", 『매일신보』, 1931. 1. 9.

33 배구자, 「오사카공연기」, 『삼천리』 1932년 10월호.

34 "大阪水害救済映画舞大盛況", 『朝鮮日報』, 1934. 8. 21.

를 칭송하는 노래를 불렀다는 이유로 경찰에 검속되었다고 한다.[35] 또 1936년에는 조선어 유성영화인 「홍길동전」의 오사카 상영이 문제가 되어 1주일 만에 막을 내렸다. 이는 조선인의 "동화운동에 걸림돌이 된다"는 경찰 당국의 의향이 반영된 것이었다.[36]

V. 총력전하의 통제, 이용과 저항

1937년 7월, 중일 간에 무력 충돌이 발생했다. 이후 양국의 전쟁이 장기화하자 대중문화의 전개에도 다양한 영향을 미친다. 일본제국에서는 전쟁 수행을 위한 총동원체제 구축이 과제로 부상했고, 문화 또한 그에 봉사할 수밖에 없었다. 그리고 대중문화 분야에서도 영화, 연극, 연예 활동에, 그리고 그것을 제공하는 극장과 제작 기업에도 전쟁 수행과 관련한 여러 제약이 가해지기 시작한다.

그렇다고 해서 총동원체제 아래에서 민중이 오락을 향유하지 않고 오로지 전쟁 협력을 강요당한 것만은 아니었다. 오히려 양적으로 보면 상황이 악화하면서 영화관이나 극장이 폐쇄되는 전쟁 말기 이전 즉 1940년대 초반까지는 대중문화의 수용자가 꾸준히 증가했다. 도쿄부의 연극, 영화 기타 흥행별 관객 수 통계를 보면, 1942년에는 연극이 1,212만 8,197명, 영화가 1억 407만 7,581명, 기타 흥행이 447만 7,273명으로,

---

35 도노무라 마사루, 2020. 시기는 불분명하나, 그 장소는 오사카카게쓰(大阪花月)극장으로 추정된다. 배구자는 1937년 중반 이후 무대에는 서지 않고 있어 아마도 그 이전일 것이다.

36 "朝鮮映画 大阪で上映禁止", 『キネマ旬報』, 1936. 7. 21.

1936년과 비교해 연극은 414만 1,532명, 영화는 6,463만 7,977명, 기타 흥행은 131만 378명이 각각 증가했다. 특히 연극과 영화의 관객 수는 대체로 증가 추세가 이어졌고, 영화의 관객 수는 이듬해 이후 비록 감소세로 전환되나, 연극은 1943년에 한 번 더 증가한 뒤 1944년에 들어 급감하는 추세를 보이고 있다.[37] 한편, 조선의 통계를 보면, 1942년의 각종 흥행의 관객 수는 연극이 376만 9,646명, 영화가 2,639만 8,698명, 기타 흥행이 204만 2,110명이었다. 이는 1936년과 비교해 연극은 83만 4,676명, 영화는 1,750만 6,367명, 기타 흥행은 42만 2,690명이 증가한 수치로, 마찬가지로 연극과 영화에서는 이사이 거의 일관되게 관객 수가 증가했다.[38]

라디오도 더 많은 사람들이 청취했다. 1942년의 통계를 보면, 일본 내지에서는 시부에서 66.9%, 군부에서 35.7%가 청취했으며,[39] 도시에서는 매일 라디오를 듣는 가정이 일반적이었다. 조선은 여전히 라디오를 듣는 조선인은 꽤 적었으나, 그럼에도 조선인 보급률은 꾸준히 상승해 3.3%를 기록했다(이에 반해 재조선 일본인 보급률은 70.3%였다).[40] 이 밖에 음반도 전쟁 말기를 제외하고는 활발하게 생산되었다.

총력전이 이어지고 있는 시기의 이러한 대중문화의 확산은 그다지 의외의 현상은 아니었다. 총력전을 수행하는 데에도 민중의 피로감을 줄이고 긴장을 풀기 위해 기분 전환을 꾀할 필요가 있었다. 따라서 연극이나 영화, 각종 연예 등의 존속이 허락된 것은 당연했다. 더욱이 영화나

37 警視總監官房文書課,『警視庁統計書 第54回』.

38 朝鮮総督府,『朝鮮総督府統計年報 昭和17年』.

39 日本放送協会, 1947,『ラジオ年鑑 昭和22年』, 日本放送協会.

40 朝鮮総督府,『朝鮮総督府統計年報 昭和17年』.

연극 등의 오락에 돈을 쓸 수 있는 금전적 여유가 있는 민중도 증가하고 있었다. '후방'에서는 군수산업이 확대되면서 실업자가 감소하고 노동자의 임금도 상승하고 있었기 때문이다. 게다가 총력전기에 권력을 쥐고 있던 군부의 지도자와 관료들은 대중문화에 적극적인 역할을 부담시켰다. 국책에 따른 작품들의 제작을 장려하거나 강요했던 것이다.

이는 대중문화 창작자들의 자유를 크게 제약했다. 그것은 총력전기의 연극, 영화, 대중음악 등등의 관계자들 전부를 포함하고 있었다. 특히 일본제국의 지배자는 식민지와 관계된 대중문화에 예민해져 있었다.

주지하는 바와 같이, 일본제국의 총력전은 식민지 민중들까지 동원하면서 전개되었다. 그를 위해 식민지인들로 하여금 일본제국에 충성을 맹세하고 전쟁에 협력시키고자 철저한 동화정책이 시행되었다. 조선에서 시행된 동화정책은 타이완과 비교해도 확연했으며, 일본어를 상용하고 이름도 일본식으로 바꾸도록 강요했다. 또 재일 조선인에게는 의복과 식사, 예의범절에 이르기까지 다수자인 일본인에 맞추도록 교화 지도했다. 대중문화 분야에서 조선 민족의 독자적인 문화가 표현되는 것은 이러한 동화정책의 걸림돌이었다. 또한 그것은 자신들 민족의 독자적인 유대감이나 문화 가치의 중요성을 일깨워 결과적으로 일본제국의 질서를 뒤흔들 가능성을 내포하고 있었다.

그러나 한편으로 일본제국은 식민지인들이나 국내의 에스닉 마이너리티(ethnic minority)까지 포함하는 다양한 사람들이 일치단결해 총력전을 이어가고 있다는 것을 보여줄 필요가 있었다. 그것을 시각화해 보여주려면 각자의 고유한 문화를 소거할 수는 없었다. 일본인과 조금도 다르지 않은 조선인이 아닌, 조선의 민족의상을 입고 있거나 조선어를 말하는 사람들이 일본제국에 협력하는 모양새를 보여줄 때 그야말로 선전

효과를 올릴 수 있던 셈이다.

이상과 같이, 총력전하에서 시행된 일본제국의 문화 통제는 조선 문화의 소거 움직임과 함께 그것을 활용하려는 방향성도 갖고 있었다. 동시에 대중문화의 전개는 완전한 국가 통제만으로 좌지우지될 수 없다는 점에도 주의할 필요가 있다. 대중문화는 수익을 목적으로 창작되어 세상 밖으로 보내지며, 반드시 인기를 끌 만한 내용을 담아야 했다. 그런 점에서도 조선 민족의 독자적인 문화적 요소를 완전히 소거할 수는 없었다. 애당초 다수자인 일본인들 사이에서 신기하고 자신들과는 이질적인 문화는 흥미를 끄는 대상이었다. 더불어 재일 조선인 인구는 꾸준히 증가해 1940년 말에는 119만 444명에 달했다. 신기한 것을 원하는 일본인과 향수를 원하는 조선인 관객을 고려할 수밖에 없는 흥행주에게 조선 문화를 풍부하게 작품에 반영하는 것은 큰 이점이었다. 그리고 대중문화 작품들의 창작자인 조선인 연예인, 영화제작자, 가수들 중에는 자신들의 고유한 문화를 작품에 담음으로써 동포들에게 위안을 주고 그 가치를 일본인에게도 전달하고 싶은 사람들이 적지 않았다.

이리하여 총력전하 일본제국의 대중문화라는 장에서 조선 문화는 완전히 자취를 감춘 것이 아니라 국책을 위해 일종의 도구로 활용되기에 이른다. 한반도, 조선인이 주축이 된 활동은 매우 엄격히 통제되었으나, 때로는 조선 특유의 민족색 표출이 허용되었고 그러한 작품은 총력전기 때도 꾸준히 일본 내지로 유입되었다.

구체적인 동향을 살펴보면, 1930년대 말부터 1941년 12월에 일본이 미국과 영국 등을 상대로 전쟁에 돌입하기 전까지 일본 내지에서는 조선 문화를 도입한 연예나 연극 등의 상연이 도리어 이전과 비교해 두드러졌다. 처음 이목을 끈 작품은 1938년 3월, 일본인이 주축이 된 신극

극단인 신협극단이 무대에 올린 〈춘향전〉이었다. 이는 기본적으로 일본어 대사로 상연되었으나, 의상이나 음악 등에 조선 풍속을 도입해 호평을 받았다.[41] 이후 일본 내지의 연극, 연예에서는 '조선의 것'이 유행하는 현상이 발생했다. 눈에 띄는 공연 몇 가지를 예로 들면, 같은 해에 다카라즈카소녀가극단(寶塚少女歌劇団)이 조선의 설화를 바탕으로 한 〈숙향전〉을 상연했으며,[42] 니치게키(日劇)댄싱팀도 이해부터 〈춘향전〉이나 〈조선 레뷔〉를 공연 목록에 넣었다.[43] 그리고 1939년에는 오케이레코드의 전속 가수들(해방 후 한국에서도 활약한 남인수, 이난영, 장세정 등을 포함한다)로 구성된 조선악극단이 일본으로 건너와 요시모토흥업과 계약을 맺고 도쿄와 나고야, 오사카 등지에서 성공리에 공연을 마쳤다.[44] 1940년에는 쇼치쿠소녀가극단(松竹少女歌劇団)의 협력으로 김안나 등이 〈아리랑 노래(アリランの唄)〉라는 제목의 레뷔 쇼를 공연했으며,[45] 미일 개전 직전인 1941년 가을에는 도호무용대(東寶舞踊隊)의 〈조선의 봄(朝鮮の春)〉,[46] 다카라즈카가극 유키구미(寶塚歌劇雪組)에 의한 조선 무용 〈풍양가(豊穣歌)〉,[47] 미즈타니야에코이치좌(水谷八重子一座)의 〈춘향여전(春香女伝)〉이 공연되었다.[48] 또 영화에서도 조선을 무대로 조선에서 제작된

41 外村大, 2018. 9,「朝鮮民族にとっての一九三八年 · 新協劇団,『春香伝』」,『在日朝鮮人史研究』 제49호.

42 「東寶劇場雪組公演」,『歌劇』, 1938년 11월호.

43 「日劇の春香伝」,『キネマ旬報』 제664호, 1938년 11월;「日劇ダンシングチーム 朝鮮レビュウ」,『エスエス』, 1940년 2월호.

44 "朝鮮楽劇団",『読売新聞』, 1939. 3. 1.

45 "広告 アリランの唄",『読売新聞』, 1940. 9. 12.

46 「朝鮮の春 東寶舞踊隊」,『東寶』, 1941년 6월호.

47 「寶塚歌劇通信 豊穣歌」,『東寶』, 1941년 7월호.

48 "水谷八重子一座 春香女伝",『読売新聞』, 1941. 9. 4.

작품으로 1938년에는 〈어부〉, 〈한강〉, 〈도생록(圖生錄)〉, 〈군용열차〉가, 1940년에는 〈수업료〉가, 1941년에는 〈집 없는 천사〉, 〈그대와 나(君と僕)〉, 〈성황당〉이 일본 내지에서도 상영되었다.[49] 이 중 〈그대와 나〉는 일본어로 음반을 내놓은 인기 가수 김영길(나가타 겐지로(永田絃次郎)라는 이름으로 활약)이 주인공을 맡아 화제를 불러모았다.

이렇듯 일본 내지에 조선 문화를 도입한 연예, 영화 등이 활발히 소개되면서 '조선 열풍'이라는 양상을 띠게 된 것은 국제 정세와도 관련이 있다. 한 예술 평론가는 중일전쟁으로 인해 영국, 미국과의 관계가 악화하자 구미 문화를 이용해 새로운 작품을 창작하는 것이 힘들어졌고 "아시아 각지를 배경으로 하는 것 외에는 국외의 소재를 확보할 방법이 없던 탓에 한국이나 만주가 유행했다"라고 설명한다.[50]

물론 그러한 '조선 열풍' 속에 표현된 조선 문화는 어디까지나 일본제국의 일부였으며, 그 담당자들은 본인들이 국책에 순응해 활동하고 있다는 것을 보여줘야만 했다. 조선악극단은 1939년 3월 일본 내지에서 가진 공연 당시, 육군병원에서 요양 중이던 상이군인을 위문했으며, 공연 때도 유명한 전시 가요인 〈아버지여 당신은 강하셨다(父よあなたは強かった)〉(전사한 아버지를 유족이 칭송하는 내용의 가사로 되어 있다)를 눈물지으며 불렀다고 선전했다.[51] 또 영화 〈그대와 나〉는 조선군 정보부가 제작한 것으로, 조선인 청년 지원병과 주변 일본인의 교류를 그린 작품

49 朝鮮映画文化研究所, 「朝鮮映画三十年史」; "半島映画界の著しい侵出", 『都新聞』, 1938. 7. 31; "広告 城隍堂", 『都新聞』, 1941. 10. 9; "広告 君と僕", 『都新聞』, 1941. 11. 5.

50 旗一兵, 1973, 「春に香る江利チエミ」, 『新宿コマ 4月 江利チエミ特別公演』. 하타 잇페이(旗一兵)가 여기서 말하는 "그 무렵"은 그 이전 문장을 읽는 한 미일 개전 전이나, 이 시기에 미국과 영국의 영화와 음악이 완전히 봉쇄된 것은 아니었다.

51 "感激の朝鮮楽劇団", 『東京朝日新聞』, 1939. 3. 19. 석간.

이었다.

하지만 그러한 상황에서도 조선의 민족주의를 환기하는 연출이 시도되었다. 조선악극단이 1939년 3월의 오사카 공연 당시, '구 한국기'=태극기를 본뜬 무대장치를 설치했던 것이다. 이는 "농후한 조선 색채의 연출"을 바란 흥행주 요시모토흥업의 요청—어쩌면 그 편이 관객의 평판이 좋을 것으로 판단한 듯하다—을 반영한 것이라고 하는데, 조선악극단도 오사카에서 다수 거주하고 있던 조선인을 의식했다고 보인다. 그리고 이 공연을 접한 조선인은 "장래 점차 커질 갖은 박해를 이겨내 조선의 예술을 위해 분투해주기를 간절히 바란다", "잊고 있던 우리나라의 것이 다시금 떠올랐습니다. 그것은 조선인으로서 당연한 감격이다"와 같은 격려문을 조선악극단에 보내왔다. 하지만 경찰 당국은 당연히 이를 걸고넘어졌고 태극기를 본뜬 무대장치는 철거되고 조선악극단의 연출 책임자는 엄중한 주의를 받았다.

이러한 국책이 허용하는 범위를 넘어선 조선 문화의 표출과 민족주의의 환기는 당국의 경계 강화로 이어졌다. 그 결과 일본 내지에서는 동화주의적 통제가 더욱 철저하게 시행되었다. 1941년 2월, 아사쿠사에 위치한 오페라관에 조선인 극단이 출연하나, 당국에 의해 조선어 사용이 금지되면서 일본어 유행가를 불렀다고 나가이 가후(永井荷風)는 일기에 기록했다.[52] 또 이 시기에는 영화에서도 "동아공영권은 전부 일본어로 하나의 국책에 따라 (중략) 지나인도 반도인도 모두 일본어를 말하게 되었다."[53]

또한 조선의 조선인이 주축이 된 활동에도 엄격한 제약이 가해졌다.

52 永井荷風, 1987, 『断腸亭日乗 下』, 岩波文庫, 127쪽.

53 "噂の回覧板", 『都新聞』, 1941. 11. 14.

연극이나 연예에 대해 살펴보면, 1940년에는 조선연극협회가, 이듬해에는 조선연예협회가 결성되었는데, 두 단체에 소속된 '사상 온건 견실'한 자에게만 공연이 허가되었다.[54] 두 조직이 손을 잡고 출범시킨 조선연극문화협회의 사업 보고에 따르면, 조선 밖 공연에 대해서는 "각본, 연기, 장치 등 각 부문에 걸쳐 협회에서 일단 검토한다"는 조치를 취하고 있었다.[55] 영화도 1942년에 조선 국내의 영화제작사가 손을 잡고 국책에 순응하는 조직으로 조선영화제작회사를 출범시켰다.[56]

이러한 상황에서 조선 문화를 표출해 관객을 끌어들이는 작품을 창작하기란 극히 어려웠다. 일본 내지에서도 미일 개전 후에는 '조선 열풍'이 식었고, 각종 연예나 연극 프로그램에서도 '조선의 것'은 거의 자취를 감춘 상황이었다. 또 불요불급한 산업의 정리가 진행되면서 영화관과 극장이 정리되었고, 영화 필름의 공급 자체도 감소하면서 새로 등장하는 대중문화 작품도 줄고 있었다.

그러나 그와 같은 상황에서도 1943년에 조선악극단이 일본 내지에서 공연했으며, 조선 로케이션으로 제작된 영화 〈망루의 결사대〉가 일본 내지에서도 개봉되어 꽤 많은 관객을 끌어모았다. 하지만 조선악극단의 일본 공연은 조선에 대한 "징병제도 실시 감사를 위해" "'싸우는 조선'을 주제로 한 악극 행각"[57]이었으며, "전 장면 국어 연출" 즉 일본어로만 제작

---

54 星出寿雄, 1972. 10,「朝鮮演劇の新発足」,『朝鮮』.

55 朝鮮演劇文化協会,「朝鮮演劇文化協会事業経過報告書」(早稲田大學坪内逍遥記念 演劇 博物館 소장).

56 朝鮮映画文化研究所,「朝鮮映画三十年史」.

57 "元気で帰鮮 内地公開の楽劇団",『毎日新聞 南鮮版』, 1943. 6. 15.

된 작품이었다.[58] 더욱이 국책에 따라 교화를 담당하고 있던 재일 조선인 대상 신문은 "완전한 황민으로서 살아가기 위해서는 오늘까지 말할 줄 모르는 국어를 할 수 있을 때까지 노력해야 한다"라며, 그 연장선에서 조선악극단의 이번 공연을 "관람해둘 필요가 있다"고 주장하고 있다.[59]

한편 〈망루의 결사대〉는 1930년대 중반을 배경으로, '비적'(항일 게릴라)이 출몰하는 조선 북부 부락을 무대로 설정해, 일본인 경찰관과 조선인 경찰관, 부락 주민들이 갈등을 초월해 '국가적 사명'에 눈떠, 힘을 합쳐 '비적'을 무찌르는 과정을 그린 영화였다. 작품에는 조선의 풍경, 한복을 입은 사람들의 생활 등이 또렷이 묘사되어 있으나, 등장하는 조선인은 기본적으로 일본어로 대화하고 있다. 또 조선인 경찰관이 조선어 노래를 부르며 춤추는 장면도 등장하는데, 일본인 주재 소장이 신임 일본인 경관의 부임을 축하하는 자리에서 오늘은 특별한 날이니까 괜찮지 않냐는 말에 따른 것이었다. 이는 조선인에 의한 조선 문화의 표출은 일본인 우위의 질서 아래 일본인을 위해 허용된다는 당시의 시대 상황을 상징적으로 드러내고 있다고 할 수 있다.

이상과 같이, 총력전기에도 일본과 조선의 대중문화는 밀접한 관계를 맺고 있었다. 그리고 조선인 대중문화 창작자가 자국의 고유한 문화를 표현하고, 일본 내지에도 전달하고자 노력한 것이 확인된다. 그러나 결국은 동화주의적 통제 아래 억압당했고, 일본제국이 설정한 범위 안에서 전쟁 수행에 조선인의 협력을 보여주는 국책을 위해서만 허용되었다.

그리고 그러한 총력전기의 '조선 열풍'은 일본인들 사이에 조선 민족

---

58 "広告 朝鮮楽劇団", 『東亜新聞』, 1943. 2. 10.

59 "大阪弁", 『東亜新聞』, 1943. 2. 10.

의 문화에 대한 관심과 이해를 함양하지는 못했다. 물론 도쿄나 오사카의 극장에서 조선인의 무대나 영화를 접하고 감동한 일본인도 있을 터이다. 또 어쩌면 그러한 작품에서 경애심을 품게 된 사람도 다소 있을지도 모른다. 그러나 작품들에 대한 일본어 비평을 보아도 '조선 정서'를 맛볼 수 있다는 평가 이상의 것은 찾아볼 수 없다. 많은 일본인이 그러한 작품에서 원한 것은 신기함에 불과했다. 더욱이 앞서 설명했듯이, 그를 통한 조선 문화의 표출은 조선이 일본제국의 일부이며, 조선인이 그 질서를 수용하고 있음을 보여주기 위해 이용되었다. 총력전기의 '조선 열풍'에서 일본인 관객이 목도한 것은 그러한 틀에 갇혀 있는 조선 문화였다. 바꾸어 말하면 조선 민족이 주체적으로 창조해낸 문화 중 한정적인 일부에 불과했던 것이다.

VI. 전후 한일의 국민 문화

일본과 조선·한국의 관계는 1945년 8월, 일본이 포츠담선언을 수락하고 조선이 해방되어 새로운 국가를 수립하면서 큰 변화를 맞게 되었다. 대중문화에서도 이전처럼 빈번하게 서로의 지역을 왕래하고 작품이 유입되어 서로에게 영향을 주는 관계는 긴 세월 거의 끊기고 말았다. 그러한 상황은 20세기 말까지 이어졌다.

물론 대중문화 분야에서 양국의 관계가 완전히 끊긴 것은 아니었다. 한국 대중문화의 일본 유입이나 영향을 보면, 일본과 한국에서 활약한 대중음악 관계자도 있으며,[60] 한국에서 히트한 곡이 일본에서도 유행한 적도 있다.[61] 또한 이미 전간기의 일본에서 연극으로 상연되어 일본인에게도 잘 알려져 있던 〈춘향전〉은 수차례 일본 극단이 무대에 올렸다.[62] 이밖에 재일 조선인에 의한 문화 예술 활동도 전개되어 일본인에게도 공개되고 있다. 다른 한편, 일본의 대중문화를 살펴보면 20세기 말까지 한국으로의 유입이 제한되었으나, 현실에서는 은밀하게 유입된 해적판 등을 통해 일본어 유행가를 접하는 것이 별로 어렵지 않았다. 그리고 일본에서 로봇 애니메이션이 유행하자 한국에서도 유사한 것이 제작된 사례에서도 알 수 있듯이, 일본의 대중문화가 한국에 영향을 주는 모습도 볼 수 있었다.

그러나 독립 국가인 한국에서는 대중문화에서도 한국·한국민 단위의 활동이 전개된다. 그리고 한국에서는 해방 후 우선 라디오가 보급되고 영화도 왕성하게 제작되었다. 더욱이 1970년대 이후에는 경제성장이 본격화되면서 가정의 TV 시청도 일반화된다. 그러한 매체를 통해 한국민 누구나가 알고 있는 이야기와 유행가, 인기 탤런트가 탄생하고 한국 국민 문화가 형성되기에 이른다.

그리고 그러한 해방 이후의 대중문화 작품들은 한국민만의 수용을

---

60 예를 들면 길옥윤은 20세기 후반 일본과 한국에서 뮤지션과 작곡가로 활약했다(丸山一昭, 1995, 『離別-吉屋潤 日韓のはざまを駆け抜けた男』, はまの出版, 1995년). 또 해방 전 조선악극단에서 활동한 손목인은 1950년대에 일본에서 작곡가로 활약했다. 덧붙여 당시의 이름은 구가야마 아키라(久我山明)이다(孫牧人, 1992, 『他郷暮らし(タヒャンサリ)-孫牧人80年の人生賛歌』, 竹書房).

61 가령 해방 전에 이난영이 불러 조선에서 히트한 〈목포의 눈물〉은 전후 일본인 가수 스가와라 쓰즈코(菅原都々子)가 취입해 일본인들에게도 알려졌으며, 1980년대에는 조용필이 〈돌아와요 부산항에〉를 한일에서 각 언어로 불러 성공을 거두었다.

62 劇団文化座, 1972, 『春香伝 文化座創立30周年記念』.

상정한 것으로 적극적으로 일본 문화를 도입하거나 일본을 연상시키는 요소를 담아 작품을 창작하는 행위는—물론 식민지기 조선을 무대로 한 영화나 연극 등에서 악역으로 일본인이 등장하는 것은 있었지만—사라졌다. 애당초 한국은 일본 대중문화의 유입을 제한하고 있었고, 일본 영화의 개봉이나 TV, 공연에서 일본어 가요를 부르는 것이 완전히 허용된 것은 2004년 이후다. 또 유행가 중 해방 전에 유행한 일본어 곡이나 해방 후에 나온 곡 중에서도 일본풍으로 간주된 유행가는 '왜색문화'로 비판의 표적이 되었고, 때에 따라서는 당국이 그 음반 판매를 금지하기도 했다.[63]

다른 한편, 일본에서는 전쟁 당시 이미 라디오가 제법 보급되어 있었다. 영화도 1950년대부터 1960년대에 걸쳐 민중 오락의 중심으로 자리 잡았다. 그리고 1960년대에는 TV도 가정에 보급되어 대중문화에서 큰 지위를 차지하게 되었다. 거기에서 탄생한 대중문화는 1945년 이전과는 사뭇 달랐고, 일본제국의 식민지는 다뤄지지 않았다. 유행가 가사에 조선이나 타이완의 지명이 등장하는 것은 매우 적었고, 전전이나 전시 하의 조선이나 타이완을 무대로 하거나 조선인이나 타이완인이 주요 인물로 등장하는 영화나 TV 드라마는 거의 찾아볼 수 없었다. 덧붙이면 전후 일본에서 활약하고 일본인이라면 누구나 알 법한 배우, 유행가 가수 등의 연예인 중에는 재일 조선인·한국인이 상당수 포함되어 있으나, 대부분이 일본 이름으로 활동하고 자신의 민족적 뿌리를 거의 밝히지 않았다. 그러한 점에서 일본 대중문화의 제반 활동은 일본과 조선·한국의 관계를 적어도 일정 부분에서 은폐해왔다고 할 수 있다.

---

63 황문평, 1981, 『노래 백년사』, 숭일문화사.

이러한 상황에 변화가 나타나기 시작한 것은 21세기 초엽이었다. 한국에서는 일본 대중문화가 해금되어 일본의 애니메이션이 영화관에서 상영되었고, 일본어로 된 제이팝(J-POP)이 거리에서 들리는 경우도 많아졌다. 그러나 대중문화의 흐름은 이처럼 일본에서 한국으로 향하는 일방향에 그치지 않고 한국에서 일본으로도 흐르고 있었다. 더욱이 그 현상은 예상 밖으로 커 일회성에 머물지 않았다. '한류'라는 용어가 주목받기 시작한 지 10년 이상 지난 현재, 한국 드라마를 일상적으로 시청하고 있는 일본인은 특별하지 않으며, 케이팝(K-Pop)은 인기 있는―특히 유행에 민감한 젊은이들 사이에서―음악의 한 장르로 정착하고 있다. 그리고 매년 일본에서도 여러 편의 한국 영화가 히트하며, 대도시에서는 그 작품들을 감상할 수 있게 되었다.

이러한 상황에서 한일 시민이 같은 대중문화 작품을 즐기고 공통의 스타를 응원하는 것도 일상적인 모습이 되고 있다. 그리고 한국에서 활약하는 일본인 탤런트나 한일 양국에서 대중적인 스타로 자리매김한 가수나 배우 등도 이미 드물지 않다. 나아가 일본인, 한국인이 함께 활동하는 케이팝 그룹까지 출현하고 있다. 한일의 대중문화를 둘러싼 환경은 교류나 서로에 대한 영향뿐만 아니라 융합이라는 현상까지 파생하고 있다.

Ⅶ. 맺음말: 대중문화와 화해 과제

이 글에서는 일본과 조선·한국의 대중문화와 서로가 끼친 영향 등의 역사를 되돌아보았다. 그 작업을 통해 다음과 같은 점을 확인할 수 있었다.

우선 오늘날 많은 사람의 기억에서 잊혀졌으나, 20세기 전반 대중문화 분야에서 일본과 조선·한국은 떼려야 뗄 수 없는 관계를 맺고 있었다. 물론 근대화에서 앞선 일본에서 조선·한국으로 새로운 양식이나 기술이 전해진 것이 주효했으나, 그뿐만이 아니었다. 일본보다 근대화에 뒤처져 정치적으로 압박받고 식민지로 전락한 조선에서 일본 내지로 전간기에 이미 대중문화가 유입되기 시작했다. 물론 그것이 거대한 흐름으로 일본인 전체에 영향을 준 것은 아니었다

그렇다고 하나 총력전이 시작된 1940년대 전후에는 일본 내지에서 '조선 열풍'이라 부를 만한 상황도 출현했다. 하지만 그것은 동화주의적 통제 아래, 일본제국 내부에 있으면서 국책에 협력하는 존재로서 조선·조선인을 표현하는 범위에서만 허용되었다. 그러한 상황에서 일본인들 사이에서 조선 문화에 대한 관심이나 이해는 함양되지 않은 것으로 보인다. 그러나 일본의 패전과 조선 해방 이후, 한일 각국의 대중문화는 각자의 영역을 전제로 전개되며, 상호 관계는 희박해졌다.

하지만 21세기에 들어 한일·일한의 관계는 대중문화 분야에서 과거에는 상상조차 할 수 없던 수준까지 긴밀해졌다. 양국 시민이 함께 열광하는 탤런트와 아이돌, 영화와 TV 드라마가 이제는 익숙해졌다. 기존 국가 안에서 완결하는 국민 문화의 틀을 초월한 새로운 대중문화의 존

재 방식이 한일·일한 사이에서 만들어지고 있는 것이다.

오늘날 한일·일한 관계는 정치외교 차원에서는 식민지 지배 등의 역사에 기인한 대립, 갈등이 계속되고 있다. 그리고 그것은 양국 시민이 상대국에 가지는 감정에도 영향을 미치고 있다.

그러나 앞서 설명한 바와 같이 대중문화 분야로 눈을 돌리면 양국 시민의 관계는 양호한 듯 보인다. 그러한 점 때문에 대중문화가 한일·일한의 관계 개선에 큰 역할을 할 수 있지 않겠냐고 기대하는 의견도 있다. 실제 대중문화를 입구로 해서 보다 폭넓게 상대국에 대해 알고 싶어 사람들과 교류를 확대해갈 수는 있을 것이다. 그런 의미에서 한일·일한 양국의 대중문화에 대한 상호 관심의 확대는 한일·일한 관계의 전반적 개선에도 기여할 것이 확실하다.

하지만 양국의 월경적 대중문화 확산 양상을 보면, 한일·일한 관계의 대립이나 갈등의 원인인 식민지 지배 등의 역사가 두드러지지 않도록 배려하거나 그에 대한 언급을 피하고 있는 듯 보인다. 그러한 요소를 담은 작품들을 양국 시민이 함께 평가하는 현상은 현재 찾아볼 수 없다. 그리고 그러한 역사 문제를 다룬 탓에 상대국에 소개조차 되지 않는 작품도 있다. 역사 문제는 대중문화의 확산을 제약하는 조건이 되고도 있는 것이다.

이러한 상황을 바꾸기 위해서는 대중문화 창작자가 각국의 지배적 역사 인식과 다른 요소를 담으면서도 관객의 호응을 기대할 수 있는 작품을 생산해내야 한다. 동시에 그것을 실현하는 환경을 조성하기 위해 역사 연구, 역사 교육 분야에서 기존의 국가·국민이라는 틀에 바탕을 둔 역사 인식을 상대화해가는 시점을 도입하는 노력이 필요하다.

이를 위해서는 19세기 말부터 1945년까지 일본과 조선 간에 침략·

피침략, 지배·피지배가 있었음을 인식하는 것은 당연하며, 그 속에서 사람들 간에 어떠한 관계가 파생되었는지를 포착해내는 것이 중요하다. 그때 일본과 조선·한국 사이에는 오늘날의 경계를 전제로 해서는 볼 수 없는 사람들의 이동과 접촉, 교류가 있었고, 지배·피지배 구조와 무관하지는 않으나 영향을 주고받았으며, 미묘한 차이를 내포하면서도 무언가를 함께 수용하거나 협력한 역사도 있었다는 사실을 확실히 짚어둘 필요가 있다. 일본과 조선·한국의 대중문화에 착안할 때, 우리는 틀림없이 그 점을 깨닫게 될 것이다.

참고문헌

한국어

도노무라 마사루, 2020, 「조선인 대중 연예인 배구자의 궤적」, 한림대학교 일본학연구소 편, 『제국과 포스트제국을 넘어서 공유된 기억과 조각난 기억』.

박찬朴燦鎬, 1987, 『韓國歌謠史』, 晶文社.

배구자, 1932. 10, 「오사카공연기」, 『삼천리』.

유민영, 2001, 『한국연극운동사』, 대학사.

이강숙 외 편, 2001, 『우리 양악 100년』, 현암사.

한국영화100년기념사업추진위원회 편, 2019, 『한국영화 100년 100경』, 돌베개.

일본어

現代語學塾, 『レーニン・キチ』を読む会 編譯, 1991, 『在ソ朝鮮人のペレストロイカ』, 凱風社.

警視総監官房文書課統計係 編, 『警視庁統計書』, 各年版.

永嶺重敏, 2010, 『流行歌の誕生, 「カチューシャの唄」とその時代』, 吉川弘文館.

永井荷風, 1987, 『断腸亭日乗 下』, 岩波文庫.

内務省警保局, 1937, 『警察統計報告 第13回』.

日本放送協会, 『ラジオ年鑑』, 各年版.

外村大, 2018. 9, 「朝鮮民族にとっての一九三八年・新協劇団, 『春香伝』」, 『在日朝鮮人史研究』 제49호.

______, 2020, 「朝鮮人大衆演芸人・裵亀子の軌跡-脚光のなかの民族的苦闘-」, 翰林大學日本研究所 編, 『帝國とポスト帝國をこえて-共有される記憶と破片となる記憶-』, 図書出版.

東京韓國文化院・旌善アリラン研究所・國立民俗博物館 編, 2013, 『THE SOUL OF KOREA アリラン』.

丸山一昭, 1995, 『離別-吉屋潤 日韓のはざまを駆け抜けた男』, はまの出版.

佐藤忠男, 1995, 『日本映画史 第2巻』, 岩波書店.

孫牧人, 1992, 『他郷暮らし(タヒャンサリ)-孫牧人80年の人生賛歌』, 竹書房.

申美仙, 2012, 「韓國における『長恨夢』の大衆的受容-소설・연극・メディアー」, 『比較文學』 第54卷.

大阪市 編,『大阪市統計書』, 各年版.

李泰俊·熊木勉 譯, 2016,『思想の月夜』, 平凡社.

朝鮮演劇文化協会,「朝鮮演劇文化協会事業経過報告書」, 刊行年 不明.

朝鮮映画文化研究所,「朝鮮映画三十年史」,『映画旬報』, 1943. 7. 11.

朝鮮総督府,『朝鮮総督府統計年報』, 各年版.

橋谷弘, 2004,『帝國日本と植民地都市』, 吉川弘文堂.

堀啓子, 2008,「明治期の翻訳·翻案における米國廉価版小説の影響」,『出版研究』第38號.

星出寿雄,「朝鮮演劇の新発足」,『朝鮮』.

7장

아시아태평양전쟁을 어떻게 서술할 것인가
: 2000~2010년대 일본의 역사 연구를 회고한다

사사키 게이(佐々木啓)

I. 머리말

2020년은 제2차 세계대전 종식 75주년을 맞이하는 해이다. 패전 이후 꽤 많은 시간이 흐르고 전쟁 체험자의 수도 더한층 줄어든 오늘날, 일본 사회에서 전쟁의 생생한 감각이 차츰 희박해지고 있는 것도 사실일 터이다. 다른 한편, 이 전쟁의 평가를 둘러싸고는 지금도 여전히 격렬한 논쟁이 이어지고 있으며, 동아시아 국가들의 정치·외교에서 갈등의 요인이 되고 있는 점 또한 부정할 수 없는 사실이다. '앞의 대전'은 아직도 먼 과거의 이야기가 될 낌새는 없으며 앞으로도 우리 눈앞의 과제로 계속해서 존재할 것이다.

전후 일본의 역사 연구를 되돌아보아도 전쟁을 어떻게 그릴 것인가는 줄곧 근현대사 서술에서 중요한 위치를 점해왔다. 역사학회나 역사학자가 주도한 주요 전쟁사 연구의 강좌와 통사 시리즈도 아래와 같이 일정한 간격을 두고 출판되었다.[1]

역사학연구회 편, 1953~1954, 『태평양전쟁사(太平洋戦争史)』 전 5권, 東洋経済新報社.

역사학연구회 편, 1971~1973, 『태평양전쟁사(太平洋戦争史)』 전 6권, 青木書店.

에구치 보쿠로(江口朴郎) 감수, 1985~1986, 『제2차 세계대전(第二次世界大戦)』 전 13권, 太平出版社.

---

1 이 저작들은 역사학자가 중심이 되어 엮은 것인데, 정치학계 학자가 엮은 것으로는 日本國際政治學会太平洋戦争原因研究部 편, 1962~1963, 『太平洋戦争への道』 全7巻, 朝日新聞社가 있다.

후지와라 아키라(藤原彰)·이마이 세이치(今井清一) 편, 1988~1989, 『15년전쟁사(十五年戰爭史)』 전 4권, 青木書店.

구라사와 아이코(倉沢愛子) 외 편, 2005~2006, 『이와나미강좌 아시아·태평양 전쟁(岩波講座 アジア·太平洋戦争)』 전 8권, 岩波書店.

이들 제목에서도 알 수 있듯이, 1950년대에 '태평양전쟁'이라 불렸던 전쟁은 우여곡절을 거쳐 21세기에 들어선 현재, '아시아태평양전쟁'이라 불리고 있다. 그 배경에는 '태평양전쟁'이라 부를 경우 대륙에서 벌어진 전쟁 특히 중국 전선이 경시된다는 비판이 존재했다. 이러한 역사학계의 동향은 중학교·고등학교 역사교과서에도 반영되어 최근에는 '태평양전쟁'을 대신해 '아시아태평양전쟁'을 채용하는 교과서도 적지 않다. 그러나 아시아태평양전쟁이라는 호칭은 범위도 논자에 따라 다르며, 만주사변 발발부터 태평양전쟁 종식까지를 일련의 흐름으로 파악하는 호칭으로는 부족하다는 지적도 있다.[2] 즉 수많은 논의를 거친 끝에 다다른 이 호칭도 향후 다른 단어로 대체될 가능성이 크다. 그리고 전쟁의 호칭이 우선 역사연구자의 문제의식이나 역사관을 반영한 것이라면, 향후 호칭의 변화는 무엇보다 역사연구자 자신의 인식 변화에 의해 야기될 것이다.

이상의 점을 염두에 두면서 이 글은 주로 2000년 이후에 진행된 일본의 역사 연구에서 아시아태평양전쟁을 논하는 방식을 되돌아보고 그 특징을

---

2 이 글에서는 주로 1937년 7월의 루거우차오사건으로 시작되어 1941년 12월 일본의 미국과 영국에 대한 공격을 거쳐 1945년 8월의 포츠담선언 수락에 이르기까지의 전쟁을 '아시아태평양전쟁'으로 부르되, 그 전후 시기를 대상으로 한 역사 연구에 대해서도 필요에 따라 언급하겠다. 전쟁 호칭의 변천에 관해서는 庄司潤一郎, 2011, 「日本における戦争呼称に関する問題一考察」(『防衛研究所紀要』 13-3; 庄司潤一郎, 2019, 「戦争呼称としての「アジア(·)太平洋戦争」の再検討」, 『NIDS コメンタリー』 107; 佐々木啓, 2019, 「吉田裕『アジア·太平洋戦争』-アジア·太平洋戦争を読む」, 『歴史評論』 829을 참조.

고찰한다. 역사 연구는 통상적으로 연구자 세계의 독자적인 요인에 따라 변화해가나, 다른 한편 연구자를 둘러싼 사회적, 정치적 자기장과 밀접한 불가분의 관계에 있기도 하다. 따라서 이 글은 단순히 학설의 변화를 논하는 데에 그치지 않고, 그 배경에 유의하면서 논의를 펼치고자 한다.

이 글에서 중시하는 배경 중 하나는 역사수정주의의 대두이다. 최근 20년간 진행된 일본의 역사 연구를 되돌아볼 때, 역사수정주의의 영향력은 아무리 강조해도 지나치지 않는다. 특히 아시아태평양전쟁의 연구는 때로는 역사수정주의자와 논쟁을 벌이면서 때로는 이데올로기의 정치권력/사회 침투에 요동치면서 전개되었다. 이러한 상황이 역사학에 미친 영향을 다시금 고찰하겠다.

이 글에서 중시하는 또 다른 배경은 범위를 더 확장해 (신자유주의적) 세계화의 진전과 그에 수반한 지적 체계의 재편 문제이다. 1990년대 이후, 이른바 언어적 전환(linguistic turn)의 영향을 받으면서 역사연구자의 작업을 뿌리부터 되묻는 움직임이 확산된다. 일본 민중의 고통스러운 체험으로 인식되어온 전쟁 체험도 그 구축성이 문제로 부상하며, 비판적으로 검증하기에 이른다. 편협한 내셔널리즘을 부추기는 역사수정주의의 대두도 큰 틀에서 보면, 이러한 새로운 시대 상황의 반동으로 출현한 측면이 있다고도 할 수 있다. 이 글에서는 이러한 두 요소에 입각하면서 일본의 아시아태평양전쟁사 연구의 변용을 검토해나가겠다.

덧붙여 이 글에서는 주로 사회사적, 민중사적으로 접근한 연구를 다루기 때문에 중앙의 정치를 중심으로 하는 협의의 정치사 연구 성과를 거의 언급하지 못하는 점, 미리 양해를 구한다.[3]

---

3 정치사 분야에서 '총력전체제론'을 주도한 때는 1980년대 후반 이후이나, 그 역사상

II. 역사수정주의의 시대

1. 역사수정주의의 대두

일본 사회의 역사 인식, 특히 아시아태평양전쟁을 둘러싼 역사 인식을 되돌아볼 때, 큰 전환점 중 하나로 1990년대를 꼽는 것은 많은 역사연구자들도 인정한다. 무엇보다 중요한 것은 냉전 종식 그리고 아시아 각국에서 개발독재형 정권이 민주화된 것을 배경으로 하여 확산된 전후 보상 재판이 종래 전쟁관의 변용을 자극했다는 점이다. 특히 1991년, 일본군'위안부' 피해자인 김학순이 공개 증언을 하면서 일본 정부에 사죄와 손해 배상을 요구하는 소송을 제기한 사건은 일본 사회에 큰 충격을 주었다. 김학순의 소송 이후, '위안부', '강제징용', 군인, 재한 피폭자 등 피해자들의 비슷한 소송이 줄을 잇는다. 일본의 양심적인 변호사와 연구자, 시민단체 등은 이들 재판을 지원하고, 폭넓은 계몽 활동을 전개했다. 재판을 거치면서 일본군의 가해 사실이 다양한 각도에서 밝혀졌고, 그 인지도도 크게 늘어난다. 그중에서도 2000년에 민간법정운동의 일환으로 '여성국제전범법정'이 개최되어 일본의 국가 책임을 묻는 판결이

은 2008년에 『シリーズ日本近現代史 (7) 占領と改革』(岩波新書, 2008)이라는 형태로 정리되었다. 그 밖에 보통선거체제의 형성이라는 관점에서 종전기에 이르는 역사 과정을 서술한 源川真希, 『近現代日本の地域政治構造-大正デモクラシ-の崩壊と普選体制の確立』(日本経済評論社, 2001), 전시하 의회 세력의 자립성을 중시한 古川隆久, 『昭和戦中期の議会と行政』(吉川弘文館, 2005), 『戦時議会』(吉川弘文館, 2001) 등이 있다. 최근에는 전시기 정치 체제를 입헌제의 재건기로 규정한 米山忠寛, 『昭和立憲制の再建-1932-1945年』(千倉書房, 2015)이나 官田光史, 『戦時期日本の翼賛政治』(吉川弘文館, 2016), 関口哲矢, 『昭和期の内閣と戦争指導体制』(吉川弘文館, 2016) 등 이 분야에서는 젊은 세대에서 신진 연구자들이 등장하고 있다.

내려진 것은 하나의 도달점이었다고 말할 수 있다.

이러한 상황에서 일본인의 역사인식도 일정한 변화를 보이기 시작했다. 2000년 5월에 NHK가 실시한 여론조사에 따르면, '앞의 전쟁=만주사변 이후 중국을 상대로 한 전쟁과 태평양전쟁(1931~1945)'에 대해서 "아시아 국가에 대한 침략전쟁이었다"고 인식하고 있는 사람은 51%(1982년의 같은 조사에서는 51%)로, "그렇지 않다"고 응답한 사람의 15%(1982년의 같은 조사에서는 22%), "과거의 일이니 나와는 무관하다"고 응답한 사람의 7%(1982년의 같은 조사에서는 10%)를 크게 웃돌았다. 또한 "앞의 전쟁은 자원이 부족한 일본이 생존하기 위해서는 부득이한 것이었다"는 평가에 대해서 "그렇게 생각한다"고 응답한 사람은 30%(1982년의 같은 조사에서는 45%), "그렇게 생각하지 않는다"가 35%(1982년의 같은 조사에서는 39%)였다.[4] 그 전쟁은 일본에 의한 침략이며, 부득이한 것이 아니었다는 인식이 침투한 양상을 엿볼 수 있다. 전후 보상 재판에서 제기된 일본의 가해 사실은 중학교·고등학교 역사교과서에도 반영되어 1990년대에 '난징대학살'이나 일본군'위안부', '731부대' 등, 일본의 가해 사실에 관한 교과서 기술이 늘어나게 되었다.

그러나 이러한 역사 인식의 변화는 1990년 중엽부터 커다란 반동에 부딪혔다. 이 반동은 '새로운 역사교과서를 만드는 모임'과 같은 평론가와 만화가 등, 민간 운동이 만들어낸 측면과, 여당인 자민당 의원의 정치적 주도로 만들어낸 측면을 가지고 있다. 자민당 중에서도 특히 우파 세력은 일본의 가해 사실을 중시하는 역사관을 비판하고 동일한 역사관을 토대로 이루어지는 역사 교육과 미디어 보도에 개입을 꾀하기에 이르렀다.

---

4 吉田裕, 2005,『日本人の戦争観-戦後史のなかの変容』, 岩波現代文庫.

1993년, 자민당 내부에 '역사·검토위원회'가 설립되고, 1997년에는 '일본의 전도와 역사교육을 생각하는 젊은 의원의 모임'(약칭 교과서의련)이 활동을 시작한 것은 그 징표였다. 이들 단체는 모두 '고노 담화'를 비판하고 일본군'위안부' 제도나 난징대학살 등에서 드러난 일본군의 가해 사실을 부정하는 주장을 제기했다. 단체의 한 축을 담당한 것은 자민당 내의 우파 세력이나, 그 면면을 보면 아베 신조(安倍晋三), 시모무라 하쿠분(下村博文), 스가 요시히데(菅義偉) 등 2010년대에 자민당 간부로 활약하는 정치인들이 대거 소속되어 있는 것을 확인할 수 있다. 아베 등은 2000년대 초엽부터 '새로운 역사교과서를 만드는 모임'의 교과서 채택률을 높이기 위한 운동을 전개하고, 당 조직을 동원하여 각지의 교육위원회에 압력을 가했다. 또한 2001년에는 '여성국제전범법정'을 다룬 NHK의 프로그램 제작에 개입해 내용을 대대적으로 고치기도 했다.

이러한 정치 권력에 의한 역사수정주의운동은 2007년의 제1차 아베 내각의 퇴진, 2009년의 민주당 정권 출범 등으로 한때 후퇴하기도 했으나, 2012년에 아베가 정권에 복귀하자 그 기세는 한층 더 거세어졌다. 2018년 10월 2일에 출범한 4차 아베 내각에 입각한 20명의 관료 중 15명이 '일본회의 국회의원 간담회' 소속으로 "지나친 권리 편중 교육, 우리나라의 역사를 나쁘게 단죄하는 자학적 역사 교육, 젠더 프리 교육의 횡행"[5]을 비판하는 '일본회의'의 운동을 지원하는 태도를 취하고 있다. 이렇게 1990년대에 시작된 역사수정주의운동은 2000~2010년대를 거치면서 정권의 중추에 강력한 영향력을 행사하게 된다.

---

5 '일본회의의 지향점'(일본회의 HP) http://www.nipponkaigi.org/about/mokuteki (2020년 3월 31일 열람).

이러한 정치 권력의 움직임을 시민사회 차원에서 떠받친 것이 '풀뿌리' 보수운동이며, 인터넷상에서 퍼져 나간 '넷 우익'의 담론이었다. '풀뿌리' 보수운동은 제2차 세계대전 이전의 우익단체에 뿌리를 둔 종래형 단체부터 종교색이 짙은 단체, 이들과 거리를 두면서도 배외주의적 가두 활동에 적극적인 시민단체 등, 다양하다. 앞서 언급한 '일본회의'는 1997년에 결성된 단체이나, 2015년 시점에 회원이 이미 3만 8,000명을 넘어섰고 2016년 1월에는 전국에 243곳의 지방 지부를 거느린 대규모 단체로 성장했다. 이 단체에는 신사본청과 야스쿠니신사 등의 신사 계열이나 신도 계열, 불교 계열의 신흥 종교단체에서 다수 임원을 파견하고 있으며, 그 밖에 보수 계열 정치 가문과 깊은 관계를 유지하면서 활동을 전개하고 있다.[6] 평소에는 중국이나 북한, 한국의 위협을 호소하고 일본군'위안부' 문제에 관한 일본의 정당성을 선전하는 행사 등을 지역 지부 단위로 꾸준히 개최하고 있는 점이 특징이다.

이러한 정치 운동에 의해 주도된 역사수정주의가 일본 사회 어디까지 침투되어 있는지 정확히 가늠하기란 어렵다. 그러나 인터넷에서 '위안부'나 '징용공' 등을 검색하면 역사수정주의적 담론이 넘쳐나는 상황이 여실히 보여주듯이, 마치 유력한 학설 중 하나인 것처럼 일반에 퍼져 있는 것은 틀림없는 사실이다. 트위터(Twitter)나 페이스북(Facebook) 등의 SNS는 물론이거니와 '마토메 사이트'나 유튜브(YouTube) 등에서도 "'위안부' 문제는 좌익의 날조"라는 식의 정보가 쉽게 발견된다. 길거리 서점의 인문서적 코너에 가보면, 일본의 침략전쟁을 긍정하고 중국이나 한국의 위협을 선동하는 책들이 높게 쌓여 있으며, 역사연구자의 연구

6 青木理, 2016,『日本会議の正体』, 平凡社新書.

성과는 변두리로 밀려나 있거나 애당초 서점에 진열되어 있지 않은 경우가 많다. 이유는 단순하다. 전자 쪽이 '잘 팔리기' 때문이다.[7]

일본의 침략이나 식민지 지배를 긍정하는 담론은 전후 일본의 우파 논단에서 나름 명맥을 유지하고 있었으나, 1990년대 이후 고바야시 요시노리(小林よしのり)의 『신 고마니즘 선언 SPECIAL 전쟁론(新・ゴ-マニズム宣言SPECIAL 戦争論』(幻冬舎, 1998)을 비롯해 만화나 잡지 등의 서브컬처에서 확산된 점을 특징으로 꼽을 수 있다. 즉 아마추어리즘이 그 토대가 되었고,[8] 일종의 반권위주의가 섞여 있다는 점에서 흥미롭다. 지금의 일본 사회는 '민주주의'에 대한 깊은 권태감에 빠져 있으며, "강력한 권력을 이용해 문제를 처리해준다면 강권적이어도 중대한 하자가 아니다"는 분위기가 퍼져 있다는 지적도 나오고 있다.[9] 이러한 '넷 우익(우파)'이 두드러지기 시작한 것은 2000년대 후반이었다.[10]

이상과 같이 일본에서는 1990년대 이후의 침략·식민지 지배와 그에 수반한 폭력에 대한 고발을 전제로 2000년대부터 2010년대에 걸쳐 그와 정면으로 내치하는 역사수정주의운동이 관민 모두에서 확대되었고, 결국에는 정치 권력의 중추를 차지하기에 이른다. 2015년에 발표된 아

---

7 이러한 현 상황에 대항해 2014년 4월, 출판 관계자 중 뜻있는 사람들이 모여 '헤이트 스피치와 배외주의에 가담하지 않는 출판 관계자의 모임(BookLovers Against Racism 약칭 BLAR)'을 만들고, "나는 차별이나 증오를 밥벌이 수단으로 삼고 싶지 않다", "우리가 사랑하는 서점이라는 공간에 증오의 언어가 넘쳐나서는 안 된다"고 표명하고, 다양한 운동을 전개하고 있다(동 모임 웹사이트 https://b-l-a-r.wixsite.com/blar[2020년 3월 27일 열람]).

8 倉橋耕平, 2018, 『歴史修正主義とサブカルチャ-』, 青弓社.

9 中西新太郎, 2018, 「新自由主義國家の強権性と社会統合」, 『経済』 266.

10 伊藤昌亮, 2019, 『ネット右派の歴史社会學-アンダ-グラウンド平成史1990-2000년대』, 青弓社.

베 신조 총리의 '전후 70년 담화'는 아베의 이데올로기와 일본을 둘러싼 복잡한 국제관계의 타협의 산물로, 대충 읽어보면 의미를 포착하기 어려운 난해한 텍스트이다. 일본의 침략이나 식민지 지배에 대해 명확하고도 구체적인 사실을 제시하지 않고 있고 더욱이 반성의 뜻도 명료하게 표명하고 있지 않다.[11]

2. 침략·식민지 지배의 폭력을 되묻다

2000년대 이후의 일본의 역사 연구는 이상과 같은 시대 상황과 얽혀 전개된다. 우선 1990년대 이래 계속된 전후 보상 재판의 진전을 축으로 한 침략·식민지 지배와 그에 수반되는 폭력의 고발은 일본의 역사학과 역사 교육에 절대적인 영향을 미쳤다. 특히 일본의 가해 사실을 파헤치는 중요한 계기가 되었으며, '제국' 일본의 전쟁 동원과 지배 방식에 대한 관심을 환기했다.

2005년부터 간행이 시작된 구라사와 아이코 외 편(倉沢愛子ほか 編) 『이와나미강좌 아시아태평양전쟁(岩波講座アジア・太平洋戦争)』(전 8권, 岩波書店, 2005-2006)은 "전쟁과 제국의 모습을 그리는 것, 그것을 '전후'와 '냉전'의 과정을 포함해 되묻는 것, 그리고 방법과 인식의 논의를 재고찰하는 것"을 문제의식으로 내걸고 있다.[12] 그것은 젠더나 에스니시티, 전쟁의 기억과 증언 등 기존 틀에 포섭되지 않는 개념이나 방법을 이용하는 작업이나 전쟁을 전투나 정치 문제에 가두지 않고, 식민지주의의

---

11 佐々木啓, 2016, 「戦後70年談話」と歴史修正主義」, 『日本の科學者』 51-8.

12 倉沢愛子 외 편, 2005, 『岩波講座アジア・太平洋戦争』 第1巻, 岩波書店, vi쪽.

역사와 관련지어 파악하는 작업을 염두에 둔 것이었다.

이 강좌의 편자 중 한 사람인 스기하라 도오루(杉原達)의 『중국인강제연행(中國人強制連行)』(岩波新書, 2002)은 역사연구자가 식민지 지배와 어떻게 마주해야 하는가를 자신의 경험을 토대로 논한 저작으로, 일본의 역사연구자에게 강렬한 인상을 주었다.[13] 이 책에서 스기하라는 아시아태평양전쟁 말기에 일본 정부에 의해 실시된 중국인 강제동원을 문헌자료뿐만 아니라 증언 청취와 현지 탐방 등을 동원해 전체상을 밝히고, 전후 일본이라는 역사적·현재적 상황 속에서 검증하고 있다. 스기하라의 문제의식은 "당사자들에게는 문제가 여전히 미완의 상태로 남아 있음에도 일반 일본의 생활이나 지역사회에서는 아무런 흔적도 없이 점차 풍화되어가고 있는 느낌이 강하다. 이 간극을 어떻게 메울 것인가가 요구되고 있다"[14]는 것이었다. 1990년대 이후의 맥락 속에서 특히 눈앞에 닥친 침략과 식민지 지배의 고발을 수용하고, 그 현실을 현재의 '일본' 그리고 자신과 어떻게 관련지어 이해할 것인가를 커다란 과제로 인식하고 있었다고 할 수 있다.

식민지 지배 문제를 자신의 문제로 어떻게 받아들일 것인가라는 과제는 그 후에도 많은 역사연구자의 관심사였다. 미즈노 나오키(水野直樹)가 편찬한 『생활 속의 식민지주의(生活の中の植民地主義)』(人文書院, 2004)는 식민지 지배하에서 형성된 생활이나 생활 관련 규범에 식민지주의가 어

---

13 大門正克, 「同時代史的検証としての同時代史的叙述」をめざすために-1980~2010年代における杉原達の経験と思想を検証する」(同時代史學会 2019년도 대회 「〈戦争の記憶〉をめぐる同時代史-歴史表現はどう向きあってきたか」, 2019년 12월 7일의 연구 보고).

14 杉原達, 2002, 『中國人強制連行』, 岩波新書, v쪽.

떻게 투영되었는지, 그리고 그것이 식민지 지배에서 해방된 후에도 사람들의 생활을 어떻게 속박하고 있는지를 규명한 저작이다. 구체적으로는 이름과 신체 규율, 신사 참배, 언어 교육 등 다양한 시점에서 식민지 지배와 생활의 관련성을 부각하고 있으며,[15] 정치나 경제라는 큰 흐름이 아닌 미시적 맥락 속에서 식민지주의의 침투를 검증하고 있다. 만약 식민지주의를 주체적으로 극복하고자 한다면, 자신의 생활을 둘러싼 일상 공간에 주의를 기울이는 것부터 시작해야 한다는 의도를 엿볼 수 있다.

이러한 역사학계의 식민지 지배에 대한 관심은 한발 더 나아가 '식민자'의 경험에 대한 관심으로 이어지고 있다. 야나기사와 아소부(柳沢遊)의 일련의 연구는 20세기 전반에 중국대륙에 진출한 방대한 일본인 상공업자의 발자취를 '식민지 경험'이라는 시점에서 추적하고 있다.[16] 일본 제국주의의 만주 지배의 '저변'을 형성한 그들의 진출과 영업 방식이 만주 소재 기업들의 '국가'의존적 성격을 규정하고, 제국주의적 군사 발동의 사회적 공명판이 되었다고 야나기사와는 주장한다. 그리고 머지않아 이들은 '8·15'에 직면해 혼란의 소용돌이에 휩쓸리는데, 그러한 1940년

---

15 이러한 '제국'이나 식민지주의의 문제에 대한 논의가 심화하는 가운데, '대동아공영권'에 관한 연구도 진척을 보였다. 아다치 히로아키(安達宏昭)에 따르면, '대동아공영권' 관련 연구는 1980년대 중반부터 급속히 진전되어 '공영권'이라는 슬로건과는 정반대로 물자의 핍박과 하이퍼인플레이션, 강압적 지배와 가혹한 노동 동원 등의 현실을 부각시켰다. 그리고 2000년대 이후에는 경제·군사 면에서의 붕괴 과정에 그치지 않고, '독립' 문제 등의 정치적 정책 전개에서 '공영권'이 자멸해가는 양상을 규명하고 있다(安達宏昭, 2015, 「「大東亜共栄圏」論」, 大津透 외 편, 『岩波講座日本歴史』第18巻, 近現代4, 岩波書店). 구체적으로는 山本有造, 2011, 『「大東亜共栄圏」経済史研究』, 名古屋大學出版会; 倉沢愛子, 2012, 『資源の戦争』, 岩波書店; 河西晃祐, 2012, 『帝國日本の拡張と崩壊』, 法政對學出版会; 安達宏昭, 2013, 「大東亜共栄圏」の経済構想-圏内産業と大東亜建設審議会』, 吉川弘文館 같은 연구가 있다.

16 柳沢遊, 1999, 『日本人の植民地経験-大連日本人商工業者の歴史』, 青木書店; 柳沢遊, 2004, 「日本経済と戦争」, 『講座戦争と現代3』, 大月書店 등.

대 후반의 경험에 뒷받침된 피해자 의식의 존속은 20세기 전반에 일본 제국주의가 자행한 제반 행위의 역사적 총괄 작업을 가로막았다고 야나기사와는 보고 있다. 야나기사와의 "일본인의 식민지 경험의 역사적 총괄이라는 무거운 숙제를 안은 채 우리는 21세기의 문을 열어야 한다"는 주장은 당대 역사학자의 문제의식이 어디로 향하고 있었는지를 명료하게 보여준다고 말할 수 있다.[17]

식민자의 경험은 '제국의 전쟁 경험'을 주제로 한 『이와나미강좌 아시아태평양전쟁』(제4권)에서도 화두가 되고 있다. 가령 곤도 마사미(近藤正己)의 논문은 타이완 거주 일본인 식민자가 전쟁 중 수행한 역사적 역할을 검토하고 있다. 식민자들은 타이완총독부의 정책이 식민자 측이 아닌 피통치민족 측에 경도된 것을 비판하는 등, 본국 거주자보다 적대적인 자세를 보였는데, 그러한 민족차별적 의식은 공습이 격화된 이후에도 계속되었다고 곤도는 주장한다.[18] 한편, 하야세 신조(早瀬晋三)의 논문은 1944년 7월에 서보르네오에서 일본군이 저지른 학살 사건을 관군민 삼사가 야기한 것으로 보고, 지금까지 주목한 적 없던 '민'의 동향에 착목하고 있다. 그리고 일본인 민간인이 해군, 민생부와 대립하고 퇴폐적인 일상생활을 보내면서 현지 사회와 마찰을 일으켰다는 구체적인 경험을 복원하고 있다.[19]

이들 연구는 공통적으로 모두 과거 일본인의 '제국의식'을 대상화한 것

17 柳沢遊, 1999, 337쪽.

18 近藤正己, 2006, 「植民者の戦争経験-総督政治下の台湾」, 倉沢愛子 외 편, 『岩波講座アジア・太平洋戦争』 第4巻, 岩波書店.

19 早瀬晋三, 2006, 「植民者の戦争経験-海軍「民政」下の西ボルネオ」, 倉沢愛子 외 편, 『岩波講座アジア・太平洋戦争』 第4巻, 岩波書店.

으로, 그러한 과거의 양태야말로 현재의 일본이나 일본인의 아시아 국가에 대한 태도를 심층부에서 규정 짓고 있다고 이해하고 있다. 2000년대 초엽의 침략·식민지 지배의 폭력을 되묻는 시도는 자신들의 인식을 반성적으로 되묻는 사고와 떼려야 뗄 수 없는 형태로 확산되었다.

3. 역사수정주의자와의 논쟁

위와 같이 역사학계에서는 연구가 심화된 한편, 역사학자와 역사수정주의자 간의 격렬한 논쟁이 벌어진 것도 2000년대의 아시아태평양전쟁 연구를 고찰할 때에 중요한 요소이다. 특히 격렬한 논쟁의 초점은 난징사건(난징대학살)과 조선인 강제동원, 일본군'위안부' 등으로, 모두 일본정부·일본군의 가해와 관련된 문제들이었다. 일본의 침략이나 식민지 지배를 비판적으로 검증해온 역사학의 연구 성과는 '자학사관'이며, 실증적으로도 틀렸으니 일본인은 그 주술에서 해방되어야 한다는 주장이 되풀이되었다. 아시아태평양전쟁을 주된 연구 대상으로 하는 역사연구자는 이러한 주장에 대응해야 했다.

난징사건의 경우, 1970년대 이래로 피해자 수와 실태를 포함해 수많은 논쟁이 거듭되어왔다. 논의의 응수는 격렬했고, 1990년대 이후에는 몇 건의 명예훼손 재판으로 번지기도 했다. 그러한 상황에서 개별적인 사료 해석이나 진위 판단에서 다소의 혼란이 있었다고는 하나, 난징사건의 사실을 인정하는 역사학자 측이 논쟁에서 우위를 점하고 있었다. 난징사건에 관한 역사 연구의 성과를 비판하는 논의에는 학살 자체가 없었다는 부정파와, 학살된 피해자 수는 소수에 불과하다는 소수설파가 있었으나, 1980년대부터 1990년대를 거치면서 적어도 전자의 견해는 설 자리를 잃었다. 희생자 수는 역사학자들 사이에서도 여전히 의견이 갈리는 부분이나, 2007년을 끝으로 부정파의 기수인 히가시나카노 슈도(東中野修道)의 저작이 간행되지 않으면서 학살 자체의 인정은 사실상 거의 '결착'되었다.[20]

하지만 그 후에도 난징사건 부정파의 담론은 끊이지 않고 재생산되었다. 그 전까지 히가시나카노 슈도나 다나카 마사미치(田中正道) 등의 민간인이 부정론을 주도했다면, 2007년 이후부터 현재에 이르기까지는 자민당 정부 내 정치인이 그 역할을 대신하고 있다는 점을 특징으로 들 수 있다. 2012년 2월에는 가와무라 다카시(河村たかし) 나고야 시장이 중국의 난징시 간부에게 "소위 난징사건은 없었지 않았냐"고 발언해 교류 활동이 한때 중단되는 사태가 벌어졌다. 과거 저널리즘을 통해 민간에서 활발하게 전개되던 논쟁이 정부와 시민의 대항 구도로 모습을 바꾸었다. 특히 아베 정권 수립 이후에는 이나다 도모미(稲田朋美), 스기타 미오(杉田水脈) 등의 정치인들이 부정론을 적극적으로 주창하고 있다.[21]

조선인 강제동원의 경우, 2004년 1월에 실시된 대학입시센터시험의 세계사 문제에 "제2차 세계대전 중 일본으로 강제동원되었다"는 문장이 등장하면서 논쟁이 본격화된다. 새로운 역사교과서를 만드는 모임의 후지오카 노부카쓰(藤岡信勝)가 '강제동원'은 "정치적 규탄의 기능을 수행하는 조어"라며 이를 비판하자,[22] 자민당의 '일본의 전도와 역사교육을 생각하는 젊은 의원의 모임'은 역사교과서에서 강제동원 기술의 삭제를

---

20 笠原十九司, 2018,『増補 南京事件論争史-日本人は史実をどう認識してきたか』, 平凡社ライブラリ-, 272쪽.

21 笠原十九司, 2018, 제7 · 8 · 9장.

22 『産経新聞』, 2004. 01. 22.

요구하는 운동을 벌였다. 같은 해 6월에는 재일 코리언의 뿌리를 강제동원에서 찾는 인식을 부정하는 정대균의 『재일·강제연행의 신화(在日·強制連行の神話)』(文春新書, 2004)가 출판되면서 강제동원은 '자학사관'에 의해 날조되었다는 주장이 활개치게 되었다.

이러한 조선인 강제동원 허구론에 대항해 "사실(史實)의 엄밀한 검증을 토대로 비판"을 시도한 책이 야마다 쇼지(山田昭次)·고쇼 다다시(古庄正)·히구치 유이치(樋口雄一)의 『조선인 전시 노동 동원(朝鮮人戦時労働動員)』(岩波書店, 2005)이었다. 이 책은 기업으로의 조선인 강제동원을 조선인 전시 노동 동원이라 이름 붙였다. 이 책은 조선인 전시 노동동원을 ① 강제동원, ② 강제노동, ③ 민족차별이라는 세 가지 문제점을 포함하는 것이라고 정의하고 실태를 검토했다. 그리고 조선인 전시 노동 동원은 전시하에서 식민지 이민족을 억압하는 한 형태였다고 규정하고, "식민지하였음에도 조선인은 조선인이지 일본인이 아니었다", "식민지하 때도 민족의 차이를 인정해야 한다", "설사 백보 양보해 법적으로 일본인이었다 쳐도 사실은 조선이 있고, 조선인이 거주하는 토지였다"고 주장하고 있다.[23]

덧붙여 같은 해에는 히다 유이치(飛田雄一), 우에스기 사토시(上杉聰), 우쓰미 아이코(内海愛子)가 공동 대표를 맡은 '강제동원진상규명네트워크'가 결성되어 일본 정부에 강제동원 관련 자료를 공개할 것을 촉구하는 동시에, 일본 여론의 관심을 강제동원 문제로 돌리기 위한 운동에 착수했다.[24] 역사수정주의운동의 기세가 맹렬해지는 가운데, 이 네트워크

---

23 山田昭次·古庄正·樋口雄一, 2005, 『朝鮮人戦時労働動員』, 岩波書店, 276쪽.

24 강제동원진상규명네트워크 웹사이트 http://www.ksyc.jp/sinsou-net/(2020년 3월 31일 열람).

의 활동이 전국 각지에서 강제동원·강제노동 사례를 착실히 파헤쳐 기록으로 남기고 있다는 점은 대단히 중요하다.

일본군'위안부' 문제를 살펴보면, 아베 총리는 2012년 말 취임 이래 '위안부'의 강제동원을 증명하는 공문서는 없다는 입장을 견지하면서, 피해자들의 상태가 '성노예'였다고 인정하는 것을 일관되게 거부했다. 2015년 12월의 한일합의에서는 아베 총리의 '사죄와 반성' 표명이 들어갔음에도 그 역사 인식은 달라지지 않은 채 계속되고 있다. 요시미 요시아키(吉見義明)를 비롯한 역사연구자의 연구 성과에 근거 없는 비판이 집중되었고, 주지하는 바와 같이 자민당의 정치인과 관료, 우파 성향의 언론인, 일부 언론, 풀뿌리 보수운동 세력 등까지 합류해 거센 공격을 퍼부었다.

이러한 역사수정주의의 움직임에 대항해 2011년 9월, 저널리스트와 역사연구자들은 '전쟁과 여성에 대한 폭력' 리서치 액션 센터(Violence Against Women in War-Research Action Center, 통칭 VAWW RAC)를 설립하고, 일본군'위안부' 문제 해결을 목표로 주로 진상 규명(조사 및 연구) 활동을 벌여왔다.[25] 또한 2013년 8월에는 일본의 전쟁책임자료센터와 VAWW RAC가 주축이 되어 '위안부' 문제 웹사이트인 "Fight for Justice 일본군'위안부'-망각에 대한 저항·미래의 책임"을 개설하고, "일본군'위안부' 문제의 해결을 지향하면서 일본군'위안부' 제도에 관한 역사적 사실 관계와 책임 소재를 자료와 증언 등 명확한 출처·근거를 토대로 제공하는 작업"을 시도하고 있다.[26] 역사수정주의자들은 성차별, 민족차별,

25 「戦争と女性への暴力」, リサーチ·アクションセンター 편, 2013, 『「慰安婦」バッシングを越えて-「河野談話」と日本の責任』, 大月書店.

26 "Fight for Justice 일본군'위안부'-망각에 대한 저항·미래의 책임" http://

계급차별을 내포한 일본군'위안부'=성노예 제도에 가장 거센 공격을 퍼붓고 있으나, 역사학자들은 적극적인 반론을 끈기 있게 계속하고 있다.[27]

이상과 같이, 역사수정주의의 움직임이 거세어지면 거세어질수록 많은 역사학자들은 진지하게 반론해왔다.[28] 그러나 역사수정주의자들과의 논쟁은 역사 연구 자체를 심화하는 계기로 이어지기 어려웠고, 오히려 일종의 피로감을 동반하는 것이었다. 그 이유를 이와사키 미노루(岩崎稔)와 슈테피 리히터(Steffi Richter)는 역사수정주의가 "공공적 토의에 열린 담론이 절대 아니기" 때문이라고 말한다. 역사수정주의자는 "맨 처음 현실에 과도한 부하를 가한 다음, 그 부하에 견디지 못한 것은 실증적으로 반증되었다는 수법"을 쓴다. 예를 들면 한 인물의 증언만이 일본군에 의한 '위안부' 강제동원을 뒷받침하는 증거가 아님에도, 그 증언이 허구라고 밝혀진 것을 두고 강제동원의 실체를 인정하는 주장이 실증적으로 깨졌다고 주장하는 것이 전형적이다. 즉 역사수정주의자의 논증

fightforjustice.info/(2020년 3월 31일 열람).

27 이 밖에도 2000년대는 역사수정주의에 대항하는 다양한 활동이 시작됐다. 예를 들면 2007년에 오키나와전의 '집단자결'이 군의 강요였음을 부정하는 교과서 검정이 통과되자 오키나와전 연구자는 군의 강요는 부동의 사실이라며 대항했다(林博史, 2009, 『沖縄戦 強制された「集団自決」』, 吉川弘文館; 林博史, 2010, 『沖縄戦が問うもの』, 大月書店 등). 그 밖에 역사학연구회도 "오키나와전에서의 일본군의 '집단자결' 강요 사실을 왜곡하는 교과서 검정에 항의한다"는 제목의 성명문을 발표하고 이를 비판했다(『歴史學研究』 829호, 2007. 7).

28 역사수정주의에 대항해서는 역사학자뿐만 아니라 다른 분야에서도 비판적인 주장을 전개하고 있다. 일본이 과거 수행한 전쟁이나 이를 떠받친 전시 체제가 찬미되는 움직임에 대해서 편집자인 하야카와 다다노리(早川タダノリ)는 『「愛國」の技法-深刻日本の愛のかたち』(青弓社, 2014)와 『「日本スゴイ」のディストピア-戦時下自画自賛の系譜』(青弓社, 2016)를 통해 통렬하게 비판했다. 권력에 의해 미화되고 있는 전시 체제를 비웃는 하야카와의 저작은 역사수정주의가 자신의 밑천으로 제시하는 서사에 대한 통렬한 반증적 성격을 가지고 있다고 할 수 있다. 이 또한 역사수정주의 시대가 키운 역사 서술의 한 형태라고 말할 수 있다.

절차는 너무나도 조악한 탓에 논의에 모순이 발생하는 것이다.[29]

가사하라 도쿠시(笠原十九司)는 2007년의 저작에서 "나 자신은 난징 대학살 부정론자의 대표 저작의 오류와 속임수를 해설하는, 학문적으로는 비생산적인 '논쟁'을 일찌감치 끝내고 싶다"고 쓰고 있다.[30] 역사수정주의에 대한 반론은 상당한 부담과 노력이 필요하지만 학문적 성과는 없고 끝이 좀처럼 보이지 않는 소모전이 되고 만다. 역사수정주의와의 논쟁은 이러한 '비생산성'을 참고 견뎌온 일부 역사학자의 사명감에 의해 지탱되어온 측면이 있다.

그렇다고 격렬한 논쟁 과정에서 해당 분야의 연구에서 진전이 없었느냐 하면 반드시 그렇지만은 않다. 조선인 강제동원의 전체상을 그려냄으로써, 식민지 지배하 조선의 관료제나 지역 지배의 실태에까지 접근한 도노무라 마사루(外村大)의 『조선인 강제연행(朝鮮人強制連行)』(岩波新書, 2012)은 그 일례이며, '위안부' 문제의 논의에서 시작해 성폭력의 서술 방법까지 폭넓게 파헤친 역사학연구회·일본사연구회 편의 『'위안부' 문제를/에서 생각한다-군사성폭력과 일상세계(「慰安婦」問題を/から考える-軍事性暴力と日常世界)』(岩波書店, 2014)의 시도 또한 그러하다. 이들 연구는 역사수정주의의 주장을 '논파'하는 데에 머물지 않고 역사학계 더 나아가 일본사회 전체의 역사 인식을 넓히는 방향으로 논의를 이끌었다고 말할 수 있다.

역사수정주의가 현재 일본 사회의 양상에 뿌리를 두고 있다면, 역사

---

29 岩崎稔, シュテフィ·リヒター, 2005, 「歴史修正主義-1990年代以降の位相」, 倉沢愛子 외 편, 『岩波講座アジア·太平洋戦争1』, 岩波書店.

30 笠原十九司, 2007, 『南京事件論争史-日本人は史実をどう認識してきたか』, 平凡社新書, 271쪽.

수정주의와의 투쟁 또한 그러한 뿌리 부분과 어떻게 마주할 것인가가 요구될 수밖에 없다. 실증적으로 대항하면서 역사수정주의를 지지하는/지지할 가능성이 있는 사람들도 공감할 수 있는 역사 서술 방식이 다른 한편으로는 필요하다 할 것이다. 그러나 그것은 매우 까다로운 과제로, 현재로서는 큰 가능성을 발견할 만한 수단이 없다. 이러한 상황에서 지금도 서점에는 역사수정주의운동의 성과인 '헤이트 책'이 차곡차곡 쌓여가고 있으며, 인터넷에서도 마치 정론인 양 끊임없이 주장되고 있다.

III. 전쟁 체험을 되묻다

1. 언어적 전환과 일본의 역사학

이상과 같이, 2000년대는 역사수정주의가 정치 권력의 중추를 잠식해 가는 과정이었으나, 다른 한편 냉전 후의 글로벌 자본주의의 전개와 연동하는 형태로, 지적 체계가 대대적으로 재편된 시기이기도 했다. 글로벌 기업의 국경을 넘나드는 활동은 국가의 위상이나 성격을 둘러싼 논쟁을 불러일으켰고, 인구 이동이나 유동성 확대는 근대국가의 틀이나 내셔널리즘의 상대화를 자극했다. 때마침 전쟁 책임, 식민지 지배 책임의 논의도 활성화되면서 일본의 역사학계에서도 근대국가의 허구성, 폭력성을 어떻게 극복할 것인가가 중요한 화두로 인식되기에 이른다.

그러한 상황을 가장 명확하게 구현하고 있는 것을 꼽으면, 근대국가의 구축성을 묻고 민중이 '국가의 공범'인 '국민'화되어가는 역사 과정을 주제로 삼고 있는 '국민국가론'일 것이다. 이 주장에는 여러 논점이 존재하나, 특히 국가와 민중을 대립적으로 인식한 전후 역사학의 방법론을 통렬히 비판한 점은 주목된다. 자유민권운동을 민중을 국민화하는 프로젝트의 일환으로 보는 주장은 그중 하나로, 메이지 정부와 민권운동가는 정치 체제의 민주화를 둘러싸고 대립하는 한편, 민중의 국민화라는 목표를 위해 손을 잡았다는 이해는 근대사 서술에 강한 영향을 미쳤다.[31]

1990년대 후반부터 2000년대에 걸쳐 이러한 국민국가론 논쟁을 주도한 이는 니시카와 나가오(西川長夫)였다. 니시카와는 국민국가론이라는 방법에 대해서 "우리 자신이 심신 모두 그 일부가 된 국민이나 국민국가를 대상화하여 역사 현상으로 분석, 고찰함으로써 그것을 극복하는 길을 모색하는 시도이며, 그 시도는 필연적으로 자기 자신의 탈국민화, 비국민화와 닿아 있다"고 말했다.[32] 즉 자신이 얽매여 있는 근대적 사고를 비판적으로 되짚어보고 그것을 극복하는 것이 목적인 셈이다. 국민국가는 국민 통합을 위한 다양한 장치(의회, 정부, 군대, 경찰과 같은 지배·억압 장치부터 가족, 학교, 저널리즘, 종교와 같은 이데올로기 장치까지)를 갖추고 있으며, 이러한 제반 장치가 작동하면서 '국민'이 형성된다. 이러한 '국민'은 종래 역사학에서는 걸핏하면 변혁의 주체로 간주되었으나, 니시카와가 '국민'에게서 발견한 것은 오히려 침략전쟁이나 식민지 지배, 사회적 소수자 배제의 주체라는 특징이었다. 역사학도 결국 근대국민국가의 이데올로기 장치 중 하나이며, 그러한 '국민'의 형성에 깊이 관여해

31 1997, 「特集 シンポジウム「民権運動再考」」, 『自由民権』 10호. 특히 이 특집 중의 西川長夫, 「國民國家の形成と自由民権運動」을 참조. 또 牧原憲夫, 1998, 『客分と國民のあいだ-近代民衆の政治意識』, 吉川弘文館 참조.

32 西川長夫, 1998, 『國民國家論の射程-あるいは「國民」という怪物について』, 柏書房, 260~261쪽.

버린 사실을 비판적으로 수용해야 한다는 주장은 일본 역사학계에 크나큰 파장을 몰고 왔다.

이러한 논의는 소위 '역사학의 위기'를 배경으로 전개된 것이기도 했다. 오다나카 나오키(小田中直樹)는 2000년의 논고에서 "한편으로는 사회적 책무의 완수를 망각했다면서 역사가의 태만이 비판의 표적이 되거나 역사학의 사회적 유용성이 다시금 도마 위에 오르고 있다"고 하고, 다른 한편으로는 "역사학이 현재 수행하고 있는 영위(營爲)가 애당초 가능 또는 필요한 것이냐는 의문이 출현하고 있다"고 주장하고 있다.[33] 이 중 후자는 일명 언어적 전환이라는 상황을 가리키는 것으로, "언어는 자율적인 존재로, 특정 실재를 반영하는 것이 아니며", 노동자 계급이나 민중이라는 역사의 행위자도 실체적 존재라기보다 구성적 존재에 불과하다는 논의를 전제로 하고 있다.[34] 국민이든 계급이든 역사학자가 그렇게 기술했을 뿐으로, 그것은 실체로서 존재하지 않는다는 급진적 사고는 역사학의 존재 근거에 반드시 무거운 물음을 불러올 것이다.

이러한 동향은 아시아태평양전쟁의 연구에도 영향을 미치고 있다. 1990년대의 사례이나, '위안부' 문제를 둘러싼 우에노 지즈코(上野千鶴子)의 요시미 요시아키 비판은 이를 여실히 말해준다. 우에노는 요시미를 일본군에 의한 '위안부' 강제동원을 보여주는 역사 자료를 가장 정력적으로 발굴하고, 연구해온 일인자로 인정하면서도, 그 '실증사학자'로서의 자세에 '문서 자료 중심주의'나 사료의 '제3자성', '객관성'에 대한

33 小田中直樹, 2000,「言語論的転回と歴史學」,『史學雜誌』109-9, 80쪽.

34 小田中直樹, 2000, 83쪽.

절대적 시선이 담겨 있다고 지적했다.[35] 우에노는 '문서 자료 중심주의'의 가장 큰 폐해는 증언의 '증거 능력'을 부인하거나 부차적 가치로만 인정하고, '위안부' 문제 피해자가 직면한 '현실'을 부정해버린다고 보고 있다. 전 '위안부' 피해자의 현실'과 전 일본군 병사의 '현실'에는 상당한 간극이 존재하며, 어느 한쪽이 옳고 다른 한쪽이 틀린 것은 아니나, 권력 관계가 비대칭적인 만큼 가해자의 '현실'이 지배적인 현실로 둔갑해 피해자에게 '상황의 정의'를 강요한다. '위안부' 피해자의 증언은 그러한 지배적 현실을 전복하고 '또 다른 현실'을 생산하는 실천인 셈이다. 우에노의 태도는 사회구성주의의 입장에 선 것으로, 언어적 전환에 지대한 영향을 받고 있다.

이러한 주장에 요시미 본인의 항변을 포함해 통렬한 반론이 제기되었으나,[36] '실증주의'라는 미명 아래 일본의 침략·식민지 지배로 고통받은 피해자의 목소리를 지워온 것은 아니냐는 물음 자체는 앞서도 살펴본 바와 같이 2000년대의 역사학 동향을 배경으로 하고 있다.

나리타 류이치(成田龍)는 20세기 말의 이러한 상황에 대해서 "문제는 전쟁과 제국-식민지의 역사적 인식에 머물지 않고 역사학의 존재 방식 그리고 전쟁과 제국-식민지를 논의하는 자의 위치성(positionality)과 그것을 전달하는 상대—누가, 누구에게 누구의 일을 어떻게 전달할 것인가라는 물음으로 이어졌다"며, "무엇을 기억하고, 무엇을 전달할 것인가라는 문제-'망각'과 '상기'의 관계를 묻는 동시에 '지(知)'의 책임에도 눈을 돌리

35 上野千鶴子, 1998, 『ナショナリズムとジェンダ-』, 青土社, 153~159쪽.

36 日本の戦争責任資料センタ- 편, 1998, 『シンポジウム ナショナリズムと「慰安婦」問題』, 青木書店; 上野輝将, 2005, 「『ポスト構造主義』と歴史學-「従軍慰安婦」問題をめぐる上野千鶴子·吉見義明の論争を素材に」, 『日本史研究』 509 등.

게 되었다"고 말한다.[37] 나리타는 전후 일본의 '전쟁 경험'을 체험/증언/기억이라는 세 요소가 만들어내는 영역으로 규정하고, 전쟁 직후에는 '체험'이 다른 두 요소를 지배했고, 1970년대 전후에는 '증언'이, 1990년대부터는 '기억'이 다른 두 요소를 지배하는 형태로 성립했다고 보고 있다.

나리타의 주장에 따르면, 1990년대 이후는 '기억'의 시대로 규정되는데 거기에는 세 가지 국면이 존재한다. 하나는 전쟁 체험자의 고령화가 진전되면서 직접 체험의 증언에 의거할 수 없는 상황이 등장하고 있는 국면이다. 비체험자가 전쟁을 추체험해서 검증하고, 새로운 사회의 집단 기억으로 재구성할 필요성이 발생하고 있는 셈이다. 두 번째는 전쟁 체험이 역사화되어가는 과정에서 종래의 '증언'에서 배제된 사람들의 목소리에 귀를 기울이려는 자세가 등장하고 있는 국면이다. 전후 일본의 전쟁 체험의 '증언'이 '일본'과 '일본인'에 고착되어, 아시아인들의 목소리에 귀를 기울이지 못했다는 자성의 자세가 등장하고 있다. 그리고 세 번째 국면은 '기억'은 실체적이지 않고 구성적이 된다는 것이다. 아시아태평양전쟁은 경험에 의거해 느끼고 수용하는 것이 아니라 배우는 자세를 통해 표출하는 환경이 조성되어간다. 이러한 상황에서 아시아태평양전쟁에 대한 '증언'은 전쟁 중 벌어진 사건의 고찰을 넘어서 전후인 '지금'에 있어서 (전시) 사건이 가지는 의미의 탐구로 향한다. 아시아태평양전쟁에 대해서 '전후'가 만들어낸 인식과, '전후'가 소거한 의식을 자각하고 쌍방에 입각한 전쟁상이 제시되어가는 셈이다. 귀환이나 억류, 식민지 문학과 공습 등의 분야에서 '제국'의 시점으로 역사를 다시 읽는 움직임이

37 成田龍一, 2010, 『「戦争経験」の戦後史-語られた体験/証言/記憶』, 岩波書店, 4쪽.

활발해진 배경에는 이러한 사정이 있다고 나리타는 보고 있다.[38]

나리타가 말하는 '기억'의 시대의 진전은 전쟁과 사회, 민중의 관계를 되묻는 연구로도 이어졌다고 할 수 있다. 가령 1990년대 이후 '군대와 사회'에 관한 연구가 심화하는 가운데, 군사 원호 사업의 연구가 진전되고 독자적인 각도에서 군대·징병제와 일본사회의 관계가 논해진 것은 그 일례이다.[39] 국민동원에 따른 원호 사업이 다분히 지역사회의 감시 기능을 도입해 시행되었다거나, '은혜'와 '권리'라는 국가와 민중의 원호를 둘러싼 긴장 관계를 내포하고 있었다고 제시한 이들 연구는 징병제와 전쟁을 민중의 일상생활과의 관계 속에서 규정하는 시점을 견지하고 있다. 전략이나 전투 양상을 대상으로 하는 연구가 주를 이루던 종래의 군사사 연구와 대비해 새로운 영역을 개척했다고 말할 수 있다.

한편으로 일본 사회의 다양한 전쟁 체험과 함께, 그 차이가 전후를 어떻게 규정했는가의 문제로도 관심이 확대되었다. 예를 들면 민중사연구회는 2005년 12월에 '전후 민중사 속의 전쟁 경험-상이군인, 전쟁미망인, 전쟁고아의 시점에서'라는 주제로 심포지엄을 개최했다. 이전까지 '국민적 기억'에서 배제되거나 변두리로 밀려나 있던 사람들의 전쟁 체험을 대상화하는 동시에, 툭하면 그 균질화가 강조되어 부흥과 성장의 역사로 상기되기 십상인 전후사 자체를 재검토하는 것이 목적이었다.[40]

---

38 成田龍一, 2010, 제4장.

39 山本和重, 2003, 「軍隊と民衆-1930年代の軍事援護政策から」, 『人民の歴史學』 156; 佐賀朝, 1994, 「日中戦争期における軍事援護事業の展開」, 『日本史研究』 385; 郡司淳, 2004, 『軍事援護の世界-軍隊と地域社会』, 同成社; 一ノ瀬俊也, 2004, 『近代日本の徴兵制と社会』, 吉川弘文館; 一ノ瀬俊也, 2005, 『銃後の社会史-戦死者と遺族』, 吉川弘文館 등.

40 『民衆史研究』 71, 2006의 특집을 참조. 보고자는 우에노 마스미(植野真澄), 가와구

그러나 '전쟁의 기억'이 가진 고유의 역학에 관한 연구는 오히려 역사사회학 분야에서 선행되고 있을지도 모른다. 특히 전쟁의 '기억'이 지역사회에서 어떠한 과정을 거쳐 형성되어가는가에 대해서는 최근 히로시마의 원폭돔이나 오키나와의 전적(戰跡), '특공의 마을(特攻の町)'로 유명한 지란(知覧) 등을 소재로 분석이 진행되고 있다.[41] 특히 후쿠마 요시아키(福間良明)의 연구는 지역 고유의 체험과 타자의 시선이 만들어내는 기억화 프로세스가 전적의 미화에 의한 당사자 배제나, 반전과 회고의 상극, 유구(遺構)와 모뉴먼트의 조화와 알력 등을 동반하면서 복잡한 양상을 띠고 전개되어가는 경위를 규명하고 있다.[42]

2. 전쟁과 권력의 새로운 시좌(視座)

이러한 전쟁 체험의 논의가 전개되는 한편, 때를 같이해 전시 체제와 그 권력의 양상을 둘러싼 논의가 전개되었다. 총력전 상황이 근대사회에 가져온 거대한 영향을 중시하면서 역사를 서술하는 '총력전체제론'이 바로 그것이다. 일본의 역사학에서는 야마노우치 야스시(山之内靖) 외 편의 『총력전과 현대화(総力戦と現代化)』(柏書房, 1995)를 효시로 평가할 수 있는데, 이 책의 머리말에서 야마노우치는 다음과 같이 밝히고 있다.

치 에미코(川口恵美子), 기타가와 겐조(北河賢三) 3명이었다.

41 福間良明, 2015, 『「戦跡」の戦後史-せめぎあう遺構とモニュメント』, 岩波現代全書; 福間良明·山口誠 편, 2015, 『「知覧」の誕生-特攻の記憶はいかに創られてきたのか』, 柏書房; 北村毅, 2009, 『死者たちの戦後誌-沖縄戦跡をめぐる人びとの記憶』, 御茶の水書房 등.

42 福間良明, 2015.

> 총력전체제에서는 한 나라의 경제적 자원뿐만 아니라 인적 자원까지 전쟁 수행을 위해 전면적으로 동원되어야 했다. 열위(劣位)에 있는 시민의 존재는 총력전 수행 시 중대한 걸림돌이 될 수밖에 없다. 왜냐하면 시민으로서의 정당성이 부여되지 않은 열위에 있는 모든 그룹은 정치적 책임을 져야 하는 위치에 있지 않은 까닭에 총력전 수행 시 주체적인 담당자가 되겠다는 내면적 동기가 부족하기 때문이다. (중략) 총력전체제는 이렇게 근대사회가 성립기 이래 줄곧 안고 있던 분쟁이나 배제의 모멘트에 개입해 전 인민을 국민공동체의 운명적 일체성이라는 슬로건 아래 통합하고자 했다.[43]

총력전은 사회를 균질화, 평등화해가는 까닭에 "열위에 있는 시민"의 국가에 대한 소속감이나 전쟁에 대한 참여 의지를 견고히 하고, 통합력을 강화한다. "열위에 있는 시민"은 민족이나 성별, 계급 등의 차이로 정치적 경제적 권력에서 배제되어 있던 사람들을 가리키나, 총력전체제는 그러한 '열위'에서 사람들을 해방해 새 질서로 통합해간다. 근대사회는 이렇게 시스템 사회로 재편되어간다.

이러한 견해는 '획일화(Gleichschaltung)' 개념을 이용해 전시기 정치사를 분석한 아메미야 쇼이치(雨宮昭一)의 연구나,[44] 전후 일본 경제의 원류를 전시 경제에서 찾는 논의[45]와 함께 단절 측면을 부각했던 종래의

43 山之内靖 외 편, 1995,『総力戦と現代化』, 柏書房, 11~12쪽.

44 雨宮昭一, 1997,『戦時戦後体制論』, 岩波書店; 雨宮昭一, 1999,『総力戦体制と地域自治-既成勢力の自己革新と市町村の政治』, 青木書店; 雨宮昭一, 2008,『占領と改革』, 岩波新書 등.

45 岡崎哲二 · 奥野正寛 편, 1993,『現代日本経済システムの源流』, 日本経済新聞社.

연구와는 반대로 일본의 전시·전후 관계를 연속적으로 파악하는 시점을 제시하고 있다.

나카노 도시오(中野敏男)의 연구는 그러한 총력전의 강력한 구심력에 입각하여 민중의 전쟁 책임을 논했다. 시가(詩歌)를 소재로 민중의 정서와 전시 체제의 접속을 분석한 나카노는 시가의 '우아하고 아름다운' 서정이 식민지주의의 폭력과 모순 없이 상부상조한 점, 그리고 다이쇼(大正)기의 동요 운동이 문부과학성의 창가(唱歌) 강요에 저항하면서 '국민'이라는 자각과 모순 없이 존재한 점을 지적하고, 그러한 민중의 문화 경험이 총력전체제의 형성으로 이어지는 과정을 서술했다. 그리고 일반 민중이야말로 전시의 '국민가요'나 '애국시'의 창작에 참여해 자발적으로 노래하고, 춤추고, 창화하면서 전쟁에 폭넓게 협력했다고 분석했다.[46] 나카노의 논의는 전전·전중·전후의 민중 의식에서 식민지주의 정신의 연속성을 간파한 것으로, 침략이나 총력전의 폭력이 21세기에 들어선 지금도 충분한 반성 없이 잔존하고 있는 상황을 고발하고 있다.

이러한 총력전의 영향력을 중시하는 새로운 논의는 궁핍과 파괴로 상징되는 민중의 전쟁 체험을 평등화, 현대화 시점에서 다시금 그려낸 점에서 급진적인 성격을 띠고 있었다고 말할 수 있다. 전쟁 체험자가 감소하는 '기억'의 시대는 이러한 당사자의 체험담에서는 좀처럼 떠오르지 않던 측면에 스포트라이트를 비추었다.

46 中野敏男, 2012,『詩歌と戦争-白秋と民衆, 総力戦への「道」』, NHK出版.

Ⅳ. 전시기 연구의 새로운 동향

1. 신자유주의 비판이 고조되는 가운데

이렇듯 세계 전환기를 전후로 일본에서는 전쟁 체험의 내용을 되묻고, 새로운 역사상을 만들어내는 움직임이 활발하게 전개되었다. 1990년대 이후의 전후 보상 재판이나 역사수정주의와의 논쟁, 그리고 '언어적 전환'에 수반한 역사학의 방법론적 변용이 이를 떠받쳤다고 할 수 있다. 특히 총력전체제론의 영향은 지대했다. 전시기와 전후 초기를 연속적으로 파악하고, 현대(현재)를 기점으로 해서 이해하는 역사 서술 방법은 일본의 역사학에서 일반적인 이해로 정착했다.

다른 한편, 2000년대 후반에는 미국 리먼사태에 따른 전 세계적인 경제 침체가 표면화되면서 일본에서도 '파견직 일방 해고'가 잇따르는 등, 빈부 격차가 더한층 벌어진다. 2009년에는 자유민주당 정권이 붕괴하고 민주당을 축으로 하는 연립정권이 수립되면서, 부의 편중을 초래해온 그간의 경제정책의 방향성을 수정하는 것이 과제로 부상한다. 계급 융화를 부정하고 계급 권력의 부활을 추구하는 신자유주의 경제에 대한 규제를 어떻게 강화할 것인지가 의식되기에 이른 것이다.[47] 일본의 역사학계도 신자유주의의 비판이라는 주제로 심포지엄을 개최하며, 2007년에는 도쿄역사과학연구회가 "'신자유주의' 시대의 역사학"을 대회 주제로 내걸었으며, 이듬해인 2008년에는 역사연구회가 "신자유주의 시대와

47 신자유주의의 위상에 대해서는 David Harvey 저, 渡辺治 외 역, 2007, 『新自由主義-その歴史的展開と現在』, 作品社 참조.

현대 역사학의 과제"를 대회 주제로 내걸었다.

국민국가론이나 총력전체제론 등의 담론은 역사학의 인식 체계를 되물었지만, 현실 사회에서 진행 중인 신자유주의 정책의 폭력에 비판적인 시좌를 드러내는 데에는 적극적이지 않았다. 오히려 총력전체제론의 일부가 '복지국가'적 정책을 포함한 '전시 경제'의 극복을 주장하는 담론과 결부되어 있던 점에서도 알 수 있듯이,[48] 그 비판의 범위는 계급 융화에서 경제정책의 방향을 찾는 담론과 친화적인 측면을 갖기도 했다.

그러한 상황에서 총력전의 영향력을 중시하는 역사 서술 방법에 대한 비판을 의식한 역사 연구가 등장하게 되며, 그 예정조화(豫定調和)적 역사 서술에 대한 비판이 거세어졌다. 전시하 민중의 주체성을 국민국가의 논리나 총력전의 구심력으로 규정하는 역사 서술에서는 일관된 도식이 우선된 나머지, 종종 구체적인 프로세스가 단순화되는 결과를 낳았다. 총력전의 '해방'적 측면에 민중의 주체성을 수렴시키는 서술 방법은 전시하의 일상생활에 존재하는 다양한 측면을 지워버리며, 물자·식량난이나 공습 등, 파행적인 생활 파괴의 체험인 전쟁 체험의 의미를 정확하게 파악하는 것을 저해한다. 그러한 의미에서 민중과 전시 체제의 관계성을 철저하게 주체의 경험에 입각하여 서술할 필요가 있다는 견해가 제시되기에 이른다.[49] 또한 다카오카 히로유키(高岡裕之)가 "일본 파시즘=전체주의적 총력전체제는 분명 전시 '사회국가'의 실현을 지향한 것이었으나, 대체로 그것들은 계획·구상 수준에 머무르는 것이었다고 할 수 있

48 野口悠紀雄, 1995, 『1940年体制-さらば「戦時経済」』, 東洋経済新報社.

49 국민국가론이나 총력전체제론의 역사 서술에 대한 비판은 大日方純夫, 2007, 『近現代史考究の座標-過去から未来への架橋』, 校倉書房; 大門正克, 2008, 『歴史への問い/現在への問い』, 校倉書房 등을 참조.

다. 그리고 그 결과, 사람들의 기억은 오히려 의식주 전반에 걸친 궁핍화라는 '전쟁의 경험'이 각인되기에 이르렀다"고 쓰고 있듯이,[50] 총력전의 이념과 실태 사이의 간극은 결코 작지 않았다. 이러한 사실을 토대로 역사상을 어떻게 해석할 것인가가 중요한 과제로 인식되었다.

2. 주체의 복권

그러한 상황에서 2000년대 후반 이후에는 전시하 이념과 실태의 간극이나 기존의 관심사에서 벗어나 있던 전쟁 경험에 근거한 서술이 의식적으로 추구되며, 특히 농업사 연구나 지역사 연구 등의 분야에서는 민중의 경험이라는 위상에서 체제 자체의 성격을 재조명하는 방향으로 역사 연구의 위상이 바뀐다.[51]

테사 모리스 스즈키(Tessa MORRIS-SUZUKI)는 "애당초 총력전 시대에는 생활이나 노동 자체가 이미 (어떤 의미에서) 일종의 '협력'이었다. 그런에도 불구하고 전쟁의 전체적 구조 속에서 다양한 저항의 길—적어도 부분적 저항이라는 점에서—을 찾아낸 사람들도 있었다. 그들의 딜레마나 선택으로의 여정을 돌이켜봄으로써 현재의 과제를 밝힐 수 있다"[52]고 주장했다. 전쟁 협력이라 뭉뚱그려 말해도 그곳에는 무수한 문맥이 존재하며, '국민'이 침략전쟁에 가담하여 폭력과 억압의 길을 선택했다면,

---

50 高岡裕之, 2011, 『総力戦体制と「福祉國家」-戦時期日本の「社会改革」構想』, 岩波書店, 279~280쪽.

51 伊藤淳史, 2013, 『日本農民政策史論-開拓·移民·教育訓練』, 京都大學學術出版会; 安岡健一, 2014, 『他者たちの農業史-在日朝鮮人·疎開者·開拓農民·海外移民』, 京都大學學術出版会 등.

52 テッサ·モーリス·スズキ, 2006, 「はじめに」, 『岩波講座アジア·太平洋戦争』 3, viii쪽.

그러한 '결말'만이 아니라 '국민' 속에 존재하는 갖가지 갈등과 모순의 프로세스에 초점을 맞추고 분석하는 것이 역사 연구에서 가장 긴요한 점이라는 것이다.

이러한 전쟁 연구의 동향은 유럽사 연구에 채용되고 있는 개인 서사(Personal Narrative)론과 공진하는 측면이 있었다. 개개인의 에고다큐먼트(Ego-document)를 이용하면서 '거대 서사'의 반영으로 개개인의 체험을 바라보는 게 아닌, 각 체험의 고유성에서 다시금 주체의 존재 방식을 그려나가는 개인 서사론은 언어적 전환 속에서 상징이나 언어와 같은 기호체계의 규정성이 강조되면서 찬탈당하고 만 인간의 역사적 행위자(actor)로서의 주체성을 복권하는 시도로 평가된다.[53] '거대 서사'와 '작은 서사'의 관계성을 주체에 입각하여 검증해나가는 이와 같은 방법은 개개의 인간이 어떠한 형태로 전쟁에 협력/반발하였는가라는 미시적 시점에서 역사에 접근하는 것으로, 그 프로세스를 구체적으로 규명해가는 작업과 맞닿아 있다.

2009년에 출간된 오카도 마사카쓰(大門正克)의 저작은 1930년대부터 1955년까지의 역사상을 사람들의 경험에 입각하여 서술하고 있다.[54] 이 시기를 사람들이 생존의 위기에 처하고, 생존 시스템에 큰 변화가 발생한 시대로 보는 오카도는 중국 국적, 한국 국적을 포함한 다섯 인물의 행보를 중심으로 시대와 사람들의 쌍방향 속에서 역사를 그려내고 있다. 그리고 그 역사상을 사람들의 생존에 거대한 영향력을 행사하는 국가나 점령군의 동향만이 아니라 사람들 쪽에서 그것을 재인식하고 국

53 長谷川貴彦, 2016,『現代歴史學への展望-言語論的展開を超えて』, 岩波書店 등.

54 大門正克, 2009,『戦争と戦後を生きる(全集日本の歴史15)』, 小學館.

가를 압박해 시스템의 전환을 촉구해가는 '상호교섭의 역사'라고 주장한다. 오카도는 그중 전시·전후 체험이 1950년대 지역의 복지사회 형성으로 연결되어가는 프로세스를 특히 중시하고 있다. 그것은 "전시·전후에 걸친 생활 보장의 싹"을 계승하여 "상호교섭의 우여곡절과 수많은 고뇌를 동반하면서 마침내 지역에서 자라난 생존을 존중하는 사상"이었다. 오카도는 단순히 일본인의 평화와 부흥을 향한 프로세스에 머물지 않고, '대동아공영권'의 팽창·붕괴부터 전후 냉전에 이르는 이중의 전환 과정으로 동 시기의 역사를 서술하고, 그 모순과 규제가 재일 조선인의 생활에서 특히 현저하게 드러나는 경위를 부각시켰다.

오구시 준지(大串潤児)는 전시하 '후방'에서 민중이 겪은 경험을 1930년대 초엽부터 패전 직후까지 지역의 '익찬' 활동을 축으로 고찰했다.[55] 종래의 역사연구자가 서술한 '후방' 민중의 전쟁 체험에서는 '공습'이나 '소개' 또는 가족·지인의 죽음이 중요한 위치를 차지했으나, 이 책은 그러한 가혹한 경험을 중요 요소로 인정하면서도 일부러 서술 속에 삽입하지 않았다. 그러한 파괴적 국면보다 지방 도시나 농촌, 공업 지대와 같은 장에서 발생한 사회 변용에 초점을 맞추면서 그 속에서 개인화와 평등화, 집단화와 공동성, 지식인의 '민중 경험' 등을 축으로 역사상을 엮어냈다. 익찬 운동이라는 상황에 어떠한 형태로 민중의 주체성이 관여해가는지를 검증했다. 그것은 전후 일본의 역사학이 전쟁의 원인 규명이나 전쟁이 야기한 참화의 실태를 탐색하는 태도와는 다른 "전쟁이 발발하면 어떻게 행동할 것인가?"라는 물음이며, '전쟁의 〈당사자〉'로서 전쟁을 재조명하고자 하는 새로운 시좌였다. 그러한 물음을 던짐으로써

55 大串潤児, 2016, 『「銃後」の民衆経験-地域における翼賛運動』, 岩波書店.

전쟁에 대한 '거부' 가능성을 역사 속에서 끌어올리려 했다.

오카도와 오구시의 연구는 총력전체제론의 논의를 곱씹으면서 그것을 사람들, 민중의 경험이라는 위상에서 다시금 역사로 재규정하는 시점을 가지고 있었다고 말할 수 있다.[56]

3. 병사의 시좌

이렇게 '후방'이나 '제국'에서 겪은 사람들의 경험에 초점을 맞춘 연구가 진전된 한편, 일본군 병사의 신체에 착목한 연구가 다수 등장한 점도 그간의 특징으로 꼽을 수 있다. 일본 사회에서 전쟁 체험자가 갈수록 감소하는 한편, 일본국 헌법 9조의 개정이 현실성을 더하고 있는 상황에서 '앞의 대전'에서 전사한 일본군 사망자 230만 명의 리얼리티에 접근하는 역사 서술이 추구되기에 이른다. 종래의 군사사 연구가 대개 민군관계(civil-military relations)나 군사 전략의 전개 등에 초점을 맞추었다고 한다면, 2000년대에는 병사 등 당사자의 시선에서 상황을 파악하려는 연구가 증가했다.

육군 장교 경험을 가진 후지와라 아키라(藤原彰)의 2001년의 저작은 일본군 전사자의 절반 이상이 광의의 '아사'였다고 추계함으로써 일본군의 '비틀림'을 파헤치고 있다.[57] 그것은 병사의 인격이나 병참을 경시하

56 佐々木啓, 2019,『「産業戦士」の時代-戦時期日本の労働力動員と支配秩序』, 大月書店는 노동력 동원 정책의 전개를 '동의'의 조달이라는 개념으로 다시금 규정하는 동시에, 그 안에서 남성 노동자들이 겪은 경험을 전후 사회와의 연속성 속에서 규정하고 있다.

57 藤原彰, 2001,『餓死した英霊たち』, 青木書店.

는 일본 육군의 지향성이 어떠한 참화를 불러일으켰는가를 극명하게 규명하는 것이었다.

한편 후지와라의 제자에 해당하는 요시다 유타카(吉田裕)는 또 다른 형태로 민중이 인식한 군대의 모습을 그려내고 있다. 요시다는 2002년의 저작에서 전전의 민중에게 병역은 인생의 통과의례 중 일부였으며, 평등성과 사회적 신분 상승을 이루는 사다리로서의 의미를 가지고 있었다고 지적하고, '천황의 군대'가 민중의 내면적 지지를 얻고 있었다고 밝혔다.[58] 그리고 그러한 지지가 15년 전쟁의 처참한 현실을 거치면서 붕괴해가는 과정을 묘사했다.[59] 또 요시다는 이 책의 후기에서 그 문제의식을 다음과 같이 밝혔다. "일본 병사들이 싫든 좋든 질 수밖에 없던 '역사'나 '사회'의 무게를 군대의 실태에 입각하여 풀어내고 싶다는 문제의식을 줄곧 품고 있었다. 오해를 부를 수 있는 표현일지 모르겠으나, 그것은 침략전쟁 속에서 싸우고 그리고 죽어간 병사들 더 나아가 죽은 자에 대한 빚을 짊어지고 전후사를 살아온 전 병사들의 '비애'와 같은 것을 역사학자의 기법으로 그려보고 싶은 것이기도 하다".[60]

이러한 요시다의 문제의식은 2007년의 저작에서 그리고 2017년의

58 이러한 군대, 병사와 민중 또는 지역사회의 관계에 대해서는 原田敬一, 2001, 『國民軍の神話-兵士になるということ』, 吉川弘文館; 荒川章二, 2001, 『軍隊と地域』, 青木書店; 上山和雄, 2002, 『帝都と軍隊-地域と民衆\の視点から』, 日本経済評論社; 河西英通, 2010, 『せめぎあう地域と軍隊-「末端」, 「周縁」軍都·高田の模索』, 岩波書店; 一ノ瀨俊也, 2010, 『故郷はなぜ兵士を殺したか』, 角川選書; 松下孝昭, 『軍隊を誘致せよ-陸海軍と都市形成』, 吉川弘文館은 이러한 지역, 민중과 군대의 관계를 식민지를 포함해 제국 일본 각지의 사례를 토대로 검토하고 있다.

59 吉田裕, 2002, 『日本の軍隊-兵士たちの近代史』, 岩波新書.

60 吉田裕, 2002, 227쪽.

저작에서 더한층 심화하고 있다.[61] '제국 육해군'의 군사적 특성이 전장에서 싸우는 병사들에게 어떠한 부하를 가했는지를 극명하게 논한 이 책은 특히 '죽음의 현장'에 초점을 맞추었다. 전병사(戰病死)나 아사와 같은 사망 원인에 더해 해몰사(海没死)나 특공사(特攻死), 자살이나 전장에서의 '처치'(라는 미명 아래 행사된 아군에 의한 살해)라는 비정상성을 철저하게 부각한 이 책 또한 "무참하게 죽어간 병사들의 죽음의 양상을 글로 남기고 싶었다"[62] 는 요시다의 집념이 이뤄낸 것이었다.[63]

이 밖에도 미군의 자료를 활용해 일본군과 그 병사에 대한 평가 양상을 분석한 이치노세 도시야(一ノ瀬俊也)의 연구나,[64] 방대한 일본군 장교 및 병사의 체험기를 토대로 그들이 자신의 체험 중 무엇을 전달하고자 했는지를 검토한 야마다 아키라(山田朗)의 연구 등,[65] 병사의 신체나 등신대의 모습에 접근한 연구가 속속 등장하고 있다. 일본군 병사의 눈으로 본 전쟁상은 최근 20년간 가장 심화한 연구 영역일 것이다.

다만 일본군 특히 특공대는 그사이 연구자 외에도 많은 사람들이 관심을 기울여온 주제로, 도리어 역사학자의 작업이 적은 분야이다. 2000년대 이후에도 방대한 양의 다큐멘터리와 에세이, 소설, 만화, 영화 등이 발표되었다. 가족이나 연인, 고향을 위해 조국을 위해 자신의 목숨

---

61 吉田裕, 2017, 『日本軍兵士-アジア・太平洋戦争の現実』, 中公新書.

62 吉田裕, 2017, 216쪽.

63 일본군의 정신장애, 트라우마의 실태에 관해서는 清水寛, 2006, 『日本帝國陸軍と精神障害兵士』, 不二出版; 中村江里, 2017, 『戦争とトラウマ-不可視化された日本兵の戦争神経症』, 吉川弘文館 등의 연구가 있다.

64 一ノ瀬俊也, 2012, 『米軍が恐れた「卑怯な日本軍」-帝國陸軍戦法マニュアルのすべて』, 文藝春秋社; 一ノ瀬俊也, 2014, 『日本軍と日本兵--米軍報告書は語る』, 講談社現代新書 등.

65 山田朗, 2015, 『兵士たちの戦場-体験と記憶の歴史化』, 岩波書店.

을 희생한 청년의 모습은 국수주의적 감상 아래 꾸준히 소비되고 있다.

이치노세 도시야는 이러한 상황에서 특공론을 집필한 몇 안 되는 역사학자 중 한 사람이다.[66] 이치노세는 특공대원의 자필 편지와 유서, 일기 또는 추모록 등을 활용해 특공대원의 의식의 다양한 측면에 접근하는 동시에, 그들에 대한 국민의 시선에 관한 분석을 더했다. 특공에 의한 전쟁의 승리를 기대할 수 없는 가운데, 특공대원들이 고립되어가는 과정이나, 국민이 특공을 '신무기'로 간주하고 기대를 걸어가는 과정 등이 부각되었다. 일본에서 특공대는 대체로 전후 평화와 번영의 초석으로 인식되고 있으나, 이치노세가 그리고 있는 것은 그러한 이념이 특공대원 본인의 의식과는 무관했다는 점이다.[67] 이 또한 일본 사회의 역사의식과 마주하면서 성립한 역사학자의 작업 중 하나라 말할 수 있을 터이다.

특공대에 관해서는 2000년대에 조선인 특공대원에 대한 역사 연구가 적으나마 등장하고 있다.[68] '거대 서사'에는 편입되지 않는 조선인 특공대원의 의식을 밝혀낸 이들 연구는 국민적 기억이라는 범주로는 덧칠할 수 없는 체험의 고유성과 의미를 밝힌 작업으로, 전쟁 체험과 그 기억의 방식에 중요한 시좌를 제공하고 있다.

---

66 一ノ瀨俊也, 2015,『戦艦大和講義-私たちにとって太平洋戦争とは何か』, 人文書院; 一ノ瀨俊也, 2020,『特攻隊員の現実』, 講談社現代新書.

67 一ノ瀨俊也, 2020.

68 裵姈美·酒井裕美·野木香里, 2006,「朝鮮人特攻隊員に関する一考察」, 森村敏己 편『視覚表象と集合的記憶』, 旬報社; 裵姈美·野木香里, 2007,「特攻隊員とされた朝鮮人」,『季刊戦争責任研究』56.

V. 결론에 갈음하여

이상에서 세기 전환기부터 현재에 이르기까지 일본에서 진행된 아시아태평양전쟁 연구의 전개 상황을 살펴보았다.[69] 본론에서 살펴보았듯이, 그간의 연구는 세계 정세나 일본 사회의 큰 변용과 마주하면서 논의를 전개하고 있다. 침략전쟁과 식민지 지배에 수반한 폭력의 고발, 글로벌 경제의 진전과 부의 편중, 편협한 내셔널리즘의 고양, 전쟁 체험자의 감소와 전쟁 기억의 희박화 등, 다양한 여건 속에서 연구 내용은 크게 요동쳤다. 이 과정에서 마르크스주의 이론을 축으로 한 전후 역사학의 퇴보는 누구의 눈에나 극명했으나, 다른 한편으로 그것을 대체하는 새로운 거대이론이 확립되었느냐 하면 여전히 혼돈 상태가 이어지고 있는 것이 현실이다. 도리어 아시아태평양전쟁의 서술 방법이 분산화하면서 그 방향성에 대한 명확한 전망을 세우기 어려워졌다는 것이 현 상황일지도 모른다.

그렇다고 하나 지금까지도 그러했듯이 향후 아시아태평양전쟁 연구도 눈앞의 상황과 대화하면서 끊임없이 변화해가리라는 것은 자명하다. 마지막으로 이 점을 염두에 두면서 향후 연구 방향성에 대한 전망을 남겨보고자 한다.

2020년 현재의 세계는 미국, 영국, 중국 등 주요 선진국에서 강렬한

69 이 20년 남짓 동안, 아시아태평양전쟁 연구는 크게 발전했다고 할 수 있으나, 두말할 나위도 없이 본고에서 소개한 것은 전체의 극히 일부분에 불과하며, 이들 이외에도 방대한 연구가 존재한다. 최근에 나온 전시기 연구의 리뷰로는 大串潤児, 2018, 「日常生活と戦争-銃後社会史研究の課題をめぐって」, 『歴史評論』 820을 참고하기 바란다.

자국중심주의를 내건 정권이 출범하여 세계 질서에서 새로운 존재감을 과시하고 있다. 국경을 넘나드는 자본이나 노동력의 유동화가 심화하고 있는 한편, 그 격차는 세계 규모로 고착화되어가고 있다. 이러한 지배에 걸맞은 형태로 '역사'는 권력의 자원으로 다시금 재편, 동원되어갈 것이나, 그와 동시에 과거의 제국주의나 식민지 지배를 거스른 저항의 기억을 필시 재차 환기할 것이다. 아시아태평양전쟁 연구도 다시금 저항의 계기를 역사 속에서 물을 필요가 있을 것이다.

다른 한편, 일본의 현 상황에서도 알 수 있듯이 세계화와 기성질서의 붕괴에 대한 기우를 토대로 한 역사수정주의운동은 여전히 큰 힘을 발휘하고 있다. 본고에서 살펴보았듯이, 역사수정주의에 대해서는 역사학의 입장에서 반론 활동이 축적되어왔으나, 이를 실증성이 아닌 '시장'이라는 차원에서 보면 거의 압도적인 패배를 맛보고 있다. 이러한 상황을 어떻게 극복할 것인가를 재차 향후 구상 속에 넣어 고민할 필요가 있다.

여기까지 읽고 전망이 너무나도 어둡다며 탄식할지도 모르겠으나, 현재 실마리가 없는 것도 아니다. 가령 본고에서도 언급한 요시다 유타카의 『일본군 병사(日本軍兵士)』(中公新書)는 20만 부 이상이 팔리면서 베스트셀러 반열에 올라 2019년 '신서대상'을 수상했다. 그 배경을 안이하게 판단할 수는 없으나, 독자의 리뷰를 볼 때 일본군 병사가 처한 환경이나 병사 자신의 시선으로 세계를 바라보는 방법이 일본 사회에서 일정한 공감을 얻은 것은 분명하다. 전체상을 '새의 눈'으로 보기보다 등신대의 경험을 축에 둔 '개미의 눈'으로 본 아시아태평양전쟁의 역사 서술이 일정한 가능성을 품고 있다고 해석할 수 있지 않을까. 역사학자와 시민들 간의 대화의 한 형태로 많은 시사점을 던져주고 있다고 생각한다.

물론 시장은 시장으로서, 사회 차원의 역사 인식이나 연구 심화와는 분리해서 생각할 수도 있고, 현 상황을 개선할 해답이 하나로 수렴되는 것도 아니다. 향후 역사 연구의 진전은 일상의 '역사 실천'에서 겪는 시행착오 위에 다시금 전망되리라 생각한다. 필자 자신도 아시아태평양전쟁을 연구하는 한 사람의 역사학도로서 그 고리 속에서 진력해나갈 생각이다.

참고문헌

일본어

笠原十九司, 2007,『南京事件論争史-日本人は史実をどう認識してきたか』, 平凡社新書.

__________, 2018,『増補 南京事件論争史-日本人は史実をどう認識してきたか』, 平凡社ライブラリ-.

近藤正己, 2006,「植民者の戦争経験-総督政治下の台湾」, 倉沢愛子 外 編,『岩波講座 アジア·太平洋戦争』第4巻, 岩波書店.

郡司淳, 2004,『軍事援護の世界-軍隊と地域社会』, 同成社.

成田龍一, 2010,『「戦争経験」の戦後史-語られた体験/証言/記憶』, 岩波書店.

中野敏男, 2012,『詩歌と戦争-白秋と民衆, 総力戦への「道」』, NHK出版.

中村江里, 2017,『戦争とトラウマ-不可視化された日本兵の戦争神経症』, 吉川弘文館.

中西新太郎, 2018,「新自由主義國家の強権性と社会統合」,『経済』266.

野口悠紀雄, 1995,『1940年体制-さらば「戦時経済」』, 東洋経済新報社.

西川長夫, 1997,「國民國家の形成と自由民権運動」,『自由民権』10호.

________, 1998,『國民國家論の射程-あるいは「國民」という怪物について』, 柏書房.

日本の戦争責任資料センター 編, 1998,『シンポジウム ナショナリズムと「慰安婦」問題』, 青木書店.

日本國際政治學会太平洋戦争原因研究部 編, 1962~1963,『太平洋戦争への道』全7巻, 朝日新聞社.

高岡裕之, 2011,『総力戦体制と「福祉國家」-戦時期日本の「社会改革」構\想』, 岩波書店.

David Harvey, 渡辺治 外 譯, 2007,『新自由主義-その歴史的展開と現在』, 作品社.

リサーチ·アクションセンター 編, 2013,『「慰安婦」バッシングを越えて-「河野談話」と日本の責任』, 大月書店.

松下孝昭,『軍隊を誘致せよ-陸海軍と都市形成』, 吉川弘文館.

牧原憲夫, 1998,『客分と國民のあいだ-近代民衆の政治意識』, 吉川弘文館.

裵姈美·野木香里, 2007,「特攻隊員とされた朝鮮人」,『季刊戦争責任研究』56.

裵姈美·酒井裕美·野木香里, 2006,「朝鮮人特攻隊員に関する一考察」, 森村敏己 編『視覚表象と集合的記憶』, 旬報社.

佐賀朝, 1994,「日中戦争期における軍事援護事業の展開」,『日本史研究』385.

佐々木啓, 2016,「戦後70年談話」と歴史修正主義」,『日本の科學者』51-8.
________, 2019,「吉田裕『アジア·太平洋戦争』-アジア·太平洋戦争を読む」,『歴史評論』829.
________, 2019,『「産業戦士」の時代-戦時期日本の労働力動員と支配秩序』, 大月書店.
関口哲矢, 2016,『昭和期の内閣と戦争指導体制』, 吉川弘文館.
庄司潤一郎, 2011,「日本における戦争呼称に関する問題一考察」,『防衛研究所紀要』13-3.
__________, 2019,「戦争呼称としての「アジア(·)太平洋戦争」の再検討」,『NIDS コメンタリー』107.
杉原達, 2002,『中國人強制連行』, 岩波新書.
清水寛, 2006,『日本帝國陸軍と精神障害兵士』, 不二出版.
安達宏昭, 2015,「「大東亜共栄圏」論」, 大津透 外 編,『岩波講座日本歴史』第18巻, 近現代4, 波書店.
________, 2013,「大東亜共栄圏」の経済構想-圏内産業と大東亜建設審議会』, 吉川弘文館.
荒川章二, 2001,『軍隊と地域』, 青木書店.
雨宮昭一, 1997,『戦時戦後体制論』, 岩波書店.
________, 1999,『総力戦体制と地域自治-既成勢力の自己革新と市町村の政治』, 青木書店.
________, 2008,『占領と改革』, 岩波新書.
青木理, 2016,『日本会議の正体』, 平凡社新書.
柳沢遊, 1999,『日本人の植民地経験-大連日本人商工業者の歴史』, 青木書店.
______, 2004,「日本経済と戦争」,『講座戦争と現代3』, 大月書店.
山之内靖 外 編, 1995,『総力戦と現代化』, 柏書房.
山田朗, 2015,『兵士たちの戦場-体験と記憶の歴史化』, 岩波書店.
山田昭次·古庄正·樋口雄一, 2005,『朝鮮人戦時労働動員』, 岩波書店.
山本有造, 2011,『「大東亜共栄圏」経済史研究』, 名古屋大學出版会.
山本和重, 2003,「軍隊と民衆-1930年代の軍事援護政策から」,『人民の歴史學』156.
安岡健一, 2014,『他者たちの農業史-在日朝鮮人·疎開者·開拓農民·海外移民』, 京都大學學術出版会.
大串潤児, 2016,『「銃後」の民衆経験-地域における翼賛運動』, 岩波書店.

________, 2018, 「日常生活と戦争-銃後社会史研究の課題をめぐって」, 『歴史評論』 820.
小田中直樹, 2000, 「言語論的転回と歴史學」, 『史學雑誌』 109-9.
大日方純夫, 2007, 『近現代史考究の座標-過去から未来への架橋』, 校倉書房.
岡崎哲二 · 奥野正寛 編, 1993, 『現代日本経済システムの源流』, 日本経済新聞社.
大門正克, 2008, 『歴史への問い/現在への問い』, 校倉書房.
________, 2009, 『戦争と戦後を生きる(全集日本の歴史15)』, 小學館.
________, 2019, 「同時代史的検証としての同時代史的叙述」をめざすために-1980~2010年代における杉原達の経験と思想を検証する」(同時代史學会 2019년도 대회 「〈戦争の記憶〉をめぐる同時代史-歴史表現はどう向きあってきたか」, 2019년 12월 7일의 연구 보고).
米山忠寛, 2015, 『昭和立憲制の再建-1932-1945年』, 千倉書房.
吉田裕, 2002, 『日本の軍隊-兵士たちの近代史』, 岩波新書.
______, 2005, 『日本人の戦争観-戦後史のなかの変容』, 岩波現代文庫.
______, 2017, 『日本軍兵士-アジア · 太平洋戦争の現実』, 中公新書.
上山和雄, 2002, 『帝都と軍隊-地域と民衆\の視点から』, 日本経済評論社.
上野千鶴子, 1998, 『ナショナリズムとジェンダー』, 青土社.
上野輝将, 2005, 「『ポスト構\造主義』と歴史學-「従軍慰安婦」問題をめぐる上野千鶴子 · 吉見義明の論争を素材に」, 『日本史研究』 509.
一ノ瀬俊也, 2004, 『近代日本の徴兵制と社会』, 吉川弘文館.
__________, 2005, 『銃後の社会史-戦死者と遺族』, 吉川弘文館.
__________, 2010, 『故郷はなぜ兵士を殺したか』, 角川選書.
__________, 2012, 『米軍が恐れた「卑怯な日本軍」-帝國陸軍戦法マニュアルのすべて』, 文藝春秋社.
__________, 2014, 『日本軍と日本兵--米軍報告書は語る』, 講談社 現代新書.
__________, 2015, 『戦艦大和講義-私たちにとって太平洋戦争とは何か』, 人文書院.
__________, 2020, 『特攻隊員の現実』, 講談社現代新書.
岩崎稔, シュテフィ · リヒター, 2005, 「歴史修正主義-1990年代以降の位相」, 倉沢愛子 外 編, 『岩波講座アジア · 太平洋戦争1』, 岩波書店.
伊藤淳史, 2013, 『日本農民政策史論-開拓 · 移民 · 教育訓練』, 京都大學學術出版会.
伊藤昌亮, 2019, 『ネット右派の歴史社会學-アンダーグラウンド平成史 1990-2000년대』, 青弓社.

河西英通, 2010,『せめぎあう地域と軍隊-「末端」,「周縁」軍都・高田の模索』, 岩波書店.
官田光史, 2016,『戦時期日本の翼賛政治』, 吉川弘文館.
倉橋耕平, 2018,『歴史修正主義とサブカルチャー』, 青弓社.
倉沢愛子 外 編, 2005,『岩波講座アジア・太平洋戦争』第1巻, 岩波書店.
倉沢愛子, 2012,『資源の戦争』, 岩波書店
河西晃祐, 2012,『帝國日本の拡張と崩壊』, 法政對學出版会.
北村毅, 2009,『死者たちの戦後誌-沖縄戦跡をめぐる人びとの記憶』, 御茶の水書房.
テッサ・モーリス・スズキ, 2006,「はじめに」,『岩波講座アジア・太平洋戦争』3.
原田敬一, 2001,『國民軍の神話-兵士になるということ』, 吉川弘文館.
長谷川貴彦, 2016,『現代歴史學への展望-言語論的展開を超えて』, 岩波書店.
林博史, 2009,『沖縄戦 強制された「集団自決」』, 吉川弘文館.
______, 2010,『沖縄戦が問うもの』, 大月書店.
早瀬晋三, 2006,「植民者の戦争経験-海軍「民政」下の西ボルネオ」, 倉沢愛子 外 編, 『岩波講座アジア・太平洋戦争』第4巻, 岩波書店.
古川隆久, 2005,『昭和戦中期の議会と行政』, 吉川弘文館.
藤原彰, 2001,『餓死した英霊たち』, 青木書店.
福間良明, 2015,『「戦跡」の戦後史-せめぎあう遺構とモニュメント』, 岩波現代全書.
福間良明・山口誠 編, 2015,『「知覧」の誕生-特攻の記憶はいかに創られてきたのか』, 柏書房.

기타

강제동원진상규명네트워크 웹사이트 http://www.ksyc.jp/sinsou-net/(2020년 3월 31일 열람).
일본회의의 지향점(일본회의 HP) http://www.nipponkaigi.org/about/mokuteki(2020년 3월 31일 열람).
"Fight for Justice 일본군'위안부'-망각에 대한 저항·미래의 책임"(http://fightforjustice.info/)(2020년 3월 31일 열람).
헤이트 스피치와 배외주의에 가담하지 않는 출판 관계자의 모임(BookLovers Against Racism 약칭 BLAR)

제2부

해방/패전 후 한국과 일본

8장

전후(戰後) 사상 속 '생리적 요구'로서의 조선/'타자감각' : 나카노 시게하루에서 다케우치 요시미·마루야마 마사오로

구로카와 미도리(黒川みどり)

I. 머리말

지식인을 포함한 근대 일본인들의 조선 인식은 대체로 대일본제국의 식민지 지배를 떠받치는 것이었으며, 패전을 거쳐 식민지가 해방되어 이미 긴 세월이 흐른 지금도 여전히 이를 충분히 불식하지 못하고 있음은 최근의 수많은 사건을 되돌아보아도 자명하다.

이 글은 이러한 상황에 조금이나마 새바람을 불어넣을 목적으로, 전후 일본의 지식인에게 초점을 맞추어 그들이 어떻게 이 문제와 마주하면서 탈피의 실마리를 찾아내려 했는지를 밝혀보려 한다. 우선은 프롤레타리아 문학가로서 유명한 나카노 시게하루(中野重治)를 살펴본다. 후술하듯이 나카노는 전전에 집필한 「비 내리는 시나가와역(雨の降る品川駅)」을 비롯해 조선과의 연대를 추구해온 몇 안 되는 일본인 작가 중 한 사람이다.

그리고 루쉰론과 일본 사회를 도마 위에 올린 폭넓은 논평 활동으로 유명한 다케우치 요시미(竹内好)를 다룬다. 다케우치는 나카노의 조선과 마주하는 방식에 영향을 받았다고 하며, 스스로 중국에 대한 일본의 침략 전쟁이 진정으로 종식되지 않았다는 인식에 서서 주로 중국과 마주했다.

한일 또는 한중일 공동으로 편찬된 공통의 역사교재[1] 등을 살펴보면, 일본이 초래한 고통스러운 상황에서도 그곳에 가교를 구축하려 애쓴 인

1 이를테면, 日中韓三國共同歷史教材委員会, 2006,『未来をひらく歴史－東アジア三國の近現代史 第二版』, 高文研에는 조선인과 연대한 일본인으로 가네코 후미코(金子文子)가 등장하며, 歴史教育研究会(일본)·歴史教科書研究会(한국) 編, 2007,『〈日韓歴史共通教材〉日韓交流の歴史－先史から現代まで－』, 明石書店에는 가네코 외에 요시노 사쿠조(吉野作造), 이시바시 단잔(石橋湛山), 야나기 무네요시(柳宗悦) 그리고 재조선 일본인인 아사카와 다쿠미와 같은 이름이 나열되어 있으나, 나카노는 등장하지 않는다(이외에도 日中韓三國共同歷史編纂委員会, 2012,『新しい東アジアの近現代史』(上)(下), 日本評論社가 간행되었으나 마찬가지로 언급이 없다).

물들이 다루어진다. 나카노는 이러한 출판물에 등장한 적이 없다. 어쩌면 한국 등에서는 널리 알려진 존재가 아닐 것이다. 그러나 공동 역사교재 등에 등장하는 인물들 외에도 자신의 사상 양식 속에 차별적 인식으로부터의 해방 가능성을 내재했던 지식인이 있었다. 그중 한 사람이 나카노나 다케우치이다. 그 가능성은 다케우치와 친교가 두터웠던 마루야마 마사오(丸山眞男)에게도 포착된다. 전후 재일 조선인 작가나 지식인들의 활약이 두드러지는 가운데,[2] 아직 '국민'이라는 주체를 확립하는 데에 여념이 없던 전후 지식인들의 작업에서도 그 흐름을 찾아낼 수 있다.

후술하듯이 일본에서 추방되어 떠나가는 조선인에 대한 연대감을 노래한 나카노의 시 「비 내리는 시나가와역」(1929)은 나카노의 조선과의 관계를 보여주는 작품으로 알려져 있는데, 어떤 때에는 이러한 작품으로 분출되는 나카노의 일상감각이야말로 매우 중요하다. 나카노를 실마리로 전후 사상 속에서 그러한 가능성을 탐색해나가겠다.

II. 나카노 시게하루에 있어서의 '생리적 요구'로서의 조선

나카노 시게하루는 1902년 1월 25일, 후쿠이(福井)현 사카이(坂井) 군 다카보코무라(高椋村) 잇폰덴(一本田)(지금의 사카이(坂井)시 마루오카(丸岡)초)에서 대대로 이어진 자작농 겸 소지주 집안에서 태어났다. 부친은 1898년부터 임시타이완(台湾)토지조사국에서 그리고 그 부서가 폐지된

2 水野直樹 · 文京洙, 2015, 『在日朝鮮人-歴史と現在-』 第4章, 岩波新書.

후에는 조선총독부의 하급관리로 토지조사사업에 종사했다. 모친도 동행했기 때문에 나카노는 조모가 사망할 때까지 생가의 조부모 손에서 자랐다.

나카노는 후쿠이중학교를 거쳐 1919년에 가나자와(金沢)의 제4고등학교에 입학했다. 고교 시절에는 훗날 나카노와 같은 프롤레타리아 문학가로 이름을 떨치는 구보카와 쓰루지로(窪川鶴次郎)를 만났고, 사토 하루오(佐藤春夫)나 사이토 모키치(斎藤茂吉)를 애독하면서 동인지 등에 시와 단가, 소설 등의 작품을 발표했다. 1924년에 도쿄제국대학 독문과에 진학한 후부터는 학생운동단체인 신인회(新人會)에 가입해 프롤레타리아 문학 활동에 종사했다. 1931년에는 일본공산당에 입당했고, 공산주의자에 대한 탄압이 강화되는 가운데 1931년에 결성한 일본프롤레타리아문화연맹(코프; KOPF)의 탄압으로 검거되었다. 도쿄의 도요타마(豊玉)형무소에 수감되나, 1934년에 공산주의운동에서 손을 뗄 것을 약속하고 석방되었다. 전후에 일본공산당에 재입당하여 『신일본문학(新日本文學)』의 창간에 참여했다. 1947년부터 1950년까지 참의원 의원을 역임했고, 1964년에는 공산당에서 제명당했다. 그 후에도 평론 활동을 이어오다가 1979년에 77세의 일기로 서거했다.[3]

앞서 언급했듯이, 나카노 시게하루와 조선의 관계는 후술하는 「비 내리는 시나가와역」으로 가장 잘 알려져 있으나, 그 외에도 그의 작품에서는 조선이 자주 등장한다. 서술 방식은 대부분 새삼스럽게 "논하는" 것이 아닌, 그의 의식 속에 극히 자연스럽게 녹아들어 있는 조선을 남김없

3 나카노의 생애에 대해서는 松下裕, 2011, 『(增訂)評伝中野重治』, 平凡社ライブラリ-(원저 『評伝中野重治』, 1998); 竹内栄美子, 2004, 『中野重治』(日本の作家100人 人と文學), 勉誠出版 등을 참조.

이 드러내는 방식을 채용하고 있다.

그중 하나로 유년 시절부터 중학교 입학까지의 시기를 그린 작품으로, 자전적 소설로 알려진 『배꽃(梨の花)』(1959, 연재는 1957~1958)의 서술을 살펴보겠다.

나카노와 생일이 같은 주인공으로 소학교 1학년인 다카다 료헤이(高田良平)의 아버지가 일하고 있는 조선은 "료헤이네 아버지, 조선에 간 거지. 그 조선에, 이곳 농민이 농민으로 간다는 얘기가 있잖아. 조선에 가면, 논이랑 밭이 많다면서 말이야"(岩波文庫, 157쪽, 이하 쪽만 기재)라고 적고 있듯이, 일본의 농민이 경작지를 찾아 떠나는 장소로 묘사되어 있다. 물론 그곳에는 일본의 농민에게 땅을 빼앗긴 조선 농민과의 비대칭성이 존재하며, 그 천진난만한 표현에 그 비대칭성을 투영하고 있다고 할 수 있다.

그리고 그 장소에 설치된 통감부의 초대 통감 이토 히로부미(伊藤博文)가 살해된 이야기가 등장한다. 때는 1909년이었다. "이토 하쿠분이 암살당했대…"라는 상급생의 말을 들은 료헤이는 "'암살당했다…' 무슨 일이 벌어진 거냐고 생각할지 모르나, '이토 하쿠분'이 어떤 사람인지 모르니–사람 이름임에는 틀림없다.– 특별히 대사건이라고도 생각되지 않는다"고 가볍게 넘겨버린다. 그리고 소설은 다음과 같이 이어지고 있다.

> 교장 선생님의 말이 끝나자 왠지 료헤이도 주위도 술렁거리기 시작했다. 서로 얼굴을 쳐다볼 뿐 말이 없었다. 오에야마(大江山)의 '슈텐도지(酒呑童子)'나 고죠다리의 벤케이(弁慶)와 우시와카마루(牛若丸)의 이야기 같은 부분이 있었다고 하나, 다소 그 점은 확실치 않다. 이토 하쿠분이 왜 그런 곳에 갔는지, 이토 하쿠분이라는 사람이 실제 그

러니까 마을이나 학교나 읍의 이 주변 사람과 비교해 어떤 사람인지, 그 조선인이 왜 피스톨을 겨눴는지, 그 까닭도 모르는 데다, 교장 선생님도 일언반구도 하지 않았기에 흥미롭다 해도 그저 불가사의한, 이상한 이야기로밖에 남지 않는다… 뿌, 뿌, 삐-, 삐-, 뿌뿌뿌… 여느 때처럼 풍금 소리가 울려 퍼지기 시작했다. (183~187)

이토의 암살을 전하는 말은 "여느 때"의 풍금 소리에 섞여버린다. 이렇듯 "불가사의한, 이상한 이야기로밖에 남지 않고", 풍금 소리에 섞여 사라질 정도의 것이었다. 전연 개의치 않는 수법을 통해 저항을 표현하고 있는 셈이다.

'한국병합'에 대해서도 료헤이를 통해 다음과 같이 기술하고 있다. 그것은 앞서 살펴본 이토의 죽음을 그린 방법과 같다.

드디어 여름방학이 끝나갈 무렵에 료헤이는 신문에서 '한국병합'을 읽는다. 료헤이의 친구들 중 '한국'이라는 글자를 알고 있는 친구는 그리 많지 않다. 료헤이는 삼촌이 시켜서 여러 번 조선에 편지를 쓴 덕분에 읽을 줄도 쓸 줄도 알았다. 즉 이번에 조선이 일본이 된 듯했다. 그러나 그 기사는 처음부터 끝까지 딱딱한 문장으로 연극배우의 새하얀 분가루 얘기처럼 이해가 되지 않았다. 또 이상하기도 했다. (중략) '한국병합' 쪽은 가타가나와 정자뿐이었고 알맹이를 읽지 못하니 내용 자체가 이해되지 않았다. 그저 신기한 사진이 여러 장 실려 있던 것이 료헤이에게 대단히 흥미로울 따름이었다. (중략) 왕궁 아니면 절인 듯한 기와지붕이 젖혀진 건물이 있고, 그 앞의 뜰 같은 곳에 세 사람이 서 있다. 양옆의 남자는 어른이고, 가운데 남자는 아이이나, 이 아이는

> 역시 군복 차림에 칼을 차고 있다. 양옆은, 우측 남자는 해군 군복을 입고, 좌측은 육군 군복을 입고 있다. 해군 군복 차림의 사람은 아주 홀쭉했다. 그러나 이 사람은 똑똑해 보인다. 중앙의 남자아이는 통통하게 살이 올라 오동통하나, 아이여서 키가 작은 게 아니라 이 아이는 성인이 되어도 보통만큼 크지 않겠다는 생각이 왠지 모르게 들었다. 좌측의 육군 군복은 해군 군복에 비하면 살찐 편이나, 풍채가 좋은 정도는 아니다. (해군 군복은 무척이나 말라 있다.) 그것은 차치하고 왠지 악의는 없으나 얼빠진 표정과 의기양양한 얼굴을 하고 있다. 그곳에는 설명 문구가 적혀 있었다. "지난 메이지 40년 10월, 동궁 방한 시, 한국 창덕궁 어원(御苑)에서 기념 촬영. 중앙은 이왕세자 은(垠) 전하, 좌측은 동궁전하, 우측은 아리스가와노미야 다케히토 친왕(有栖川宮威仁親王)." 이것으로 대충은 알 수 있으나, 좌측 육군 군복이 황태자 전하인 것에 료헤이는 놀랐다. '이게 황태자 전하구나 모르겠네.' (206~208)

여기서도 '한국병합'은 "이해가 되지 않고" "이상하기도 한" 것으로 표현되고 있다. 료헤이의 일상과는 전연 무관한 것인 셈이다.

그리고 '병합'을 기념해 촬영된 사진 속에 일렬로 선 한일 쌍방의 왕족과 황족들도 어디서나 흔히 볼 수 있는 '사람' 중 한 사람인 것처럼 그 표정을 논평한다. 권력 측이 내세우려는 '권력'을 일부러 개의치 않는다. 안중에도 없다고 치부해버림으로써 거부 의사를 표명한다.

이러한 유머러스하다고도 할 수 있는 정교하면서도 신랄한 나카노의 비판 방식은 '한국병합'을 생도들에게 설명하는 교장의 묘사 방법에도 드러나 있다. "'료헤이의 경험상 교장 선생님은 도통 영문을 모르는 말을 할 때만 늘 이 '이해해주기 바란다'를 붙이곤 한다"는 훈화의 알맹이는 다음과 같은 것이었다.

> 즉 이번에 일본과 조선이 하나가 되고, 한국도 일본이 되고, 한국인도 일본인이 되었다는 것은 일본과 한국이 싸움을 해서 일본이 이겼고 그래서 한국을 '먹었다'는 뜻이 아니다. 이것은 일본의 천황폐하와 한국의 황제폐하가 아, 임금이지, 이 두 분께서 잘 상의한 끝에 동양평화를 위해서는 양쪽 나라가 하나가 되는 게 좋다는 결론을 내리셨고 그래서 두 나라가 합쳐져 일본이 되었다. 그러므로 모두 싸움에 이겨서 한국을 '먹었다'고 생각한다면 큰 오해예요. 잘 알겠죠. 모르면 안 돼요…. (210)

그 말에 료헤이는 다음과 같이 반응하고 있다.

> 교장은 자주 그런 투로 말을 한다. 학생이 웃었지만, 교장은 입꼬리조차 올리지 않았다. "한국인도 단 한 명 남김없이 일본인이 되었다. 한국의 어린이들도 모조리 남김없이 일본의 어린이가 되었다. 앞으로는 그 어느 때보다 사이좋게 지내야 한다…." 교장 선생님의 말씀은 계속되었지만, 내용은 대동소이했다. 한데 사이좋게 지낼 상대가 학교에 없잖아. 마을에도 없잖아. '그 어느 때보다'라고 하는데 앞으로든 나발이든 한 번도 사이좋게 지낸 적이 없잖아. 없는 걸 어떡하라고…. (210)

한일 "사이좋게"라는 것이 얼마나 허위로 가득 차 있는지를 폭로하고 있어 통쾌하다. 그리고 료헤이의 궁금증은 계속된다.

> 하지만 료헤이는 '교장 선생님은 그 부분을 말하고 싶었던 거야. 그런데 모두는 그게 뭔지 모를지도 몰라…'라고 생각했으나 교장이 강조한 점을 알아들었음에도 왜 그것을 강조하는지 료헤이도 이해되지 않는 것은 매한가지였다. 첫째 일본의 천황폐하와 한국의 황제폐하가 상의해서 일본과 하나로 만들었다는 부분이 잘 이해되지 않았다. 또 여하튼 이해하든 이해하지 못하든 상관이 없잖아. 다만 이틀, 사흘 전에 본 신문의 그림이 아무래도 이해되지 않았다. 천으로 된 신발을 신고 하얀 잠방이를 입고 마찬가지로 하얗고 긴 덧옷 같은 옷을 입고 콧수염과 턱수염을 기르고 길디긴 곰방대를 물고—그것은 곤약가게 할머니 것보다 훨씬 길쭉했다.—검은 차양이 달린 모자를 쓴 조선인 아저씨 그림이 그려져 있었고 한 귀퉁이에 "외람되지만 늠름한 일본남아"라고 쓰여 있었다. 그것은 한국병합으로 조선인도 일본인이 되었다, 조선남자도 늠름한 일본남아가 되었다는 뜻일까. 그런데 "외람되지만(はばかりながら)"은 또 뭐지. 온지 선생님은 뒷간이나 변소라고 말하지 말고 '화장실(はばかり)'이라고 말하라고 하셨는데. 이 '화장실'이 그럴 리가 만무하다…. (210~211)

여기서도 "일본과 하나로" 만들었다, "외람되지만" 조선인을 "일본남아"로 만든다는 차별을 내포한 어리석음에 대해 진지하게 상대하지 않고 "외람"을 변소로 치환해 조롱하고 있다. 더욱이 소학생인 료헤이가 의도치 않게 내뱉은 대사를 통해 그것의 '이상함'을 더한층 부각해 그 차별을 단호하게 거부하고 있다.

작품 속에서는 그 '병합'의 정점에 있는 천황 또한 앞서 '한국병합'을 "웃어넘긴" 것과 같은 방법으로 도마 위에 올리고 있다.

이 사진이 료헤이들이 식에서 깊숙이 고개를 숙이는 어진이라는 것일까, 하나 할머니는 저것을 어진이라 부르지 않는다. 할머니가 어진이라 부르는 것은 개산조사의 그림으로 할머니는 그것을 '신넨님'이라 부른다. 학교에 있는 천황폐하의 어진을 형 다이키치(大吉)가 선생님과 함께 가서 받아왔다는 이야기는 마치 옛날이야기처럼 들리나, 료헤이는 그 이야기를 할머니에게 들었을 뿐, 형 다이키치도 삼촌도 마을 사람도 아이들에게도 당연히 들은 적이 없다. 곰곰이 생각해보면 참말인지 거짓말인지 알 수 없는 이야기이나, 거짓은 아닐 터이다. 참말임에는 분명하나 참말이라는 것이 도리어 연기 같다. (119~120)

"어진"을 하사받은 일도 "연기"처럼 사라져버리는 이야기인 셈이다.

그리고 "황태자 전하"는 얼굴이 검어 "순사가 잡으러 갈" 가능성까지 내비치고 있다. "황태자 전하는 얼굴이 검다고 들었는데, 얼굴이 검으니 순사가 잡으러 가는 것은 참말일까. 거짓말일까"처럼(159~160). 다른 한편 "천자님(天子樣)을 비롯한 황실 관계자의 사진도 걸핏하면 뒷간 즉 변소의 밑씻개로 전락할 위험에 노출된다.

신문은 다 읽고 나면 네 개로 잘라 뒷간에 넣는다. "료헤이…"라고 삼촌이 운을 떼고는 "료헤이는 뒷간 같은 데서 신문지를 쓰지?" "응. 쓰지." "료헤이는 어려서 잘 모르겠지만 황실이랑 관계가 있는 것은 찢어 잘 보관해둬…" "황실 관계란 게 뭐야?" (중략) "그건 말야, 천자님의 사진이 실려 있는 거 있잖아. 천자님의 사진이나 그리고 황태자 전하나 황손 전하 얘기가 쓰여 있는 거 있잖아. 그런 건 찢어 버리면 안 돼. 아까우니까 말이야…. (202)

1921년 7월에 발표된 단편「국기(國旗)」에서는 나카노의 어머니가 모델로 추정되는 오후사(お房)라는 여성의 입을 빌려 한국병합의 부조리함을 그려내고 있다.

> 그사이 조선이 일본 게 되는 게 결정되었다. 오후사는 그전까지 그런 소문을 단 한 번도 들은 적이 없던 터라 깜짝 놀랐다. 그리고 조선인이 불쌍하기도 하고, 무슨 조화인지 일본인이 비열하게도 느껴졌다. 게다가 요사이는 이곳저곳에서 폭주가 발생하고 있어 그런 것까지 오후사의 귀향 결심을 부추겼다(「國旗」 1921年 7月, 『中野重治全集』 第26巻, 1978年, 筑摩書房, 332쪽. 이하 권수·쪽을 ㉖332와 같이 기재).

> 오후사가 집 쪽으로 걷고 있었을 때, 이웃한 조선인의 작은 집 처마에 히노마루가 펄럭거리고 있는 모습에 깜짝 놀랐다. 가까이 다가가 보니 그것은 뭐라 뭐라 부르는 조선에만 있는 튼튼한 맹장지로 쓰는 종이에 붉은 색 원을 그린 것이라는 것도 알 수 있었다. (앞의 책, ㉖332)

그처럼 권력에 의해 만들어진 '한국병합'이나 '어진', 조선인에 대한 '국기'의 강요 등에 대한 준엄한 거부와는 모순되게, 나카노 안에는 일상감각으로서 조선이 존재하고 있었다. 가령 "나는 옛 조선인형을 하나 가지고 있다. 혹여 나에게 뭔가 내줘야 하는 게 있어도 이것만은 절대로 내주지 않을 것이다"(「술집에 대해 쓰다(酒屋について書く)」 1925年 1月, ㉖3)라고 쓰고 있듯이, 조선에 대해 자연스럽게 솟아나는 애착이 서술되어 있다. 또한 "내 얼굴은 일본인보다 중국인 혹은 조선인과 닮아 있다. (중략) 어쨌든 내 얼굴은 무척이나 조선인과 닮아 있는 듯하다. 그래서 나는 조선과 조선인을 몹시 좋아한다"(「거짓말과 진실은 반반(嘘とまことと半々に)」 1930年 2月, ㉖32~33)라고 쓰고 있듯이 "좋아"하는 감정을 솔직하게 토로하고 있다.

『배꽃』에 그려진 유년 시절에 이은 시기를 담아낸 나카노의 자전적 작품으로는 「노래와의 결별(歌のわかれ)」(1939년 『혁신(革新)』에 연재, 1940년, 신초샤(新潮社)에서 출간), 「산책(街あるき)」(1940년 6월), 「무라기모(むらぎも, 옮긴이: 마음)」(1954년 『군상(群像)』에 연재, 같은 해, 다이니혼유벤카이코단샤(大日本雄弁会講談社)에서 출간)가 있으며, 그들 작품은 『배꽃』과 달리 가타구치 야스키치(片口安吉)라는 청년을 주인공으로 하고 있다. 나카노 본인의 말을 빌리자면, '자전적 연작'이라 일컬어지는 것에 대해 "나와 죄다 반대인 것은 아니다"라고 한다(「저자후기-하나의 고등학교기와 하나의 대학기(著者うしろ書一つの高等學校期と一つの大學期」, 1976년, ⑤407). 그들 작품에서도 마찬가지로 조선은 꾸준히 곳곳에서 고개를 내밀고 있어 나카노의 마음속에 노상 조선이 자리 잡고 있었음을 짐작케 한다.

가령 「노래와의 결별」에서는 가나자와의 고등학교에서 낙제한 야스키치(安吉)가 친구 긴노스케(金之助)로부터 "작년에 낙제하지 않고 대학에 갔다고 쳐봐, 지진에 그 얼굴이라니…위험해, 위험해"라는 말을 듣고는 "그것은 야스키치도 인정하는 바였다. 그 혼란한 때에 도쿄에 있었다면 조선인을 쏙 빼다 박은 얼굴의 그가 어떤 위험에 처했을지 모르는 바가 아니었다"(⑤19)고 생각하는 대목이 나온다. 그것은 다름 아닌 1923년의 관동대지진 당시 자행된 조선인 학살을 가리키며, 야스키치도 스스로 조선인과 빼다 박았다고 인정하고 있다. 그야말로 새삼스럽게 뭔가를 꾸며내지 않는 '생리적 요구' 차원의 연대라 말할 수 있다.

또 야스키치가 어릴 때 할아버지에게 들은 "다이코(太閤)가 죽을 때 '지금 죽어도 추호도 여한이 없으나, 단 하나 조선정벌과 나와이레(繩入れ, 논밭 측량 사업-인용자)는 안 하는 편이 나았다' 그렇게 말하며 다이코는 눈물을 흘렸단다"라는 에피소드를 떠올리는 장면에서는 조부의 입을 빌려 그 과오를 드러내고 있다(⑤59).

그리고 「무라기모」에서는 "병합 후의 조선에서 말단 공무원으로 일하던 아버지"가 "조선의 어디선가 한 부류의 일본인이 옛 조선의 묘를 파헤쳐 금붙이를 훔치고, 잡동사니로 보이는 것은 헐값에 팔아 치운" 것을 사들여 "갖고 싶으면 들고 가라는 아버지의 말에" "원래부터 원하던 것임을 나도 단번에 알아챈" 아버지에게서 받은 돌로 된 인형이 등장하고 있다. 주변의 지인에게서 "어쩐지 섬뜩하다"는 말을 들으면서도 야스키치는 인형에서 "무사태평하고 평민적인 재미"를 발견해낸다(⑤134). 이처럼 때때로 등장하는 조선은 극히 자연스럽게 주인공의 마음에 새겨져 있었다.

III. 「비 내리는 시나가와역」과 조선

이렇듯 조선을 자신의 일상 속으로 끌어들이고, 또한 『배꽃』에 묘사되어 있듯이 전후의 지점에서 한국병합 전후를 그려낸 나카노는 전전에는 계급투쟁의 일익을 담당하며, 반제국주의의 편에 서서 투쟁했다. 1929년 11월의 '어대전'(천황 즉위식)을 앞두고 '불온분자'로 몰려 조선으로 추방되어 떠나는 조선인에 대한 계급적 연대를 읊은 시 「비 내리는 시나가와역」은 그야말로 나카노의 저항의 외침이었다.

이 시는 검열에 의한 발행금지를 피하기 위해 많은 복자를 포함한 채로 종합잡지 『개조』 1929년 2월호에 실린다. 그 복자 복원과 해석은 이미 많은 연구가 나와 있으니 거기에 양보하고,[4] 이 글에서는 나카노가 "이게 복자 투성이다 보니 발표되자마자 혁명가로서의 내 태도에 문제가 있다는 것을 깨닫고" 시집에 수록할 때는 수정했다고 알려진 전집 수록본을 소개한다.[5]

---

4 자세한 내용은 水野直樹, 1980. 2, 「雨の降る品川駅」の事実しらべ」, 『季刊三千里』 第21號; 鄭勝云, 2002, 『中野重治と朝鮮』, 新幹社; 松下裕, 2011, 『〈増訂〉評伝 中野重治』, 平凡社ライブラリー 등을 참조.

5 초판을 최대한 복원한 것은 松下裕, 「解題」(①1996年, 549~550)에 게재되어 있는데 참고로 아래에 싣는다.
비 내리는 시나가와역
어대전 기념에 이북만 · 김호영에게 보낸다
신(辛)이여 잘 가거라/ 김(金)이여 잘 가거라/ 그대들은 비 내리는 시나가와역에서 승차한다
이(李)여 잘 가거라/ 또 한 사람의 이(李)여 잘 가거라/ 그대들은 그대들의 부모의 나라로 돌아간다
그대들 나라의 강은 추운 겨울에 얼어붙고/ 그대들의 반역하는 마음은 작별의 순간에 얼어붙는다
바다는 비에 젖어 황혼 속에 파도소리를 높이고/ 비둘기는 비에 젖어 연기 속을 차고 지붕에서 날아 내려앉는다
그대들은 비에 젖어 그대들을 쫓아내는 일본 천황을 떠올린다/ 그대들은 비에 젖어 그의 머리카락 그의 좁은 이마 그의 안경 그의 수염 그의 추한 구부러진 등을 떠올린다
쏟아지는 비속에 파란 신호등은 올라간다/ 쏟아지는 비속에 그대들의 검은 눈동자는 불타오른다
비는 길바닥에 쏟아져 어두운 해면에 떨어진다/ 비는 그대들의 농익고 젊은 볼 위에서 사라진다
그대들의 검은 그림자는 개찰구를 스쳐간다/ 그대들의 하얀 옷자락은 플랫폼의 어둠에 흩날린다
신호등은 색을 바꾼다/ 그대들은 차에 올라탄다
그대들은 출발한다/ 그대들은 떠난다
오오/ 조선의 사나이여 처녀인 그대들/ 머리부터 발끝까지 대담한 동무/ 일본 프롤레타리아의 앞잡이 뒷배 / 가거든 저 딱딱하고 두터운 번지르르한 얼음을 두들겨 깨쳐라/ 오랫동안 갇혀 있던 물을 용솟음치게 하여라/ 그리고 다시금/ 해협을 건너뛰

신(辛)이여 잘 가거라/ 김(金)이여 잘 가거라/ 그대들은 비 내리는 시나가와역에서 승차한다

이(李)여 잘 가거라/ 또 한 사람의 이(李)여 잘 가거라/ 그대들은 그대들의 부모의 나라로 돌아간다

그대들 나라의 강은 추운 겨울에 얼어붙고/ 그대들의 반역하는 마음은 작별의 순간에 얼어붙는다

바다는 황혼 속에 파도소리를 높이고/ 비둘기는 비에 젖어 차고지붕에서 날아 내려앉는다

그대들은 비에 젖어 그대들을 쫓아내는 일본 천황을 떠올린다/ 그대들은 비에 젖어 수염 안경 구부러진 등의 그를 떠올린다

쏟아지는 비속에 파란 신호등은 올라간다/ 쏟아지는 비속에 그대들의 눈동자는 번쩍인다

비는 길바닥에 쏟아져 어두운 해면에 떨어진다/ 비는 그대들의 뜨거운 볼에 사라진다

그대들의 검은 그림자는 개찰구를 스쳐간다/ 그대들의 하얀 옷자락은 플랫폼의 어둠에 흩날린다

신호등은 색을 바꾼다/ 그대들은 차에 올라탄다

그대들은 출발한다/ 그대들은 떠난다

잘 가거라 신(辛)/ 잘 가거라 김(金)/ 잘 가거라 이(李)/ 잘 가거라 여인 이(李)

어 닥쳐와라/ 고베 나고야를 지나 도쿄에 달려들어/ 그의 신변에 다가가/ 그의 면전에 나타나/ 그를 붙잡아/ 그의 멱살을 움켜잡고 / 그의 앞가슴에 낫을 푹 꽂아 넣어 / 튀는 피를 뒤집어쓰고 / 뜨거운 복수의 환희 속에서 울고 웃어라(방점은 복자를 복원한 부분)

가거든 저 딱딱하고 두터운 번지르르한 얼음을 두들겨 깨쳐라/ 오랫 동안 갇혀 있던 물을 용솟음치게 하여라/ 일본 프롤레타리아의 뒷배 앞잡이/ 잘 가거라/ 복수의 환희 속에 울고 웃는 날까지(방점-원문) (①113~115)

나카노는 1975년에 이 시를 집필한 배경을 「'비 내리는 시나가와역'에 대하여(「雨の降る品川駅」のこと)」라는 제하의 글에서 다음과 같이 밝혔다.

그('대어전'을 가리킴-인용자) 전에 많은 조선인이 체포되어 강제로 조선으로 송환되었습니다. 저도 모토후지서(本富士署)에 29일 동안 구류되었죠. '부제'(?)인 이북만(李北滿)은 저세상 사람이 되었습니다. 김호영(金浩永)은 생존해 있겠지만, 근황은 모릅니다.(1975年 5月, ㉒77~78).

이 시를 둘러싸고는 여러 논쟁이 있는데, 특히 "일본 프롤레타리아의 뒷배 앞잡이"라는 구절은 나카노 자신도 훗날 "민족적 에고이즘의 꼬리 같은 것을 질질 끌고 있는 느낌을 지울 수 없습니다"(㉒78)라고 표현했듯이 한계를 내포하고 있다 해도, "조선을 노래했다기보다 (물론 그것도 있지만) 더 친근한 친구, 동지를 잔혹, 무도, 부당하게 추방하는 일본 천황에 대한 끓어오르는 분노가 핵심이며, 그 감정을 '잘 가거라'를 주제로 하는 별리의 정서에 의탁한 작품"[6]이라는 쓰다 미치오(津田道夫)의 평이야말로 합당한 평가가 아닐까.

---

6 津田道夫, 1980. 12,「中野重治における差別観」,『新日本文學』第400號, 31쪽.

나카노는 만년에 그 점에 대해 직접 다음과 같이 설명했다.

> 구부러진 등 등은 저도 그렇지만 특별히 나쁜 게 아니죠. 단지 예전에는－패전 때까지－천황이 관병식에 참석하는데 그때 천황 혼자 백마를 타고 등장했습니다. 다른 장군들은 아무도 백마를 타지 않았죠. 그게 대개 천황기를 펄럭이면서요. 그 사진이 신문에 실렸어요. 그때 천황은 비스듬히 찍혀 있었어요. 심각하게 구부러진 등이 감춰지는 각도에서만 찍히는 거죠. 특히 그게 보기 싫었던 기억이 납니다. 단, 저는 증오라는 것을 일반적으로 저차원적인 것이라고 생각지 않습니다. (앞의 책, 78쪽).

그리고 나카노는 "도리어 나는 만약 천황 암살 같은(복자가 삽입된 원문에서는 그것을 암시하는 부분이 있다-인용자) 것을 생각할 때 왜 시를 쓴 일본인 본인에게 그것을 의탁하지 않았는가. 왜 그것을 조국을 빼앗긴 쪽인 조선인의 어깨로 옮기려 했는가. 그곳에 저라는 조국을 빼앗은 측의 일본인이 있었다. 나는 나의 경험으로 이를 기억한다. 동시에 이러한 유의 것이 여전히 넓게 깊게 지배 측, 피지배 측, 민주적-혁명적 세력 측을 포함해 우리 주변에 포복해 있다고 생각한다"(「저자후기」 1977年 7月, ㉔659)라고 밝히면서 "일본 프롤레타리아의 뒷배 앞잡이"라고 표현한 것과 마찬가지로 천황 암살을 조선인에게 맡긴 것을 반성하고 있다.

그 점은 나카노 자신이 지적하고 있는 한계를 분명 내포하고 있다 해도, 나카노의 천황에 대한 감정은 새삼 비판의 대상으로 거론하는 것조차 꺼려지는 그야말로 "보기 싫고" "증오"라는 생리적인 감각에 속하며, 그것은 『배꽃』이나 「노래와의 결별」, 「무라기모」 등에서도 관철되고 있다고 말할 수 있다. 그리고 전후 조선 문제에 대한 수많은 나카노의 정치적 발언보다 그쪽이 몇 배나 독자를 끌어당기고 있다.[7]

이회성은 「나카노 시게하루와 조선(中野重治と朝鮮)」이라는 제하의 글에서 다음과 같이 쓰고 있다.

> 나카노 시게하루는 작가 생활 50년 동안 깊이 있게 조선 문제에 천착한 문학가라 말해도 무방하다고 생각합니다. 시라든가, 소설이라든가, 논문, 에세이 등에 조선인이 종종 등장하고 있죠. (중략) 양의 문제가 아니라 질적으로 등장하고 있어 나카노 시게하루만큼 평생에 걸쳐 자신의 소설이나 에세이 속에서 조선인 또는 조선 문제를 집요하게, 어떤 의미에서는 넌지시 던진 작가는 일본의 문학가 중에는 적지 않을까라고 생각할 정도입니다.[8]

그리고 이회성은 "왜 이다지도 조선인에게 또는 조선 문제에 나카노 시게하루는 관여해왔는가"라는 물음을 제기하고, "그는 피압박민족인 조선인에 대해 무엇보다 인간적으로 그 고통을 이해하고 있었기 때문이 아닐까"라고 자답한다. 한편 「비 내리는 시나가와역」에서 재일 조선인을 "일본 프롤레타리아의 뒷배, 앞잡이"이라고 한 나카노의 취약한 타민족관을 지적하면서도 나카노는 "이 민족의, 민중의 고통을 자기 일처럼 육체적으로 깊이 느낀 흔치 않은 프롤레타리아 시인이었지 않을까"라고

7 윤학준이 나카노는 조선 문제에 대해 전전의 작품에서는 거의 언급하고 있지 않으며 도리어 만년에 발언이 늘어난다고 말한(尹學準, 1979. 12, 「中野重治の自己批判－朝鮮への姿勢について－」, 『新日本文學』 第388號, 145~146쪽) 점에 대해 이회성이 비판하고 있다(李恢成, 1982, 「中野重治と朝鮮」, 『新日本文學』 第400號, 53쪽).

8 李恢成, 1982, 53쪽.

평가했다.[9] 더 나아가 다음과 같이 말하고 있다.

> 만약 나카노 문학이 일본에 없었다면, 근대 이후의 일본 문학은 얼마나 아시아와 그리고 조선과 인간적인 친분을 맺을 수 있었을까. 그런 점에서 나카노 씨가 가지는 의미는 민족적으로 일본인에게 크다고 해도 좋을 거라고 생각합니다.[10]

그리고 나카노의 그러한 측면에 일찍이 주목해 그것을 부분적으로 계승한 인물이 다케우치 요시미였다. 다음에서는 그 다케우치에 대해 살펴본다.

IV. 다케우치 요시미로의 계승

다케우치 요시미(竹内好, 1910~1977)는 나카노 시게하루의 조선에 대한 공감 방식에 끌렸다고 고백했다. 오사카(大阪)고교 시절의 같은 반 조선인 친구를 회고하면서 "당시 얼마간 좌익문학에 물들어 나카노 시게하루를 읽기 시작한 덕분에 조선에서 독립운동의 전통이 끊기지 않은 것은 알고 있었습니다"라고 말했다(「옛 모습이 사라지지 않는 사람(おもかげの消えぬ人) 1974年 12月, 『竹内好全集』 第5巻, 246쪽, 이하 『竹内全集』⑤와 같이 권수만을 줄여 기재). 또한 「사상가로서의 나카노 시게하루(思想家としての中野重治)」(1960년 9월)라는 글을 집필했는데 거기에서 다음과

---

9 이희성, 1982, 58쪽.

10 이희성, 1982, 58쪽.

같이 밝히고 있다.

> 프롤레타리아 작가 중에서 나는 나카노 시게하루에게 가장 많은 친근감을 느꼈고, 비록 단속적이기는 하나 그 친근감을 꾸준히 품고 있었다. 전후에도 거의 변함이 없었다. 나카노 시게하루라는 활자가 눈에 들어오면 도저히 지나칠 수 없다. 그 사이 배운 것이 무엇이었을까. 어쩌면 그 역사를 차근차근 더듬어가보면 지금 느끼는 것보다 훨씬 많이, 또 깊은 영향을 받았을 것이다. (『竹内全集』⑫4~5)

그리고 다음과 같이 밝힌 대목에서는 마치 자신을 가탁(假託)한 것으로도 비친다.

> 자신의 사상을 자신의 언어로 말하는 것은 올바른 행위이며, 아니 올바르다기보다 도리어 받아들이지 않고는 못 배기는 생리적 요구로, 이에 대한 긍정의 힘을 나는 나카노 문학에서 받았다. 이는 일관된 것이었다. 보편적 진리는 있을지도 모르고 없을지도 모른다. 보편적 진리의 유무를 다투고 싶은 마음은 없으나, 다만 진리는 체현되어 우리에게 존재한다고 외치는 예언자는 깡그리 나에게는 미심쩍어 보였다. 그리고 나카노는 단 한 번도 예언자인 척하지 않았다." (「「일본 문학의 여러 문제」를 들여다보다(『日本文學の諸問題』をのぞく)」⑫5)

이 나카노에 대한 다케우치의 평가는 늘 서양과는 다른 근대의 길을 모색하기 위해 "밖"에 있는 것을 단순히 차용할 뿐인 노예의 언어를 피하고 '약자'를 철저하게 탐구해온 다케우치의 자세 그 자체가 아닐까.

다케우치는 "성격을 강자와 약자로 나눈다면 나카노는 약자일 터이다"라고 말하고, "약자로서 그는 비할 데 없이 강하다. 그리고 나는 그러한 것을 바랐었다"고 덧붙이고 있다. 다케우치는 전쟁 중 나카노와 같은 나프(NAPF, 일본프롤레타리아작가동맹)의 회원이었던 구라하라 고레히토(藏原惟人)나 미야모토 겐지(宮本顕治) 등을 언급하고, 그들 "강자"는 "자신을 심판하지 않고도 타인을 심판할 수 있"으나 "나카노는 그것이 불가능하다. 그에게 비평이란 자신을 말하는 것과 분리해서 존재할 수 없다"고 쓰고 있다. 그리고 그러한 "그의 저항이 나를 포함한 세상의 약자를 한결같이 격려한 점은 인정하지 않을 수 없다"고 말한다. 다케우치는 나카노에게 적지 않은 영향을 받고 그에 더해 용기를 얻었다(『竹内全集』⑫5~6).

다케우치가 나카노에게서 포착한 또 다른 점은 "고유한 인민의 카테고리"가 있다는 것이었다. 그 첫째는 "천황제의 저항물"이라는 카테고리였다. "따라서 그 자체가 천황제에 의해 침투당하였고, 치켜세우거나 애지중지할 대상물이 아니다. 채찍질해야 하는 것이다. 인민은 그에게 이 상상이 아닌 탈피 과정의 의인화(擬人化)이다"고 강조하고 있다. 실로 노예로부터 어떻게 해방될 것인가라는 다케우치 자신의 과제가 나카노에게도 투영되어 있는 셈이다. 그리고 "많은 코뮤니스트가 '천황제를 권력 장치로만 인식하는 협소한 견해'를 갖고 있는 가운데, 나카노는 '일본 파시즘의 진행에 지근거리까지 접근해 위험한 다리를 건너면서 내면의 격투를 통해 파시즘의 비인간성을 기억에 각인하는 조작을 실행하고 있는 동안에, 그의 타고난 소질이 지극히 복잡한 현실을 인식하는 방법을 개성적으로 그 내부에서 성숙시키고 있었다'"라고 말한다. 또 "프롤레타리아 계급은 무조건적으로 혁명의 주체가 아니다. 그것은 일단 개념적으로는 애매하나 실체적으로는 명확한 인민이라는 범주를 헤쳐 나옴으로써 천황제를 대극(對極)에서 석출(析出)하는, 이를테면 자기 개조의 길을 거칠 때 비로소 역사의 주인공이 될 수 있다. 즉 인민은 만들어지는 것이지 존재하는 것이 아니다"(『竹內全集』⑫9~10)라고 역설하고 있다.

따라서 나카노의 '인민 개념'은 "두드러지게 민족적, 토착적"이며, 그것이 나카노에게 주목한 두 번째 점이다. 나카노는 전쟁 중 코즈모폴리턴으로서 "민족적인 것"을 저주한 게 아니라, "그의 뼈를 이루는 내셔널리스트(nationalist)가 전쟁 중에는 팔굉일우를, 전후에는 세계국가를 일관되게 저주하고 있는 것이다". 다케우치도 역시 내셔널리즘을 익히기 전에 '문명개화'의 연장선에 있고 그것을 "극복"한 듯이 행동하는 것을 거부했다. 그리고 다케우치는 "나카노의 본질은 나로드니키라고 나는 생각한다"라고 말했다(『竹內全集』⑫10). 다케우치 또한 전후 초반에는 나로드니키(Narodniki)를 추구했다.

다케우치는 그로부터 10년 후에 집필한 「조선어의 권장(朝鮮語のすすめ)」이라는 에세이에서 자신도 조선어를 배울 기회가 있었음에도 '그때마다 망쳐버린' '실패의 역사'를 고백하면서, 일본인에게 조선어 학습이 불가피하다는 점을 다음과 같이 설명했다.

> 일본 국가는 조선으로부터 한 차례 완전히 그 모국어를 빼앗았다. 이 불합리함을 감각적으로 이해하는 것은 아무리 애를 써도 일본인에게는 불가능한 게 아닐까라고 나는 생각한다. 제아무리 조선어를 배운들 그런 것을 알 턱이 없다. 하나, 그 바로 앞에서 조선어를 말살함으로써 일본어 자체가 왜곡되어 타락한 사정을 확인하고 타락 정도를 측정할 수 있을 것이다. 그를 위해 조선어는 불가피하다. (1970年 9月, ⑤236).

그리고 다케우치는 그렇게 생각하게 된 계기는 중국으로부터의 유추라면서 다음과 같이 밝히고 있다.

> 차별자는 차별의 실체를 파악할 수 없다. 차별자는 피차별자의 눈에는 보이나 차별자의 눈에는 보이지 않는다. 하지만 차별이 본성을 침범하고 부식작용을 일으키는 것은 쌍방 모두에 해당하며, 오직 한쪽에만 해당하지 않는다. 차이점은 자각하는가 못하는가일 뿐이다. 중국을 멸시하고 중국인과 중국어를 멸시함으로써 일본인이 입은 정신적 손실은 자각 여부에 상관없이 극히 크다고 나는 생각한다. 하물며 조선은 말해 무엇하겠는가. (같은 책, ⑤236~237).

나카노에게 영향을 받은 다케우치는 전쟁 중 중국에 체류했던 경험도 떠올리면서, 자신이 주최하는 모임의 이름에도 한학(漢學), 지나학(支那學)에 대항하기 위해 '중국'이라 이름 붙임으로써 마치 중국에 대한 '멸시'로부터 벗어나고 있는 듯한 인식에 빠져 있지 않냐고 묻는다. 그것은 당시 일본과 중국의 비대칭적 관계 속에서 과연 그로부터 벗어날 수 있는가라는 근원적 물음에서 촉발된 것이었다. 다케우치는 1934년에 중국문학연구회를 조직한 일에 대해서 "중국이라는 말을 모임의 이름에 쓰는 데에 한 치의 의심도 품지 않았던" 자신의 의식을 직시하고, 다음과 같이 밝혔다.

> 어렴풋이 지나 문자를 읽고 배우고, 어렴풋이 지나인을 알던 우리는 지나인이 얼마나 지나라 불리는 것을 꺼리고 역으로 중국이라 불리는 것을 얼마나 기뻐하는지와 같은 매우 단순한 국민 심리의 통찰을 토

대로 이것의 응용을 기도했다. 우리가 지나인을 사랑했는지는 지금 당장 답하기 곤란하다. 적어도 우리는 지나인을 이해하게 되었고, 그들에게 호의를 품음으로써 우리 작업이 유리하게 전개될 것이라 믿었다(「支那と中國」 1940年 8月, 『竹內全集』⑭162~163).

자신을 돌아보고는 다음과 같이 고백하고도 있다.

> 내가 글을 쓸 때도 역시 중국이라는 말 쪽을 많이 사용했다. 중국어라든가, 중국인이라든가 낯선 단어도 층층이 쌓이다 보면 더 친숙해진다. 친숙함이 늘어나면 그것은 마침내 나의 언어가 된다. 나는 자신을 타인과 분리하고 싶은 욕망을 느꼈다. 한학이나 지나학의 전통을 깨부수기 위해 중국문학이라는 명칭은 절대적으로 필요했다. (같은 책, ⑭164).

'중국'과 '지나'라는 말의 기원 등을 더듬어가면서 다케우치의 번민은 이어졌고, 그 속에서 찾아낸 것은 베이징에 거주하던 2년 동안 "지나라는 말에서 잊고 있던 애착심을 다시금 느끼기 시작"했다는 것이다. 다케우치는 마치 자신에게 들려주듯 다음과 같이 말하고 있다.

> 나는 이론이 있어 중국을 싫어했던 게 아니다. 나는 자신에게 지나가 걸맞다고 자각한 것이다. 지나야말로 나의 것이다. 다른 무엇보다 그것은 지금 나의 심정에 꼭 들어맞는다. 허세나 허식은 사람을 지치게 할 뿐이지 않은가. 나에게는 지나가 안성맞춤이다. 말은 말로서의 생명을 스스로 살아내고 번성한다. 내가 지나인을 경멸하든 경멸하지

> 않든 그것은 나와만 결부될 뿐이다. 나는 그저 말의 옛 풍취를 사랑해 불운한 삶의 위안으로 삼고 싶을 뿐이다. 이 마음의 풍경을 어찌 설명하면 좋을까. 아, 바라건대 이 세상의 현자들이여, 이제는 이미 나의 요설은 자신을 온전히 그리지 못하고 있다. (같은 책, ⑭167)

다케우치가 '경멸'로 이어질 위험성을 감수하면서까지 '지나'에 집착한 까닭은 근대의 옷을 입은 '중국'이라는 어색한 호칭에 잘 적응하지 못하는 중국 민중을 목도했기 때문이다. 2년간 베이징에 머물며 "평생에 걸쳐서도 풀지 못한 인간의 운명이라는 짐"(『竹内全集』④167)을 절감하기 시작한 그를 더한층 막다른 곳으로 몰아넣은 것은 그 '무거운 짐'으로 해방되는 시간일 터였던 인력거(洋車)에 타고 있는 때에 그 안에서 목도한 '달리는 기계'로 전락한 인력거꾼의 존재였다(같은 책, ④168). "인력거꾼 사내들을 친구로 삼아 종종 자학적인 쾌감을 탐했다", "방탕하고 불량한 유학생"을 "마치 가축처럼 고분고분히 길가 어둠 속에서 주인의 귀가를 밤새 기다리는"(같은 책, ④169) 그 모습을 떠올리면서, 또 마찬가지로 '중국'과 '지나' 사이에서 갈등했을 중국의 지식인 양계초(梁啓超)나 궈모뤄(郭沫若) 그리고 차이위안페이(蔡元培)의 심정에 공감하면서 다케우치의 번뇌는 끝날 줄을 몰랐다.

> 인력거꾼에게서 지나인을 발견하고 내가 지나라는 말을 사용하게 되었다고 말한다면, 참으로 설명이 간단해서 좋겠지만, 실제로는 그렇지 않았다. 분명 그들은 지나인이다. 두툼한 융단이 빈틈없이 깔린 객실에서 상대방의 안색을 살피면서 머뭇머뭇 입을 여는 중국인이라는 일본어의 울림은 도통 떠오르지 않는다. 그러나 그것뿐이라면 직접 그들

을 접하기 전에 일본의 다다미에 드러누워 펄벅이라도 읽으면 그것으로 족하다. 장황하게 인력거꾼 이야기를 늘어놓는 것도 짐짓 풍자할 의도는 물론 없으며, 우리들 중국문학이 위험하다고 분명하게 탄식하고 싶기 때문이다. 중국문학이라 말하고, 중국문학연구회라고 말한다. 그렇게 말하면 뭐가 될까. 늙은 인력거꾼의 헐벗은 등줄기를 타고 흐르는 땀을 응시하며 이 사내에게 무엇을 베풀 수 있는가를 묻는다. 탐색이라는 행위의 무의미함을 설명하지 않아도 좋다. 베풀 수 있다고 답하는 것도, 베풀 수 없다고 답하는 것도 모두 무의미하다. 그것은 나로부터 근대의 문학을 떨어뜨리는 기능만은 있다. 망막한 것, 이를 천지라 부르며, 이를 혼돈이라 칭한다. 현세에서 번성한 인간도 언젠가는 틀림없이 멸망한다. 인간이 귀속할 일종의 본원을 민족의 이름으로 부른다면 그것은 지나민족이 아닐까 생각한다. (같은 책, ④172)

그러나 "나의 감흥은 좀처럼 조형되어 드러나지 않는다"는 것을 자각할 수밖에 없기에 그는 "결론에 해당하는 억지이론"에 다다른다.

오늘날 지나를 중국으로 대체하자고 주장하는 자는 도대체 얼마나 지나인의 지나라는 말에 대한 감정을 잘 알고 있는가. 또 논자는 일본어 어휘에 중국이라는 말을 추가하는 것에 얼마나 자신이 있는 것인가. 과거에 지나라 칭함으로써 지나를 명백히 멸시한 것인지, 지금 중국으로 부르면 이를 전적으로 경멸하지 않는 것인지 누구도 자신의 가슴에 묻지 않은 채 말의 문제를 제기한다면 이보다 더 큰 문학의 배신은 없을 터이다. (중략) 만약 지나에 지나인이 모멸감을 느낀다면, 그 피모멸감(被侮蔑感)을 나는 불식하고 싶다. 언젠가 지나인 앞에서 주저 없이 상대방의 기분을 헤아리지 않고 분명히 지나라고 단언할 수 있는 자신감을 키우고 싶다. (같은 책, ⑭172)

그것은 말의 대체만으로는 넘어갈 수 없다는 애초의 물음으로 되돌아가는 것일 뿐이었으나, '지나'와 '중국'이라는 호칭 문제에 의탁해 중국의 현실과 직면한 자신의 고뇌를 절절하게 개진하고 있다.

다케우치는 '연약한 존재에 대한 공감'이라는 점과 관련해 나카노로부터 받은 영향을 새삼 다음과 같이 밝히고 있다. "왜 중국을 공부하는가라는 문제를 끊임없이 자문하고 동료가 모이면 그 대화를 꺼냈지만 다들 도리질을 쳤다. (중략) 그것은 한마디로 말해 결국 연약한 존재에 대한 공감이다. 그것을 어디서 받았는가 하면, 나카노 시게하루로부터 영향을 받고 있다. 나카노 씨의 경우에는 조선에 대한 감정이었지만 나의 경우에는 그것이 조선이 아닌 중국이 된다." 그리고 다케우치가 중국과 마주해온 것도 "침략전쟁이라는 규정에서 파생되는 고통보다 좀더 다른 것, 약한 자를 괴롭히는 것이 싫었습니다. 저도 그러한 위치에 있는 것이요"라고 말하고 있다.[11]

그리하여 다케우치는 이미 언급한 「조선어의 권장」에서 알 수 있듯이, 조선까지 시야의 중심에 두고 차별은 차별한 측의 문제이며 또 차별한 측도 손실을 입는다는 일관된 인식을 가지면서 피차별부락이나 오키나와 문제와도 마주하고 있다.

다케우치는 또한 차별을 보지 못하는 차별자가 "차별의 자각에 도달

11 「文學 反抗 革命」, 1969. 1, 高橋和巳との対談, 『状況的-竹内好対談集』, 1970, 合同出版, 38~39쪽.

하기 위해서" 무엇이 필요한가라는 문제에 천착해 "일종의 원체험이 필요하다"는 답을 내놓고 있다. 차별에는 '개별성'과 '모든 차별을 관통하는 일반성'이 있고 '원체험'에도 그것이 적용되며 "개별 체험 안에는 반드시 응용할 수 있는 부분이 있을" 터이나, 그렇다 해도 '체험을 체험으로 만드는 것은 무엇인가'는 난문이라고 했다. 그것은 손쉽게 여봐란듯이 처방전을 제시하는 듯한 태도의 대극점에 있으며, 또 나카노의 조선을 마주하는 방식과 근저에서 통하는 것이 아닐까. 그러한 상황에서 다케우치가 발견한 것이 차별자와 피차별자 간의 대화의 성립을 방해하는 '의식적인 언어통제'를 제거하는–"그 억제를 다른 조건에서 분리해 풀 수는 없으"나–것이었다. 그렇기에 "나는 여력만 된다면 지금이라도 조선어를 배우고 싶다. 그리고 타인에게도 권하고 싶다"고 말하고 있다(앞의 글, 「조선어의 권장」, 『竹内全集』⑤237~238). 상대방의 언어인 조선어야말로 차별자와 피차별자의 벽을 넘어 이어지는 회로를 여는 첫걸음이라 본 것이다.

다케우치가 1977년 3월에 서거했을 때에 조선어를 배우고 있던 사람들의 모임인 '조선의 모임'의 회보 『바람(ぱらむ)』(第12號, 1977年 3月)에 「다케우치 요시미 씨를 애도한다–중국의 모임과 조선의 모임–(竹内好氏を悼む-中國の会と朝鮮の会-)」이라는 제목의 글이 실렸다. 그 글에는 다케우치가 주최한 '중국의 모임'이나 잡지 『중국』은 '하나의 모델'이었다고 쓰고 있다.[12]

---

12 다케우치 요시미에 관한 자세한 내용은 黒川みどり·山田智, 2020, 『評伝竹内好－その思想と生涯-』, 有志舎를 참조.

V. '타자감각'과 '영구혁명으로서의 민주주의'

일본의 근현대사 연구에서는 '국민국가'를 도마 위에 올려 그를 상대화하는 연구가 냉전 이후 왕성하게 진행된 이래, '전후 민주주의'를 '국민화'를 자극한 것으로 규정하고, 극복의 대상으로 간주하는 연구가 두드러지고 있다. 그러한 상황에서 전후 민주주의를 체현하는 지식인의 중심에 서 있는 마루야마 마사오(丸山眞男, 1914~1996)에 대해서는 지금도 여전히 미공개 저작이 간행되면서 구체적인 연구가 이어지고 있는 한편, '국민국가'의 틀을 초월하지 못했다거나 지식인을 업신여겼던 사상가라는 한계성이 지적되는 경우도 많다. 하지만 이시다 다케오(石田雄)가 지적하듯이,[13] 마루야마의 '영구혁명으로서의 민주주의'는 기본적으로 인권의 문제이며, 마루야마가 "지성의 기능이란 결국 타자를 어디까지나 타자로 규정하면서 그 위에 타자를 그 타재(Andersssein)에 있어서 이해하는 것을 제쳐놓고는 있을 수 없다"(방점-원문)(「인간과 정치(人間と政治)」, 1961年 9月, 『丸山眞男集』 第9巻, 岩波書店, 44쪽. 이하 『丸山集』 권수, 쪽수를 줄여 기재)라고 주장하는 바의 '타자감각'이 그 대전제를 이루고 있다.

마루야마는 다케우치 요시미를 한 치의 망설임도 없이 친우라 부르고 있으며,[14] 특히 다케우치가 가지고 있던 '원리로서의 관용' 즉 '타자감각'이라는 점에서 다케우치를 높이 평가했다. 이는 다케우치 서거 당시 쓴

13 石田雄, 「丸山眞男との未完の対話を持続するために-「他者」感覚の意味を中心に-」(2004년 8월 15일 강연, 石田雄, 2005, 『丸山眞男との対話』, みすず書房).

14 丸山眞男, 1984. 11, 「近代日本と福沢諭吉」, 『丸山眞男座談』 第9巻, 岩波書店, 4쪽.

추모글 중 다음의 대목을 보아도 자명하다.

> 내가 인간 하오(好) 씨의 좋아하는 점 중 하나는 자신의 삶의 방식을 타인에게 강요하지 않는 것입니다. 흔히 하오 씨를 '엄격하다'고 평가하는 사람이 있죠. (중략) 그게, 하오 씨에게는 본인과 다른 삶의 방식을 인정하는 관용이 있어요. 물론 타인의 처세에 대해서는 매우 엄격한 잣대를 댔죠. 하나 그 사람이 단순히 사회적 체면이라든가 시류라든가에 따르지 않고 그 사람 나름의 처지에서 하나의 결단을 내린 때에는 나라면 그렇게 행동하지 않겠다고 생각해도 그 사람의 삶을 존중하는, 원리로서의 '관용'을 가지고 있었습니다. (중략) 타자를 어디까지나 타자로서 더욱이 타자의 내면에서부터 이해하는 시선인 거죠(『丸山集』⑩358).

> 저와는 일의 영역이 다르고 생각도 달라 그 부분은 한마디로 설명할 수 없는데요, 가장 간극이 크다고 보이는 내셔널리즘의 문제조차 우리 두 사람은 사실 같은 메달을 두고 양쪽에서 노리고 있었다고 생각합니다. 오히려 그만큼 반(反)유럽이랄까, 아시아주의를 소리 높여 외치는 하오 씨가 유럽의 개인주의와 리버럴리즘의 최선의 요소를 왜 그처럼 비단 머리로만 이해하는 게 아니라 몸으로 체득하였는지가 저에게는 수수께끼라면 수수께끼죠. 좌우를 불문하고 급진적 사상가에서 가장 결핍된 그 리버럴한―'민주적'이라는 뜻이 아닌―타자감각을 말입니다.(방점–원문) (같은 책, ⑩360)

또 마루야마는 다케우치의 "어디나 같은 인간이 살고 있다고 생각하

면 돼"라는 발언이 상징하듯이, "하오 씨에게는 코스모폴리터니즘이 있다"(같은 책, ⑩359), "나는 하오 씨를 근본적으로 신뢰하고 있다. 하오 씨의 코스모폴리터니즘이나 사이비 인터내셔널리즘을 타파하는 사상을 신뢰하고 있다"(「루쉰 벗 모임 하오 씨를 추도하며(魯迅友の会 好さんへの追悼」, 남은 원고), 1977年 12月, 『丸山集』別集③236)고 말하고 있다. 그것은 다케우치 안에서 앞서도 언급한 편협한 내셔널리즘을 뒤집어놓은 것이라 할 수 있는 인터내셔널리즘이나 코스모폴리터니즘과는 이질적인 것을 발견해냈기 때문이다.

그리고 마루야마 또한 "지금의 타민족을 이해하거나 제3세계를 이해하는 것은 전부 동일한 문제입니다. 일본인은 어쨌든 자신의 상을 상대방에게 투영해버리거나 그렇지 않으면 '관계없어' 중 하나로 대처하죠. 일본의 메이지시대 이래 계속된 외국 인식의 모든 잘못은 거기에 뿌리를 두고 있습니다. 중국에 대한 인식이 근본적으로 잘못되어 있던 것도 타자감각이 없었기 때문이죠. 같은 한자잖아요. '동문동종(同文同種)' 같은 말을 했었죠"(「일본사상사에 있어서 '고층(古層)'의 문제(日本思想史における「古層」の問題)」, 1979年 10月, 『丸山集』⑪176~177), "타인의 경험에 대한 안이한 동일화는 한편으로 관료적 퍼터널리즘(부모 마음!), 다른 한편으로는 무관용의 정신적 토양일 뿐이다"(「단층(断層)」, 1956年 5月 ×日, 『丸山集』⑥15)고 단언하고 있다.

마루야마는 '부락(마을)공동체'적 우치(内)와 소토(外)를 변별하는 사고를 깨부수고, 베르그송이나 포퍼가 강조하는 '열린 사회'를 추구해왔는데,[15] 기노시타 준지(木下順二)의 작품 「오키나와(沖縄)」의 관람 소감

15 黒川みどり, 2017. 3, 「丸山眞男における「開かれた社会」—竹内好との対話をとおし

을 밝히면서 그 문제를 언급하고 "우치와 소토라는 논리=사고 양식이라는 것이 일본인 사이에 있습니다. 벌(閥)이나 폐쇄적 집단이나 우치의 인간과 소토의 인간, ins와 outs라는 것을 끊지 않으면, 연대는 탄생할 수가 없죠. ins와 outs라는 것은 내 개인적인 생각으로는 '부락(마을)'입니다. 이것이 원죄인 거죠. 따라서 저는 토착주의를 끊어야 한다고 생각합니다. 마을이 저항의 근원이라거나 부락공동체라는 것이 근대에 저항의 근원이었다고는 도저히 받아들일 수 없습니다. 이것이야말로 우치와 소토라는 논리가 발효하는 씨앗인 셈이죠"(「점의 궤적-「오키나와」 관극소감(点の軌跡-『沖縄』観劇所感-)」, 1963年 12月, 『丸山眞男集』⑨133~134)라고 강조하고 있다. 그리하여 마루야마는 그러한 '토착주의'를 타파하고자 "봉건적인 것을 짊어지고 다른 한편으로는 급속히 근대화해간" 그러한 '근대 일본의 부정'의 부정을 위한 투쟁을 이어갔다(⑨137). 그리고 그는 "오키나와인이나 조선인에게 자행된 잔혹 행위와 바탄이나 버마에서 자행된 것은 이질적이라 생각하지 않는다. 현실의 정세는 달랐을지언정, 일본 국내의 압정과 외부자에 대한 처우 방법은 별반 다르지 않았다. 부락문제도 그렇지만, 과연 피차별 '부락'만의 문제일까. 당과 대중 단체에도 내외 논리, 완전한 차별관이 있다"라고 덧붙이고 있다. 'ins와 outs'의 장벽을 초월한 "보통의 인간으로서 이웃을 사랑하는 행위"의 중요성을 강조하고 있다(⑨140).

て−」, 『思想』 第1115號을 참조.

VI. 맺음말

나카노 시게하루의 생리적 감각을 일부 계승한 다케우치 요시미는 자신의 이성에 의거하면서 '나는 나라는 주체의 논리'(「'민족적인 것'과 사상(「民族的なもの」と思想)」, 『竹内全集』⑨60)에 의거하면서 차별과 억압을 내포하는 사회에 맞서고 있었다. 다케우치는 다음과 같이 밝히고 있다. "본디 인민 주권이라 해도, 말은 있으나 그렇다면 실체는 있는가 없는가. 도대체 인민의 내용은 무엇이냐고 하면, 결국 최종적으로는 한 사람 한 사람이겠죠. 한 명의 인간 속에 싫은 것을 싫다고 말할 수 있는 것이 있다는 것이 기초로, 연대는 거기서 시작됩니다. 내면적으로는 인격의 독립이라는 거죠. 힘 앞에서는 굴복하라는 것이 대세를 점하고 있다면, 이는 인민 주권이 될 수 없습니다"[16](방점-인용자). '노예'에서 해방되기 위해서는 '인격의 독립'이 필요하며, 다케우치가 추구해온 내셔널리즘은 그것과 밀접 불가분했다.

마루야마 또한 "정치적 질서에 끊임없이 맞서고자 하는 정신"(「러셀의 '서양철학사'(근세)를 읽다(ラッセル「西洋哲學史」(近世)を読む)」, 1946年 12月, 『丸山集』③72)을 추구하며 "'No'라고 말할 수 있는 정신—맹자의 천만인이 반대하더라도 내 길을 가겠다는 정신"의 중요성을 자신의 노트에 적고[17], "'인민'이라 부르는 집단까지 포함한 모든 집단 속에서의 집단에 대한 개인(個)이라는 문제"로 돌아갈 것을 일관되게 역설하고 있다(방점-인

16 「戦後をどう評価するか」, 1965. 6, 『状況的 竹内好対談集』, 98쪽.

17 丸山眞男, 1998, 「折りたく柴の記」, 『自己内対話—三冊のノートから—』, みすず書房, 17쪽.

용자).[18]

나카노는 생리적 감각을 중시하면서 정치적 운동에서 돌파구를 모색하고 있었다. 마르크스주의를 견지한 나카노와는 정치적 입장이 다르나, 다케우치는 나카노의 그 '타자감각'을 계승하면서 마루야마와 함께 '개인(個)의 자립'을 촉구하고 그를 통해 차별이나 배제를 파생시키는 사회와 대치했다. 다케우치도 그리고 마루야마도 조선에 대해 결코 직접적으로 많이 발언하고 있다고는 할 수 없으나, 그들의 전후 사상의 맥락 속에 그러한 문제를 타개하는 힘이 숨어 있으며, 그것을 계승해나가는 것이 중요할 것이다. 당파성이나 정치적 입장을 초월해 다양한 인간의 존재를 인정하는 그 지점에 진정한 코스모폴리터니즘이 존재하며 또 그 가능성을 국경을 넘어 추출해나갈 수 있다. 다케우치가 평가한 나카노의 삶의 방식으로 되돌아가면, 그것이야말로 '생리적 요구'이며, 마루야마가 말하는 '타자감각'이었다.

1975년에 나카노 시게하루는 "지금은 시나가와역의 모습도 몰라볼 정도로 바뀌었습니다. 조선과 일본의 관계도 기본적으로 달라졌죠. 그저 저는 이 작품이 생각보다 널리 알려져 기쁩니다. 조선 이외의 외국인도 이해하기 쉬운지 어느 날인가 한 미국인이 당신의 소설류는 죄다 어려운데 「비 내리는 시나가와역」은 좋다, 그 작품을 좋아한다는 뜻의 말(당연히 일본어로)을 하더군요"(「'비 내리는 시나가와역'에 대하여」)라고 말하고 있다. 나카노가 복자로 처리하면서까지 조선에 대한 자신의 심정을 시로 옮긴 그때로부터 시나가와역도 몰라보게 달라졌다. 그렇다면 우리의 인식은 과연 얼마나 달라졌을까.

---

18 文學的立場 編, 1968, 『共同討議 対決の思想』, 勁草書房, 252쪽.

참고문헌

일본어

黒川みどり, 2017. 3,「丸山眞男における「開かれた社会」-竹内好との対話をとおして-」,『思想』第1115號.

黒川みどり・山田智, 2020,『評伝竹内好-その思想と生涯-』, 有志舎.

中野重治, 1959,『梨の花』, 岩波書店.

________, 1976. 9~1980. 5,『中野重治全集』全29巻.

日中韓三國共同歴史教材委員会, 2006,『未来をひらく歴史-東アジア三國の近現代史 第二版』, 高文研.

日中韓三國共同歴史編纂委員会, 2012,『新しい東アジアの近現代史』(上)(下), 日本評論社.

竹内栄美子, 2004,『中野重治』(日本の作家100人 人と文學), 勉誠出版.

竹内好, 1970,『状況的-竹内好対談集』, 合同出版.

______, 1980. 9~1982. 9,『竹内好全集』全17巻, 筑摩書房.

歴史教育研究会(일본)・歴史教科書研究会(한국) 編, 2007,『〈日韓歴史共通教材〉日韓交流の歴史-先史から現代まで-』, 明石書店.

丸山眞男, 1984. 11,「近代日本と福沢諭吉」,『丸山眞男座談』第9巻, 岩波書店.

________, 1998,『自己内対話-三冊のノートから-』, みすず書房.

松下裕, 2011,『(増訂)評伝 中野重治』, 平凡社ライブ.

文學的立場 編, 1968,『共同討議 対決の思想』, 勁草書房.

水野直樹, 1980. 2,「「雨の降る品川駅」の事実しらべ」,『季刊三千里』第21號.

水野直樹・文京洙, 2015,『在日朝鮮人-歴史と現在-』第4章, 岩波新書.

津田道夫, 1980. 12,「中野重治における差別観」,『新日本文學』第400號.

尹學準, 1979. 12,「中野重治の自己批判-朝鮮への姿勢について-」,『新日本文學』第388號.

李恢成,「中野重治と朝鮮」,『新日本文學』第400號.

石田雄, 2004,「丸山眞男との未完の対話を持続するために-「他者」感覚の意味を中心に-」(2004년 8월 15일 강연).

______, 2005,『丸山眞男との対話』, みすず書房.

鄭勝云, 2002,『中野重治と朝鮮』, 新幹社.

9장

한국 민주화운동을 통해 현대 일본의 민주주의와 역사학을 되묻다

나카지마 히사토(中嶋久人)

Ⅰ. 한국 민주화운동의 기억

1. 이 글의 목적

이 글의 목적은 한국의 민주화운동을 고찰함으로써 현대 일본의 민주주의운동[1] 및 이와 밀접한 관련을 맺으면서 전개된 일본 역사학의 각 양상을 되묻는 데에 있다.

왜 이것을 문제로 삼아야 할까. 최근 한일은 영토 문제, 일본군'위안부' 문제, 강제동원 문제 등 많은 부분에서 대립하고 있다. 개개 문제에 대해서는 전문가가 아닌 필자가 논하기 어렵다. 하지만 이러한 수많은 대척점을 파생시키고 있는 배경 중 하나가 한일 각 사회가 걸어온 역사의 차이에 있으며, 이를 충분히 이해하지 못한 상태가 계속되어온 때문이 아닐까. 단순히 역사의 차이라 치부하기에는 더 많은 문제가 존재한다. 가령 전근대 이전의 일본 사회와 조선 사회의 차이 그리고 근대의 제국주의 일본과 식민지, 냉전시대의 일본과 한국의 차이 등이다. 그러나 현대에 양국이 보여온 민주주의관의 차이가 각 역사를 응시하는 시각의 차이로 이어지고 있는 측면은 없을까. 그리고 일본 측이 그로부터 반성해야 할 점은 없을까. 그것이 역사연구자로서 필자 자신이 검토해야 할 과제라 생각한다.

---

1 일단 여기서는 제도적 민주주의와 달리 운동의 성격을 띤 민주주의의 양상을 검토한다. 다만, 인용문헌 등에 따라서는 사회운동이나 민중운동이라는 용어를 사용하고 있는데 본고에서는 그것들까지 포함해 민주주의운동으로 개괄한다.

2. 광주민주화운동·6월 민주항쟁의 기억

우선 개인적인 기억부터 꺼내보겠다. 필자가 참가하고 있는 일본의 아시아민중사연구회는 한국의 역사문제연구소 민중사반과 연구 교류 활동을 이어오고 있다. 일본 근세사 연구자인 후카야 가쓰미(深谷克己)와 일본 근대사 연구자인 안자이 구니오(安在邦夫)가 이 연구 교류 활동을 시작한 것은 1991년이다. 1991년의 연구 교류를 보고한 글에서 일본 근대사 연구자인 아라이 가쓰히로(新井勝紘)는 다음과 같이 회상하고 있다.

> '민권운동기의 민중헌법과 제국헌법'을 주제로 20분간 보고했는데 그 후의 토론에서 나의 보고는 집중포화를 당했다. 민권운동에 대한 후한 평가를 꼬집으며 민중운동이라 칭할 만한가라는 힐문이었다. 더욱이 민권기의 헌법 초안과 전후 일본국 헌법의 관련성을 설명한 것에 대해서는 나의 헌법관을 날카롭게 추궁당했다. 솔직히 이렇게나 비판의 표적이 되리라고는 예상하지 못했기에 적이 동요하고 말았다.[2]

이 교류 활동에서 통역을 담당한 한국사 연구자인 쓰루조노 유타카(鶴園裕)는 "대체로 일본 측은 한국 측이 '투쟁하는 인민'을 중심으로 한 '인민투쟁사관'과 다를 바 없다고 이해했고, 한국 측은 일본 측의 '투쟁하지 않는 민중'을 포함한 단어 '민중운동'에 변절, 투쟁 포기의 냄새를

---

2 新井勝紘, 1995,「交流記1 東學農民軍の死の重さ-東學農民戦争百年と自由民権百年」,『東アジアの近代移行と民衆』, 東アジア民衆史研究会, 27쪽.

맡고 있었다"라고 회고하고 있다.[3]

이렇듯 운동에서 '투쟁/투쟁하지 않는'이라는 점에서 한일의 역사 연구 방식은 엇갈려 있었다. 그 후 약 30년 동안 교류 활동은 이어졌고 공편 논집까지 출간했으나, 그 간극을 충분히 이해했다고는 말할 수 없었다.[4]

이 간극은 요즘도 여전히 존재한다. 최근의 연구 교류는 '역사적 민주주의'를 주제로 하고 있다. 하지만 이 주제는 일본과 한국 간에 존재하는 의식 차이를 새삼 뼈저리게 느끼게 하는 계기였다. 일본 측의 보고는 대체로 민주주의의 역사=과거를 실증적으로 조명하려 했다고 할 수 있다. 필자도 일단은 그렇게 생각하고 있었다. 다른 한편, 한국 측의 보고는 세월호나 박근혜 대통령 탄핵 촛불집회[5] 등, 현재 전개되고 있는 민주주의운동을 전제로 그 역사적 연원을 검토하려는 의식이 강했다. 필자는 한국 측 보고의 함의를 포착하기 어려웠다. 지금 돌이켜보면 필자도 1991년 당시 아라이가 느꼈던 곤혹감에 빠져 있었다고 할 수 있다.

그런데 이 교류 활동의 일환으로 매년 한일 각지에서는 필드워크가 진행되고 있다. 작년 2019년 2월에는 광주민주화운동의 현장인 광주에서 실시되었다. 이 광주의 광경은 가히 충격적이었다. 광주 시내 곳곳에

---

3 鶴園裕,「交流の歩み アジア民衆史研究会25年の回顧と展望, アジア民衆史研究会·歴史問題研究所 編, 2015,『日韓民衆史研究の最前線 新しい民衆史を求めて』, 有志社, 380쪽. 일본의 인민투쟁사에 대해서는 뒤에 언급한다.

4 역사문제연구소·아시아민중사연구회 공편 논문집은 주3의 문헌이다.

5 文京洙, 2015,『新·韓國現代史』, 岩波書店에서 촛불집회의 원류를 1992년의 인터넷 서비스망 하이텔의 서비스 유료화 반대가 시초라고 지적하면서 "2002년의 반미 촛불집회는 민주화 시대에 집단의 평균적 의사 표시 방법으로 촛불집회·시위가 한국의 시위 문화로 정착하는 계기가 되었다"고 지적하고 있다(220쪽).

광주민주화운동의 각 장면 장면을 전하는 패널이 설치되어 있었고, 옛 전남도청과 5·18자유공원 등, 광주민주화운동 참가자를 기리는 시설의 수에 눈이 휘둥그레졌다. 특히 광주민주화운동 희생자들이 주로 묻혀 있는 망월동묘지에 깜짝 놀라지 않을 수 없었다. 광주민주화운동 희생자들은 광주 시외–보다는 산속이라는 표현이 적절할지도 모르겠다–의 망월동묘지에 이송되어 묻혔다. 광주민주화운동 희생자들은 현재 영령이라 일컬어지고 있으나, 광주민주화운동 직후에는 참배조차 조심스러웠다고 한다. 하지만 광주민주화운동을 탄압했던 전두환 독재 정권을 비판하며, 대통령 직선제를 쟁취한 1987년의 6월 민주항쟁 이후 분위기는 급변했다. 6월 민주항쟁 당시, 머리에 최루탄을 맞고 사망한 연세대학교 학생인 이한열이 광주 출신이라는 점도 맞물려 이곳에 안치되었다. 그 후 민주화운동 과정에서 사망한 사람들–열사들이 광주 출신을 불문하고 이곳에 묻히게 되었다. 이 망월동 묘역에서는 역사문제연구소 관계자가 설명을 맡았는데, 그 관계자는 자신의 동료가 서울에서 민주화운동 중에 숨졌고 이곳으로 이송되어 묻힌 경위를 마치 어제 일처럼 이야기했다. 이 땅은 비단 광주만이 아닌 한국 전역의 민주화운동의 성지로 우뚝 서 있다.

그리고 한국 각지에서 민주화가 진전되는 가운데, 광주민주화운동 희생자=영령들은 1997년 이후 인접한 땅에 건설된 신묘역으로 이장되었다. 이 신묘역의 엄청난 규모에도 입이 떡 벌어졌다(사진 1). 다만, 구묘역은 한국 전역의 민주화운동 희생자=열사들을 모시는 판테온과 같은 성격이 더 강했다고 말할 수 있다. 광주민주화운동–한국민주화운동이라는 민주주의의 역사적 전통을 계승하는 기념(commemoration)의 장으

〈사진 1〉 국립5·18민주묘지 2012년 추모탑

〈사진 2〉 김남주 시인의 묘

로서 이 구묘역은 자리매김하기에 이른다.[6]

그리고 이 역사적 전통은 과거의 것으로 끊긴 것이 아니었다. 이 구묘역의 수많은 묘비에는 붉은 리본이 감겨 있었다. 광주 방문 직후 필자는

---

6 광주민주화운동의 사실 관계에 대해서는 真鍋祐子, 2010, 『光州事件で読む現代韓國(増補)』, 平凡社를 참조했다.

페이스북에 그중 하나인 김남주 시인(1994년 사망)의 묘(사진 2)에 대해서 다음과 같은 소감을 남겼다. 한번 읽어보길 바란다.

> 광주민주화운동 희생자 묘지를 방문. 이곳에는 비단 광주민주화운동뿐 아니라 한국의 민주화운동 과정 중 희생된 사람들이 다수 묻힌 묘지가 조성되어 있다. 이분(시인 김남주)은 1994년에 작고하셨다. 광주민주화운동과 직접적인 관련은 없다. 붉은 리본이 감겨 있고 여기에는 '비정규적(직) 철폐'라는 문구가 쓰여 있다. 아주 최근의 일로, 한국에서는 비정규직이 산업재해로 목숨을 잃자 '비정규직 철폐'를 강력하게 주장하고 있는데, 그 슬로건인 듯하다. 이 묘비만이 아니었다. 여러 묘비에 이 붉은 리본이 감겨 있다. 독재에 항거한 광주민주화운동과, 지금의 비정규직 철폐 운동이 역사적 상상력 속에서 민주주의-인권의 전통을 형성하는 것으로 수용되고 있는 셈이다(페이스북 게재).

필자도 고용 형태를 보자면 '비정규직'이어서인지 개인적으로 친근감

〈사진 3〉 이한열 열사의 묘

을 느꼈다. 지금 이 사진을 들여다보니, 이와 같은 특징에 더해 얼굴 사진이나 설명 패널이 설치되어 있고 추모 글귀가 적힌 것으로 보이는 투명 편지함이 놓여 있는 점도 눈길을 끈다. 전술한 이한열의 묘지도 마찬가지이다(사진 3).

즉 한국 현대사에서 광주민주화운동을 기점으로 한 민주주의의 역사적 전통은 지금의 비정규직 철폐 문제를 비판하는 맥락에서도 관철되고 있다고 하겠다. 이 망월동 묘역은 그것을 여실히 보여주는 장이다.

그 후 2019년 12월에 필자는 개인적으로 서울의 신촌에 위치한 이한열기념관을 찾았다. 이한열기념사업회 홈페이지에는 "이한열기념관은 이한열 열사의 유품을 비롯한 1987년 유월항쟁의 기록을 보존하고, 연구하며, 전시를 통해 민주주의의 역사를 교육하는 박물관입니다. 열사의 어머니가 국가로부터 받은 배상금과 시민 성금으로 2004년에 세워졌으며, 2014년 사립박물관으로 새롭게 개관하였습니다"라고 설명하고 있다.[7] 그리고 이 기념관의 설립 목적을 다음과 같이 설명한다.

> 기념관을 세우는 과정은 열사의 뜻을 잊지 않겠다던 그 시절의 약속을 지키는 일입니다. 흩어져 있던 서로의 손을 잡아 우리의 출발점을 되돌아보게 하는 일이며, 삶의 방향을 찾고자 하는 후대에게 민주주의 역사를 가르치는 일입니다.
>
> \- 오충일(이한열기념관 추진위원회 위원장), 2005. 6. 9[8]

7 http://www.leememorial.or.kr/?tpf=memorial/infor

8 http://www.leememorial.or.kr/?tpf=memorial/infor

〈사진 4〉 이한열기념관에 전시된 이한열의 유품

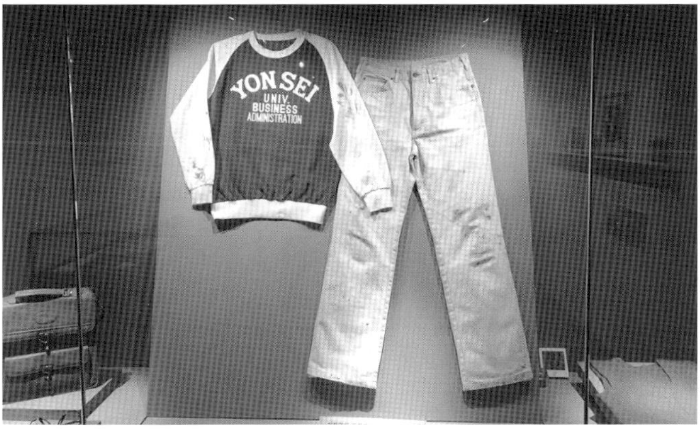

열사=이한열 시절의 약속을 지키겠다는 '과거', "흩어져 있던 서로의 손을 잡아"라는 '현재', 그리고 "후대에게 민주주의 역사를 가르친다"는 '미래'가 여기서는 불가분의 것으로 여겨지고 있다.

〈사진 5〉 이한열기념관 특별기획전 2019 〈보고 싶은 얼굴〉

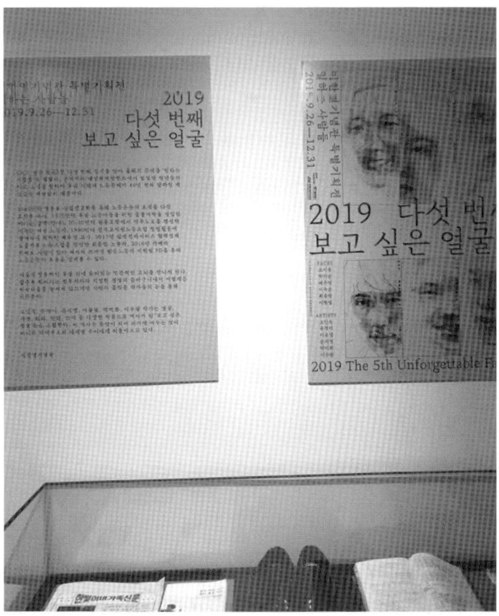

이한열기념관은 결코 크다고 할 수 없는 규모이다. 하지만 일본에서는 현대 운동사의 인물을 기리는 시설을 거의 찾아볼 수 없다. 이한열기념관은 이한열의 유품 등을 전시한 상설전 외에(사진 4), 특별기획전도 열고 있었다. 필자가 견학했을 때는 마침 "보고 싶은 얼굴 다섯 번째, 일하는 사람들"이라는 주제로 1960년대부터 현대(2010년대)에 걸쳐 노동운동에 진력한 사람들의 전시가 열리고 있었다(사진 5). 그곳에는 광주민주화운동의 지도자 중 한 사람으로 전사한 윤상원의 동지로, 광주민주화운동 이전에 사망하였으나 광주민주화운동 후에 윤상현과 '영혼결혼식'을 올린 박기순도 대상 중 한 명으로 전시되어 있었다. 광주민주화운동-민주화운동-현대 노동운동이라는 민주주의의 역사적 계보가 이곳에 새겨져 있었던 것이다.

이렇듯 광주민주화운동이나 6월 항쟁을 기억하는 방식을 보고서야 마침내 한국의 역사문제연구소가 제기한 '역사적 민주주의'라는 주제의 함의가 이해되었다. 즉 지금의 촛불집회와 같은 운동의 과제에 광주민주화운동이나 그 후의 민주화운동의 역사적 전통이 어떻게 작동하고 있는지를 문제시하고 있던 것이다. 과거 · 현재 · 미래에서 민주주의는 '투쟁하는' 것이며 역사학은 그것을 어떻게 받아들일 것인가였다. 그 점은 필자에게는 어찌하여 1991년부터 이어진 교류 활동에서 한일 역사 연구의 방향성에서 간극이 발생하고 있는가라는 문제를 푸는 하나의 해답이었다고 할 수 있다.

3. 민주주의운동에 대한 한국의 역사 인식

이러한 한국의 민주주의운동에 대한 인식은 보다 일반적인 장에서도 표명되고 있다. 한국의 종합지 『창작과 비평』 2010년 여름호에 실린 「광주민중항쟁과 죽음의 자각」에서 한국 현대사 연구자인 한홍구는 그가 칭하는 '광주의 자식들'=광주민주화운동 이후 민주화운동을 짊어진 사람들의 삶을 소개하면서 이렇게 지적하였다.

> 한국은 동서냉전이 끝나기 전인 1987년 6월 항쟁을 통해 민주화의 궤도에 들어섰다. 분단과 전쟁과 학살로 얼룩진 한국에서 냉전이 끝나기 전에 민주화가 시작되었다는 것은 놀라운 일이다. 1987년이라면 광주에서의 처절한 패배가 있고 겨우 7년이 지난 때였다. 처절한 패배를 짧은 시간 내에 승리로 돌릴 수 있었던 것은 바로 죽음을 끼고 산 광주의 '자식'들이 이룬 성취였다.

그리고 그것은 갑오농민전쟁, 3·1운동 등 과거의 운동에 대한 관심으로도 이어졌다. 동아시아 현대사 연구자인 백영서는 「연동하는 동아시아와 3·1운동」(『창작과 비평』, 2019년 봄호)에서 다음과 같이 쓰고 있다.

> 마지막으로 3·1에서 시작된 근원적인 움직임이 오늘날까지 그 실질을 꾸준히 확보해온 사실이 확인되어야 할 것이다. 동학운동에 내재한 새로운 세계를 향한 변혁의 노력은 3·1로 결실을 본 이래 4·19와 5·18,[9] 6월 항쟁 그리고 촛불혁명으로 이어지는 '점진적·누적적 성취'의 양상을 갖는 한국 근현대사의 역동성을 지속시켰다("불가능하다는 것을 알면서도 행"하며 반전이 거듭되는 굴곡을 감당한 점증하는 과정으로서의 변혁은 중국이나 일본의 역사와 비교해보면 두드러진다). 이 역사를 이끈 주체는 식민지의 절망을 넘어 3·1의 빛을 온몸으로 체험한 사람, 곧 '하늘을 본' 사람들이다. 정치제도의 혁신에 그치지 않는 더 깊은 '새세상'에 대한 열망은 1919년과 2019년을 관통한다.

9 4·19는 학생 시위를 통해 이승만 정권이 타도된 1960년의 4월혁명, 5·18은 광주민주화운동을 가리킨다.

이렇듯 촛불혁명이라는 현재의 민주주의운동의 시점에서 과거의 운동을 재조명하고 더 나아가 그들 운동이 현재 운동의 정당성을 담보하는 것으로 여겨지고 있다.[10]

이들 민주화운동은 한국의 역사교과서 기술에서도 의의가 강조되어 있다. 1960년의 4월 혁명은 이렇게 기술되어 있다.

> 이에 전국 각지에서 부정 선거에 항의하는 시위가 일어났고, 마산에서는 시위대를 향한 경찰의 발포로 사망자가 발생하였다(1960. 3. 15). 시위가 확산되는 가운데 부정 선거를 주도한 내무부 장관의 사임으로 사태는 잠시 진정되는 듯하였다.
>
> (중략)
>
> 잠시 진정되던 시위는 경찰에 의해 버려졌던 고등학생 김주열의 시신이 마산 앞바다에 떠오르자 다시 불타올랐다. 대통령 집무실인 경무대 앞까지 진출한 시민들에게 경찰이 총격을 가해 수많은 사상자가 발생하면서 시위는 더욱 거세졌다(4. 19). 정부는 비상계엄을 선포하고 군대까지 동원했지만, 초등학생까지 가담한 시위대를 마주한 계엄 사령관은 발포 중단 명령을 내렸다.
>
> 정부는 이기붕 부통령 당선자 사퇴와 이승만의 자유당 총재직 사임으로 사태를 수습하려 했지만, 대학 교수들은 이승만의 퇴진을 요구하며 시위를 벌였다. 결국 이승만은 '국민이 원한다면 물러나겠다'라는

---

10 한국의 현대 민주화운동의 흐름에 대해 고정자(高正子)는 "작은 하나의 불꽃이 모여 어둡고도 무거운 사회를 밝게 비추는 촛불이라는 비폭력·평화의 메타포는 지금까지의 '시위문화'와는 사뭇 다르게 보일지도 모른다"라고 지적하고 있다(高正子, 2009, 「クェンガリからキャンドルへ-〈示威文化〉からみる韓國社会のいま」, 川瀬俊治·文京珠 編, 『ろうそくデモを越えて-韓國社会はどこに行くのか』, 東方出版, 42쪽).

> 성명을 발표하고(4. 26), 미국으로 망명하였다. 이로써 독재 정권은 붕괴되고 과도 정부가 수립되었다.[11]

그리고 광주민주화운동에 대해서는 사건의 경과를 상세하게 좇은 뒤 다음과 같이 평가하고 있다.

> 5·18 민주화 운동은 그 후 6월 민주 항쟁 등 1980년대 우리나라 민주화 운동의 토대가 되었고, 필리핀을 비롯한 아시아 국가들의 민주화 운동에 영향을 주었다. 국가 폭력에 대한 민중의 저항을 담은 5·18 민주화 운동 관련 기록은 그 의미와 가치가 인정되어 유네스코 세계 기록 유산으로 등재되었다(2011).
> 5·18 민주화 운동은 일부 대학생을 중심으로 부산 미국 문화원 방화와 서울 미국 문화원 점거 등 반미운동이 시작되는 계기가 되었다. 이들은 5·18 민주화 운동을 진압하기 위한 신군부의 병력 동원이 한국에서 전시 작전권을 가진 미국의 묵인 아래 이루어졌다고 보았기 때문이었다.[12]

그리고 6월 민주항쟁에 대해서는 다음과 같이 기술하고 '국민의 승리'로 평가하고 있다.

---

11 한철호 외, 2018(2013년 8월 30일 검정통과), 『고등학교 한국사』, 324~325쪽.

12 한철호 외, 2018, 331쪽.

> 국민의 승리, 6월 민주 항쟁
>
> 언론이 진실을 외면할 때, 천주교 정의 구현 사제단은 5·18 민주화 운동 7주년 추모 미사에서 박종철이 물고문에 의해 사망했고, 정부의 조직적인 사건 축소 음모가 있었음을 폭로하였다. 정권의 비도덕성에 분노한 국민은 민주 헌법 쟁취 국민운동 본부를 결성하여 직선제 개헌과 고문 살인 정권의 퇴진을 요구하였다.
>
> 그러던 중 연세대 학생 이한열이 시위 도중 경찰이 쏜 최루탄에 맞아 뇌사상태에 빠졌다. 다음 날 민주 정의당은 노태우를 간선제 대통령 후보로 지명하여 국민의 뜻을 부정하였다. 같은 날 민주 헌법 쟁취 국민운동 본부는 범국민 민주 항쟁을 선언하고 국민의 동참을 호소하였다(1987. 6. 10). 시민의 동참 속에 민주화를 요구하는 평화적 시위가 전국에서 연일 계속되었다. 강경 진압에도 국민의 저항이 거세지자, 정부와 여당은 차기 대통령 후보로 내정된 노태우를 통해 대통령 직선제를 수용한다는 6·29 민주화 선언을 발표하였다.
>
> 6월 민주 항쟁은 학생과 시민이 함께 참여한 평화적 시위였으며, 군사 독재를 끝내고 평화적 정권 교체의 길을 열어 놓았다는 점에서 큰 의미를 지닌다.[13]

이들 교과서의 기술은 정권 측이 아닌 민주주의운동 측에 서서 상세하게 쓰고 있으며, 더불어 각 사건의 평가까지 들어가고 있다. 즉 역사 교과서의 기술에서도 광주민주화운동 등 과거에서 현재까지 이어지는 민주주의의 역사적 계보를 찾아가고 있다고 할 수 있겠다.

---

13 한철호 외, 2018, 333쪽.

4. 민주화운동이 제기하는 역사의 재검토

그리고 한국의 민주화운동의 전개는 일본의 한국 식민지 지배 역사에 대한 재검토 문제로 이어진다. 이는 최근 한일 간에 불거진 갈등의 한 원인이 되고도 있다. 재일 조선인사 연구자인 김광열은 일본제철 오사카제철소에 동원된 한국인의 손해배상을 인정하는 2018년 한국 대법원의 판결에 대해서 "갑자기 돌출된 것이 아닌 1980년대 말부터 정치민주화 운동에 수반해 대두한 '현대사 재검토'(이른바 '과거사 청산') 움직임이 배경에 있다"라고 지적하였다.[14] 또한 1980년대의 "민주화운동의 담당자를 중심으로 냉전 대립 구도하에서 왜곡된 자국의 현대사를 재검토해야 한다는 인식이 퍼졌다"라며, 그러한 상황에서 "전시강제동원의 피해자·유족들이 1965년에 '청구권문제협정'에 이의를 제기하기 시작한다"고 말하고 있다.[15] 그리고 1990년대 이후, '현대사 재검토' 운동이 전개되기에 이르렀다. 김광열은 "한국의 '현대사 재검토' 운동은 독재 정권의 폭압하에 민중이 입은 폭력, 사망 및 실종 등의 피해를 조사해서 그 진상 규명과 함께 피해자의 명예 회복을 지향하게 되었다. 활동가들은 각 사건의 피해자 단체와 손잡고 국회에서 입법 활동을 펼친다"라고 지적하였다.[16] 김광열은 1990년대부터 2010년에 걸쳐 한국 국회에서 통과된 '현대사 재검토' 운동 관련 법률을 열거하고 군사 독재하의 민주화운동,

14 金廣烈, 2020, 「韓國における強制動員真相糾明活動の経緯と意義-2000年以降を中心に」(歴研シンポジウム, 「日韓の歴史葛藤をほどく「徴用工」問題から考える」, 歴史學研究会主催·朝鮮史研究会 共催(2020년 1월 12일)).

15 金廣烈, 2020.

16 金廣烈, 2020.

해방 직후 제주도에서 발생한 4·3사건, 한국전쟁 당시의 민간인 학살 사건과 함께 강제동원 사건이 입법 대상이 되었다고 하였다. 이렇듯 한국의 군사 독재에 항거하는 민주화운동 속에서 '현대사 재검토' 운동이 전개되었고, 그 일환으로 제2차 세계대전 당시의 강제동원이 과제로 부상했던 셈이다.

강제동원과 관련해서 보자면 2000년 5월, 이미 일본의 최고재판소(한국의 대법원에 해당)에서 다툰 한국인 원고(미쓰비시중공업 히로시마공장에 강제동원되었다)가 한국 부산지방법원에 소송을 제기했다. 김광열은 다음과 같이 지적하였다.

> 2000년 9월, 한국인 강제동원 피해 진상 규명에 관심이 많은 한국정신대문제대책협의회, 민족문제연구소, 역사문제연구소, 태평양전쟁희생자보상추진협의회 등의 활동가들이 회동해 종래 이 문제에 대해 한국의 공적 기관이 단 한 번도 진상 조사를 한 적이 없다며, 관련 연구자나 피해자들과 협력해 강제동원의 진상을 규명하는 법률을 제정할 필요성에 동의하면서 '일제강점기 강제동원의 진상을 규명하는 모임'을 발족한다.[17]

그 결과, 2004년 2월에 한국 국회에서는 강제동원 피해진상 규명 특별법안이 통과되었다. 이렇듯 한국의 민주화운동은 식민지기를 포함한 한국 역사의 재검토로도 귀결되었다고 말할 수 있다.

---

17 金廣烈, 2020.

Ⅱ. 냉담하게 민주주의운동을 응시하는 일본 사회

그러나 일본 측은 일반적으로 한국의 민주화운동을 냉담한 시선으로 바라보고 있다고 말할 수 있다. 미디어 연구 전문지 『신문과 방송』의 전직 기자인 강혜주는 2008~2009년의 이명박 정권의 광우병 대책에 항의하는 촛불집회를 취재했던 일본 언론에 대해서 다음과 같이 쓰고 있다.

> 일본의 기자는 부정적으로 보고 있다는 인상을 받았다. 그/그녀들이 말하는 것은 한국의 역동성, 즉 흔히 회자되는 "Dynamic Korea"는 차치하고 정치를 바꾼다면 기존 시스템에 따라 바꿔야 한다는 것이었다. 집회나 시민운동을 통해 정치를 바꿀 수 있다는 자세는 시민사회의 원동력으로 이어진다는 긍정적인 측면이 있으나, 한편 자신들이 법적으로 선택한 지도자나 정치 시스템을 스스로 부정하는 게 아니냐는 주장이었다.[18]

이러한 의식은 한국의 민주화운동이기 때문만은 아니다. 가령 2012년 8월, 도쿄의 총리관저 앞에서는 매주 수만 명이 모인 반원전 집회가 열렸으나, 그에 대해서 유력한 신자유주의적 정치인 중 한 명인 하시모토 도루(橋下徹) 오사카 시장(당시)은 다음과 같이 발언했다. 하시모토는 "정치인은 눈앞의 일부 단체 등의 목소리에 좌우되기 쉽다. 수천 명의 목소리가 모이면 그것이 전체 유권자의 목소리라고 착각하고 만다. 관저 앞·국회 앞의 반원전 집회는 정말 국민 전체의 목소리일까. 집회만으로

---

18 森類臣, 「ろうそくデモと韓國メディア」(川瀨俊治·文京珠, 2009, 151쪽)에서 인용.

정치 판단을 하는 행위는 위험하다"고 했다. 또 "분명 의회가 유권자의 목소리를 정말로 반영하고 있는지 의심된다"라고 하면서도, "하지만 그렇다고 해서 의회를 보완하기 위해 집회가 있다는 주장은 너무 성급하다"고 말했다. 그리고 "우리는 자신의 생각을 실현하기 위해 선거를 통해 다수 의석을 획득해왔다. 상상을 초월하는 노력이 필요하다"라며, "관저 앞 시위대 여러분, 여러분의 운동 자체는 부정하지 않습니다만, 역시 마지막에는 선거로 바꿀 수밖에 없습니다. 차기 중의원 총선거에서는 에너지 정책도 최대 쟁점이 되겠죠. 집회의 에너지를 선거에 쏟아주십시오"라고 주장했다.[19]

아마 이와 같은 의견을 가진 이는 비단 하시모토 개인만이 아닐 것이다. 현대 일본 정치에서도 기본적으로 집회와 같은 민주주의운동의 진행에는 부정적이며, 선거에서 다수를 확보하는 것이 정치의 목표로 지향되고 있다.

그리고 일본의 대표적인 고등학교 교과서인 『상설 일본사(詳說日本史)』 속 현대사 서술을 보면, 정치적 전환과 민주주의운동은 동떨어진 것으로 묘사되고 있다. 가령 현재 일본의 제도적 민주주의의 근간을 이루는 일본국 헌법의 제정에 관해 "1945년(쇼와 20) 10월, 시데하라 기주로(幣原喜重郞) 내각은 GHQ의 헌법 개정 지시를 받고 헌법문제조사위원회(위원장 마쓰모토 조지(松本烝治))를 설치했다. 그러나 이 위원회가 작성한 개정 시안은 여전히 천황의 통치권을 인정하는 보수적인 것이었다. 이에 GHQ는 극동위원회의 활동 개시를 앞두고 직접 영문 개정 초안(맥아더 초안)을 급거 작성하여 1946년(쇼와 21) 2월, 일본 정부에 제시했

19 원문은 트위터. http://twilog.org/t_ishin/asc.

다"라며 GHQ(연합국 최고사령관 총사령부)의 점령 정책의 산물로 묘사하고 있다.[20] 이 시기 민주화정책에 관한 기술도 동일하다. 한편 "국민 생활의 위기는 대중운동을 고양시켰다"라고 적고 있을 뿐, 생산관리투쟁이나 요시다 내각 타도를 내건 1947년 2월 1일의 총파업 등, 당시의 운동이 일본국 헌법 제정을 포함한 일본의 민주주의제도 확립과 어떻게 연관되어 있는지는 언급하고 있지 않다.[21]

또 다른 사례를 살펴보자. 입장 차이를 초월해 전후 일본의 최대 민주주의운동으로 평가되고 있는 1960년의 미일안보조약반대운동(60년 안보투쟁)에 관해서는 다음과 같이 기술하고 있다.

> 정부·여당이 1960년(쇼와 35) 5월, 경관대를 투입한 중의원에서 조약 비준 채결을 강행하자, 반대 운동은 '민주주의 옹호'를 외치며 단숨에 고양되었다. 안보개정저지국민회의를 지도부로 하는 사회당, 공산당 양당과 일본노동조합총평의회 등의 혁신 세력, 전학련(전일본학생자치총연합회)의 학생, 일반 시민들로 구성된 거대한 시위대가 연일 국회를 에워쌌다(60년 안보투쟁). 예정되어 있던 미국 대통령의 방일은 결국 중지되었으나, 조약 비준안은 참의원의 의결을 거치지 않은 채 6월에 자동으로 통과되었다. 조약 발효를 끝까지 지켜본 뒤 기시(岸) 내각은 총사직했다.[22]

기술 내용만 보면 비교적 많으나, 직접적인 목표인 안보 개정 저지는

---

20 笹山春夫 외, 2019, 『詳說日本史』, 山川出版社, 375쪽.

21 笹山春夫 외, 2019, 378쪽.

22 笹山春夫 외, 2019, 390쪽.

〈사진 6〉 간바 미치코의 묘

좌절된 것으로 묘사되어 있다. 같은 시기에 전개된 한국의 4월 혁명 등과 달리 민주주의운동으로서의 의의에 대한 기술 부재에 주목해주길 바란다.

이 60년 안보투쟁 와중에 간바 미치코(樺美智子)라는 학생이 희생되었다. 그녀는 입장 차를 초월해 60년 안보투쟁을 상징하는 인물로 인식되고 있다. 그러나 집안 묘지에 자리 잡은 그녀의 묘지에는 작은 묘비가 있을 뿐이다. 광주민주화운동이나 6월 민주항쟁의 희생자들과 비견할 만한 기념 시설은 존재하지 않는다(사진 6). 간바 미치코만이 아니다. 현대 일본의 민주주의운동을 기리는 시설은 거의 찾아볼 수 없다.

이는 후술하는 바와 같이 본래 일본 현대사의 민주주의적 제반 제도가 역사적 사실로서 민주주의운동을 통해 직접 획득되지 않은 결과의 반영이기도 하다. 그러나 반성해보자면 이러한 역사 서술 자체가 민주주의운동을 바라보는 현대 일본 사회의 차가운 시선을 만든 요인의 하나이기도 하다.

III. 일본 현대사의 출발점에서 전개된 민주주의 운동과 '투쟁하는 역사학'

그렇다면, 일본 사회는 언제부터 운동을 냉담한 시선으로 본 것일까. 여기서 역사 연구 방식과 관련 지어 일본 현대사의 출발점에서 전개된 민주주의운동=사회운동 방식을 확인해보겠다. 본고에서는 도베 히데아키(戸邉秀明)의 「마르크스주의와 전후 일본사학(マルクス主義と戦後日本史學)」[23]과 미치바 지카노부(道場親信)의 「전후 일본의 사회운동(戦後日本の社会運動)」[24] 등을 실마리로 전후 민주주의운동과 역사학의 동향을 확인한다. 현대 일본의 역사학은 전전 사회운동에 수용된 마르크스주의의 강력한 영향 아래 시작되었다. 전전 사회운동의 주요 투쟁 대상은 유신 변혁으로 파생된 천황제 국가였다. 그것을 절대주의로 이해하고 기생지주제(寄生地主制) 등의 반봉건적 요소와 자본제가 결합한 특수한 '형태'로 파악한 『일본 자본주의 발달사 강좌(日本資本主義発達史講座)』(岩波書店, 1932~1933)에 참여한 사람들—일본에서는 강좌파라 불린다—의 인식이 당시 소련의 코민테른이 발표한 일본혁명전략인 32테제와 기본적으로 일치한다는 점까지 더해지면서, 전전 마르스크주의적 역사 이해 속에서 정통파를 형성했다.[25] 전전 사회운동은 전쟁 중 괴멸되었고, 수많은 자유주의자나 비공산당계 사회주의자가 전쟁에 협력하게 되었다. 다른 한편, 공산당만이 정치 당파로서 유일하게 옥중에서 저항을

23 戸邉秀明, 2016, 「マルクス主義と戦後日本史學」, 『岩波講座 日本歴史』 第22巻, 岩波書店.

24 道場親信, 2015, 「戦後日本の社会運動」, 『岩波講座 日本歴史』 第19巻, 岩波書店.

25 戸邉秀明, 2016 참조.

이어갔다.

1945년, 전후 일본 사회에서 민주주의운동은 재출발했다. 미치바 지카노부는 "생존을 유지하기 위해 (중략) 이동수단의 확보와 식량, 주거, 생활의 기반이 되는 토지를 요구하는 운동"을 일으켰다고 말한다.[26] 다른 한편, "미국의 점령 개혁에 의한 노동운동이나 좌익 정당의 합법화, 언론집회결사의 자유와 의회제 민주주의, 국민주권, 성적 평등, 지주제의 해체, 비군사화와 평화주의와 같은 일련의 정책이 사회운동을 전개하는 초기 여건을 크게 바꾸었고 더불어 이전에 없던 강력한 자원을 제공했다"고 지적하고 있다.[27] 문제는 일본국 헌법으로 대표되는 제도적 민주주의가 일본 사회의 내재적 운동을 통해 획득된 것이 아닌 점령군에 의해 주어진 것으로 수용되었다는 점이다. 전쟁 직후의 일본공산당이 점령군을 해방군으로 규정한 것에서도 알 수 있듯이, 당시의 제반 운동은 점령군의 '민주주의'에 의존하고 있었다.

미치바는 전후 초기의 정당 관계는 유동적이었으나, "이 시기 좌익 정당의 영향력은 컸다"라며, 비공산계 사회주의정당인 일본사회당이 "일국적인 사회주의적 변혁을 구상"한 반면, 국제주의를 내세우고 있던 일본공산당은 "동아시아에서 진행 중인 혁명과 연동한 '일본혁명'을 구상하고 있었다"고 설명하고 있다.[28]

이러한 사회 정세 속에서 일본의 전후 역사학은 출발했다.[29] 전쟁 중

26 道場親信, 2016, 119쪽

27 道場親信, 2016.

28 道場親信, 2016, 120쪽.

29 전후 역사학이란 넓은 의미에서 '전후의 역사학'이나, 좁은 의미에서는 본문에서 설명하는 전후 민주주의운동과 밀접하게 관련되면서 마르크스주의의 강력한 영향 아래

저항을 관철했다는 점까지 맞물리면서 특히 공산당을 축으로 한 마르크스주의가 전후 역사학의 주류를 형성했다. 그리고 농지개혁 등, 일본을 민주 국가로 만들려는 GHQ의 전후 개혁이 전전 강좌파의 역사 이해의 정당성을 담보하는 것으로 인식되었다고 도베는 말한다. 이러한 마르크스주의적 역사상은 마루야마 마사오(丸山真男)나 오쓰카 히사오(大塚久雄) 등 방법론적으로 마르크스주의자가 아닌 논자들의 담론까지도 강하게 규정했다.

도베 히데아키는 일본의 전후 역사학의 사고 양식을 "① 세계사를 보편적 발전 법칙의 관철로 보는 과학주의, ② 국민적 유형을 단위로 하는 발전단계론, ③ 통시적 내적 일관성을 중시하는 닫힌 구조 분석, ④ 계급과 민중을 기초 범주로 하는 주요 세력의 검출론, ⑤ 변혁을 지향하는 강력한 목적론적 발상"으로 특징 짓고, "이러한 특징들에 뿌리를 둔 역사 연구가 구동할 때, 사회에 던진 가장 강력한 메시지는 생산력 해방과 주체 해방의 실현성이었다"라고 지적했다.[30] 바꾸어 말하면 출발점에 서 있던 일본의 전후 역사학은 마르크스주의의 강력한 영향을 받은 변혁을 위한 투쟁하는 역사학이었다고 할 수 있다.

전후 역사학의 이와 같은 동향은 1950년대의 민주주의의 움직임으로 인해 크게 요동쳤다. 전술한 바와 같이, 점령 직후의 여러 운동은 점령군의 민주화정책의 틀 안에서 전개되었으나, 1948년경부터 점령군의 정책이 변화하기 시작했다. 특히 1950년의 한국전쟁 발발 이후 그 변화는 뚜렷해졌다. 미치바는 "한국전쟁은 동아시아 국가들이 당사자로서 싸운

성립한 역사학을 가리킨다. 본고에서는 전적으로 후자의 의미로 사용한다.

30 戸邉秀明, 2016, 140~141쪽.

'동북아시아 전쟁'이었다"고 규정하고, "일본 국내에서 공산당은 점령군의 통제 대상이 되는 한편, 자발적으로 미국의 군사 활동을 저해하는 '반전' 투쟁에 재일 조선인 당원과 함께 참여했다"고 설명했다.[31] 1952년의 점령 해제 후에도 공산당은 군사 방침을 바꾸지 않았다. 역사학계에서도 공산당의 방침에 근거해 미국에 대한 식민지적 종속의 타파를 목표로 내건 민족 문제가 강조되었고, 국민을 계몽하는 국민적 역사학 운동에 힘을 쏟았다. 하지만 공산당은 1955년에 군사 방침을 포기했고, 1958년에는 현행 헌법을 지키는 호헌으로 방향을 전환했다.

이 전환은 국민적 역사학 등에 힘쓰고 있던 사람들에게 좌절감을 안겨줬다. 하쿠쇼잇키(百姓一揆, 백성 봉기)·우치고와시(打ちこわし, 도시빈민에 의한 집단적 폭동) 등의 근세 운동사 연구를 전공하던 스다 쓰토무(須田努)는 "왜 '전후 역사학'은 민중 폭력을 기피, 무시해왔는가"라 묻고, 1955년 일본공산당의 평화 혁명으로의 방침 전환에서 그 연원을 찾을 수 있다고 지적했다.[32]

다른 한편, 일본 민주주의운동의 주류는 합법적·비폭력적 운동 형태로 변용되었다. 미치바 지카노부는 당시 노동운동의 내셔널 센터인 총평[33]에 대해서 "출범 초기 미국의 군사 개입에 찬성한 입장에서 전환해, 전면 강화·중립·재군비 반대·외국 군사 기지 반대라는 '평화 4원칙'을 내걸고 사회당 좌파를 지지했고, 그 후 이어지는 '총평·사회당 블록'을

31 道場親信, 2016, 120쪽.

32 須田努, 2017, 「民衆と暴力」, 歴史學研究会 編, 『第四次現代歴史學の成果と課題』 2, 績文堂出版, 232쪽.

33 일본노동조합총평의회. 점령군의 지원 아래 1950년에 결성된 노동조합의 내셔널 센터이다.

형성했다"[34]고 지적했다. 그리고 1952년 4월 점령 해제 이후, 총평·사회당은 "합법성에 바탕을 둔 대중적 정치 운동을 적극적으로 전개"하게 되었다고 지적한다.[35] 그러한 상황에서 사회당과 노동조합의 내셔널 센터인 총평이 블록을 짜고 지식인·시민까지 끌어들인 것은 반전평화운동[36]을 중요한 이슈로 내건 혁신 국민운동이었다.[37] 이 혁신 국민운동에는 군사 방침을 포기한 공산당계 인물들도 참가했다. 이 혁신 국민운동에 대해 미치바는 "그 배후에는 '계급 투쟁'이 사회를 움직이는 기본 동력이라 보는 마르크스주의의—때로는 도그마적—역사관이 존재했다"고 강조한다.[38] 혁신 국민운동은 합법적·비폭력적 수단에 기댄 운동이 주축을 이루고 있었지만, 기본적으로는 '투쟁하는 민주주의'였다.

34 道場親信, 2016, 120쪽.

35 道場親信, 2016, 120쪽.

36 미치바는 "그것은 단순히 '평화'를 기원하는 것에 그치지 않고, 미군을 중심으로 해서 동아시아에 둘러쳐진 기지와 군대의 네트워크의 작동을 저지하고, 일본 정부가 이에 관여하는 움직임을 억제하는 기능을 가진 반시스템운동"으로 보고 있다(道場親信, 2016, 122쪽).

37 일본사에서 '혁신'이 붙는 역사적 개념으로는 중일전면전 이후 전시 체제를 짊어진 '혁신 관료'와 전후에 현행 체제의 변혁을 주장한 좌익·진보 정당인 '혁신 정당', 이 두 가지가 있다. 본고에서는 후자의 의미로 '혁신'이라는 단어를 쓰고 있다.

38 道場親信, 2016, 122쪽.

Ⅳ. 전후 민주주의운동의 재정의 : 혁신 국민운동에서 시민운동으로의 전환

전후 일본의 최대 민주주의운동으로 지목되는 1960년의 미일안보조약 개정 반대운동=60년 안보투쟁은 혁신 국민운동의 틀 속에서 전개되었으나, 한편으로는 '소리 없는 소리의 모임' 등 무당파 시민도 참가했다. 다른 한편, 60년 안보투쟁에서는 혁신 국민운동의 주축이 된 사회당과 공산당 양 정당을 비판하며 신좌익='뉴 레프트(New Left)'를 표방하는 사람들이 학생 등을 중심으로 등장했다.

그 후 운동은 정체기를 맞는다. 안도 다케마사(安藤丈将)는 당시의 학생운동에 대해 내부 분열과 충돌로 말미암아 "1962년의 대학관리법(이케다 하야토(池田勇人) 내각의 대학 관리 강화를 목적으로 한 법률 개정)과 1965년의 한일기본조약(한국과의 국교 정상화 조약. 한국 측에서는 일본 기업의 진출에 대한 우려감이 고조되었다)에 대한 항의 행동은 폭넓은 학생의 지지를 얻었다고 말하기 어렵다"고 지적했다.[39]

그리고 1960년대 후반부터 1970년대에 걸쳐 일본의 사회운동은 전환점을 맞이했다. 총평-사회당 블록을 축으로 한 공산당계까지 아우른 혁신 국민운동은 그 틀을 계속해서 유지하고 있었다. 하지만 사회당, 공산당 양 당은 고도 경제 성장에 의한 무질서한 도시화에 항의하는 지역 주민의 목소리에 부응하면서 지역민주주의를 표방하고, 선거를 통한 혁

---

39 安藤丈将, 2013, 『ニュ-レフト運動と市民社会-「六〇年代」の思想のゆくえ』, 世界思想社, 68쪽. 덧붙여 여기서 한일청구권 규정을 포함한 한일기본조약 체결과 관련해 일본 측에서 반대 의견이 전혀 없던 것은 아니었다는 점을 짚고 넘어가고 싶다.

신 지자체의 확립을 지향했다. 즉 합법적 선거를 통한 정책 전환을 추구하게 된 것이다.

한편, 그러한 사회당과 공산당을 비판하면서 새로운 운동 형태를 지향하는 경향도 뚜렷해졌다. 이 시기에는 베트남전쟁 반대를 목표로 한 '베트남에 평화를! 시민연합'(베평련)으로 대표되는 무당파적 시민운동이 전개되었다. 그리고 고도 경제 성장으로 인한 환경 파괴에 저항하는 주민운동이 각지에서 동시다발적으로 일어났다. 이들 시민운동·주민운동은 기존의 '혁신'과 선을 그었고 일부 주민운동은 혁신 지자체의 시책과 대립하기도 했다. 미치바는 이 시대에 시민운동·주민운동이 등장하면서 '사회운동'이 재정의되었다고 했다.[40] 또한 그는 "자립적으로 문제를 제기하고 행동하게 된 '시민'들은 자신의 활동 안에서 '운동'이란 무엇이며, 어떠해야 하는가와 같은 고차원의 논의를 제시"했고, 사회과학자들도 이에 응답해 "대중사회론이나 탈공업화사회론, 관리사회론 등과 설부시어 고도성장기 이후 일본 사회의 현실을 설명하고 운동가들에게 역사적 의미를 부여했다"고 설명했다. 그리고 "이로써 '시민', '시민운동'상이 풍부해졌고 이에 따라 '혁신'의 상대화가 진전되었다"고 주장했다.[41] 더 나아가 미치바는 이들 운동에서 "일상생활 속에 구조화된 폭력이나 가해 구조를 발견하고 해체하는 발상이 탄생한다"라고 지적했다.[42]

다른 한편, 대중화된 대학 교육 아래 급진화한 학생운동의 에너지를 배경으로 기존의 사회당·공산당 등의 '혁신 세력'을 '올드 레프트(old

40 道場親信, 2016, 126쪽.

41 道場親信, 2016, 127쪽.

42 道場親信, 2016, 130쪽.

left)'라고 비판하는 '뉴 레프트'의 활동이 대학과 거리에서 활발하게 전개되었다. 1960년대 말부터 1970년대 초엽에 걸쳐 두드러졌던 '뉴 레프트'에 대해 미치바는 공산주의자동맹·혁신적 공산주의자동맹·사회주의청년자동맹 등의 사회주의당파인 신좌파를 '협의의 뉴 레프트'로, 뜻은 공유하면서도 정치 조직에 속하지 않고 활동한 사람들을 '광의의 뉴 레프트'로 칭하고 있다.[43] 그러나 미치바에 따르면 "레닌의 원리주의적 정치 조직으로 '무장' 강화를 추구하는 신좌파"인 '협의의 뉴 레프트'는 1972년의 '연합적군사건'(동지 린치 사건)이나 '내부 게발트' 사건(활동가의 육체적 말살을 목적으로 한 당파 간 습격)이 연이어 터지면서 고립되고 만다.[44] 그것은 "수많은 뉴 레프트 시민이 '신좌파'로부터 멀어지는 원인을 제공했고, 뉴 레프트는 독자적인 정치 세력을 형성하기 어려워졌다"고 미치바는 평가했다.[45]

그리고 1970년대 후반 이후, 고도 경제 성장의 종언에 수반해 총평이나 사회당·공산당 등의 "'혁신'은 장기적으로 약화되었다"고 미치바는 지적했다.[46] 결국 1989년, 공산당계 사람들을 배제한 형태의 '노동전선 통일'을 통해 총평은 전일본노동조합총동맹(동맹) 등과 손을 잡고 연합(일본노동조합총연합회)으로 개편되었다. 이에 더해 총평이 주요 지지 기반이던 일본사회당계 사람들도 1993~1998년에 정권 여당의 지위에 있으면서도 1996년에 사회민주당과 민주당으로 분열했다. 이것은 '혁신'의 약화를 더한층 가속화했다. 이러한 '혁신'의 약화는 비판자로 등장한

43 道場親信, 2016, 133쪽.

44 道場親信, 2016, 134쪽.

45 道場親信, 2016, 134쪽.

46 道場親信, 2016, 135쪽.

'뉴 레프트'의 존재 의의 상실이라는 결과로도 이어졌다.

다른 한편, 1970년대 이후 소비자운동, 반원전운동, 지문날인거부투쟁 등 다양한 운동이 '혁신'의 틀과 선을 그으면서 시민운동의 형태로 전개되기 시작했다.[47] 미치바는 "1970년대를 통틀어 베평련형의 한시적 운동체 모델과는 달리 활동상 항상적 조직이 필요한 유형의 '시민운동'도 등장했다. (중략) 이와 병행해 1970년대 말부터는 'NGO'라 불리는 조직 활동이 일본 사회에도 정착하기에 이른다"라고 지적했다.[48] 그리고 1998년에 가결된 특정비영리활동촉진법(NPO법)에 따라 NPO로 활동하는 단체가 다수 탄생했다. 미치바는 "이로써 기존 시민운동단체 중 법인격을 취득한 곳도 등장하는 한편, 이 법의 틀 안에서 '비영리' 경제 사업을 영위하는 사업 단체와의 차별성이 사라지면서 '사회운동'이란 무엇인가의 문제가 부상하기 시작한다"고 지적했다.[49]

이러한 변화는 사회운동가 당사자들이 볼 때 미묘한 문제를 내포하고 있었다. 베평련 등의 운동에 참여했던 무토 이치요(武藤一羊)는 "1968년기 사회운동의 패배"로 평가한 뒤, 이 "패배를 거친 제도화를 같은 관점에서 승리 또는 획득물로 볼 수 있다"라고 지적했다.[50] 한편으로

---

47 또 이들 운동이 이전의 총평·사회당·공산당 등이 주도한 '혁신 국민운동'의 틀과 완전히 단절된 채로 전개된 것은 아니었다. 1980년대의 지문날인반대운동에 대해서 미치바는 "정주 외국인 특히 재일 한국인·조선인이 주축이 된 이 운동은 ① 외국 국적자가 '당사자' 그리고 중심이 되었으며, ② 그와 함께 일본 국적의 시민, 종교인, 노동조합(특히 공무직 노동자 조합), 의원들을 다수 끌어들였고, ③ 일본 정부가 법 개정에 나설 수밖에 없을 만큼의 힘을 가진 성공한 운동이었다"고 지적했다(道場親信, 앞의 책, 138쪽). ②에는 이전의 '혁신 국민운동'을 구성했던 사람들도 참여했다고 할 수 있다.

48 道場親信, 2016, 140쪽.

49 道場親信, 2016, 141쪽.

50 武藤一羊, 1998,「社会運動と分水嶺としての68年」, フォーラム90s研究委員会 編,

는 "사회운동에서뿐만 아니라 사회 전체에 걸쳐 획득물이 열어지면서 널리 정착했다"라고 평가했다.[51] 그러나 다른 한편 "전체를 바꾸는 실천이 전체적 함의를 지닌 이슈 관련 유엔이나 정부 정책에 대한 개입·'참획'(로비 활동)에 집중되면서 재해석되기에 이른다"고도 평가했다.[52] 무토는 "NGO는 민중 운동체를 대체"했으며, "새로운 사회운동의 제도화는 당분간 이러한 이행으로 특징지어진다"라고 주장했다.[53] 그리고 "NGO를 통해 개발 원조나 정책 제언(advocacy)으로 수평 이동함으로써 타자와의 관계가 자신에게 되돌아와 꽂힐 위험이 안전하게 차단된다"라고 주장했다.[54]

무토에 따르면, 이는 비단 협의의 NGO에만 그치는 문제는 아니었다. 무토는 그 사례로 체르노빌 사태에 촉발되어 1980년대 말에 아이치(愛知)현에 위치한 이카타(伊方)원전의 출력 상승에 반대하는 운동을 들고 있다. 이 운동은 이카타원전 건너편에 위치한 오이타(大分)현 벳푸(別府)시의 주부들이 "원전 중단 생명이 소중"을 슬로건으로 내걸고 시작한 것이었다. 무토는 "놀라울 정도의 파급력으로 특히 그전까지 운동과는 무관했던 여성들 사이에 널리 퍼지면서 기성 운동에 강한 충격을 안겨준 뒤 소멸했다. 그 운동에서 강력히 주장되고 관철된 것은 조직은 불필요하다, 생명 수호를 바라는 한 사람 한 사람의 '나'와 시코쿠(四國)전력(이

『20世紀の政治思想と社会運動』, 社会評論社, 84쪽.

51 武藤一羊, 1998, 84쪽.

52 武藤一羊, 1998, 85쪽.

53 武藤一羊, 1998, 85쪽.

54 武藤一羊, 1998, 86쪽.

카타원전을 설치한 기업)의 싸움이다는 원칙이었다"고 주장했다.[55] 결국, 한시적 형태로 운동의 목표만을 달성하고, 그 자체가 사회 전체와 어떠한 관련성 속에 존재하는지 밝히지 않은 채 운동은 종식됐다고 할 수 있다. 이는 1970년대 이후 일본 사회에서 전개된 사회운동의 양상을 암시하고 있다.[56]

V. 전후 역사학의 사회적 방식 전환

그렇다면 민주주의운동이, 혁명을 지향하는 혁신 국민운동이, 사회당과 공산당 양당에 의한 선거를 통한 혁신 지자체의 수립, 시민운동·주민운동에 의한 운동의 재정의, '뉴 레프트'에 의한 '혁신' 비판에 직면한 가운데, '부쟁하는 역사학'으로 출발한 전후 역사학은 어떠한 변화를 겪었을까. 전술한 도베는 1960년~1970년대에 역사학이 ① 마르크스주의 역사이론의 재검토, ② 민중사상사의 제기, ③ 사회사의 형성이라는 형태로 자기 혁신을 꾀했다고 설명했다. ①의 마르크스주의 역사이론의 재검토는 봉건제와 같은 일반적 의미의 기본적 생산 관계가 일본 사회에 관철되는 것을 검증하는 게 아니라, 특수한 역사적 사회 구성을 법칙적으로 이해하려는 것이었으며, ②의 민중사상사 연구는 "민중을 그 의식이

55 武藤一羊, 1998, 86쪽.

56 이것은 한국의 시민운동에서도 원리적으로 있을 수 있는 것이다. 文京洙는 "이러한 시민사회와 정치 시스템의 상호 침투나 융합의 진전은 역으로 시민운동의 활력을 빼앗아 그 역할이나 정체성의 재정의를 피할 수 없게 했다"고 지적하였다(川瀨俊治·文京珠, 2009, 232쪽).

나 행동의 차원에서 파악함으로써 '미발(未發)'의 가능성을 탐색하고 근대화 과정을 총체적으로 비판하는 시점을 내놓았다"고 지적했다.[57] ③의 사회사는 실증 연구의 성과를 토대로 한 역사상을 제기함으로써, 토지 소유나 수취 관계 등을 축으로 한 사회 구성체만을 논해온 전후 역사학의 일면성을 비판하는 것이었다. 이들 제반 조류는 격렬한 논쟁을 불러일으켰으나, "하지만 그 경과를 통해 경직된 강좌파 이론을 상대화해 마르크스주의 역사학의 혁신을 자극했다. 그 결과, 80년대에는 그들 또한 전후 역사학의 대표적 역사가로서 널리 인지되어간다"고 평가했다.[58] 지금 생각해보면, 당시의 민주주의운동의 전환—기존의 '혁신 국민운동'을 비판 혹은 상대화한 '뉴 레프트'나 시민운동·주민운동의 등장과 궤를 같이했다고 할 수 있다.

그러나 전후 역사학의 주류파는 "국민적 역사학 운동의 실패가 가져온 정체는 안보투쟁에 의해 타파되어 1960년대 후반 이후, 인민투쟁사나 국가사 연구가 보수 반동과 무분별한 개발로 인해 분출된 제반 모순에 대항하고자 조직되어 융성기를 맞이한다"고 말하는 상황이 이어졌다.[59] 1955년 무렵, 현실의 사회운동은 폭력 등의 실력 행사를 기피하는 방향으로 선회했으나, 역사학에서는 권력과 투쟁하는 역사학이라는 성격을 견지하고 있었던 것이다.

그럼에도 1960년대 후반부터 1970년대에 걸친 시기의 전후 역사학은 그 전과는 모습을 달리했다. 도베는 이 시기의 전후 역사학에서 사회

57 戸邉秀明, 2016, 164쪽.

58 戸邉秀明, 2016, 147쪽.

59 戸邉秀明, 2016, 151쪽.

구성사의 실증 연구가 진전된 점을 언급한 뒤, 다음과 같이 지적했다.

> 대학이 계속해서 정비되고 확대된 것도, 그전까지 대학 안에서 변두리에 위치했던 전후 역사학의 많은 소장파 연구자들이 정직으로 취업하는 계기를 제공하면서 재생산의 기반이 된다. 이로써 전후 역사학의 방법은 연구자의 세계에서 안정된 지위를 확보하며, 그 성과는 입장 차를 초월해 논의되어 각 분야의 '정설'을 형성한다. 전후 역사학은 이 단계에서 과학론에서 말하는 정상과학(Normal science)의 단계에 도달했다고 말할 수 있다.[60]

이 단계에서 전후 역사학은 고도 경제 성장 이후 풍요로워진 일본의 시민사회 속에서 사회적 지위를 확보했다고 할 수 있다. 도베에 따르면 그것이 전후 역사학의 방법적 보수화를 낳았다.

그렇다 하더라도 그것은 전후 역사학이 일반 시민사회로부터 유리되어 있었다는 것을 뜻하지 않는다. 도베는 이 시기, 전후 역사학은 "사회와 연결된 새로운 접점을 찾아냈다"라며, "고도 성장으로 인한 난개발이나 보수 지배 이데올로기의 공세에 직면해, '메이지 백년'제(祭)에 대한 반대나 각지의 유적 보존 운동 등의 '과학운동'에서 주도적 역할을 담당했다. 그 결과, 전후 역사학의 지식과 자세는 사회에 인지되어간다"고 주장했다.[61] 이들 과학운동 중 도베는 특히 이에나가 사부로(家永三郎)가 교과서에 대한 국가의 부당한 검정에 항의하며 제기한 이에나가교과서검

60 戸邉秀明, 2016, 152쪽.

61 戸邉秀明, 2016, 152쪽.

정소송 지원 운동에 주목했다.[62] 그는 다음과 같이 총괄했다.

> 역사가 자신이 '민중' 주체의 의의를 적극적으로 이해하고, 기본적 인권을 포함한 시민적 가치관의 중요성을 자각해간다. 동시에 소송을 지원한 그들이 검정을 비판하는 측에서 교과서 제작에 참가하게 되었고, 마침내 교과서의 역사 서술에서도 전후 역사학의 시점이 많이 채용되기에 이른다. 이로써 전후 역사학은 1970~1980년대에 걸쳐 전후 교육과 고도성장의 결과가 낳은 전후 일본의 비판적 시민 속에 간신히 스스로를 뿌리 내릴 수 있었다.[63]

이러한 이에나가교과서검정소송 지원 운동의 형태는 이 시기 전후 역사학을 짊어지고 있던 역사가들의 존재 형태를 상징하고 있다고 말할 수 있다. 다시 말해 이 시기 전후 역사학 담당자들의 사회 실천은 시민사회의 총체적 변혁을 지향하지 않고, 일본 시민사회 내부에서 발생한 개별적 과제의 해결을 꾀하는 것으로 귀결되었다. 구체적으로는 역사교과서 편찬에 직접 관여함으로써 일본 사회의 일반적인 역사의식 형성에 기여하게 된다.[64] 그러한 의미에서 전후 역사학의 사회적 존재 방식은 체

---

62 이에나가 사부로는 전전부터 활동한 사상사 연구자로, 방법론적으로는 마르크스주의 역사학에 속하지 않았다.

63 戸邉秀明, 2016, 163쪽.

64 물론 일본의 교과서는 문부과학성의 검정에 노출되어 있어 교과서 편찬이라는 작업 자체가 모순을 내포하고 있다. 가령 식민지 책임이나 전쟁 책임에 대한 기술은 문부과학성의 뜻에 따라야 했기 때문에 교과서 편찬자의 입장에서 보면 불만족스러웠다. 그렇다고 하나 전술한 일본국 헌법 제정 과정이나 안보투쟁에 대한 교과서의 기술에서 보이는 제도적 민주주의와 민주주의운동의 분리는 엄연히 역사 연구의 실증적 성과에 따른 것이나, 일본 사회의 운동에 대한 냉담한 시선과도 관련이 있다고 생각한

제 변혁을 지향한 '투쟁하는 역사학'에서 체제 내부에서 개별 과제를 해결하는 시민운동의 담당자 중 하나가 되었다고 할 수 있다.

VI. 시민사회의 일원이 된 전후 역사학의 방법론적 전환: 일본 근세사를 중심으로

도베가 지적하듯이, 전후 역사학은 방법론 면에서 보수적인 자세를 보이고 있었다. 그러나 시민사회 안에서 사회적 지위를 획득함으로써 아무런 변화가 없었던 것은 아니다. 오히려 시민사회의 질서 의식에 따라 역사 연구의 방법을 바꾼다. 그 사례 중 하나를 일본 근세사 연구를 중심으로 살펴보겠다.[65] 와카오 마사키(若尾政希)는 1960년대 말부터 1970년대에 걸쳐 일본 역사학계에서 일반적이었던 인민투쟁사에 대해서 당시 근세사 연구의 대표 격이던 후카야 가쓰미(深谷克己)의 회상에 의거하면서 다음과 같이 설명했다. 이 인민투쟁사란 제국주의·군국주의적 역사관 등의 반동 이데올로기가 횡행하고 있다는 '위기 의식'과, 제3세계의 민족독립운동의 진전, 사회주의국가에 대한 기대, 혁신 지자체 등장의 영향 등과 같은 '가능 의식'을 수반하는 것으로, "이 '우리의 역사학'에서 위기를 가능으로 바꾸는 '주체'는 '노동자·농민·시민'의 폭넓은

다.

65 '근세'란 오다 노부나가(織田信長)가 중앙정권으로의 길을 걷기 시작한 1568년부터 메이지유신이 시작되는 1867년까지를 중심으로 한 시기, 즉 무가정권(武家政権)이 천하통일을 이룩하고 그 통일 정권이 붕괴하는 시기까지를 가리킨다. 덧붙여 본고에서는 근세사를 중심으로 검토하나, 근현대사나 일본의 한국사 연구에서도 비슷한 검토는 필요하다. 향후 과제로 삼겠다.

'통일 전선'이며, 그 총칭이 '인민'으로 간주된 것이다"고, 와카오는 설명했다.[66] 이러한 인민투쟁사관에서 농민=백성의 투쟁인 하쿠쇼잇키(百姓一揆)는 인기 있는 주제였다. 와카오에 따르면, 전후 민주주의운동 속에서 발전해온 하쿠쇼잇키론은 바꾸어 말하면 혁명적 전통론이었다. 또 그는 "과거 하쿠쇼잇키를 연구하면 언젠가는 혁명을 희구한 인민(혁명주체)을 틀림없이 만날 수 있을 것이라는 생각이 사람들의 잇키 연구를 부추겼다"고 말한다.[67] 그야말로 '투쟁하는 역사학'을 구현한 것이 하쿠쇼잇키 연구였던 것이다.

그러나 1970년대에는 그러한 의식은 변용을 거듭한다. 후카야는 당시의 대학원생과 학생들 사이에서는 "'반봉건'을 취지로 하는 '전후적'인 것마저 '권위'화되었다며 거부하는 목소리가 등장했다"고 말했다. 그러한 회상에 대해서 와카오는 "인민투쟁사 연구가 시대의 문제 감각과 동떨어져가는－리얼리티(현실성)를 상실해가는－모습을 묘사"했다고 평가했다.[68] 이는 실로 동시대의 시민운동·주민운동이나 '뉴 레프트' 등에 의한 혁신 국민운동의 상대화나 비판 등과 궤를 같이했다고 말할 수 있다.

그러한 상황에서 후카야 자신의 연구도 전환점을 맞이한다. 1973년에 후카야 등은 하쿠쇼잇키의 정당성 원리로서 인정(仁政)이데올로기론을 제기하는데, 이는 후카야뿐만 아니라 근세사 연구의 대전환으로 이어졌다고 와카오는 평가했다. 와카오는 인정이데올로기론에 대해서 다음과 같이 개괄했다.

66 若尾政希, 2017, 「『民衆』の問い方を問い直すII 日本近世史から」, 『第四次現代歴史學の成果と課題』1, 164쪽.

67 若尾政希, 2017, 166~167쪽.

68 若尾政希, 2017, 165쪽.

'공의(公儀, 공권력)'의 '백성님'인 백성은 자신의 생존이 위협받는 상황에서 인정을 요구하며 소원(訴願)을 해 잇키(一揆, 봉기)를 일으키나, 이는 어디까지나 인정의 회복을 요구한 것으로 이해되었다. 인정이 회복되면 잇키는 종식된다.[69]

그리고 "후카야는 1976년의 논문 「하쿠쇼잇키」에서 '하쿠쇼잇키는 막번제(幕藩制) 국가의 존속을 전제로 하는 계급투쟁이었다'라고 결론을 내렸다"고 했다.[70] 즉 막번제 국가의 존속을 전제로 하면서, 영주층에 백성의 생존을 위협하지 않는 유교적 덕목인 '인(仁)'을 전제로 한 정치 운영='인정(仁政)'의 회복을 요구한 것이 하쿠쇼잇키이며, 변혁을 지향하는 운동이 아니었다는 것이다. 이 인정이데올로기론에 대해서 와카오는 전후 민주주의운동 속에서 발전해온 하쿠쇼잇키론=혁명적 전통론과의 결별이었다고 평가했다.

후카야는 1980년대에 들어오면 "영주와 백성, 쌍방의 이해관계가 충돌하는 가운데 양자에게 '합의'라 칭할 만한 관계 의식이 형성되었다는 이해('백성성립'론)를 제시하게 되었다"고 와카오는 지적했다.[71] 와카오에 따르면, 후카야는 1970년~1980년대에 걸쳐 막번제 국가를 총체적으로 변혁하는 주체를 중심에 둔 인민투쟁사적 인식에서 백성들의 생존을 보장하고 영주와 백성 간의 합의 형성을 지향하는 인식으로 전환한 것이

---

69 若尾政希, 2017, 166쪽. 또 와카오가 글에서 인용한 후카야의 글은 深谷克己, 1976, 「百姓一揆」, 『岩波講座日本歷史』 第11巻, 岩波書店에 의한다.

70 若尾政希, 2017, 166쪽. 또 와카오가 글에서 인용한 후카야의 글은 深谷克己, 1976, 「百姓一揆」, 『岩波講座日本歷史』 第11巻, 岩波書店에 의한다.

71 若尾政希, 2017, 166쪽.

다. 이것은 어떤 의미에서 동시대에 시민사회의 일원으로서 위치를 확립한 전후 역사학의 모습을 전제로, 혁신 지자체 운동이나 시민운동·주민운동 등처럼 근세사회를 관찰하게 되었다고 할 수 있다.

와카오 자신은 후카야 등의 연구를 전제로 하면서 "과거 근세사 연구에서는 주체라 하면 일반적으로 변혁 주체를 가리켰다"고 지적하고, 그 위에 자신의 연구 방법을 다음과 같이 개괄했다.

> 그러나 주체 개념을 그것에만 한정해 사용하는 것은 21세기 초엽의 현대가 직면한 과제와는 어울리지 않는다. 학생이나 시민이 사회 변혁에 대한 가능 의식을 통상적으로 갖고 있던 70년 전후와 현대는 사뭇 다르다. 문제 감각이 바뀌었다. 학생이나 시민을 대상으로 역사학을 강의할 때에 우리가 '변혁 주체'라고 말해도 설득력이 떨어진다. 도리어 우리가 얼마나 역사적 규정을 뒤집어쓰고 있는가라는 관점(우리='역사적 규정성·피구속성'론) 쪽이 설득력이 있고, 학생이나 시민을 역사학으로 인도할 수 있다. 우리를 지배하고 속박하고 있는 통념·상식이 실은 그 사회 속에서 역사적으로 형성되어온 역사적 산물임을 이해할 때에 역사 연구가 자신에게 절실한 학문임을 깨닫게 된다.[72]

와카오는 자신이 정치적, 사회적, 경제적, 문화적 관계에 둘러싸여 있다(바꾸어 말하면 구속되어 있다)는 사실을 자각할 때에 "하나의 역사적 존재로서 어떻게 주체를 형성할 것인가라는 인생의 절실한 과제는 역사를 배움으로써 실현할 수 있다"라며, "이러한 의미에서 지금도 역사학은

72 若尾政希, 2017, 168~169쪽.

자기 확립·자기 변혁의 학문이며, 정치·사회 변혁의 학문이다"고 주장했다.[73]

여기서는 와카오 자신의 역사 연구 자체에 대한 언급은 피하겠다. 다만, 와카오가 말하는 연구 방식에서는 근세사회에서 그 관계성 안에서 여러 주체가 형성되는 사상사·문화사적 측면과, 그들 제 주체가 어떤 식으로 상호 관계성을 형성하고 갈등과 협조의 제반 양상을 그려나가는지의 정치사적 측면이 중시된다. 이의를 제기한 주체, 저항의 주체는 와카오에게는 한 국면에 불과하다.

이와 같이 볼 때, 와카오의 역사 연구 방법은 후카야 등의 선행 연구를 계승하면서, 보다 의식적으로 전후 역사학이 시민사회의 일원으로 위치를 확립해가는 가운데 변용되었던 지향을 발전시킨 것이라고 볼 수 있다. 어떤 의미에서는 기성 시민사회의 질서를 전제로 각 개인·집단이 자기를 형성해가는 과정과, 마찬가지로 기존 시민사회의 질서 속에서 정치적 관계를 맺어가는 과정, 즉 시민사회 내부에서 일상적으로 발생하는 사람들 간의 접촉이 전제가 되며, 그것이 일본 근세사상에 투영되어 있다고 볼 수 있다. 그리고 그것은 일면 '투쟁하는 역사학'으로부터의 전환이라고 말할 수 있다. 또 그것을 떠받친 것은 전후 초기에는 어림도 없던 풍부한 실증이었다. 그리고 이러한 풍부한 실증은 와카오가 제기한 방법상의 전환을 실증의 성과로 자인하는 것으로 이어졌다고 말할 수 있다.

73 若尾政希, 2017, 169쪽.

Ⅶ. 전후 역사학을 넘어: 한일 화해를 향해

시민사회에 적응한 전후 역사학은 전후 역사학의 사상적 배경에 직격탄을 날린 1990년 전후의 소련·동유럽의 사회주의권 붕괴 이후에도 살아남았다. 도베는 "50년~60년대에 전후 역사학의 중추를 이루던 정통 이데올로기인 강좌파 이론은 시민주의적 가치관과 그에 근거한 일본사상에 조용히 그러나 확실하게 자리를 내주어간다"라며, 또 "어쩌면 이는 일본 사학에서는 냉전 종식의 영향이 그다지 심각하지 않았던 이유이다"고 지적했다.[74] 전술한 일본 근세사 분야에서 일어난 후카야에서 와카오에 이르는 역사 연구의 점진적 변화는 전후 역사학이 일본 시민사회의 일원으로 변용했기 때문이다.

그러나 도베는 그러한 현 상황을 긍정적으로만 보고 있지는 않다. 앞의 문장에 이어 그는 다음과 같이 지적했다.

> 도리어 그 전후에 나타난 아시아의 경제 성장이나 세계화에 대해 역사적 전망에 근거해 제대로 비판할 수 없었다는 것이 전후 역사학의 정체성의 보다 큰 확산과 해체를 촉진하는 결정적 요인으로 작용한다. 그 결과, 이후 사반세기 동안 현대사회에 대한 전후 역사학의 설명 능력은 계속해서 쇠퇴했고 연구 성과를 수용할 주체를 잃고 말았다.[75]

도베는 "대체로 신자유주의적 가치관의 침투는 맥락에 맞춰 가치를 논

---

74 戸邉秀明, 2016, 156쪽.

75 戸邉秀明, 2016, 156쪽.

하는 역사적 시점을 쇠퇴시켰다"라면서 "그러나 전후 역사학에서는 당시 일종의 자폐화(이론적 보수화)가 진행된 탓에 이러한 점진적 변용에 대해 이전의 비판적 역할을 유지할 수 없었던 듯 보인다"고 주장했다.[76]

또 와카오조차도 "민중사 연구라 할지라도 대상을 일본 한 나라로 수렴해버리면 근대화론 · 국민국가론에 가담하고 만다"고 지적했다.[77] 이렇듯 전후 역사학은 시민사회화함으로써 냉전 종식 후에도 살아남을 수 있었지만, 또 그로 말미암아 여러 의미에서 자폐화했다고 말할 수 있다.

그렇다면 이러한 현 상황, 전후 역사학의 '자폐'를 타파할 돌파구는 존재할까. 여기서는 한 번 더 '투쟁하는 역사학'의 국면에 대해서 하쿠쇼잇키 등의 근세 민중운동사 연구로 돌아가 살펴보겠다.

앞서 언급한 스다 쓰토무(須田努)는 "현실 정치 · 사회와 마주하는 '전후 역사학'에서 '변혁 주체'인 민중이 투쟁해야 할 상대는 위정자나 국가 권력이며, 민중은 상호 연대해야 할 존재로 정의되어 있었다"고 설명했다. "그리고 폭력이란 타기(唾棄)해야 할 것인 반면, 민중이란 '순수하며 올바른' 존재라는 확신도 있었다고 말할 수 있다"고 지적했다.[78] 그리고 스다 자신은 근세의 민중운동에서 권력에 대한 저항의 측면만이 아닌 "민중 내부에서 발생한 갖가지 모순, (중략) 민중 간에 행사된 '수평 방향의 폭력' 문제"를 주목해야 한다고 주장했다.[79] 또 "민중운동에서 사용된 소원 혹은 폭력이라는 수단은 수많은 '선택지' 중에서 위정자와의 관계,

---

76 戸邉秀明, 2016, 157쪽.

77 若尾政希, 2017, 170쪽. 또 후카야 가쓰미 본인이 아시아민중사연구회의 연구 교류 활동을 시작한 배경에는 그러한 생각도 자리 잡고 있었다고 보인다.

78 須田努, 2017, 233쪽.

79 須田努, 2017, 233쪽.

사회 상황을 의식한 백성(민중)이 주체적으로 선택했다, 라고 평가했다"고 말했다.[80] 다시금 민중의 폭력 문제를 도마 위에 올렸다고 말할 수 있다. 더욱이 스다는 "일상을 살아가는 개인은 모두 비일상적 실천 행위인 폭력을 선택한 시점에서 주체로서 각성했다고 말할 수 있다"라고까지 쓰고 있다.[81]

또 더 나아가 "가정폭력·사회적 약자에 대한 폭력, 집단따돌림, 헤이트 스피치 등, 현실의 일본 사회에서는 폭력이 넘치고 있다. '현대 역사학'은 이러한 일상적인 폭력 문제까지 역사적 맥락 속에 위치시켜 규명할 필요가 있다"고 호소했다.[82] 시민사회의 일상성에 내재하는 모순=폭력의 문제도 시야에 넣고 있는 것이다.

그러나 이러한 스다의 폭력론은 일본의 역사학 연구에 널리 수용되지는 못했다. 역사 연구 잡지인 『역사평론(歷史評論)』 2007년 8월호는 「중근세 비폭력운동의 가능성(中近世非暴力運動の可能性)」이라는 제목의 특집을 기획하고, 「그 특집에 부쳐」라는 글에서 스다의 논의를 염두에 두고 "폭력론만으로 논의를 종결시켜서는 미래의 전망을 열 수 없지 않을까. 미제국주의를 비판하는 것은 당연하나, 그렇다고 해서 테러리즘을 용인할 수는 없다"고 지적했다.

이 지적은 조금 편협한 것으로도 비친다. 그러나 어떤 의미에서 일본 민주주의의 특이한 방식에 수반해 발전해온 현시점의 전후 역사학에서 폭력적 운동을 부정하고 체제 속에서 교섭해가는 사회적 실천은 사회적

80 須田努, 2017, 237쪽.

81 須田努, 2017, 242쪽.

82 須田努, 2017, 242~243쪽.

으로 획득된 것으로 인식되었다. 이는 역사학 연구자의 협소한 세계만이 아닌, 일반 사회의 운동 부정과 동조했다고 말할 수 있다.

이것은 현실의 운동에서나 역사학에서나 복잡한 측면을 가지고 있다. 전술한 바와 같이, 무토는 1968년기의 운동은 패배했다고 평가하면서도 운동의 NGO화 등 제도적 측면을 획득했다고 인식하고 있다. 이는 전후 일본의 많은 민주주의운동이 걸어온 길이 아닐까. 다른 측면에서 보자면, 시민사회에서 일정 위치를 점한 전후 역사학 연구자들은 교과서 기술 등, 시민사회의 역사 인식 전체에 영향력을 발휘할 수 있게 되었다. 그러나 그것은 전쟁 책임이나 식민지 책임 등에 대한 문부과학성의 검정을 어쩔 수 없이 받아들이는 대가를 치러야 했다.

가령 전후 최대의 민주주의운동인 60년 안보투쟁조차 그 자체는 패배로 총괄되고 있다. 그러한 의미에서 직접적인 행동(운동) 자체를 통해 획득한 것은 그리 많지 않다. 오히려 합법적 시민운동·주민운동으로 모습을 바꾸고 더 나아가 혁신 지자체와 같은 선거 활동, 이에나가교과서 재판과 같은 소송 지원, NGO화 등과 같은 운동의 제도화를 통해 이른바 직접적인 행동(운동)에서 멀어지는, 즉 '투쟁하는 민주주의'로부터의 전환을 통해 일본 사회에서 지위를 획득했다고 말할 수 있을 것이다.

그리고 마지막으로 '일본국헌법' 호지(護持)-'호헌'이 마지노선을 구축하고 있다. 냉전구조 속에서 일본의 지배층은 늘 민주주의적인 일본국헌법 체제의 개변을 꾀해왔는데, 호헌은 일본의 민주주의를 옹호하는 사람들의 공통의 과제라고 할 수 있다. 그리고 그것이 폭력의 부인으로 귀결된 점도 존중해야 할 유산이다. 그러나 애당초 미점령군이 부여한 헌법이며, 더욱이 공산당이 무장 방침을 포기하고 뉴 레프트가 일반에 대해 영향력을 잃고 만 이후에 지금을 살아가는 사람들의 주체성에 근거해 제도적인 측면을 포함한 대안적 민주주의를 주장하고, 과거의 역사를 재검토하는 작업은 어떻게 가능할까. 더불어 만약 지금의 일본국 헌법을 중심으로 한 일본의 민주주의제도가 반드시 폭력적 수단이 아니어도 비언론적 수단에 의해 공동화될 경우, 어떻게 대항하면 좋을까.

다른 한편, 폭력 행사를 포함한 운동과 그 성과를 선험적으로 부인하는 행위는 그러한 운동이 발생할 수밖에 없었던 사회 현상을 정확하게 이해하지 못하는 결과를 초래할 우려가 있다. 한국의 광주민주화운동도 무장봉기를 수반하고 있으며, 또 평화 운동으로 제기된 촛불집회에서도 권력 측의 폭력에 대항할 수밖에 없었던 장면도 있었다. 그것들을 선험적으로 부인하는 행위는 한국의 민주주의운동과 그를 통한 역사의 재검토를 모조리 부인하는 셈이 되지 않을까. 그리고 이는 한국의 민주주의운동뿐만 아니라 전 세계의 민주주의운동에서도 그러한 면이 없다고 장담할 수 없다. 이렇듯 운동 속 '투쟁'이라는 국면의 재인식은 일본 역사학의 '자폐'를 타파할 돌파구가 될 수 있다.

필자는 한국의 민주주의운동 방식과 이를 통한 역사의 재검토라는 경험은 일본의 민주주의운동이나 역사학의 방식을 반성하는 재료가 된다고 생각하고 있다. 본고에서는 한국의 민주화운동 등에 대한 직접적인 논평은 피하겠으나, 일본의 경험에서 한국의 역사를 재검토하는 작업도 가능할 듯하다. 필자는 이러한 작업을 통해 쌍방이 서로를 이해할 때 공통 과제를 함께 짊어지고 나가는 한일 화해가 성립할 수 있다고 생각한다.

참고문헌

한국어

한철호 외, 2018(2013년 8월 30일 검정통과), 『고등학교 한국사』.

일본어

高正子, 2009, 「クェンガリからキャンドルへ-〈示威文化〉からみる韓國社会のいま」, 川瀬俊治・文京珠 編, 『ろうそくデモを越えて-韓國社会はどこに行くのか』, 東方出版.

金廣烈, 2020, 「韓國における強制動員真相糾明活動の経緯と意義-2000年以降を中心に」, 歴史學研究会・朝鮮史研究会 共催, 歴研シンポジウム, 「日韓の歴史葛藤をほどく「徴用工」問題から考える」(2020. 1. 12).

戸邉秀明, 2016, 「マルクス主義と戦後日本史學」, 『岩波講座 日本歴史』 第22巻, 岩波書店.

真鍋祐子, 2010, 『光州事件で読む現代韓國(増補)』, 平凡社.

武藤一羊, 1998, 「社会運動と分水嶺としての68年」, フォーラム90s研究委員会 編, 『20世紀の政治思想と社会運動』, 社会評論社.

文京洙, 2015, 『新・韓國現代史』, 岩波書店.

道場親信, 2015, 「戦後日本の社会運動」, 『岩波講座 日本歴史』 第19巻, 岩波書店.

笹山春夫 外, 2019, 『詳説日本史』, 山川出版社.

須田努, 2017, 「民衆と暴力」, 歴史學研究会 編, 『第四次現代歴史學の成果と課題』 2, 績文堂出版.

鶴園裕, 2015, 「交流の歩み アジア民衆史研究会25年の回顧と展望, アジア民衆史研究会・歴史問題研究所 編, 『日韓民衆史研究の最前線 新しい民衆史を求めて』, 有志社.

新井勝紘, 1995, 「交流記1 東學農民軍の死の重さ-東學農民戦争百年と自由民権百年」, 『東アジアの近代移行と民衆』, 東アジア民衆史研究会.

安藤丈将, 2013, 『ニューレフト運動と市民社会-「六〇年代」の思想のゆくえ』, 世界思想社.

若尾政希, 2017, 「『民衆』の問い方を問い直すⅡ 日本近世史から」, 『第四次現代歴史學の成果と課題』 1.

深谷克己, 1976, 「百姓一揆」, 『岩波講座日本歴史』 第11巻, 岩波書店.

기타

http://www.leememorial.or.kr/?tpf=memorial/infor

10장

교과서 속 한국전쟁
: 한국을 중심으로 북한, 일본, 중국 교과서 비교

남상구

I. 머리말

2020년 올해는 한국전쟁 발발 70년이 되는 해다. 하지만 정전협정체제[1]가 지속되고 있는 상황에 상징적으로 드러나 있듯이 한국전쟁은 과거가 아닌 현재의 문제다. 2018년 4월 27일 판문점에서 개최된 남북정상회담에서 남한과 북한은 정전상태를 종식하고 확고한 평화체제를 수립하기 위해 종전을 선언하고 정전협정을 평화협정으로 전환하기로 합의했다. 정전협정을 평화협정으로 전환해야 한다는 것에 대해서는 미국 등 국제사회도 대체로 동의하고 있다.

그러나 '한국전쟁', '6·25전쟁'[2], '조선침략전쟁', '항미원조전쟁' 등의 명칭에도 드러나듯이 한국전쟁에 대한 인식의 차이는 매우 크다. 2019년 미중 간 무역 전쟁이 고조되고 있는 상황에서 중국 관영 방송인 중국중앙TV(CCTV)는 5월 16일부터 19일까지 중국의 한국전쟁 참전을 다룬 영화들을 긴급 편성했다.[3] 동년 6월 20일 북한을 방문한 시진핑(習近平) 중국 국가주석은 6월 21일 김정은 북한 국무위원장과 함께 한국

---

1 정전협정이란 한국전쟁을 종결시키기 위해 1953년 7월 27일 체결된 협정으로 서명자는 조선인민군 최고사령관 조선민주주의인민공화국원수 김일성, 중국인민지원군 사령원 팽덕회(彭德懷), 국제연합군 총사령관 미국 육군 대장 마크 클라크(Mark W. Clark)였다. 한국은 서명하지는 않았으나 당사국 지위를 갖는지 여부에 대해서는 논란이 있다.

2 박명림은 '6·25'라는 용어는 북한의 침략행위를 되살려 북한을 증오하는 동안, 타자의 행위에 의거해 자기 정당성을 주장하려는 '소극적', '부적(負的, negative)' 노력의 소산으로, 화해·평화·통일을 지향할 때는 냉전·증오·분단의 논리인 '6·25 기념' 논리를 지속할 수 없다고 지적한다(박명림, 「한국전쟁, 6·25용어 사용과 기억방식에 관한 단상」, 『역사비평』, 2006. 2, 322쪽).

3 "연일 '한국전쟁' 집중하는 중국…반미감정 조장하나", 『아시아경제』(인터넷판), 2019. 5. 20.

전쟁에 참전한 중국군을 기념하기 위해 건립된 중조우의탑(中朝友誼塔)에 참배하고 '중국 인민지원군 열사의 업적은 천추에 길이 빛날 것(中國人民志援軍烈士 永垂不朽)'이라고 적힌 꽃바구니를 헌화했다.[4] 미국을 견제하고 북중 간의 협력관계를 과시하기 위해 수단으로 한국전쟁의 기억이 활용된 것이다.

2013년 6월 10일 『서울신문』은 전국 중고등학생 506명을 대상으로 한국전쟁에 대한 인식을 조사한 결과, 응답자의 69%가 '북침(北侵)'이라고 응답했다고 보도했다. 박근혜 전 대통령은 이 결과에 대해 "묵과하지 않겠다"고 발언하면서 역사교과서 논쟁을 불러일으켰다. 그 귀결은 국정교과서였다. 하지만 이것은 북침을 북한의 침략으로 이해했기 때문에 빚어진 해프닝이었다는 사실이 밝혀졌다.[5] 이렇듯 한국전쟁은 현재의 목적에 맞추어 언제든지 소환 가능한 과거라 할 수 있다. 따라서 한반도와 동북아의 새로운 평화체제 수립을 위해서는 평화협정으로의 전환뿐만 아니라 한국전쟁에 대한 인식의 차이를 좁혀나갈 필요가 있다.

인식의 차이를 좁혀나가기 위한 첫걸음은 상대방이 어떻게 인식하고 있는지를 이해하는 것이다. 한국전쟁에 대한 인식의 차이를 선명하게 보여주는 소재 중 하나는 교과서 기술이다. 이 글의 목적은 교과서를 소재로 하여 한국전쟁에 대한 기억의 변화와 국가별 기억의 특징을 밝히는 것이다. 먼저 시간을 축으로 하여 한국 역사교과서의 한국전쟁 기술 변

4 "'중조우의탑' 방문한 시진핑 · 김정은…'양국 우호 증진' 확인", 『중앙일보』(인터넷판), 2019. 6. 21.

5 전국교직원노동조합의 『희망교육』이 서울 지역 중고생 1,499명을 대상으로 한 조사를 보면 89.4%의 학생(1,341명)이 "북한이 전쟁을 일으켰다(남침)"고 응답했고 "남한이 일으켰다(북침)"는 답변은 3.3%(49명)였다(『희망교육』, 2013. 6. 30.).

화를 검토하겠다. 그리고 한국, 북한, 일본, 중국이라는 공간을 축으로 하여 한국전쟁 기술의 차이를 검토하겠다.

II. 한국 교과서의 한국전쟁 기술 변화

1. 기술 추이

이 글에서는 의무교육인 중학교의 한국사 교과서에 나타난 한국전쟁 기술의 특징을 살펴보고자 한다. 중학교 한국사 교과서는 1차 교육과정부터 7차 교육과정까지는 국정체제하에서 국사라는 과목명으로 발간되었다. 2009년 이후는 필요에 따라 교육과정이 개정됨에 따라 '몇 차 교육과정'이라는 명칭은 사용하지 않고 있다. 2009년 교육과정 개정에 따라 중학교 한국사 교과서도 검정체제로 전환되었고 역사라는 과목명으로 발간되었다. 2011년에는 역사(하)가 검정을 통과하고 2012년에는 역사(2)가 검정을 통과하는데, 내용상 커다란 차이가 없어 역사(2)만 검토 대상으로 했다. 역사(2)는 일선 학교에서 채택률이 높은 비상교육 교과서를 검토했다.[6] 국정과는 달리 검정을 통해 발간된 교과서는 교과서마다 기술의 차이가 있다. 필요한 경우 다른 교과서 기술도 부분적으로 검토했다.

먼저 중학교 한국사 교과서의 한국전쟁 관련 기술 변화를 정리하면 〈표 1〉과 같다. 각 교육과정의 초판 교과서를 기준으로 정리했다.

시기에 따라 표현이나 기술 분량 등에 차이는 있으나 기본적으로 '미

---

6 "비상교육, 중학교 교과서 채택률 1위 과목 최다", 『서울경제』(인터넷판), 2012. 11. 26.

〈표 1〉 중학교 역사교과서의 한국전쟁 관련 기술 추이

구분	내용	국정							검정
		1차 (1956)	2차 (1966)	3차 (1979)	4차 (1982)	5차 (1990)	6차 (1996)	7차 (2002)	2009 개정 (2012)
단원 제목	민족의 해방과 민주대한 -공산군의 남침	○							
	공산침략 -6·25사변		○						
	대한민국의 수립과 시련 -6·25사변과 자유 수호			○					
	대한민국의 시련 -6·25남침				○				
	민족 분단의 시련 -6·25전쟁의 발발					○			
	대한민국의 수립과 발전 -6·25전쟁						○		
	민족분단의 시련 -6·25전쟁의 원인과 그 영향은?							○	
	대한민국의 수립 -6·25전쟁이 일어나다								○
배경	미소군 진주, 남북 분단	○	○	○	○	○	○	○	○
	미소가 민주·공산 진영으로 대립			○	○			○	○
	국제사회가 자유와 공산진영으로 대립					○	○		
	신탁 통치안-독립 지연, 소련 사주로 공산주의자 찬성			○	○	○	○	○	
	신탁 통치안-우익 반대, 좌익 찬성								○
	미소공동위원회, 소련 반대로 실패			○	○				
	미소공동위원회, 미소 대립으로 실패					○	○	○	○

구분	내용	국정							검정
		1차 (1956)	2차 (1966)	3차 (1979)	4차 (1982)	5차 (1990)	6차 (1996)	7차 (2002)	2009 개정 (2012)
배경	유엔 결정으로 남한 단독 총선거 실시	○	○	○	○	○	○	○	○
	단독정부 수립 반대운동 실패					○	○	○	○
	소련군이 공산독재 기초 마련	○	○	○	○	○	○	○	
	남한 정부 수립	○	○	○					
	북한 괴뢰 정권 수립		○	○					
	남북 정부 수립				○	○	○	○	○
	조선민주주의인민공화국 수립								○
	유엔이 남한을 독립국가로 승인	○	○			○	○	○	
	공산주의자들의 남한 교란						○		
	공산당에 의한 사회혼란		○	○	○	○	○	○	
	제주, 여수, 순천 반란사건 -공산당 만행			○	○	○	○	○	
	남한 단독선거 반대 연장선상에서 제주 4·3사건, 여수·순천사건 발생 -주민 희생(4·3사건)								○
	38도선 부근의 충돌								○
	38도선을 넘어오는 남으로 피난	○			○			○	
	민족주의 계열 지도자 남하					○	○	○	
	북한에서 반공의거 발생						○	○	
전쟁 개시	북한은 소련의 도움을 받아 전쟁 준비	○	○	○	○	○	○	○	○
	애치슨 선언(라인)					○			○
	미군 철수			○	○	○			○
	북한이 겉으로는 평화공세					○	○	○	
	소련의 앞잡이 공산군	○							
	소련의 사주를 받아 남침				○				
	북한군의 남침	○	○	○	○	○	○	○	○

구분	내용	국정							검정
		1차 (1956)	2차 (1966)	3차 (1979)	4차 (1982)	5차 (1990)	6차 (1996)	7차 (2002)	2009 개정 (2012)
전쟁 전개	부산 피난				○	○	○	○	
	인천 상륙 작전	○	○					○	○
	압록강까지 진격			○	○	○	○	○	○
	유엔군 파병	○	○	○	○	○	○	○	○
	유엔 참전국 16개국							○	
	중국군 개입	○	○	○	○	○	○	○	○
	어린 학도병 지원					○	○	○	
	청년 군에 지원						○	○	
	국제연합, 북한(공산주의자)을 침략자로 규정			○	○	○	○	○	
	국제연합, 중국군을 침략자로 규정		○						
	반공포로 석방		○	○	○	○		○	
	전쟁 전개과정 지도			○	○	○	○	○	○
	휴전협정 체결	○	○	○	○	○	○	○	○
	휴전협정은 공산 측의 지연 전술		○						
	북한이 남침 실패로 휴전 제의					○	○		
	전쟁 장기화에 따른 인적, 물적 피해 증가로 휴전 협상								○
	남한은 완전한 통일 주장, 휴전 반대	○	○	○	○	○	○		
전쟁 피해	군인 사망, 부상			○	○	○	○	○	○
	민간인 희생			○	○	○	○	○	○
	북한군에 의한 살인, 방화, 납치	○	○	○	○				
	강제노동, 지원병, 현물세 강제 징수		○						
	국토 황폐화			○	○	○		○	
	도로 등 기간시설과 산업시설 파괴			○	○	○	○	○	○
	피난민, 전쟁고아, 이산가족							○	○

구분	내용	국정							검정
		1차 (1956)	2차 (1966)	3차 (1979)	4차 (1982)	5차 (1990)	6차 (1996)	7차 (2002)	2009 개정 (2012)
전쟁 성격 영향	자유와 평화에 대한 도전			○	○	○	○	○	
	동족상잔의 비극			○	○	○	○	○	
	국제전								○
	자유를 찾아 남하한 북한 동포			○	○	○		○	
	이승만 대통령을 환호하는 평양 시민들					○	○		
	반공 신념이 굳어짐			○	○	○			
	강력한 반공정책 추진						○		
	자유세계가 공산침략에 새롭게 대비			○	○	○			
	한미상호방위조약 체결			○	○	○			
	대립과 적대감 심화, 분단 고착화							○	○
	이승만 정권 연장, 김일성 독재 체제 강화								○

군·소련군 진주에 따른 남북 분단 ⇒ 국내 지도자들의 분열 ⇒ 공산주의자가 소련의 지시로 신탁 통치안에 찬성 ⇒ 미소 공동위원회 결렬 ⇒ 통일국가 수립 실패 ⇒ 유엔 결정에 따라 남한 단독 총선거(5. 10) 실시 ⇒ 남한 정부 수립·소련의 지원으로 북한에 공산정권 수립 ⇒ 남한에서 공산당에 의한 사회 혼란 발생 ⇒ 북한이 소련의 지원을 받아 전쟁 준비 ⇒ 북한 공산군이 남침 ⇒ 후퇴 ⇒ 국제연합이 연합군 파병 ⇒ 연합군의 도움으로 전세를 역전시키고 압록강까지 진격 ⇒ 중국군 개입 ⇒ 후퇴 ⇒ 북한 주민들이 남한으로 피난 ⇒ 전선 고착화 ⇒ 휴전회담·휴전협정 체결 ⇒ 전쟁으로 많은 인적·물적 피해 발생'이라는 틀에서 기술하고 있다.

2. 서술 특징

한국전쟁 서술은 크게 1차부터 7차 교육과정(국정) 시기와 2009년 개정 교육과정(검정) 시기로 나눌 수 있는데 그 특징은 다음과 같다.

첫째, 한국전쟁은 민족의 비극이었다는 관점은 같으나 7차 교육과정까지의 교과서는 북한 공산주의의 무력 침략으로부터 자유와 평화를 지켜냈고 앞으로도 그래야 한다는 점이 강조되었다. 2009년 개정 교육과정에 따른 교과서는 남한과 북한 모두 전쟁으로 인해 참혹한 피해를 당했고 이러한 전쟁이 되풀이되어서는 안 된다는 점을 강조했다.

한국전쟁은 동족상잔의 비극이었다고 기술하기 시작한 것은 3차 교육과정부터다. 2차 교육과정 교과서는 한국전쟁으로 인한 피해에 대해 "북한 괴뢰는 강제 노동·강제 지원병·현물세의 강제 징수 등 온갖 수단으로 국민을 괴롭혔고, 많은 애국지사들을 학살 또는 납치하여 갔다."고 서술했다. 7차 교육과정 교과서도 북한에 의한 피해만을 서술했다. 하지만 2009년 교육과정 교과서는 전쟁으로 폐허가 된 서울과 평양의 사진을 함께 보여주었다. 비상교육 이외의 출판사도 전쟁으로 인해 남한과 북한 모두가 참혹한 피해를 당했고 아직도 그 상처가 아물지 않았다는 점을 강조했다.

학도병 지원에 관한 서술을 보면, 7차 교육과정까지는 북한의 침략성과 남한 체제의 정당성을 보여주기 위한 소재로 활용되었다. 그런데 2009년 교육과정에서는 "아직 학생인 우리 오빠까지 학도병으로 전쟁에 나갔어요. 제발 다치지 않고 돌아왔으면 좋겠어요"(좋은책 신사고)라는 기술, 전쟁의 참혹함을 담은 「학도병의 편지」(두산동아)에 나타나 있듯이 전쟁의 비참함을 보여주는 소재로 활용되고 있다.

둘째, 북한의 한국전쟁에 대한 책임, 침략성을 강조하기 위해 남한 체제의 정당성(평화·민주)과 북한 체제의 문제점(공산·압제)을 대비시키고 있다. 1차에서 4차 교육과정까지의 교과서에서는 분단, 북한 공산화, 한국전쟁이 소련의 지령에 따른 것이었다는 인식이 전면에 드러나 있다. 1차 교육과정 교과서는 미군은 한국의 독립을 실현하고자 노력했으나, 소련은 한국의 독립보다 자기의 세력 밑에 넣을 수 있는 공산국가로 만드는 것이 목적으로 자기의 식민지로 만들려고 했으며, 공산 괴뢰들의 심한 압제 밑에서 일본 제국주의자들에게 받은 것 이상으로 노예 생활을 강요당해 죽음을 무릅쓰고 민주대한의 품으로 넘어왔다고 기술했다. 4차 교육과정 교과서도 북한 공산주의자들은 통일 정부 수립을 위한 노력도 거부한 채, 마침내 자기들대로의 공산정권을 조직하였고 북한에 진주한 소련군은 북한에 있던 산업시설을 뜯어 갔을 뿐만 아니라, 양민을 괴롭히는 만행을 저질렀음에도 공산주의자들은 이러한 소련군에 아부하여 북한에 공산정권을 수립하고 남한까지도 적화시키려고 했다고 기술했다.

북한 공산화와 남침이 소련의 지시에 의한 것이었다는 인식은 한국전쟁 중 살포되었던 〈그림 1〉의 삐라의 내용과도 일치한다. 북한 병사들은 러시아를 위한 전쟁에 강제로 끌려나왔다는 내용으로, 북한 공산군 병사의 등을 북한 공산군 장교가 누르고 그 뒤를 중공 관리가, 또 그 뒤를 러시아 제국주의가 누르고 있다.

남한의 자유민주주의 체제가 북한보다 우위에 있었음을 강조하기 위해 자유대한을 찾아 38도선을 넘어 남으로 피난하는 주민들이 있었고, 민족주의 계열 지도자들이 남한으로 내려왔으며, 북한에서 체제에 반대하는 반공의거가 발생했다고 서술했다. 그리고 전쟁 중에도 북한 주민이

〈그림 1〉 한국전쟁 중 한국군과 연합군이 살포한 삐라[7]

남한으로 피난했고 4만여 명의 북한군 포로가 북한으로 돌아가지 않았으며, 이승만 대통령이 평양에서 환영을 받았고 어린 학도병이 지원하여 전쟁에 참전했다고 서술했다. 한국 정부 수립은 유엔 결의와 총회에 따른 것으로, 유엔이 인정한 유일한 합법 정부라는 점도 강조되고 있다.

이에 반해 2009년 교육과정 교과서에서는 해방 후 자주적인 국가를 세우기 위해 노력했으나 미소의 대립과 좌우의 갈등으로 남과 북에 서로 다른 정부가 세워졌고, 남북의 대립은 비극적인 한국전쟁으로 이어졌다는 관점에서 기술했다. 일방적으로 남한이 정의라는 기술에서 벗어나 당시 상황을 중립적인 관점에서 서술하고 있다. 신탁통치안에 대한 서술은 이러한 변화를 잘 보여준다. 4차 교육과정에 따른 교과서를 보면 신탁통치안에 대해 "우리나라에 더 머물러 있으면서 그사이에 공산주의 세력을 넓혀보겠다는 소련의 음흉한 야욕이 크게 작용"한 것으로 "공산주의 세력을 넓히는 데만 목적을 둔 소련의 지시를 받은 국내의 공산주

7 한림대학교 아시아문화연구소 편, 2002, 『한국전쟁기 삐라』, 49쪽.

의자들은, 민족과 조국의 독립은 아랑곳하지 않고 오히려 신탁 통치를 찬성하고 나섰다"며 찬탁을 반민족적인 행위로 서술했다. 하지만 2009년 교육과정 교과서는 "우익 진영은 국제사회의 약속 및 민족의 바람과 다르다고 반발, 좌익 진영은 처음에는 반대했지만 임시정부 수립이 중요하다고 판단하여 지지로 입장을 바꾸었다"고 찬반 주장을 병렬적으로 서술했다. 소련이 신탁통치를 주장했다고 잘못 알려져 좌우 갈등이 심해졌다는 점에 대해서도 서술하고 있다.

셋째, 한국전쟁 원인의 하나로 공산주의자들이 남한 사회를 혼란에 빠뜨리려 했다는 점이 강조된다. 그 대표적인 사례로 활용되는 것이 제주 4·3사건과 여수·순천사건이었다. 하지만 2009년 교육과정 교과서에서는 "제주도에서 남한만의 단독 선거에 반대하는 제주 4·3사건이 일어났고 이를 진압하는 과정에서 여수·순천 10·19사건이 발생했다"며, 북한 공산당의 만행이 아니라 남한 단독 선거 반대라는 측면에서 서술하고 있다. 특히 제주 4·3사건에 대해서는 "제주 4·3사건: 남한만의 단독 선거에 반대하는 좌익 세력과 이들을 진압하려는 군대, 경찰, 반공 단체 등이 제주도에서 무력 충돌한 사건이다. 이 과정에서 수많은 주민들이 희생당했다"며 민간인이 학살당했다는 사실을 강조하고 있다.

넷째, 한국전쟁은 6월 25일 북한의 침략으로 시작되었다는 점을 일관되게 강조하고 있다. 한국전쟁 기원에 관한 연구는 전쟁의 기원을 소련의 세계 공산주의 혁명 측면에서 찾는 전통주의, 미국의 공격적인 세계 전략에서 찾는 수정주의, 소련과 미국 모두의 책임에서 찾는 후기수정주의로 나눌 수 있다.[8] 1990년대 구소련의 자료가 공개되면서 개전이

8 박태균, 「일본 역사교과서 속의 한국전쟁」(동북아역사재단 편, 2010, 『한일 역사쟁점

북한의 전쟁에 대한 강한 의지, 스탈린의 승인, 중국의 동의에 의해 시작되었다는 점이 밝혀졌다.[9] 국내에서는 분단과 전장의 내적 기원을 밝히기 위한 연구가 진행되었는데, 좌우익 간의 대립, 38도선 부근의 무력충돌, 북한 지도부의 전쟁 의지 등이 다루어졌다. 그리고 2000년대 접어들어서는 그동안 금기시되어왔던 민간인 학살에 대한 조사가 정부 차원에서 이루어졌다.[10]

2차 교육과정 교과서에는 "1950년 6월 25일 새벽 북한 괴뢰들은 고이 잠든 동족에게 총 뿌리를 겨누고 38도선을 넘어 공격해 왔다. 소련제 탱크를 앞세우고 중무장한 군대가 국군을 밀고 서울로 들어왔다"고 감정에 호소하는 서술을 하고 있다. 2009년 교육과정 교과서에도 "6·25전쟁은 (　　)의 기습 남침으로 시작되었다"라는 〈확인하기 문제〉에 드러나 있듯이 북한의 남침으로 전쟁이 시작되었다는 점을 강조하고 있다.

그리고 침략의 주체를 북한군이 아니라 공산당, 공산주의로 서술하는데, 이것은 자유 대한과 북한 공산당의 대결, 즉 공산주의에 맞서 싸운 전쟁이라는 점을 부각시키기 위한 것이다. 이러한 기술은 반공정책을 정당화하는 것으로 귀결되었다.

한편 2009년 교육과정 교과서에서는 38도선에서 남북 간에 무력충돌이 있었고 미국이 애치슨 라인에서 한국을 제외한 사실 등을 전쟁의 원인으로 서술하고 있다. 그동안의 연구 성과를 바탕으로 한국전쟁의

논집-근현대편』(내부자료).

9 박태균, 2010(동북아역사재단 편).

10 '제주4·3사건 진상규명 및 희생자 명예회복에 관한 특별법'(2001), '노근리사건 희생자 심사 및 명예회복에 관한 특별법'(2008) 등이 제정되어 국가 차원에서 진상조사가 실시되었다.

발발 원인을 다양한 측면에서 찾고 있는 점이 특징이다.

다섯째, 한국전쟁은 소련과 중국의 북한 지원, 미국을 중심으로 한 16개국의 연합군 파병이라는 관점에서 볼 때 제한적인 국제전이었다. 2009년 교육과정 교과서에는 26개국이 직간접적으로 관여하면서 내전이 아닌 국제전의 성격을 띠었다고 명확하게 기술하고 있다. 다만 이 26개국에 일본은 포함되지 않는다. 한편 냉전의 영향으로 한반도가 분단되었다는 점은 명확하게 기술되나 냉전의 확대와 한국전쟁과의 관계에 대한 구체적인 서술은 보이지 않는다. 그리고 1950년 타이완해협을 둘러싼 미국과 중국의 긴장 고조라는 사실도 기술되지 않는다. 이것은 한국전쟁의 범위를 지리적으로는 한반도만을 상정하고 있음을 보여준다.

3. 도판 특징

최근 교과서에서 사진과 도표 등이 차지하는 비중이 커지고 있다. 사진과 도표가 기술보다 학생들의 기억에 더 남는다는 점을 고려하면, 이에 대한 분석도 중요하다. 각 교육과정별 교과서의 도판을 정리하면 〈표 2〉와 같다.

한국전쟁과 관련된 도판의 특징은 다음과 같다.

첫째, 2009년 교육과정 이전의 교과서를 보면 한국전쟁 관련 사진은 2매~5매에 불과했으나, 2009년 교육과정 교과서는 14매로 크게 늘어났다. 이것은 교과서 편집에서 자료가 차지하는 비중이 높아진 점을 반영한 것이다. 그리고 한국전쟁의 배경에 대한 설명을 통해 한국전쟁의 정당성을 확인하려는 방식에서 한국전쟁의 객관적 상황과 비참함을 보여주려는 방식으로 바뀌었음을 보여준다(〈표 3〉).

〈표 2〉 중학교 역사교과서의 한국전쟁 관련 도판 변화

구분	내용	국정							검정
		1차 (1956)	2차 (1966)	3차 (1979)	4차 (1982)	5차 (1990)	6차 (1996)	7차 (2002)	2009 개정 (2012)
배경	일본 총독의 항복	○							
	행방된 서울의 거리	○	○	○	○	○	○	○	
	선서하는 광복군				○				
	임시정부 요인들 귀국	○	○					○	
	38도선 표지				○	○	○	○	○
	이승만						○		○
	김구						○		○
	조만식					○	○		
	신탁통치 반대운동			○	○	○	○	○	○
	신탁통치 지지운동								○
	미소공동위원회				○	○	○	○	
	5·10 남한 단독 총선거	○			○	○	○		○
	제헌국회							○	
	이승만 대통령 취임식	○						○	
	대한민국 정부 수립 선포식	○	○	○	○	○	○		○
	북한 여성들의 행진 모습					○			
	농지개혁, 자작지와 소작지 변화								○
	친일행위를 고발하는 사람들								○
	여수, 순천에서의 공산당 만행				○				
	여수, 순천 반란사건 진압 국군과 경찰					○	○		
전쟁 개시	애치슨라인								○
	남침하는 북한 공산군				○	○	○		

구분	내용	국정							검정
		1차 (1956)	2차 (1966)	3차 (1979)	4차 (1982)	5차 (1990)	6차 (1996)	7차 (2002)	2009 개정 (2012)
전쟁	북한군의 서울 점령								○
	중국군 개입								○
	전쟁 전개 과정(지도)			○	○	○	○	○	○
	북진하는 유엔군	○	○						
	북진하는 유엔군과 국군				○			○	
	인천 상륙 작전								○
	부서진 적의 탱크				○				
휴전	휴전 조인 당시 휴전선	○							
	판문점 휴전회담		○						○
	휴전 협정문								○
	한미상호방위조약 조인					○			
전쟁 성격	이승만 대통령을 환영하는 평양시민들					○	○		
	자유를 찾기 위한 피난 행렬		○	○				○	○
	자유를 택한 반공포로들					○		○	
	국제전(참전국 표시 지도)								○
전쟁 피해	전쟁으로 파괴된 가옥(남한)			○				○	
	폐허가 된 서울								○
	폐허가 된 평양								○
	가족의 죽음에 오열하는 할머니								○
	전쟁고아								○
	6·25전쟁 인명피해 그래프								○

둘째, 북한군의 남침을 보여주는 사진은 4, 5, 6차 교육과정 교과서에 실렸고 이러한 사실을 보여주는 전쟁 전개 과정 지도가 3차 교육과정 교과서부터 게재되었다. 1, 2차 교육과정 교과서에는 북진하는 유엔군의 사진이 실렸고 4차 교육과정과 7차 교육과정 교과서에는 북진하는 유엔

〈표 3〉 중학교 역사교과서의 한국전쟁 배경 관련 도판 변화

	1차 (1956)	2차 (1966)	3차 (1979)	4차 (1982)	5차 (1990)	6차 (1996)	7차 (2002)	2009 개정 (2012)
한국전쟁 배경	6	3	3	8	8	10	7	9
한국전쟁 전개와 피해	2	3	3	4	5	3	5	14

군과 국군의 사진이 실렸다. 4차 교육과정에는 부서진 북한 탱크가 실렸다. 침략을 당하는 사진이 아니라 반격하는 사진이 더 많이 실려 있다. 북한이 침략을 했으나 이를 물리쳤다는 점을 강조하고 있는 것이다. 그리고 북한의 남침을 보여주는 상징으로 탱크가 주로 이용되었다. 전쟁 발발 당시 북한에는 200여 대가 넘는 탱크가 있었으나 한국에는 1대도 없었다. 북한군의 탱크 사진을 제시함으로써 전쟁이 북한의 철저한 준비에 의한 침략이있다는 것을 보여주었다. 전쟁 발발 당시에는 남한에 탱크가 없었으나 연합군이 탱크를 들여온다. 그리고 연합군이 북한보다 우위에 있었던 것은 공군의 전투기와 폭격기였다. 그럼에도 불구하고 이와 관련된 사진은 1매도 실리지 않았다. 군사적으로 우위에 있던 북한 공산주의에 맞서 싸워 자유를 지켰다는 레토릭을 반영한 것이라 할 수 있다.

셋째, 북한이 불의(不義)의 전쟁을 했고 남한 체재에 정당성이 있다는 점을 보여주는 것으로는 남으로 피난하는 북한 주민, 이승만 대통령을 환영하는 평양 시민들, 북으로 돌아가지 않은 반공포로 사진이 있다. 한국전쟁을 통해 학생들에게 궁극적으로 교육하고자 했던 것은 남한 체제의 정당성이었다.

넷째, 전쟁 피해 사진은 3차와 7차 교육과정 교과서에 전쟁으로 폐허가 된 건물이 1매 실렸었다. 그런데 2009년 개정 교육과정 교과서에는 폐허

가 된 서울과 평양, 가족의 죽음에 오열하는 할머니, 전쟁고아 사진 4매가 실렸고 인명피해 그래프도 1매 실렸다. 북한의 침략이라는 것보다 전쟁으로 남북한 모두가 많은 피해를 당했다는 사실을 강조하고 있는 것이다.

〈그림 2〉 중학교 역사교과서에 게재된 한국전쟁 관련 도판(1)

불법 남침하는 괴뢰군(4차)

남침하는 북한 공산군(5차)

북진하는 국군과 유엔군(4차)

부서진 적의 탱크(4차)

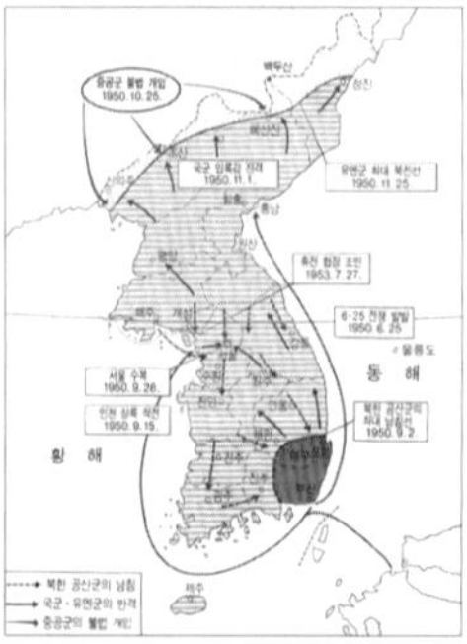

6·25전쟁의 전황(5차)

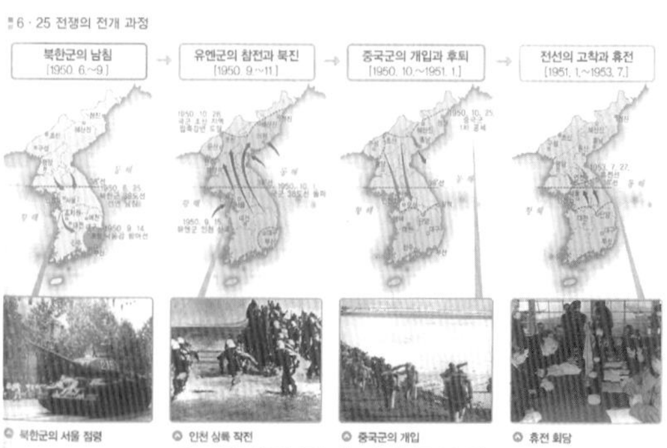

6·25전쟁 전개 과정(2009)

〈그림 3〉 중학교 역사교과서에 게재된 한국전쟁 관련 도판(2)

파괴된 대동강 철교를 건너 남쪽으로 내려오는 북한 주민들(7차)

자유를 택한 반공 포로들(5차)

이승만 대통령을 환호하는 평양시민(6·25전쟁 때)(6차)

〈그림 4〉 중학교 역사교과서에 게재된 한국전쟁 관련 도판(3)

공산 침략으로 파괴된 주택(3차)

폐허가 된 서울(2009)

폐허가 된 평양(2009)

가족의 죽음에 오열하는 할머니(2009)

전쟁고아(2009)

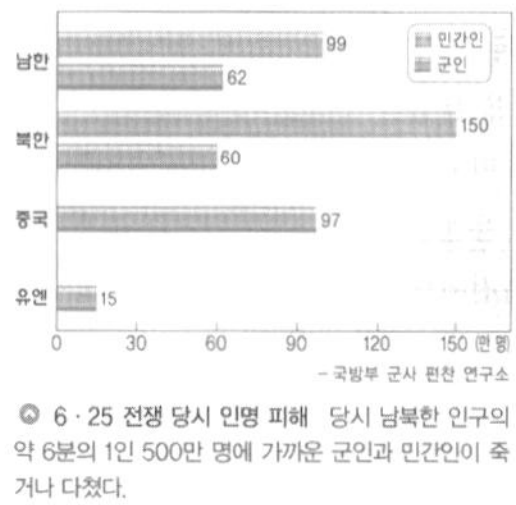

한국전쟁 당시 인명 피해 (2009)

III. 각국 교과서의 한국전쟁 기술 비교

1. 분석 대상과 기술 개요

한국은 비상교육의 『중학교 역사(2)』(2012), 북한은 『미제와 일제의 침략죄행(1930~1990)』(중학교 6학년용, 2002)[11], 중국은 인민교육출판사의 『중국 역사』(8학년, 하, 2017), 일본은 도쿄서적의 『(신편) 새로운 사회 역사』(2015)를 대상으로 했다. 기술 분량은 편집체제가 다르기 때문에

11 북한에서 중학교 6학년은 우리나라의 고등학교 과정에 해당되나 한국전쟁에 대해 상세하게 기술되었고, 선행 연구를 통해 볼 때 중학교 교과서와도 기본적인 틀은 일치하기 때문에 이 교과서를 분석 대상으로 했다.

일률적인 비교는 어려우나 한국 3쪽, 북한 14쪽, 중국 5쪽, 일본 2쪽으로 북한이 가장 많은 분량을 할애하고 있다.

각국 교과서의 한국전쟁 관련 단원명, 소제목, 주요 내용을 정리하면 〈표 3〉과 같다. 한국 교과서는 광복 이후 대한민국 정부 수립과 연속선상에서 한국전쟁의 발발과 피해, 전쟁이 남긴 것에 대해 다룬다. 북한 교과서는 '미국의 남한 강점과 식민지화 책동'의 연속선상에서 미국이 침략전쟁을 도발하여 '인민을 학살하고 파괴, 약탈'했으며, 일본이 이 전쟁에 가담했다고 기술한다. 중국 교과서는 '항미원조, 보가위국'이라는 관점에 서 있으며, 황지광과 추사오윈이라는 개인의 '영웅적 행위'를 사실적으로 기술한다. 일본 교과서는 냉전이라는 국제질서와 미국의 일본 점령정책 전환, 일본에 미친 영향에 중점을 두고 기술한다.

2. 각국 교과서 기술 비교

각국 교과서의 한국전쟁 기술을 비교하면 다음과 같은 특징이 있다.

첫째, 누가 전쟁을 일으켰는지에 대한 기술을 보면 한국 교과서는 소련의 지원을 받은 북한의 침략으로, 북한 교과서는 미국과 그 지원을 받은 한국의 침략으로 기술한다. 중국 교과서는 조선내전(6·25전쟁)이 발발했는데 미국은 공공연히 군대를 파견하여 조선을 침략했다고 기술한다. 일본 교과서는 북한이 무력에 의한 통일을 목표로 남한을 침공했다고 기술한다. 남한과 북한 모두 전쟁이 사전에 치밀하게 준비된 침략이라고 주장하는데, 한국은 소련의 역할을 북한은 미국의 역할을 강조하고 있다. 둘 다 내적인 요인보다 외적인 요인을 강조하고 있다. 1990년대 구소련의 자료가 공개되면서 한국전쟁이 북한의 전쟁에 대한 강한

〈표 4〉 한국, 북한, 중국, 일본 교과서의 한국전쟁 관련 기술 개요

	단원명-소제목	주요 내용
한국	1. 대한민국의 수립	
	1) 광복 이후 통일정부 수립을 위해 노력하다	
	- 민족의 광복	- 카이로 선언과 포츠담 선언이 한국 독립을 약속 - 조선건국동맹이 광복과 함께 조선건국준비위원회로 개편, 전국적으로 확대
	- 38도선의 설정	- 미군과 소련군이 38도선을 경계로 주둔
	- 모스크바 3국 외상 회의	- 신탁 통치 결정 - 신탁 통치 찬반을 둘러싸고 좌우의 대립 심화
	- 미소 공동위원회와 남북협상	- 미소 간 냉전 강화와 좌우익 대립으로 결렬 - 유엔이 선거가 가능한 지역 총선거 실시 결정 - 통일정부 수립을 위한 남북협상, 실패 - 제주 4·3사건, 여수순천사건 발생
	2) 대한민국 정부가 수립되다	
	- 대한민국 정부의 수립	- 5·10 총선거, 대한민국 정부 수립 - 조선민주주의인민공화국 수립
	- 친일파 청산 노력	- 이승만 정부의 소극적 태도
	- 농지 개혁	- 농지개혁으로 자작농 증가
	3) 6·25전쟁이 일어나다	
	- 6·25전쟁의 발발	- 미국 애치슨 선언 발표로 미국 방위선에서 한국 제외 - 북한군의 전면적인 남침 - 유엔군 파견, 중국군 개입 - 휴전협정 체결
	- 전쟁의 피해	- 인적, 물적 피해 - 남북한 집권자 권력 강화
	- 주제학습. 6·25전쟁이 남긴 것들	- 국제전의 성격을 띤 6·25전쟁 - 6·25전쟁의 참상
북한	2. 미제의 남조선 강점과 조선침략전쟁 도발, 일본군국주의의 조선전쟁 가담	

	단원명-소제목	주요 내용
북한	1. 미제의 남조선 강점과 식민지화 책동	
	1) 38분단선 조작과 남조선 강점	- 38분단선 조작 - 미제침략군의 남조선 강점
	2) 군정통치화 식민지화	- 미 군정청 - 정치적 예속화 - 경제적 예속화 - 문화적 예속화 - 군사기지화 책동
	3) 미제의 조선 분열 책동, 남조선괴뢰정권 조작과 신식민주의적 지배체제 수립	- 조선 분열 책동 - 각종 조약과 협정 조작 - 현지 지배기구 설치
	2. 미제의 조선침략전쟁 도발과 만행, 일본군국주의의 조선전쟁 가담 죄행	
	1) 조선침략전쟁 준비	- 정치생활의 파쇼화 - 혁명역량에 대한 탄압 - 전쟁 준비를 위한 원조 - 괴뢰군 증강 - 군사기지화 책동의 강화 - 공화국 북반부에 대한 계획적인 무장도발
	2) 조선침략전쟁 도발	- 로이알의 '북벌'계획 지도 - 맥아더의 지시 - 비상경계령 선포 - 탈레스의 공격 지시
	3) 전쟁 시기 우리 공화국을 없애려고 한 미제의 악랄한 책동	- 침략역량의 총동원 - 현대적 무기와 전투기술 기재 동원 - 군사비와 군수물자 - 미제의 살인 장군들 - 가장 강도적이며 야수적인 전쟁 방법의 적용 - 부당한 유엔안보리 이사회의 결정과 결의안 조작 - 미제의 수치스러운 참패와 정전협정

	단원명-소제목	주요 내용
북한	4) 인민학살과 파괴약탈 만행	- 미8군 사령관 워커의 명령 - 신천대학살만행 - 공화국 북반부에서 학살한 수-수십만 명 - 공화국 남반부에서 학살한 수-100여만 명 - 원자탄, 세균무기, 의학실험 대상으로 학살 - 폭탄, 포탄 떨군 수 - 건물, 농경지, 문화유적 파괴 약탈
	5) 일본군국주의와 조선전쟁 가담죄	- 일본 내각회의 방침 - 일본 전국을 미군의 조선침략전쟁 기지로 제공 - 조선전쟁에 참가한 일본 침략군 수 - 미군 시체 속에서 발견된 일본군의 시체 - 인천 상륙작전 참가 - 미제 침략군의 전선수송 보장
중국	2. 항미원조(抗美援朝)	
	- 항미원조, 보가위국	- 항미원조 격려 노래 가사 - 조선내전 발발, 미국이 군대를 파견하여 조선 침략 - 미국을 중심으로 한 유엔군이 중국 변경 압록강까지 침공 - 미군 비행기가 중국 동북지역 변경도시 폭격 - 미군 7함대가 타이완해협 침입 - 북한이 파병원조 요청, 중국인민지원군 파병 - 북한군민과 협력하여 미국 침략자를 38도선 부근으로 격퇴 - 맥아더 의도를 저지함 - 자료탐구: 마오쩌둥 연설(항미원조 필요성) - 관련 역사적 사건: 10·25 첫 승리, 항미원조기념일
	- 전투영웅 황지광과 추사오윈	- 상감령 전투(1952. 10)와 황지광의 '영웅적 행위'를 사실적으로 생동감 있게 기술 - 추사오윈의 '영웅적 행위'를 사실적으로 생동감 있게 기술 - 중국인민지원군은 혁명영웅주의와 국제주의정신 발휘 - 그 결과 미국은 어쩔 수 없이 정전협정 조인 - 방과 후 활동: 미국이 1950년 중국 주권을 침략한 행동, 항미원조 승리의 의의

	단원명-소제목	주요 내용
일본	3. 냉전의 개시와 식민지 해방	
	- 국제연합과 냉전의 시작	- 자본주의와 공산진영으로 분열 - 미소 양국의 군비경쟁
	- 신중국의 성립과 조선 전쟁	- 중국 1949년에 중국 수립, 타이완과 대립 - 한반도 미소 점령, 1948년 남북한 수립 - 1950년 북한이 무력통일을 목표로 한국 침공 - 미국을 중심으로 한 연합군이 한국, 중국군이 북한을 지원 전쟁 장기화, 1953년 휴전
	- 식민지배의 종결	- 1949년 인도네시아, 필리핀, 인도 등이 독립
	4. 독립회복과 55년 체제	
	- 점령정책의 전환	- 한국전쟁 당시 일본 본토와 오키나와가 미군기지로 사용되어 대량의 군수물자를 일본에서 조달 - 일본 경제 호경기, 부흥이 조기에 시작됨 - 재일 미군이 출병, GHQ의 지령으로 경찰예비대 설립
	- 평화조약과 안보조약	- 샌프란시스코 평화조약 체결, 동측 진영과는 강화가 실현되지 않음 - 일미안전보장조약 체결, 미군기지 존속

의지, 스탈린의 승인, 중국의 동의로 이루어졌다는 점이 밝혀졌으나 북한과 중국의 교과서 기술에는 반영되지 않고 있다. 2008년과 2009년 발간된 러시아 11학년(고등학교) 교과서에는 북한이 소련과 중국의 승인을 받아 전쟁을 시작한 것이라고 기술되었다.[12]

둘째, 한국 교과서는 전쟁이 참혹한 피해를 초래했다는 관점에서 남과 북의 피해를 모두 기술하고 있으나, 북한 교과서는 미군에 의한 민간인 학살과 파괴라는 관점에서 기술하고 있다. 그리고 조국 통일을 위한 전쟁이 아니라 조국 방위를 위한 전쟁이었다는 점을 강조하고 있다. 남

12 기계형, 2011, 「러시아 대학의 역사학 교재와 중등학교 역사교과서에 나타난 한국전쟁 인식」, 『역사교육 117』, 91~93쪽

북한 교과서 모두 전쟁이 통일의 수단으로 정당화되지는 않는다는 인식이 깔려 있다.

셋째, 북한 교과서는 일본을 한국전쟁에 참가한 침략자라고 기술하고 있다. 미군에게 군사기지를 제공했을 뿐만 아니라 직접 전투에 참여했다는 것이다. 영국 로이터 통신(1950. 7. 27.) 보도라면서 일본 침략군이 이 시점에서 2만 5,000명이 참전했으며 3년간 얼마나 더 참전했는지는 짐작할 수 없다고 기술하고 있다. 일본 교과서에는 미군의 군사기지로 사용되었고 물자를 조달했다는 사실만이 기술되어 있다. 한국 교과서의 대부분은 일본의 역할에 대해서는 기술하지 않는데, 천재교육 중학교 교과서는 전쟁 무기를 수리하고 있는 일본 공장 사진을 게재하고 있다. 일본이 병참기지 역할을 수행하면서 경제가 급속히 재건되었다는 점을 부각시키고 있다. 일본은 한국전쟁 발발 후 미극동해군사령부의 요청을 받아 '일본특별소해대'를 편성하고 한국전쟁에서 기뢰를 제거하는 임무를 수행했고 그 수는 적지만 사망자도 발생했다.[13]

한국전쟁 당시 북한군이 살포한 삐라에 일본은 조선과 대륙 침략을 위한 미국의 앞잡이로 묘사되었다. 샌프란시스코 평화조약도 미국의 이러한 정책의 일환으로 묘사되었다. 북한 교과서 기술은 〈그림 5〉의 인식을 반영한 것으로 볼 수 있다. 북한 교과서에 기술된 내용이 역사적 사실인지에 대해서는 의문의 여지가 있고 검토가 필요하다. 그러나 북한이 일본을 북한을 침략하는 전쟁에 가담한 것으로 기억하고 교육하고 있다는 사실은 동북아 평화체제를 구축해나갈 때 고려해야 할 점이다.

13 일본특별소해대의 활동에 대해서는 『아사히(朝日)신문』(석간)이 1991년 6월 3일부터 19일까지 "海外派遣 日本特別掃海隊 : 1~19(空白への挑戦)"이라는 제목으로 연재했다.

넷째, 일본 교과서는 한국전쟁 당시 일본이 미군의 군사기지로 사용된 사실과 한국전쟁에 의한 특수가 일본의 산업과 경제가 발전하는 계기가 되었다는 사실을 기술하고 있다. 일본은 상선관리위원회가 보유한 전차 상륙함(LST) 선원 등 약 8,000명이 한국전쟁에 직접 출동했지만 이와 관련된 기술은 하지 않는다. 주일 미군을 지원한 것은 전쟁에 참가

〈그림 5〉 한국전쟁 당시 북한군이 살포한 삐라[14]

14 한림대학교 아시아문화연구소 편, 앞의 책, 540~541쪽.

한 것이 아니라는 인식이 깔려 있다. 하지만 전차 상륙함 선원으로 참가했던 선원의 다음 증언은 지원이 곧 전쟁 참가였음을 말해준다.

> 날이 밝아 상륙해보면 근처의 토치카에 [조선민주주의인민]공화국 측 군인이 화염방사기를 받고 새까맣게 죽어 있었습니다. 전신 검은색이지만, 입술만 붉었습니다. 발밑에는 '산악전 제요'라고 적힌 책자가 떨어져 있었습니다. 검은 시체와 흰 책자에 깜짝 놀라서 '아…, 나는 무엇을 하고 있는지, 살인을 도운 것이냐?'고 그때까지 소리와 간접적인 것이었지만, 처음으로 살인을 하고 있다고 생각했습니다. 두려움과 짜증으로 자포자기한 기분이 한결 고조되었습니다. 다 그랬다고 생각합니다. 그래서 두 달에 한 번씩 보급을 위해 일본에 돌아가면 과음을 했습니다. 괴로운 술이었습니다.[15]

일본 정부는 공식적으로는 이러한 참전 자체를 부정해왔다. 1987년 4월 10일 요시오카 요시노리(吉岡吉典, 공산당) 참의원 의원이 제출한 '조선전쟁에 일본이 관여한 건에 관한 질문주의서'에 대해 일본 정부의 소해부대 파견은 미국극동해군사령부 지시에 따른 것이었다고 인정하나, 미군 수송에 일본인 선원이 종사한 것은 확인할 수 없다고 답변했다.[16]

한국전쟁을 계기로 한 경찰예비대의 창설 등 재군비에 대해서도 GHQ(연합국군최고사령관총사령부)의 지령에 의한 것이었음을 강조하고

---

15 五郎丸聖子, 2018,「朝鮮戦争と日本人船員」,『猫が星見た-歴史旅行』vol.4, 27쪽(요시자와 후미토시,「한반도에 있어서의 평화체제 구축과 일본-식민지배, 분단, 그리고 6·25전쟁」, 민족화해협력범국민협의회, 2019,『남북일이 함께하는 일제 강제동원 피해와 해결방안 자료집』, 27쪽에서 재인용)

16 일본 참의원 홈페이지(https://www.sangiin.go.jp/)

있을 뿐, 일본이 한국전쟁을 계기로 재군비를 스스로 추진했다는 인식은 보이지 않는다. 일본이 주체적으로 한국전쟁을 어떻게 인식하고, 어떻게 관여하려 했는지에 대한 기술은 없다. 일본도 한국전쟁의 당사자였다는 인식은 찾아볼 수 없다.

다섯째, 한국 교과서는 중국군의 참전을 한국에 대한 침략이라는 관점에서 기술하는데, 중국 교과서는 미국의 침략이 중국의 안보를 심각하게 위협했기 때문에 '항미원조'를 했다며 참전의 정당성을 강조한다. 그리고 황지광(黃继光)과 추사오윈(邱少云)이라는 구체적인 인물을 사례로 들어 '영웅적인 투쟁'을 사실적으로 생동감 있게 기술하고 있다. 애국주의 교육의 소재로 한국전쟁 참전을 이용하고 있는 것이다.

황지광

추사오윈

한편 타이완 교과서(『(國民中學) 社會 二年級下學期』, 翰林出版, 2009)는 1950년에 한반도에서 일어난 '한전(韓戰)'에 중화인민공화국 마오쩌둥 국가주석이 '지원군'을 조직하여 '항미원조(북한)'에 참전했다고 간단하게 기술하고 있다.

Ⅳ. 맺음말

한반도와 동북아의 새로운 평화체제 수립을 위해서는 역사 인식의 차이를 좁혀나갈 필요가 있다. 본고는 그 일환으로 한국 교과서의 한국전쟁 기술 변화와 한국, 북한, 일본, 중국 교과서의 기술 차이에 대해 검토했다.

한국 교과서의 한국전쟁 기술은 크게 1차부터 7차 교육과정(국정) 시기와 2009년 개정 교육과정(검정) 시기로 나눌 수 있는데 그 특징은 다음과 같다. 첫째, 한국전쟁은 민족의 비극이었다는 관점은 같으나 7차 교육과정까지의 교과서는 북한 공산주의의 무력 침략으로부터 자유와 평화를 지켜냈고 앞으로도 그래야 한다는 점이 강조된다. 2009년 개정 교육과정에 따른 교과서는 남한과 북한 모두 전쟁을 참혹한 피해를 당했고 이러한 전쟁이 되풀이되어서는 안 된다는 점을 강조하고 있다. 이러한 변화는 도판(사진)에도 반영되어 있다. 둘째, 북한의 한국전쟁에 대한 책임, 침략성을 강조하기 위해 남한 체제의 정당성(평화 · 민주)과 북한 체제의 문제점(공산 · 압제)을 대비시켜왔다. 그리고 공산주의자들이 남한 사회를 혼란에 빠트리려 했다는 점이 강조되었다. 이에 반해 2009년 교육과정 교과서에서는 해방 후 자주적인 국가를 세우기 위해 노력했으나 미소의 대립과 좌우의 갈등으로 남과 북에 서로 다른 정부가 세워졌고, 남북의 대립은 비극적인 한국전쟁으로 이어졌다는 관점에서 기술한다. 일방적으로 남한이 정의라는 기술에서 벗어나 당시 상황을 중립적인 관점에서 서술하고 있다. 제주 4 · 3사건에 대해서도 민간인 학살이란 관점에서 기술한다. 셋째, 한국전쟁 관련 도판을 보면 군사적으로 우위에 있던 북한 공산주의에 맞서 싸워 자유를 지켰다는 레토릭을 반영하고 있다. 그리고 북한이 불의(不義)의 전쟁을 했고 남한 체제에 정당성이 있다는 점을 보여주기 위해 남으로 피난하는 북한 주민, 이승만 대통령을 환영하는 평양 시민들, 북으로 돌아가지 않은 반공포로 등의 사진을 게재하고 있다. 교과서가 한국전쟁을 통해 학생들에게 궁극적으로 교육하고자 했던 것은 남한 체제의 정당성이었다.

한국, 북한, 일본, 중국의 한국전쟁 관련 기술을 비교하면 다음과 같은 특징이 있다. 첫째, 1990년대 구소련의 자료가 공개되면서 한국전쟁이 북한의 전쟁에 대한 강한 의지, 스탈린의 승인, 중국의 동의로 시작되었다는 점이 밝혀졌으나 북한과 중국의 교과서는 여전히 한국과 미국의 침략으로부터 조국을 방위하기 위한 전쟁으로 기술하고 있다. 중국 교과서는 한국전쟁 기술을 애국주의를 고취시키는 소재로 활용하고 있다. 둘째, 북한 교과서는 일본을 한국전쟁에서 참가한 침략자라고 기술하고 있다. 미군에게 군사기지를 제공했을 뿐만 아니라 직접 전투에 참여했다는 것이다. 하지만 일본 교과서에는 일본이 전쟁에 참가한 당사자였다는 인식은 보이지 않는다. 이것은 한국 교과서도 마찬가지다.

각국이 교과서에 기술된 한국전쟁에 대한 기억을 고집한다면 한반도와 동북아의 안정적인 평화체제를 만들기는 어렵다. 하나의 기억이 아니라 다양한 기억이 존재함을 인정하고 그 안에서 객관적 사실에 근거하여 기억의 차이를 줄여나가기 위한 방안을 모색하는 것이 필요하다. 한국의 2009년 교육과정을 반영한 교과서는 한국전쟁을 전쟁으로 인해 발생한 피해에 초점을 맞추고 있다. 기억의 차이를 줄여나가기 위해서는 국경을 초월하여 함께 공유할 수 있는 관점을 찾는 것이 필요하다.

한국전쟁에 대한 기억의 차이를 좁히고 교훈을 얻으려는 노력은 동북아 평화체제를 만드는 토대가 될 것이다. 한국전쟁을 동아시아사라는 관점에서 어떻게 기술할 것인지에 대한 고민도 필요하다. 동아시아사라는 관점에서 한국전쟁을 함께 기술해보는 것은 동아시아사의 미래상을 만들어나가는 데도 도움이 될 것이다.

참고문헌

한국어

강석오, 강우철, 이근수, 이정인, 단춘배, 1969, 『중학교 새사회 2』.

과정교재연구소, 력사과정교재연구개발센터 편저, 2006, 『의무교육과정 표준실험교과서 중국력사 8학년 하권』.

국사편찬위원회, 1979, 1종 도서연구 개발위원회, 『중학교 국사』.

____________, 1982, 『중학교 국사(하)』.

____________, 1990, 『중학교 국사(하)』.

____________, 1997, 『중학교 국사(하)』.

____________, 2002, 『중학교 국사』, 국정도서편찬위원회.

기계형, 2011, 「러시아 대학의 역사학 교재와 중등학교 역사교과서에 나타난 한국전쟁 인식」, 『역사교육 117』.

박명림, 「한국전쟁, 6·25용어 사용과 기억방식에 관한 단상」, 『역사비평』, 2006. 2.

박태균, 2010, 「일본 역사교과서 속의 한국전쟁」, 동북아역사재단 편, 『한일 역사쟁점 논집-근현대편』(내부자료).

역사교육연구회, 1961, 『중등 국사』.

조한욱, 이병인 외, 2012, 『중학교 역사(2)』, 비상교육.

한림대학교 아시아문화연구소 편, 2002, 『한국전쟁기 삐라』.

허성철, 2002, 『미제와 일제의 조선침략죄행(1930-1990): 중학교 제6학년용』, 교육도서출판사.

일본어

坂上康俊, 戸波江二, 矢ケ崎 典隆, 2015, 『(新編) 新しい社會: 歷史』, 東京書籍.

五郎丸聖子, 2018, 『猫が星見た-歷史旅行 vol.4, "朝鮮戦争と日本社会" II 朝鮮戦争と日本人船員』.

중국어

齊世榮 總主 編, 2017, 『(義務教育教科書) 中國歷史. 8年級 下冊』, 人民教育出版社.

謝志豪, 2009, 『(國民中學) 社會 二年級下學期』, 翰林出版.

찾아보기

ㅇ

ㅈ

ㅊ

ㅋ

ㅌ

ㅍ

ㅎ

역사 화해를 위한 한일 대화 – 역사 편

초판 1쇄 인쇄 2020년 12월 21일
초판 1쇄 발행 2020년 12월 30일

엮은이 정재정, 도노무라 마사루
펴낸이 이영호
펴낸곳 동북아역사재단

등 록 제312-2004-050호(2004년 10월 18일)
주 소 서울시 서대문구 통일로 81 NH농협생명빌딩
전 화 02-2012-6065
팩 스 02-2012-6189
홈페이지 www.nahf.or.kr
제작·인쇄 (주)동국문화

ISBN 978-89-6187-587-5 94910
978-89-6187-586-8 (세트)